Albert Hoefler

Roman eines Lebens

Lëtzebuerger Bibliothéik
Nr. 20

ISBN 978-2-919903-29-0

Centre national de littérature
Lëtzebuerger Literaturarchiv
Mersch / Luxembourg

2, rue Emmanuel Servais
L-7565 Mersch

Tél. (352) 32 69 55-1
Fax (352) 32 70 90

info@literaturarchiv.lu
www.literaturarchiv.lu

© CNL / April 2013

Albert Hoefler

Roman eines Lebens

Vorgestellt und kommentiert
von Jeff Schmitz

Impressum

Herausgeber:
© Centre national de littérature 2013

Buchgestaltung:
rose de claire, design.

Satz, Layout und Druck:
Imprimerie Faber, Mersch

Auflage:
450 Stück

Inhaltsverzeichnis

9	**Einleitung**
13	**Verzeichnis der benutzten Pseudonyme**
15	**Albert Hoefler: Roman eines Lebens**
260	Personen, Wort- und Sacherklärungen
294	**Kommentar**
295	**Editionsbericht**
295	Entstehung und Beschreibung des Manuskripts
297	Die Fassung der vorliegenden Edition
299	**Der Autobiograph Albert Hoefler und sein literarisches Konzept**
309	**Albert Hoefler – Stationen und Episoden seines Lebens**
309	Kindheit und Jugend in Echternach
311	Studium in Bonn und Luxemburg
316	Beruflicher Alltag in Esch/Alzette
319	Der Privatmensch Albert Hoefler
326	Hoeflers zwei Welten: das Echternach der Springprozession und die Stadt des Erzes
329	**Der Dichter Albert Hoefler und seine Partizipation am Literaturbetrieb (1919-1939)**
329	Die Entstehung und Entwicklung des eigenen Kunstideals
338	Das literarische Schaffen und seine Implikationen
349	Der Bund rheinischer Dichter und Hoeflers Versuche zur Schaffung einer Luxemburger Schriftstellervereinigung
369	**Nachwort**
370	Anmerkungen
408	**Verzeichnis der benutzten Abkürzungen**
409	**Auswahlbibliographie**
428	**Abbildungsnachweis**

Einleitung

Bei der vorliegenden Edition handelt es sich um ein unveröffentlichtes Werk von Albert Hoefler (1899-1950), ein vielfältiges und mehrschichtiges Zeitdokument, das in mancher Hinsicht bemerkenswert ist: Es erzählt Begebenheiten aus dem Leben des Autors, verweist auf lokal- sowie literaturhistorische Momente und entwirft ein facettenreiches, kaleidoskopartiges Zeitgemälde Luxemburgs in den Jahren von 1909 bis 1939.

Der ausgeprägte autobiographische Charakter des Textes sticht hervor, so dass es berechtigt ist, von einem autobiographischen Roman bzw. einer fiktionalen Autobiographie zu sprechen. Eine eindeutige gattungsspezifische Zuordnung erweist sich indes als schwierig und letztlich auch müßig, so dass beide Termini im Folgenden synonym gebraucht werden. Besonders sinnfällig wird das autobiographische Moment an einer Stelle am Anfang des Textes: „Es gab nur ein Lied, das Herr Rellinger auf der Geige konnte, aber dieses Lied sangen die Kinder jede Woche mindestens ein halb Dutzend mal". (ReL 37f.)[1] Im Manuskript stand ursprünglich nicht das abstrahierende „die Kinder", sondern das finite Pronomen „wir". Die nachträgliche Korrektur diente offensichtlich der literarischen Stilisierung. Auf Hoeflers „starken autobiographischen Bekenntnisdrang"[2] verweist schon Pierre Lech und führt als Beleg die *Autobiographische Skizze* aus dem Jahr 1938 an, in der sich der Schriftsteller gegen die Anwürfe verschiedener Kritiker wehrte, indem er die Entstehungsbedingungen seiner Lyrik auf seine Biographie zurückführte. In Hoefler selbst mochte die *Autobiographische Skizze* den Gedanken genährt bzw. weiter gefestigt haben, sein Leben chiffriert in die Form einer fiktionalen Autobiographie zu übertragen.

Lech zufolge wandte Hoefler sich erst nach dem Zweiten Weltkrieg und als Reaktion auf die persönlichen Kriegserfahrungen von der Lyrik ab.[3] Er wirft die Frage auf, ob Deutschland, das Land der Dichter und Denker, das sich zu einem der Richter und Henker gewandelt und Hoefler für kurze Zeit ins französische Exil getrieben hatte, noch die geistige Grundlage seines lyrischen Schaffens sein konnte. Oder, anders formuliert: Empfand Hoefler unmittelbar nach Kriegsende, was Adorno 1951 in seinem Werk *Kulturkritik und Gesellschaft* formulierte: dass es nach Auschwitz barbarisch sei, Gedichte zu schreiben?[4] Ein spätes *Kaleidoskop*-Feuilleton legt nahe, dass Hoefler an der Brauchbarkeit der lyrischen Mittel zur Gestaltung der Kriegs- und Nachkriegsthematik zweifelte.[5] Doch der autobiographische

Roman, der Ende der 1930er Jahre bis Anfang 1940 entstand, die Novellensammlung *Geschichten um Echternach*, die zahlreichen Feuilletons für die ihm überantwortete *Escher Tageblatt*-Beilage *Literatur und Kunst* sowie einige Kurzprosatexte lassen Lechs Einschätzung fraglich erscheinen. Die Wandlung vom Lyriker zum Prosaisten scheint früher eingesetzt zu haben.

Die vorliegende, erstmals veröffentlichte und kommentierte fiktionale Autobiographie kann Antworten hierauf geben. Ob sie zu grundlegend neuen Erkenntnissen über den Menschen bzw. zu einer wesentlichen Neubewertung des Dichters Albert Hoefler führt oder ob sich nur geringfügige Nuancen ergeben, die das bisherige Bild ergänzen bzw. abrunden, wird sich zeigen. Sie wirft auf jeden Fall Schlaglichter auf den Menschen und Autor Albert Hoefler und sein Werk und gibt Aufschluss über Hoeflers Teilnahme am literarischen Leben seiner Zeit sowie über seine Position in dem auf mehreren Ebenen sich spiegelnden Beziehungsgeflecht des Luxemburger Literaturbetriebs.

Bislang wurde Albert Hoefler nur ein geringes literaturwissenschaftliches Interesse entgegengebracht. Pierre Lechs überwiegend biographisch angelegter Aufsatz *Orpheus in Echternach* rief einer literarisch interessierten Öffentlichkeit den ‚vergessenen' Dichter in Erinnerung. Es folgte vom selben Autor die Studie zu Hoefler als Mitarbeiter der *Cahiers luxembourgeois*.[6] Ansonsten wird immer nur kurz auf Hoefler verwiesen, so z. B. in Lechs Beitrag *Zur Literaturgeschichte Echternachs*.[7] Weitere biographisch-bibliographische Artikel stammen von Léopold Hoffmann[8] und Germaine Goetzinger.[9] Verzeichnet ist Hoefler ebenfalls im *Luxemburger Lexikon*[10] und im Lexikon *Wer ist wer in Luxemburg?*[11] Eine größere, unveröffentlichte Studie von Jeff Schmitz widmet sich dem Hoefler'schen Frühwerk.[12]

Anmerkungen

1. Da Hoefler seiner fiktionalen Autobiographie keinen Titel gab, wurde dem Werk der neutrale Titel *Roman eines Lebens* zugewiesen. Wörtliche und sinngemäße Zitate werden unter Angabe der Sigle ReL nachgewiesen.

2. Lech, Pierre: *Orpheus in Echternach. Zur Hundertjahrfeier des Dichters Albert Hoefler (1899-1950).* In: réCré (1999) 15, S. 167-253, hier: S. 168.

3. Vgl. Lech, *Orpheus in Echternach*, S. 247f.

4. Vgl. Adorno, Theodor W.: *Kulturkritik und Gesellschaft (1951).* In: ders.: *Gesammelte Schriften. Bd. 10.1: Kulturkritik und Gesellschaft I. Prismen. Ohne Leitbild.* Frankfurt a. M.: Suhrkamp 1977, S. 11-30, hier: S. 30.

5. Vgl. [Hoefler, Albert]: *Rückkehr zur Gesundung?* In: LJ vom 25.9.1950, S. 2.

6. Lech, Pierre: *Albert Hoefler (1899-1950). Mitarbeiter der Cahiers luxembourgeois 1923-1950. Eine Einführung in Leben und Werk. Mit Texten und mit Zeugnissen.* In: CL (2000) 4, S. 5-24.

7. Lech, Pierre: *Zur Literaturgeschichte Echternachs. Oder: Der Willibrordus-Effekt.* In: nos cahiers 19 (1998) 2/3, S. 249-292.

8. Hoffmann, Léopold: *Albert Hoefler.* In: Hoefler, Albert: *Dichter unseres Landes 1900-1945.* Luxemburg: Verlag der Hêmecht 1945, S. 157-169.

9. Goetzinger, Germaine: *Albert Hoefler.* In: www.autorenlexikon.lu [29.06.2012].

10. *Luxemburger Lexikon. Das Großherzogtum von A – Z. Zusammengestellt von Georges Hausemer.* Luxemburg: Éditions Binsfeld 2006.

11. Bour, Roger: *Portraits. Wer ist wer in Luxemburg? Bedeutende Persönlichkeiten aus 1500 Jahren Geschichte, Politik, Wissenschaft, Kunst, Literatur, Musik, Sport usw.* Luxemburg: Sankt-Paulus-Druckerei 2000.

12 Schmitz, Jeff: *Das Frühwerk Albert Hoeflers: „Alle wahre und wirkliche Kunst ist nichts andres als Symbol."* Eine Untersuchung der frühen Lyrik und Prosa (1919-1927). Luxemburg: Jeff Schmitz 2002.

Verzeichnis der benutzten Pseudonyme

Nachstehend werden die Pseudonyme aufgelistet, die entschlüsselt werden konnten. Bei den mit * gekennzeichneten Pseudonymen handelt es sich um solche, deren Ursprung nicht auf Hoefler zurückgeht.

Anker, Claus: Norbert Jacques (1880-1954)
Badloff (Dr.): Carl Gebhardt (1881-1934)
Bode, Theodor: Ernest Bisenius (1862-1926)
Brümmel (Bürgermeister): Rodolphe Brimmeyr (1834-1922)
Bucher, Madeleine: Julie Benner (1908-1988)
Dicks *: Edmond de la Fontaine (1823-1891)
Dorner, Heinrich: Nik Welter (1871-1951)
Ernz, Michel (Teil 1): Mathias Esch (1882-1928)
Eltz (Teil 2): Mathias Esch (1882-1928)
François, Fred: Sepp Hansen (1874-1952)
Frührot, Juliette: Marie Henriette Steil (1898-1930)
Guthardt (Professor): Damian Kratzenberg (1878-1946)
Hofmann, Arthur: René Engelmann (1880-1915)
Huber, Max: Tony Kellen (1869-1948)
Kleister: Hubert (??-??) und Peter (1883-1936) Marzen
Mangen, Fritz: Emil Marx (1899-1964)
Müller, Johannes: Batty Weber (1860-1940)
Nollès: Marcel Noppeney (1877-1966)
Philint[h]e *: Nicolas Ries (1876-1941)
Pogg *: Joseph Kolbach (1889-1959)
Poiré, Hyppolite: Hubert Clement (1889-1953)
Radelheimer, John Friedrich: Friedrichkarl Roedemeyer (1894-1947)
Reuter, Rudolf: Arthur Hary (1892-1925)
Sadler (Ingenieur): Robert Stumper (1895-1977)
Schall, Friedrich: Paul Schroell (1879-1939)
Schütz, Peter / ‚Fruzzelchen': Frantz Clément (1882-1942)
Seiwerts, Thomas: Frantz Seimetz (1858-1934)
Smil[e]y, Jim *: Jim Wester (1890-1949)
Teckling (Professor): Joseph Tockert (1875-1950)
Vanaiken, Pier *: Pol Michels (1897-1956)
Verdy (Apotheker): Léon Jean Namur (1879-1937)
Villancourt: Andrée Viénot, geb. Mayrisch (1901-1976)
Weise, Christian: Joseph Funck (1902-1978)

Albert Hoefler

Roman eines Lebens

Teil 1 und 2

CNL L-16; I.1.1.3-1

Das Städtchen Echterhausen, hart an der deutschen Grenze und an den Ausläufern der Eifel gelegen, war mit seinen 3000 Einwohnern, seinen Wochen- und Viehmärkten nicht so wie die andern Landstädtchen, deren das Herzogtum Lützelburg noch etwa ein Dutzend aufwies. Gewiß bildete Echterhausen für die Bauern der Umgegend das Zentrum, das seine Strahlen in ihre dörfliche Einsamkeit schickte; nach Echterhausen gingen sie ihre Einkäufe machen, dorthin brachten sie an jedem zweiten Mittwoch des Monats ihre Ferkel, Kühe und Kälber zum Verkauf, dort war das Friedensgericht, das sie nur mit einem Gefühl von Ehrfurcht betraten, ~~in dort ihre kleinen herrlichen Fehden geschlichtet zu sehn~~, dort auch kehrten sie in die engen winkligen Gasthäuser ein, um einen Korn und ein Bier zu genehmigen, und mancher hatte oft den Erlös der am Morgen verkauften Kuh im Kartenspiel verloren, wenn er am Abend den Heimweg antrat.

Aber all dies hätte nicht genügt, um aus Echterhausen einen Ort zu machen, bei dessen Namennennung man weit bis Frankreich, Deutschland und Belgien hinein aufhorchte. Der Name Echterhausen war in gewisser Hinsicht ein Fanal, er war wie das tiefste Aufleuchten eines Scheinwerfers, der in seinem Lichtkegel das ganze Land millimeterscharf. Die meisten Franzosen, Deutschen und Holländer erfuhren erst von der Existenz des Herzogtums Lützelburg, wenn der Name Echterhausen wie von ungefähr in die Unterhaltung fiel: Echterhausen,

Erste Seite des Manuskripts von Hoeflers fiktionaler Autobiographie

Teil 1

I

Das Städtchen Echterhausen, hart an der deutschen Grenze und an den Ausläufern der Eifel gelegen, war mit seinen 3000 Einwohnern, seinen Wochen- und Viehmärkten nicht so wie die andern Landstädtchen, deren das Herzogtum Lützelburg noch etwa ein Dutzend aufwies. Gewiß bildete Echterhausen für die Bauern der Umgegend das Zentrum, das seine Strahlen in ihre dörfliche Einsamkeit schickte; nach Echterhausen gingen sie ihre Einkäufe machen, dorthin brachten sie an jedem zweiten Mittwoch des Monats ihre Ferkel, Kühe und Kälber zum Verkauf, dort war das Friedensgericht, das sie nur mit einem Gefühl von Ehrfurcht betraten, [um dort ihre kleinen nachbarlichen Fehden geschlichtet zu sehen,] dort auch kehrten sie in die engen winkligen Gasthäuser ein, um einen Korn und ein Bier zu genehmigen, und mancher hatte oft den Erlös der am Morgen verkauften Kuh im Kartenspiel verloren, wenn er am Abend den Heimweg antrat.

Aber all dies hätte nicht genügt, um aus Echterhausen einen Ort zu machen, bei dessen Namennennung man weit bis in Frankreich, Deutschland und Belgien hinein aufhorchte. Der Name Echterhausen war in gewisser Hinsicht ein Fanal, er war wie das Aufleuchten eines Scheinwerfers, der in seinen Lichtkegel das ganze Land mithineinriß. Die meisten Franzosen, Deutschen und Holländer erfuhren erst von der Existenz des Herzogtums Lützelburg, wenn der Name Echterhausen wie von ungefähr in die Unterhaltung fiel: Echterhausen, war das nicht das Städtchen der Springenden Heiligen – drei Schritte vor, zwei zurück – lag dort nicht Sankt Willibrordus begraben, der Apostel der Niederlande, gab es dort nicht etwas wie eine Abtei, die früher Weltruhm hatte? – Dann griff vielleicht der eine oder andre zu einem Geschichtsbuch und fand, daß Echterhausen im Mittelalter der eigentlich kulturelle Sammelpunkt des Ländchens Lützelburg war, daß dieses Städtchen eine Vergangenheit hatte, um die viele und größere Örter des Auslandes es beneideten.

Und in der Tat: Echterhausen verdankte seinen Ursprung dem Apostel der Friesen, dem Heiligen Willibrord. Irmina[1], die Tochter des Frankenkönigs Pippin und Äbtissin des Stiftes Euren[2], schenkte ihm, als er einst zu Trier weilte, ihre Villa Echternach mit Basiliken und einem Klösterchen, samt allem, was dazu gehörte. Im Jahre 739 wurde der große Wandermönch in Echterhausen begraben, wo noch heute seine Gebeine ruhen.

Dieser Schenkung der Äbtissin Irmina war heute Echterhausen noch Dank schuldig; denn von hier an datiert sein Ruhm, von jetzt an nimmt die große Geschichte von dem Städtchen an dem Flusse Sur Notiz, und der Forscher, der sich in unsern Tagen irgendwo in der Stille der Bibliotheken über kunstvoll gemalte Handschriften neigt, grüßt noch heute in Ehrfurcht seinen Namen.

In Echterhausen gründeten die Benediktiner, die Nachfahren Willibrords, eine Klosterschule, deren Licht über das ganze zivilisierte Abendland strahlte, in ihrem Frieden ruhten die Mächtigen dieser Erde sich von ihren Kämpfen aus, schufen die adligen Äbte aus den bescheidenen Anfängen Willibrords Bauten, die noch heute die Bewunderung der Besucher erwecken. Denn hier wurde nicht nur das Gebet gepflegt. Wie alle Kirchenfürsten ihrer Zeit waren auch die Äbte von Echterhausen weltoffene Menschen, der Jagd und dem Trunk nicht abgeneigt, und mit derselben Inbrunst kosten ihre Augen Parks und schöne Frauen, wie sie es mit dem elfenbeinernen Schmuck gelehrter Manuskripte und den kunstvoll hergestellten Portalen ihrer eigenen Bauten taten.

Die französische Revolution verjagte die Mönche,[3] aber vieles in Echterhausen zeugt noch heute von ihrer Zeit, von ihrem Tun und ihrem Geist. Die neue Zeit hat, wie überall, auch in diesem Orte ihren Einbruch versucht, aber ganz konnte sie das Erbe des Mittelalters nicht scheuchen, zu schwer lastet dieses auf den Bewohnern des Städtchens, ist in ihrem Blut und in ihrem Gehabe, in ihrem Denken und Fühlen.

Doch an einem Tag des Jahres springt das Mittelalter Einheimische und Fremde noch viel intensiver, viel unmittelbarer an, als sonst: Am Pfingstdienstag, wenn die Springprozession, deren Ursprung hineintaucht in das Dunkel der Zeiten, durch die engen verwinkelten Gassen von Echterhausen sich bewegt. Wer einmal diesen Schrei gemarterter Kreatur vernahm, den wird er bis an sein Lebensende auf seinen Irrfahrten begleiten.

[Schon am Pfingstmontagabend erdrückt den Besucher die Enge des Städtchens. Da fliegen ihm Fetzen von deutsch und französisch, englisch und niederländisch um die Ohren. Die Straßen sind prall gefüllt mit Menschen, und noch immer werfen die Züge Tausende und Tausende in den Wirrwarr der aufgeschreckten Häuser und Gärten.

Allmählich wird es sechs Uhr und die Glut des Tages beginnt schon den silbernen Schatten zu weichen. Da dröhnt von der Basilika her die Glocke, die Kaiser Maximilian der Abtei als Dank verehrte.[4] Dies ist das Zeichen, daß die Prozession von Groß-Prüm in der Kirche angekommen, und daß jetzt in einer wahren Flut von Weihrauch, Blumenduft und Orgelbraus ein unendliches Dankgebet gegen Himmel steigt.

Jedes Jahr, am Pfingstsonntag um die dritte Stunde, machen diese Eifeler Bauern, Mann und Weib, Gesunde und Kranke, sich auf, um ihrem Jahrhundert alten Gelübde treu zu bleiben. Hart wie sie fronen, ist auch ihr Glaube, hier gibt es kein Feilschen mit dem Himmel, und nicht viele Gebete steigen mit derselben Inbrunst zu dem großen Heiligen, wie jene der Waller[5] von Prüm.

Kaum setzen am Dienstagmorgen die Vögel zu ihren ersten Rufen an, da kommen sie die Höhen hintergezogen und über die Landstraßen, die von Consdorf und Waldbillig, die von Berdorf und Rosport. Der Schweizer[6] in rotem Talare führt sie an, ihm folgt mit schmetterndem Kupfer die Musikkapelle, und dahinter betend die Schar der Gläubigen. So pilgern sie zu der Basilika, um

St. Willibrord ihren Morgengruß zu bringen. Und inzwischen quillt es weiter ins Städtchen hinein, und Staubwolken legen sich wie Mäntel auf die Kleider der Beter.

Es ist neun Uhr, und wieder, wie am Vorabend, ganz sich ihrer Bedeutung bewußt, kommt die Glocke von Kaiser Maximilian über Städtchen und Abtei.

Da wissen alle, ob Einheimische oder Fremde: Dies ist der Beginn; nun hebt am jenseitigen Ufer der Sur ein Geschehen an, das Jahrhunderte alt ist, und das zu vernichten es bis heute keinem weltlichen und geistlichen Herrscher gelang.[7]

Die Prozession beginnt: An ihrer Spitze, im Festtagsgewand, der Schweizer mit der Geistlichkeit von Echterhausen, der uralte Sang steigt zum Himmel, unharmonisch, im Diskant, eine Anrufung: Bitte für uns, heiliger Willibrord! Und schon sieht man, in vollem Ornat, ganz in Gold, mit Mitra und Hirtenstab, den Landesbischof, begleitet von denen von Trier und Metz, sowie den Äbten von St. Mathias und Clerf.

Und nun stürmt es auf den Beschauer ein, nicht als unmelodischer Gesang, sondern herausgeschrieen, herausgeworfen aus gequälter Brust, die bis zum Sprengen geladen ist, nicht als scheues Gebet, sondern als Beschwörung, als Bestürmung: Bitte für uns, Hl. Willibrord! Die engen Gassen hallen wider, die Steine hören auf zu atmen. Zu Gruppen von vier und sechs schreien die Sänger, jede für sich, keine auf die andre achtend, jede für sich den Heiligen bestürmend und jeder einzelne wieder in der Gruppe anrennend gegen den großen Apostel: „Du mußt, du mußt mir helfen!"

Noch kreisen die Gedanken um dieses Erleben, da schlagen schon die ersten Musiktakte an das Ohr: Angeführt von der Stadtmusik nahen sich die Springer. Die Jugend von Echterhausen beginnt die Prozession: Drei Schritte vor, zwei zurück. In Gruppen von sechs tanzen sie, durch Taschentücher sich an den Händen haltend. Und auf einmal ist alles Spiel aus ihren Zügen entschwunden, da gibt es kein Lachen und kein Gekicher mehr. Sie wissen: Vor Jahrhunderten sprangen ihre Vorfahren zu Ehren von St. Willibrord, nun erfüllen sie dasselbe Gelübde im selben Geiste.

Die Instrumente schmettern, die Trommel dröhnt: Drei Schritte vor, zwei zurück. Ob gläubig oder ungläubig, allen, die die Straßen säumen, steht das Herz auf einen Augenblick still bei dieser Beschwörung dunkelster Menschenheitsepoche, alle fühlen: Hier geschieht wahrhaft Mystisches, hier berührt sich unzweifelhaft die Lehre des Nazareners mit den Göttern, wie sie das Heidentum gebar.

Endlos folgen sich Musikkapellen auf Musikkapellen, jede mit ihren Springern. Geige und Trommel, Blech und Hoboe – alle Gattungen sind vertreten, und alle spielen sie dieselben Takte.

Die ersten Springer sind in der Basilika angekommen. Sie springen das eine Seitenschiff herauf, um das Grabmal des Heiligen herum, das andre Schiff herunter, drei Schritte vor, zwei zurück. Von der Decke aber schmettern bestürmend die Instrumente: Bitt für uns, Hl. Willibrord.

Es geht gegen die zweite Stunde des Mittags. Unerbittlich quält die Sonne Springer und Beter. Da melden die Glocken, daß die Prozession sich ihrem Ende nahe. Kerzen flimmern, hymnisch wie nie jubelt die Orgel, und Tausende sinken auf die Knie, und nun dröhnt es auf: „Te Deum Laudamus."]

II

In diesem Städtchen nun, reich an Historie und geschichtlicher Gegenwart, kam um die Jahrhundertwende Robert Joachim als Sohn der Eheleute Holzer zur Welt. Als die Bauernfrauen, die nach Echterhausen gekommen waren, um ihre Samstageinkäufe zu besorgen, das Zimmer der Wöchnerin verließen, flüsterten sie unter sich: „Das Kind wird nicht mehr lange leben... Du wirst sehen, Gret, noch bevor wir das Haus verlassen haben, wird das Würmchen tot sein." Und wahrhaftig, ganz unrecht hatten diese alten Frauen mit ihren zerfurchten, warzenbesäten Gesichtern und ihren Kapotthüten[8] nicht.

Robert hat es später oft von seiner Mutter Anne-Marie sagen hören: Er sei bei seiner Geburt nur so groß gewesen, daß man ihn ruhig in eine Zigarrenkiste habe packen können, und kein Mensch habe in den ersten Tagen auch nur einen Sou für seine Lebensdauer gegeben.

Dann bemühten sich die Besucherinnen die Treppe hinunter zu Roberts Großmutter, welche im Erdgeschoß des Hauses einen Spezereiwarenladen unterhielt.

Was einem beim Betreten dieses Ladens zuerst auffiel, das war der sonderbare Geruch, der einem entgegenströmte und sich in die Kleider und Haare dermaßen verbiß, daß man sich tagelang seiner nicht mehr entledigen konnte. In diesem engen Raume waren zusammengepfercht die sonderbarsten Dinge: Da stand unter der Theke stets ein Kübel Schmalz offen, das mit einer großen Holzschaufel herausgenommen und auf die Waage gelegt wurde; daneben machte sich ein riesiger Zuckerhut breit, der vornehm in bläuliches Glanzpapier gewickelt war, und der, wenn Kunden Zucker begehrten, mit einem Hammer und einem Meißel bearbeitet wurde. Nicht weit von diesen beiden aber blitzte es manchmal auf, als ob pures Silber dort verstaut wäre; das war, wenn einer der Kunden Tafelöl oder Petroleum begehrte, und Roberts Großmutter aus dem Dunkel eine der zwei großen Kannen ans Licht hob; dann waren alle andern Dinge im Laden wie auf einmal ausgelöscht, denn die Frau hinter der Theke hielt mit einer fast krankhaften Sucht auf Sauberkeit.

Neben diesen Sachen aber gab es in dem Laden noch viele andre, die die Bauernfrauen je nach Bedarf in ihren großen Körben, die aus Weide geflochten waren und über deren Inhalt sie ein weißes Tuch breiteten, verstauten: Da harrten Gläser mit farbigen Zuckerstangen, da stießen sich hart aneinander Pakete, aus denen es süß nach frisch gebranntem Kaffee roch und andre, die mit rotem Papier umwickelt waren und als Binde ein grell bemaltes Heftchen trugen, in dem von Rotkäppchen die Rede ging, und von den Sieben Zwergen und von Schneewittchen. Und wieder in einem andern Regal lockte ein Gefäß, das braunen Zucker enthielt, und den die Kunden stets fragen kamen, wenn sie an Erkältungen litten.

Und irgendwo in einem Winkel stand eine Bütte mit Salz, unter der es stets feucht und unangenehm roch.

Betrat jedoch ein Bauersmann den Laden, der Tabak begehrte, dann ging Roberts Großmutter in eine enge dunkle Kammer, die von der Theke durch eine gläserne Wand getrennt war. Dort stand ein großer, mit rohem Tuch ausgeschlagener Korb, und in diesem Korb lagen die Düten einer Tabakmanufaktur des Städtchens zuhauf.[9] Man hatte den Tabak in dieses Kämmerchen sehr sorgsam gesetzt, weil es immer feucht dort war, und er auf diese Art nie allzu trocken würde.

So stand Roberts Großmutter den ganzen Tag hinter der Theke, die Waren wiegend, und dabei schwatzend bald mit einer einheimischen, bald mit einer Frau aus einem der Nachbardörfer.

Denn die Großmutter wußte manches zu erzählen. Sie stammte aus einem alten Bauerngeschlecht, das in einem Nachbardorfe von Echterhausen ansässig war; dort hatten ihre Eltern und ihre Vorfahren stets Holzhandel getrieben, waren dabei sogar die Donau hinaufgefahren, von wo ihr Bruder sich dann die Frau mit heimbrachte, die man bis an ihr Lebensende nur „die Vornehme" und „die Preußische" nannte. Später hatte Großmutter mit ihrem Mann auf einem Segelschiff die Reise nach Amerika gemacht, aber das Heimweh hatte sie wieder nach dem kleinen Lande Lützelburg getrieben.

Oder war es die ewige Unruhe ihres Mannes Bernard Michel gewesen, der, stets pläneschmiedend, das Glück in den Wolken zu erhaschen suchte, nachdem die fruchtspendende Erde es ihm versagt hatte?[10] Die alte Frau hinter der Theke wußte es nicht mehr genau, und ganz genau wußten die Kunden bei ihren Erzählungen auch nie, wo das Erleben aufhörte und der Traum begann.

Wer aber konnte das Innere von Bernard Michel deuten, jenes großen Mannes mit dem Spitzenbart und dem wundervoll schloßweißen[11] Haar? – Wer konnte sagen, welche Gedanken hinter der hohen und doch milden Stirne Großvaters in Deckung lagen, um nicht von der Umwelt ohne weiteres erspäht und verhöhnt zu werden? – In Echterhausen wurde Bernard Michel stets nur der

„Herr" Bode genannt, denn immer wurde er angetroffen, wie er, mit einem Stocke in der Hand, sich anschickte, Spaziergänge in die Umgegend von Echterhausen zu unternehmen.

Bernard Michel Bode kam von einem Hofe aus der Eifel her, wo noch heute das Geschlecht der Bodes ansässig ist. Aber die Unrast seines Blutes ließ ihn auf der heimatlichen Scholle keine Wurzeln schlagen; vielleicht dünkte ihn auch das Bauerhandwerk zu grob, und er glaubte, in der weiten Welt sein Wesen, das Erbe vieler Ahnen, abstreifen zu können, und es gegen ein besseres, vornehmeres zu vertauschen, wie man den Rock wechselt, der einem zu abgetragen erscheint. So machte er auf einem Segler die Reise nach Amerika, zusammen mit seiner Frau, und auf dieser Reise wurde ihm das erste Kind, eine Tochter geboren, die man noch lange in ihrem Leben „die Amerikanerin" nannte.

Aber war die Neue Welt Bernard Michel denn doch zu weit, oder hatte er geglaubt, hier Schätze heben zu können, um sie bei seiner Heimkehr seinen erstaunten Mitbürgern in Form von Geschmeide unter die Augen zu halten? – Niemand in Echterhausen wußte das deutlich zu sagen, nur das Eine ist gewiß: Eines Tages war Bernard Michel wieder von der Reise zurück, und gründete eine Wagenbauerei, die damals für Echterhausen ein Ereignis bedeutete; vielen Handwerkern des Städtchens gab sie Brot, ihre Erzeugnisse waren geachtet und selbst aus England stellten sich Kunden ein, die wunderbar lackierte Kaleschen und Landauer[12] bestellten.

Die Fabrik Bernard Michel Bodes lag in einer Seitengasse von Echterhausen, und bestand aus drei großen Gebäuden, die nicht zu einem Block zusammengefaßt waren: Der Schmiede, die der Schreinerei und der Lackiererei.

Ein durchaus patriarchalisches Verhältnis herrschte in diesen Räumen. Da gab es keine Vorarbeiter und keine donnernden Kommandos, ein jeder ging still seiner Arbeit nach, war durchdrungen von dem Werte gerade jenes Stückes, das er zur Ausführung in Händen hielt, und fühlte sich in seinem Innern verpflichtet, möglichst saubere Arbeit zu liefern.

Bernard Michel Bode hatte Vertrauen zu seinen Leuten, und seine Leute sahen zu ihm empor als zu dem „Herrn". Zweimal am Tage besuchte Bernard Michel seine Ateliers; das war des Morgens gegen elf und des Mittags gegen vier Uhr. Dann kehrte er von seinen Spaziergängen in die Umgegend von Echterhausen zurück, betrat mit seiner hochaufgerichteten Figur die Werkstätten, besah sich dieses und jenes, gab Anordnungen und Winke, und war dann wieder bis zum nächsten Tag unsichtbar.

In Echterhausen genoß der Herr Bode ein uneingeschränktes Ansehen. Überall hörte man auf seine Worte, und selbst dann, wenn er, nachdem der Wein ihm die Zunge gelöst hatte, amerikanisch zu reden begann.

Bernard Michel Bode wurden vier Kinder geboren, zwei Jungen und zwei Mädchen; die Jungen traten, als sie groß geworden, in die Werkstatt ihres Vaters ein, um dort das Wagenbauerhandwerk zu erlernen; aber auch ihnen lag nicht gerade viel daran, am Amboß zu stehen und dort mit Hand anzulegen. Das Erbe ihres Vaters hatte sich zu stark in ihr Blut genistet, als daß sie sich hätten mit Hammer und Blasbalg hantieren denken können. So gingen sie lieber auf Reisen, nach Frankreich und nach England, um dort, wie sie sagten, Kundschaft zu suchen.

Von den beiden Mädchen heiratete das jüngste Anne-Marie einen mittleren Beamten des Städtchens.

Anne-Marie hatte zwanzig Jahre, als Georg Holzer um ihre Hand anhielt. Georg Holzer war ein Jahr älter als Anne-Marie und viel später erzählte man sich noch in Echterhausen, daß die beiden ein geradezu wunderbares Paar bildeten. Fast von gleicher Statur ergänzten die zwei sich in Gesichtsausdruck und Haarfarbe. Georgs Haarfarbe war hellblond, während die Anne-Maries durch ihre tiefe Schwärze bestach. Waren die Augen Georgs durchsichtig grau, so ruhten auf dem Grunde derjenigen Anne-Maries die Bläue des Himmels und stumme Lockung.

Wie es in jener Zeit der Gebrauch war, so auch hier: Georg Holzer heiratete in Anne-Maries Elternhaus ein, einem jener Häuser, die schon in ihrem äußeren Gepräge etwas Patriarchalisches an sich haben.

Robert war das zweite Kind von Georg und Anne-Marie Holzer. Eine Tochter, die der Mutter nach den Reden der Nachbarn glich wie ein Wassertropfen dem andern, war ein Jahr vor ihm zur Welt gekommen, und niemand wäre auf den Gedanken verfallen, zu prophezeien, daß Robert bei seiner Geburt nicht mehr Raum einnehmen würde, als auf einem Handteller Platz ist. Konnte man es den Besuchern somit verdenken, wenn sie bei sich der Überzeugung waren, daß das Würmchen in etlichen Stunden den letzten Schluckert getan? –

Das erste Ereignis, dessen sich Robert in seinem späteren Leben erinnerte, und von wo aus er eigentlich begann, die Umwelt zu betrachten und – in einem gewissen Sinne – sich ihrer zu bemächtigen, trat ungefähr gegen sein viertes Jahr ein.

Robert hatte den Landfrauen nicht den Gefallen getan, zu sterben, nachdem er kaum in diese Welt hineingeboren war, vielmehr hatte er sich, wenn auch unter allerlei Besorgnis und Mühsal der Mutter, zu einem Bürschchen entwickelt, das sich kaum von seinen Altersgenossen unterschied. Eine samtene Hose trug er, in dunkelblauer Farbe, und lange, fast bis in den Rücken fallende, hellblonde Locken. Die Hose war geschneidert aus jenem Stoff, mit dem man die Sitze der Kaleschen in der Wagenbauerei überzog, und Roberts Eltern hatten darauf gehalten, die Hosen aus diesem Material anfertigen zu lassen, um die Dauer des Hosenbodens zu verlängern. Robert aber haßte diese Hose aus blauem Samt, stets fing er an zu flennen, wenn er sie tragen mußte, und mehr als einmal drohte seine Mutter ihm, den Feldhüter Misch, vor dem Robert wegen der Mütze mit den roten Streifen eine ungeheure Achtung hatte, herbeizurufen, um ihn dazu bewegen zu können, das Ding aus blauem Samt anzuziehen.

An einem Frühsommertage aber geschah dies:

Das Haus von Roberts Tante, der älteren Schwester von Roberts Mutter, lag nicht gerade in dem Städtchen, sondern ein bißchen an der Peripherie von Echterhausen. Es war dies nicht etwa ein einfaches Haus, sondern vielmehr ein ganzer Bering, der sich aus dem Wohnhaus zusammensetzte, einem großen Hof mit einer Remise, wo es stets so süß nach frisch geschnittenem Holze duftete, einem Obstgarten, wo man die Wäsche auf die Bleiche legte, und dann, dem Wunder der Wunder: Einem Stall, wo die Bauern an Markttagen ihre Pferde unterstellten, und daneben eine Scheune mit einem Heuboden, von dem her es so beklemmend roch. Dies nun war Roberts beliebtester Tummelplatz. Hier spielte es sich, wie sonst nirgends in der Welt. In den Holzhaufen konnte man sich verstecken, in dem Obstgarten konnte man die Birnen im Grase suchen und sie dann heimlich aufessen, man konnte sich vor Angst schaudern, wenn die Stalltür sich öffnete und das Dunkel über einen herfiel. Und wenn das Scheunentor weit aufstand und der Blick Roberts das Zwielicht streifte, das manchmal mit dem aufgeschreckten Rauschen einer Fledermaus erfüllt wurde, dann spürte Robert auf einmal etwas unheimlich Großes und Ahnungsvolles sich über ihn stürzen, daß er schnell von dannen lief und unter der Schürze seiner Tante Schutz suchte, sich vielleicht auch unter den runden Tisch in der Wohnstube kauerte, und für eine Weile sich mäuschenstill verhielt.

Nun hatte Robert gerade wieder zusammen mit seiner älteren Schwester und einem Vetter aus den aufgestapelten Holzstücken eine wunderbare Brücke gebaut, als die Tochter von Tante Gret zu ihnen trat und sagte: „Robert, geh einmal schnell nach Hause! Dort ist ein Brüderchen für dich angekommen." Da ließen die Kinder das Spiel sein und näherten sich voller Erwartung dem Elternhause. In dem Laden stand die Großmutter wie immer hinter der Theke und befahl ihnen, nur ja recht behutsam aufzutreten und in der Treppe keinen Lärm zu machen, damit das Brüderchen nicht aufwache. Mit ängstlichen Gesichtern und klopfenden Herzen näherten sie sich dem Schlafzimmer der Eltern. Als sie die Tür öffneten, lag der Raum in halbem Dämmer da; die Gardinen waren vorgezogen, es roch sehr fad und manche flüsternde Stimmen nahm Robert dort wahr, die er sonst nie in diesem Hause vernommen hatte. Allmählich gewöhnten sich seine Augen an das Halbdunkel und da konnte er denn feststellen, daß die Personen, die in dem Zimmer wisperten und sich behilflich machten, mit einer Ausnahme, lauter Bekannte waren. Die eine aber, die er noch nie hier gesehen, trug weiße Schüsseln mit einer Flüssigkeit – Robert glaubte, es sei Wasser – zur Tür hinaus, und als er endlich in all dem Wirrwarr das gütige wundervolle Gesicht seiner Mutter gewahrte, da sah er: Sie lag ganz weiß gekleidet im Bett, und sie lag nicht allein darin: Neben ihr bewegte sich etwas, und das war ein kleines, sehr rundes, puffiges, rötliches Gesichtchen und das Köpfchen war fast nackt.

Welch ein Gefühl in Robert in diesem Augenblick aufstieg, kann man nicht sagen, aber plötzlich fing er zu weinen an, und mit einer solchen Heftigkeit, daß man ihn aus dem Zimmer führen mußte. Von dieser Minute an spürte Robert instinktiv, daß nun ein Neues in seine Welt getreten, mit dem er sich abfinden und auseinandersetzen mußte.

III

Eines Tages aber geschah in dem Städtchen etwas ganz Wunderbares, etwas, das Robert aus seiner Ruhe aufscheuchte, ihm eine vollständig neue Welt öffnete und noch Jahre danach tiefe Eindrücke in seinem Innern hinterließ.

An einem Sommernachmittag, an dem er gerade mit seinem Freunde Bernard damit beschäftigt war, aus dem Schlamm, den ein niedergegangenes Gewitter hinterlassen hatte, kleine Staumauern in den Gossen zu bauen, ertönten auf einmal grelle Fanfarenstöße. Im Nu hatten Robert und sein Freund ihr Werk im Stiche gelassen, um der Ursache dieses ungewöhnlichen Geräusches nachzugehen.

Da bot sich ihnen an einer Straßenecke ein seltenes bis dahin nie gesehenes Bild: Eine Gruppe von etwa fünf Musikanten hielt da, äußerst bunt kostümiert, in Anzügen, wie sie Robert bisher noch nie zu Gesicht gekommen waren. Im Grunde waren es keine Anzüge, die sie trugen, sondern man glaubte, das nackte Fleisch eines jeden dieser Menschen zu sehen. Nachdem sie noch ein Musikstück heruntergeblasen hatten, rief einer von ihnen etwas in einer Sprache, die Robert nicht verstand. Auf das Befragen einer älteren Person, die neben ihm stand, erhielt er dann die Antwort: daß die berühmte Zirkustruppe Santinelli, die schon vor hohen und höchsten Herrschaften ihre Künste gezeigt, nun im Städtchen angekommen, und es sich zur Ehre anrechne, auch einem hiesigen Publikum mit nie gesehenen Schaustellungen aufzuwarten. Um halb neun Uhr erwarte man die werten Zuschauer auf dem Marktplatz, um ihnen nur das Beste vom Besten zu bieten.

Als Robert diese Worte vernommen hatte, da hatte der Gossenschlamm für ihn jedes Interesse verloren. Für ihn und seinen Freund Bernard gab es jetzt nur noch eines: Den wunderbaren Künsten dieser fahrenden Menschen, die aus einer Welt stammten, die Robert nicht kannte, zusehen zu dürfen, einmal selber zu erleben, was es mit einem Zirkus auf sich habe, also einem Ding, bei dem das Wort allein schon etwas wie Schauder einjagte.

Lange, lange mußte er bei seiner Mutter, die zuerst abgeneigt war, betteln, bis diese sich dazu bequemte, ihm zu einem Besuch der Vorstellung die Erlaubnis zu geben, allerdings nur unter der Bedingung, daß die um Jahre ältere Schwester die beiden begleite.

So schritten sie denn nach dem Abendessen los. Inzwischen hatten die Seiltänzer auf dem Marktplatz ein Trapez errichtet, das in der Mitte eines Kreises stand, der mit Sand ausgefüllt war. Rund um den Kreis waren äußerst primitive Bänke gestellt, auf denen die Zuschauer Platz nehmen sollten. Noch war es viel zu früh zum Beginn der Vorstellung, die Uhr auf dem Turm der Pfarrkirche schlug erst halb acht, aber schon nahmen die drei auf den Bänken Platz, damit keiner ihnen zuvorkomme. Andre Kinder aus Echterhausen lärmten um die Wohnwagen und die improvisierte Zirkusarena, aber Robert und Bernard focht dies wenig an, sie hatten nur Augen für die Geräte, die Hanteln, Stricke, Gewichte u.s.w., die dort herumlagen.

Plötzlich kam ein Mann aus einem der Wohnwagen, eine Orgel begann zu quietschen, dann immer zu grelleren Tönen sich steigernd. Nun fanden sich auch nach und nach noch andre Zuschauer ein, die aber keine Sitzplätze in Anspruch nahmen, so sehr auch der Mann hinter der Orgel sich mühte, ihnen mit seiner gebrochenen Stimme solche anzubieten. Mit einer Hartnäckigkeit sondergleichen stellten sie sich hinter den Bänken auf, und so kamen die drei Kinder als einzige wirkliche Zuschauer in Betracht.

Endlich begann, für Robert war die Stunde eine Ewigkeit, die Vorstellung. Ein Mann wurde mit Schnüren an einen Stuhl gebunden und befreite sich, ohne seine Hände zu gebrauchen; ein andrer trat auf, der Taler aus der Luft griff, sie dann wieder verschwinden ließ, um sie in der Tasche eines Zuschauers wiederzufinden; ein Drahtseil wurde auf zwei Pflöcke gespannt, und darauf glitt ein junges Mädchen hin und her, so sicher, als ob sie sich auf dem Boden bewege.

Schließlich trat der Mann hinter der Drehorgel hervor und kündigte die Glanznummer des Abends an: Hatamiri, der Mann mit der steinernen Haut. Eine Doppelleiter wurde herbeigeschleppt, aber anstatt der hölzernen Sprossen steckten Schwerter quer durch die Seiten.

Robert gruselte. Und schon trat einer aus der Truppe in einem fleischfarbenen Trikot vor, nahm einen der Dolche aus der Treppe, reichte ihn im Zuschauerkreise herum, und schmetterte über den Marktplatz: Man solle die Schneide des Dolches prüfen, tausend Franken zahle er jedem, der ihm das, was nun komme, nachmache. Dann entledigte er sich seiner Sandalen, tänzelte, nachdem er den Dolch wieder in Empfang genommen hatte, zu der Treppe, steckte ihn an seine frühere Stelle, und begann mit bloßen Füßen, die Leiter zu ersteigen. Robert verschlug es den Atem. Als der Mann im fleischfarbenen Trikot oben auf der Leiter angekommen war, blieb er eine Weile dort stehen, ließ sich in die Kniekehlen nieder, um den Körperdruck auf die bloßen Fußflächen zu verstärken, und tänzelte darauf graziös die andre Seite herunter. Als er dann wieder in der sandbestreuten Arena stand, verneigte er sich auf eine unnachahmliche Weise vor den Zuschauern und verschwand im Innern des Wagens.

Die Drehorgel setzte mit ihrem Gejammer aus, wieder erschien der Mann mit der krächzenden Stimme, brachte eine Kiste herbei, die ganz mit Glasscherben angefüllt war, deren Schneiden nach oben lagen. Und schon stand Hatamiri daneben, mit bloßen Füßen, und nun sprang er mitten in die Scherben hinein. Die Kinder hielten sich fest aneinander, sie glaubten, jede Sekunde aus der Kiste Blut fließen zu sehen, aber nichts dergleichen geschah, der Mann sprang immer höher, und immer fester kamen die Fußsohlen auf die Glasscherben nieder. Plötzlich hielt er inne, ließ noch einmal die Kiste im Kreise herumgehen, damit ein jeder sich von der Echtheit der Scherben überzeugen könne, und dann verschlang ihn das Dunkel der Wagen. Nun kam das Mädchen, das auf dem Drahtseil vorhin so sicher getanzt hatte, mit einem Teller in der Hand, jeder legte sein Kupfer- oder Nickelstück darauf, und einige Minuten später war es wieder auf dem Marktplatz so still, daß man das Rauschen der Bäume von der Pfarrkirche her hörte.

In dieser Nacht schlief Robert schlecht; sein kleines Gehirn fieberte und jedesmal, wenn die Mutter an seiner Schlafkammer vorbei kam, um nach ihm Nachschau zu halten und ihm mit der sanften stillen Hand über das Köpfchen fuhr, dann lag er noch wach und starrte in das Dunkel hinein. Hatamiri, der Mann mit der stählernen Haut, ließ ihm keine Ruhe. Wie war es möglich, daß jemand auf zweiseitig geschliffenen Dolchen mit bloßen Füßen gehen konnte, wenn ihm selber schon das Berühren eines Tischmessers eine Schnittwunde beibrachte? Hier mußte ein Geheimnis walten, das zu ergrübeln er sich fest vornahm.

Als er am andern Morgen die Straße betrat, war sein Freund Bernard schon dort; auch er stand noch ganz im Banne des am vorhergehenden Tage Geschauten und so war denn seine erste Frage, ohne lange Einleitung, ob Robert mitmache, er habe nämlich vor, eine Zirkusvorstellung zu geben. Robert war einen Augenblick sprachlos, dann aber bemerkte er zögernd, wie Bernard sich das denn denke, wie er die Sache zu bewerkstelligen beabsichtige. Da erklärte sein Spielgenosse resolut, er solle nicht lange sich drücken, er solle sagen ja oder nein, man spiele Zirkus und er sei der Mann mit der stählernen Haut.

Robert war es bei dieser Sprache nicht ganz geheuer, dennoch wagte er keine Gegenrede. Bernard nahm dieses Schweigen als Zustimmung auf und entwickelte seinen Plan.

Das Haus von Bernards Eltern war von dem nachbarlichen durch eine große Passage getrennt, welche zu einem Schuppen führte, in dem Bernards Eltern alles mögliche Gerümpel verstauten. Diese Passage nun schien die geeignetste Zirkusarena.

Die beiden hatten nicht nötig, viele Vorbereitungen zu treffen. Man befestigte ein Seil an der Dachrinne des Nachbarhauses, das, da sich sonst auf der gegenüberliegenden Seite keine Stelle zum Anbringen des Seiles bot, man um einen alten Besen knotete, um so die Arena von dem Zuschauerraum abzusperren. Der Zuschauerraum aber war die Straße, auf der stets mehr oder weniger Verkehr herrschte, da sie den Bahnhof mit dem Marktplatz verband.

Nun machte man es, wie man es am vorigen Tage bei der Seiltänzertruppe beobachtet und fein vermerkt hatte. Bernard, mit einem alten, wunden hölzernen Pferd, das St. Nikolaus ihm geschenkt hatte, eröffnete den Zug, ihm folgte Robert mit einer Gießkanne, und dann der Troß, der von Kindern aus der Nachbarschaft gestellt wurde. An jeder Straßenecke machten sie halt, Robert bearbeitete mit einem hölzernen Schläger die Gießkanne, dann, nachdem sich weiter Kinder aus den Nebenstraßen angesammelt hatten, bestieg Bernard das Pferd und verkündete, daß der berühmte Zirkus Holzer nach etlichen Minuten eine Vorstellung gebe, wo man die ungewöhnlichsten Dinge zu sehen bekomme. Dann zog man zu einer andern Straßenecke, die Kinder sammelten sich zu Scharen, und als man schließlich wieder zuhause anlangte, hatte sich der anfängliche Trupp zu einem ansehnlichen Haufen erweitert.

Als der Haufe bei dem elterlichen Hause angekommen war, tauchte die Frage des Eintrittsgeldes auf. So ohne weiteres konnte man den Zutritt zu der Arena nicht gestatten, und deshalb machte Bernard den Vorschlag, ein jeder solle geben, was er eben bei sich habe.

Nun ging Robert mit der Mütze im Kreise herum, und nachdem jeder irgendeinen Gegenstand hineingeworfen hatte (der einen blinkenden Knopf, der einen Kreisel, der eine Kartoffel), konnte die Vorstellung beginnen. Als erste Nummer boten Robert und Bernard akrobatische Übungen, die mehr ihrer Phantasie entsprungen waren, als daß sie irgendetwas mit turnerischen Übungen zu tun gehabt hätten. Dann mußte Roberts Schwester tanzen, sie tat es mit der ganzen Ungeschicklichkeit ihrer noch jungen Glieder. Und nun kam die Hauptattraktion; Bernard trat vor und verkündete in kindlichem Hochdeutsch, wie er es in der Schule gelernt hatte: Nun würde er bieten, was noch keinem zu sehen vergönnt gewesen; nun würde er zeigen: Hatamiri, den Mann mit der stählernen Haut.

Zuerst glaubte Robert, sein Freund und Spielgenosse bluffe, dann aber sah er, daß dieser eine Kiste und eine leere Weinflasche herbeischleppte, die er an einer Mauerkante entzweischlug; die Scherben tat er dann fein säuberlich in die Kiste, die Kanten nach oben. Hierauf verschwand er etliche Minuten in dem Schuppen und kehrte mit bloßen Füßen zurück; nun trat er vor, und ehe irgendjemand ihn hätte hindern können, sprang er mit voller Wucht in die Scherben. Ein gräßlicher Schrei ertönte, Bernard sank in die Kniee, und weinte, nein, brüllte, daß die ganze Nachbarschaft zusammenlief.

Von den zuschauenden Kindern wagte sich keines zu ihm hin, aber da kamen schon Roberts Vater und Mutter gelaufen sowie Bernards Mutter. Man hob ihn aus der Kiste heraus, und da sah man, daß deren Boden sich ganz mit Blut gerötet hatte. Roberts Vater nahm Bernard auf den Arm und trug ihn in das Elternhaus, denn Bernard konnte nicht mehr gehen; man untersuchte seine Füße, und da stellte man fest, daß seine Sohlen gänzlich von den Scherben zerschnitten waren, Roberts Spielkamerad mußte ins Bett, und lange lange Wochen nach diesem Abenteuer erst durfte er es wieder verlassen.

Für Robert aber war die Magie des Zirkus nach dieser Begebenheit noch nicht zuende. Viele Jahre später träumte er noch immer von dem phantastischen, nicht erreichbaren Glück, an der Spitze einer Zirkustruppe durch die Städte ziehen zu können, dem Volke zur Kurzweil und Bewunderung, sich selber zur Stillung nur geahnter, aber nie eingestandener Süchte.

Und wer will es Robert verwehren, daß sein Herz vor Freude sich kaum zu fassen wußte, als sein Vetter Franz ihm eines Tages außer Atem mitteilte, etliche Mann seien in ihrem Tanzsaale morgens eingetroffen und wollten abends eine kinematographische Vorstellung geben?

[Dieser Tag war für Robert Jahrzehnte hindurch der schönste seines Lebens.]

Ohne sich lange zu bedenken, wanderten die beiden gleich nach Onkel Theodors Saale, um zu sehen, was für eine Bewandtnis es mit diesem sonderbaren Ding habe.

Der Saal von Onkel Theodor lag nur einige Schritte von Roberts Elternhause entfernt. Onkel Theodor war der älteste Bruder von Anne-Marie Bode, und der Typ eines Menschen, wie er nur in der Kleinstadt gedeihen kann. Onkel Theodor hatte damit begonnen, daß er zuerst in der Werkstätte seines Vaters das Handwerk lernen sollte; da ihm aber diese Arbeit zu mühsam vorkam, zog er es vor, in fremde Länder zu reisen, um dort neue Kunden für die Wagenbauerei Bode & Söhne zu werben. So war er einmal bis nach England gefahren, und der Volksmund wollte wissen, daß er dort lange als verschollen galt. In ziemlich spätem Alter heiratete er, und da das Handwerk ihm nicht zusagte, fing er eine Wirtschaft an, der ein Tanzsaal angegliedert war. Dieser Tanzsaal war eine der Lieblingsspielstätten der Geschwister Bode und Holzer. Kaum hatten Robert und seine Schwester den Eßlöffel weggelegt, so fanden sie sich auch schon im Saale ein, um dort mit dem Vetter und den Basen zu tollen und sich gegenseitig in die Haare zu geraten. Aber oft dauerte der Unfug nicht lange. Der eigentliche Saal war von der Wirtsstube durch eine hölzerne verschiebbare Wand getrennt, der entlang gepolsterte Lederbänke liefen. Onkel Theodor hatte nun die Gewohnheit, auf einer dieser Bänke stets sein Nachmittagsschläfchen zu halten, und wurde der Tumult der sich balgenden Kinder allzugroß, so sprang er auf einmal auf und jagte sie gröblings zur Türe hinaus. Onkel Theodor mußte nämlich jeden Mittag sein Schläfchen halten, um abends wieder vollends frisch zu sein, denn abgesehen von seinem Wirteberuf, war er in sämtlichen Gesellschaften von Echterhausen ein gern gesehener Gast, wo er es liebte, als Dandy aufzutreten, und selbst nicht davor zurückschreckte, in der „Lyra"[13] den Tanzlehrer zu spielen, da kein andrer den nötigen Chic dazu aufbrachte.

Als die Kinder zusammen den Saal betraten, war der schon inzwischen ganz verdunkelt worden. In der Mitte ungefähr aber hatte man einen kleinen Bretterverschlag errichtet, der mit schwarzer Leinwand umkleidet war. Die Gebrüder Kleister waren von Trier herüber gekommen, um dem kleinen Städtchen Echterhausen zum erstenmal bewegliche Bilder vorzuführen. Im Raume selbst roch es ziemlich säuerlich und als Robert seine Augen ein bißchen an das Dunkel gewöhnt hatte, da gewahrte er, nahe an der Bühne, durch die noch Licht hereinfiel, einen Mann in mittleren Jahren sitzen, der gerissene Filme aneinandersetzte. Aus dem Bretterverschlag aber fiel auf eine Leinwand, die nicht weit von der Bühne entfernt angebracht war, ein so greller Schein, daß man nicht hineinsehen konnte und man die Augen schließen mußte.

In den Fenstern des Städtchens hingen inzwischen wütend grell bemalte Plakate, welche mitteilten, daß der Kino[14] Kleister in der Ortschaft eingetroffen sei und er keine Kosten gescheut habe, um dem werten Publikum ein erstklassiges Programm zu bieten. Die erste Vorstellung werde am nächsten Tage, einem Sonntag stattfinden, und zwar gebe man das Oberammergauerpassionsspiel.[15]

Am nächsten Tage war Robert schon um ein Uhr mittags im Saale von Onkel Theodor. Mit der angestrengtesten Aufmerksamkeit verfolgte er jede Handlung der Kinobesitzer, mit einer religiösen Scheu schaute er zu, wenn die kohlenen Stifte im Apparate aufflammten, mit einer wahren Inbrunst atmete er den Geruch der Zelluloidstreifen ein.

Gleich nach der Vesper fanden die ersten Zuschauer sich ein, allmählich füllte sich der Saal, und als es gegen vier Uhr ging, waren sämtliche Plätze besetzt.

Da ertönte auf einmal eine Klingel, die Lampen erloschen, und schon setzte das große Geschehen auf der Leinwand ein. Die Geburt Christi erstand, man sah den Stern und die Weisen aus dem Morgenlande, Jesus unter den Schriftgelehrten im Tempel, bis zum Einzug in Jerusalem. Da wurden Palmen geschwungen, das Volk auf der Leinwand jubelte dem Heiland zu... und schon flammten die Lichter im Saale wieder auf - - der erste Teil war zuende.

Als man Robert mit Fragen bestürmte, wie die Bilder ihm gefallen hätten, vermochte er nicht zu antworten, die Kehle war ihm wie zugeschnürt ob der Neuheit des Geschauten, und er konnte es kaum erwarten, bis es wieder dunkel ward und Christus und die Jünger am Ölberge erschienen. Was sich nun abrollte, das war Robert zuviel: Die Marterszenen, der Kreuzestod des Heiland... Er wäre gern davongelaufen, wenn er es nur vermocht hätte, aber wer hätte ihn durch die Menge in dieser Finsternis geleitet, wer wäre mit ihm hinaus ins Freie gegangen? Alle Zuschauer saßen gebannt, nur Robert mußte den Blick wegwenden, und auch die Himmelfahrt Christi konnte nicht das Gefühl der Übelkeit aus seinem kleinen Körper nehmen.

Als er dann etwas später wieder unter der Petroleumlampe in der Geborgenheit seiner Eltern saß, da erst wieder wich der Bann von ihm und er weinte haltlos in den Schoß seiner Mutter.

IV

Obschon Robert in seinen Kinderjahren viel kränkelte und mit der Brust zu tun hatte, wuchs er doch allmählich heran, und es kam die Zeit, da er zum erstenmal den Gang zur Schule antreten sollte. Das Schulgebäude grenzte an den Hof der Basilika und war eine Dependenzie der früheren Abtei. Ein Hof mit wunderbar alten Bäumen war davor gelagert und gleich gegenüber stand ein großes Tor, das Robert in seinen späteren Träumereien, wenn die andern Kinder mit lauter Stimme ihre Aufgaben hersagten, noch viel zu schaffen machen sollte. Es stand dies Tor nicht für sich allein, sondern war im Grunde genommen eine Toreinfahrt, hinter der ein Hof und dann Haus kam; gar zu gerne wäre Robert einmal durch diesen Hof zu dem Hause vorgedrungen, aber seine natürliche Scheu überwand seine kindlichen Hemmungen nie. Und trotzdem waren es noch nicht der Hof und das dahinterliegende Haus, welche stets ein Anreiz zu seinen phantasievollen Träumen waren. Über dem Toreingang waren menschliche Wohnungen hergerichtet, und oft konnte Robert hinter den Fenstern Gesichter sehen und Figuren, welche sich bewegten. Was mochten das für Wesen sein, die so hoch oben ihr Dasein verbrachten, und wie kamen sie in diese Zimmer? Das waren Dinge, die Roberts kleines Gehirn nicht zu fassen vermochte, und über deren Lösung er stundenlang grübeln konnte.

Es waren aber die Bewohner dieser Stätte ein heruntergekommener Schreiner mit seiner Familie, denen der Volksmund den Namen „Jupiter" gegeben hatte, in Erinnerung an den heidnischen Gott Jupiter, der ebenfalls über den Wolken thronte. Wenn Robert einem dieser für ihn unheimlichen Menschen begegnete, dann machte er einen großen Bogen um ihn herum, denn ihm dünkte, daß jedem dieser Familie etwas Unheimliches, Gespensterhaftes anhafte.

Da Robert ein ziemlich geweckter Knabe war, kam er trotz seinem Hang zu Träumereien rasch in der Schule voran, und wenn auch manchmal der Fall eintrat, daß der Lehrer ihn überraschte, wenn er so geistesabwesend dasaß und ihn bat, mit lauter Stimme dort fortzufahren, wo die andern in der Lektüre eben aufgehalten hatten, so zog er sich rasch durch ein kleines schwindelhaftes Manöver aus der Klemme: Da er sämtliche Lektionen auswendig im Kopf hatte, war es ihm ein Leichtes, durch eben diesen Trick den Lehrer aufs Auge zu drücken.

Die schönste Zeit seiner ersten Schuljahre waren für Robert an den Wintertagen die Stunden von drei bis vier. Dann begann die Dämmerung schon über das Schulzimmer hereinzubrechen, im Ofen rumorte das Feuer und durch die Ritzen sprangen kleine Flammen, die sich auf dem Fußboden und auf der gegenüberliegenden Wand neckten. Dann kam der Lehrer von seinem Pult herunter, klomm auf eine Bank und nahm seinen Geigenkasten herunter, der in den Ruhestunden auf einem Vorsprung über der Eingangstür sein behagliches Dasein vertrödelte.

Lehrer Rellinger war ein gemütlicher Mann, bei dem die Kinder sich, trotz mancher Anwandlung von Strenge, die ihn manchmal überfiel, äußerst wohl fühlten. Wie der Priester dem Tabernakel die Monstranz, so entnahm Lehrer Rellinger dem Kasten die Geige, faßte sie sehr behutsam an, prüfte den Bogen und dann, eins, zwei, drei, mußten die Kinder singen. Es gab nur ein Lied, das Herr Rellinger auf der Geige konnte, aber dieses Lied sangen die Kinder jede Woche mindestens ein halb Dutzend mal, und dieses Lied begann mit den Worten: „Die Katz sitzt auf der Lauer, fari, fara, farum..." Selbst die dümmsten unter Roberts Klassenkameraden kannten schließlich den Text auswendig, und so schmetterten ihn ungefähr dreißig junge Kehlen in den Winternachmittag hinein, so daß die Vorübergehenden entsetzt stehen blieben, und an das Ende der Zeiten glaubten. Fünf Minuten vor vier Uhr gebot Lehrer Rellinger dem Chor dann Einhalt, faßte mit spitzen Fingern seine Geige, und legte behutsam das kostbare Instrument wieder in den Kasten zurück.

Einer der schönsten Tage für die ganze Klasse, weil sie sich dann fast gänzlich selber überlassen war, war stets der zweite Mittwoch im Monat. Dann brachten die Bauern der Umgegend ihr Vieh auf den Markt nach Echterhausen, wo sie es zum Verkauf anboten. Während nun der richtige Viehmarkt sich auf dem großen Platze abspielte, war die Straße von der Post zur Basilika an der Schule vorbei mit Kramläden besät. Hier schrie einer seine hervorragenden, unzerreißbaren, leinenen und wollenen Stoffe aus, dort bot einer mit einer sich überschlagenden Suada[16] seine Töpferwaren feil, an einer Ecke, gerade gegenüber dem Schulhause, konnte man Viandener Kränzercher[17] erstehen, und hart daneben überredete der Schmelzer von Trier in seiner wahren Jakobsmanier[18] seine Kunden zum Einkauf. Der Schmelzer von Trier hatte ein Geschäft, dessen Anblick jedes Bubenherz in die höchsten Seligkeiten steigerte. Dort gab es die schönsten Taschenmesser der Welt, nicht mit einer, sondern mit zwei und drei Klingen, und die Schalen hergestellt aus Metallen, die man nur im Traume zu erblicken wagte; daneben lagen ganze Haufen Rasiermesser, Spiegel und alle möglichen wunderbar glänzenden Dinge, auf die die Schulbuben von Echterhausen sich keinen Reim zu machen wußten. Die Bauern aber, nachdem sie ihre Kühe oder Ferkel und Kälber verkauft hatten, gingen feilschend von einem Stand zum andern, hier einen Einkauf besorgend, dort den Inhaber mit ihrem Mutterwitz ärgernd.

Dieser Tag war für Herrn Rellinger ein Festtag, denn ein Fenster der Schule, das das ganze Jahr über mit Läden verschlossen war, ging auf die Straße, wo der Krammarkt stattfand. Sobald nun die Ausrufer begannen, ihre Waren anzupreisen, schob sich der Lehrer eine Bank bis an dieses Fenster, gab den Kindern irgendeine Schreibaufgabe auf, öffnete bis zu einem Spalt die Läden, und beäugte nun durch diesen Spalt hindurch das Treiben auf der Straße.

Man kann sich die Seligkeit der Kinder ob dieses Gebarens vorstellen; denn so konnten sie im Rücken des Lehrers leise miteinander plaudern, sich die Aufgaben abschreiben und überhaupt Unfug stiften. Für Herrn Rellinger existierte an diesem Morgen die Klasse nicht, und erst gegen elf Uhr, wenn die Glocke des Pedellen[19] den Schulschluß ankündigte, kam er von seinem erhöhten Sitze herunter, um sich nun Hals über Kopf selber in das Marktsgetümmel zu mischen.

Kann man sich einen schöneren Ort denken, um am Ende des Schuljahres die Preiseverteilung abzuhalten, als den Vorhof der Basilika von Echterhausen? Gibt es eine Stätte im ganzen Herzogtum Lützelburg, die einen stärkeren Eindruck auf die noch empfänglichen Kindergemüter ausübte, als gerade diese, wo die Geschichte Spuren hinterlassen hat, gegen die aufzukommen umsonst sich die Gegenwart bemüht? Auf beiden Seiten umgeben von Dependenzien der alten Abtei, im Hintergrund die frühere Abteikirche, die heutige Basilika, würde es schwer fallen, hier nicht von einem Hauch des großen Geschehens berührt zu werden, das sich über ein Jahrtausend auf diesen Steinen abspielte und dessen lebendige Zeugen noch heute die alten Pappeln und Kastanienbäume sind, deren Rauschen über die nicht allzuhohen Mauern des Abteigartens bis in den Hof herüberdringt.

Jedes Jahr, so gegen Ende August, fand hier das große Fest statt, das Robert schon Wochen vorher in fiebriger Aufregung hielt, und das noch weit bis in die Ferien hinein seinen wunderbaren Schein warf.

So gegen halb zehn Uhr morgens begann es. Von der Basilika herab wehten die Papstfahnen sowie die des Landes; selbst das trägste Herz mußte in höhere Schwingungen geraten, wenn es sie unter dem azurblauen Sommerhimmel feierlich, als ob sie sich ihrer besonderen Würde bewußt seien, hängen sah. An Masten baumelten in denselben Farben eine Unmenge Wimpel, deren Spiel, trotz seiner Lustigkeit, den besonderen Charakter des Tages noch mehr hervorstrich.

Die steinerne Treppe, die zum Eingang der Basilika führte, war im Hintergrunde ganz mit Palmen geschmückt, so daß der Zutritt zur Kirche für diese Stunden sozusagen gesperrt war. In der Mitte stand ein erhöhter mit rotem Plüsch bekleideter Sessel, dann folgten einfachere aus Rohr, die aber noch immer ein besonders festliches Merkmal trugen. Diese Stufen der Treppe waren mit Teppichen belegt, wie sonst nur, wenn der Landesfürst, oder der Bischof erwartet wurden. Gegen neun Uhr nahten zuerst, geführt von ihren Lehrern und Lehrerinnen die Schulkinder, und zwar zuvorderst die oberen, dann die unteren Klassen. Sie nahmen, ein jedes in seinem Sonntagsgewand, zu beiden Seiten Aufstellung, und so ausgelassen diese Haufen kribbelnder Gestalten auch zuzeiten sein konnten, in diesen Stunden trugen sie alle ihre Seele, die sehr feierlich gestimmt war, auf ihren Gesichtern zur Schau.

Auf einmal ertönte um die Ecke ein Marschlied, und die Stadtmusik nahm unter dem großen Büßerkreuz rechts in der Ecke ihren Platz ein.

Nun kamen allmählich die Honoratioren des Städtchens, der Apotheker[20], der Stadtschreiber, der Doktor, der Schöffenrat, der Dechant mit seinen Kaplänen, der Notar, der Direktor des Gymnasiums, die Professoren, und die Eltern jener Kinder, die wußten, daß sie einen der ersten Preise erhielten. Von dem Stadtdiener wurden sie zeremoniell an ihre Plätze geleitet, und zuletzt stand nur noch ein Stuhl leer und wartete.

Ein Tusch, und der Herr Bürgermeister schritt durch die Reihen seinem Sessel zu. Herr Brümmel[21] schritt sehr aufrecht, trotz seiner grauen Haare, und obgleich er in seinem früheren Beruf Apotheker gewesen, würde ein Fremder ihn als einen Hauptmann in Zivil angesprochen haben. Eine hohe tapfere Gestalt war ihm zu eigen und auch seine Gebärden gehörten eher einem alten Landadligen, als einem Provinzapotheker. Sein Vater war schon Apotheker gewesen und hatte in stiller Benediktinerarbeit eine Geschichte der Abtei und des Städtchens Echterhausen verfaßt,[22] nun pflegte er selber noch historischer Studien, doch mehr aus Liebhaberei, denn aus dem Drang eines Gelehrten.

Nachdem er sich umständlich, ganz seiner Würde an diesem Tage bewußt, zwischen seine beiden Schöffen auf dem erhöhten Sitze niedergelassen hatte, trat für einen Augenblick eine etwas peinliche Stille ein. Oberlehrer Mathes, ein freundlicher, alter Herr, dessen Äuglein beständig lustig zwinkerten, gruppierte seine Schüler um sich, und nun schmetterten etwa 60 Knabenstimmen in den Sommermorgen hinein das Lied: *Der Kuckuck und der Esel, die hatten großen Streit...*[23] Es war das einzige Lied, das Oberlehrer Mathes das ganze Jahr hindurch mit seinen Schülern, im Hinblick auf diesen großen Tag, einübte. Jedes Jahr, um dieselbe Stunde erklang es auf demselben Platze, und ganze Generationen des Städtchens konnten davon erzählen.

Nun begann die eigentliche Preiseverteilung. Mit den oberen Klassen fing man an, um dann allmählich bis zu den untern vorzudringen. Die Preise, in Form von Büchern, wurden vom Lehrer an die Gäste gegeben, und zwar nach ihrer Importanz; jedes Jahr erhielt der Bürgermeister den ersten Preis zur Verteilung, die beiden Schöffen den zweiten und dritten u.s.w. Wenn der erste Preis aufgerufen und aus den Händen des Stadthauptes empfangen wurde, blies die Musik einen dröhnenden Tusch, der Knabe errötete, machte einen Knicks und wurde von Herrn Brümmel herzlich beglückwünscht.

Obschon Robert in der Klasse das ganze Jahr hindurch den ersten Platz belegt hatte, drängten doch in dieser letzten Minute sich Zweifel vor. Wenn er nun doch den ersten Preis mit einem andern, der ihm stets nah auf den Fersen war, teilen müßte, oder der Lehrer gar diesen vorgezogen hätte, weil er in den letzten Tagen Robert in der französischen Übersetzung über war? –

Nun mußte Roberts Klasse daran kommen, und da hörte er auch schon die Stimme des Lehrers seinen Namen rufen; er schritt auf den erhöhten Sessel zu und nahm aus den Händen des Bürgermeisters sein Preisbuch entgegen. Herzhaft erklang der Tusch, Herr Brümmel gratulierte, und als Robert sich umwandte, um zu gehen, da sah er in der zweiten Reihe der Gäste seine Mutter sitzen, deren Gesicht ganz erstrahlte vor innerem Leuchten und Glück.

Und er wußte: Zuhause würde dieser Tag noch viel, viel schöner werden, wenn er mit seiner Mutter eine Stunde allein sein durfte.

V

Gegen Ende des sechsten Schuljahres kamen Roberts Eltern überein, ihn der Sitte gemäß auf das Gymnasium zu schicken, um später einen Beamten oder was Ähnliches aus ihm zu machen, denn da Roberts Vater ein kleiner Beamter in Echterhausen war, so stand es fest, daß der Sohn, wenn nicht was Besseres, so doch immerhin Beamter werden müsse.

Also bezog er mit einer Unmenge Klassenkameraden das Gymnasium seiner Vaterstadt.

Dieses Gymnasium kam Robert mit seinen träumerischen Anlagen in seiner ganzen Fülle entgegen. Es war untergebracht in einem Flügel der alten Benediktinerabtei; die Fortsetzung des eigentlichen Schulgebäudes bildete das Pensionat, das dem Gymnasium angegliedert war; in dieses waren die Abträume miteinbezogen, die sich noch bis auf die andre Seite der Abtei erstreckten; eine altertümliche Sonnenuhr, auf der nur noch die Worte zu lesen waren… „Ultima latet"[24]… prangte über dem Eingang zu einem der Gebäude, die wohl früher den Verwaltern des Klosters gedient hatten. Pfauen gingen stolz auf der Treppe, die ehedem als Zugang zu den Abtgemächern diente, spazieren und warfen von Zeit zu Zeit ihren dringenden Ruf in die Stille der Sommernachmittage.

Wenn man aus diesem Hof um die Ecke bog, so stieß man auf einen zweiten, der jedoch viel besser erhalten war, als der erste. [Dieser Zugang zu der Abtei war im Grunde genommen jener, der am meisten von den Fremden besucht wurde.] Eine Treppe in kunstvoller Renaissancearbeit führte von dort in das Innere der

Abtei und durch den Kreuzgang mit seinen kahlen Platten und Steinen, in dem es stets nach Weihrauch roch – die Kapelle des Pensionats befand sich hier –, nach dem Gymnasium und auf die Straße.

Als Robert nach dem ersten Schultage nach Hause kam und von seiner besorgten Mutter, die unbedingt wissen wollte, wie es ihm gefallen habe, nach seinen Eindrücken gefragt wurde, konnte er nicht gerade viel erwidern; es gab zuviel Neues, das auf ihn jäh eingestürmt war, und noch manche Zeit sollte es währen, bis er damit fertig würde.

Gleich als sie das Klassenzimmer betreten hatten, fiel ihm vor allem die Unmenge fremder Gesichter seiner Kameraden auf; die meisten stammten aus den benachbarten Dörfern von Echterhausen, wo sie von ihrem Pfarrer auf das Gymnasium vorbereitet worden waren; später sollte es sich herausstellen, daß gerade diese einen gewaltigen Vorsprung vor den andern hatten. Scheu waren all die Buben herumgestanden, die Hände an den Hosennähten, bis ihr Name aufgerufen worden war und sie einen Platz angewiesen bekommen hatten. Robert kam in eine Bank zusammensitzen mit einem Knaben namens Geller, dessen Eltern in einem Nachbardorf in der Umgegend der Hauptstadt wohnten.

Dieser Knabe, der um manche Jahre älter als Robert war und schon vorher in Belgien in irgendeiner Unterrichtsanstalt gewesen, war nicht wie die meisten Mitschüler von auswärts im Pensionat beheimatet, sondern hatte sich ein Zimmer in Echterhausen gemietet. [Hier sollte Robert etliche Zeit später mit der Literatur seines Heimatlandes bekannt gemacht werden, und hier sollte er Eindrücke empfangen, die bestimmend für sein ganzes Leben wurden.]

Das Zimmer, in dem Geller sich eingerichtet hatte, lag in der Nähe der Basilika, hart am Eingang zu dem großen Vorhof der Abtei.

Es war spät im Herbst und die Nebel kamen von der Sur und legten über das Städtchen eine undurchdringliche Decke von Nässe und Kälte. Man hörte die letzten Wagen mit Kartoffeln oder Runkelrüben über das Pflaster holpern, nur sah man sie nicht, bis sie so nahe an einen heran waren, daß man auf einmal die kleine blakende Petroleumlampe am Ende des Wagens bemerkte. Es roch sehr stark nach dem verwesenden Laube der Kastanienbäume, die ihre Blätter vom Winde geschüttelt über die Mauern des Klosters warfen.

Da sagte Geller, als beide aus dem Silentium kamen, zu Robert: „Willst du nicht heute nach dem Abendessen zu mir kommen, wir würden dann zusammen ein bißchen plaudern... und – fügte er in einem Abstand zögernd hinzu – ... ich möchte dir meine Bücher weisen."

Robert sagte zu und traf auch zu der angesetzten Stunde bei Geller ein. Geller hatte sich sein Zimmer sehr behaglich zurecht gemacht; eine sanfte Wärme umspülte einen, sobald man eintrat. In einer Ecke hatte er ein Büchergestell angebracht, auf dem Robert nicht allein die alten bekannten Schulschmöker entdeckte, wie es bei ihm zuhause der Fall war, sondern eine Anzahl andrer Autoren, die er nicht einmal dem Namen nach kannte, und die auch gar nichts zu tun hatten mit jenen, die ihm von seinen Preisbüchern her bekannt waren oder die er im *Weltkalender* angetroffen hatte, den er an den Winterabenden zuhause unter der Petroleumlampe las.

Robert fragte Geller, und er konnte eine leise Bewunderung in seiner Stimme nicht unterdrücken, ob er jene Bücher schon alle gelesen. Geller lächelte geschmeichelt, wobei er ein schadhaftes Gebiß entblößte, und gab ein bißchen protzenhaft zur Antwort: „Was denkst du? Nicht allein die, sondern noch viel, viel mehr. Doch ich konnte sie nicht alle hierher schleppen, ich werde dir sie einmal zeigen, wenn du in den Ferien zu mir nach Straßheim kommst." [Da hatte also Robert schon zu gleicher Zeit eine Einladung für die Ferien in der Tasche!]

„Schau, kennst du dies?" – Und er langte ins Gestell und zeigte Robert ein Buch. *Verhaeren* von Michel Ernz.[25] Dabei erzählte er, daß Michel Ernz Professor in der Hauptstadt und ein Freund seines Vaters sei. Andächtig hörte Robert zu, und eine geheime Ehrfurcht vor Gellers Vater, der solche Männer als Freunde hatte, schlich sich in ihn ein. Geller griff nun zu einem zweiten Band und reichte ihn Robert. *Floreal,* Freie Rundschau für Literatur und Kunst.[26] Geller kam dabei in Schwung und redete nun munter drauf los: Wie all die Leute, die in *Floreal* schrieben, Lützelburger seien und daß auch das kleine Land Lützelburg Männer aufzuweisen hätte, die es wohl mit jenen des Auslandes aufnehmen könnten. Und er zeigte Robert noch etliche Bände andrer einheimischer Autoren.

Robert staunte, als er all dies hörte. Noch nie hatte er daran gedacht, daß auch seine Heimat Dichter besitzen könnte, Dichter von Fleisch und Blut, also lebendige Menschen wie er und sein Kamerad Geller. Wenn Robert in der Schule von Dichtern hörte, so waren das bis jetzt Menschen, die schon längst tot waren, und entweder zu Deutschland oder Österreich gehörten. Aber nun vernahm er zum erstenmale, daß auch seine Heimat Schriftsteller aufzuweisen habe, und die dazu noch atmeten, speisten und tranken, Professor waren wie jene, die ihm am nächsten Morgen wieder im Gymnasium begegnen würden, oder Lehrer und Advokaten.

Robert bat Geller, ihm den Band zu leihen, da er zu gerne darin lesen möchte. Geller sagte zu und glücklich wie nie machte sich Robert auf den Heimweg.

[Von Gellers Wohnung führte eine winklige verschnörkelte Gasse, die einen äußerst poetischen Namen führte, in der es aber stets eindringlich nach Leder, Wäsche von kleinen Kindern und gekochtem Mus roch, direkt in die Hauptstraße von Echterhausen, in der Robert zuhause war.

Da eine Vorschrift des Gymnasiumskodexes dahin lautete, daß jeder Schüler um neun Uhr in der väterlichen Wohnung zu sein habe, nahm Robert den Weg durch diese kaum beleuchtete Gasse, in der Hoffnung, so unbeachtet sein Heim zu erreichen. Doch kaum war er einige Schritte auf dem holprigen Pflaster vorwärts gekommen, als auf einmal aus einem Schluff[27], wie die alten Häuser jener Gasse unzählige bildeten, eine Gestalt auf ihn zutrat, und ihn fragte, von wo er herkomme. Robert blieb für einen Augenblick die Antwort in der Kehle stecken, denn an der Stimme und dem schwarzen Gewand erkannte er seinen Lateinlehrer Schmitt.

Dieser Lateinlehrer war einer jener Pädagogen der alten Schule, die es darauf absehen, sich bei ihren Schülern unbedingt mißliebig zu machen. Jeden kleinen Seitensprung, selbst das harmloseste Vergehen belegte er mit einer Strafe, jedes Kichern in der Klasse mußte mit dem Entzug des freien Dienstagnachmittag gesühnt werden, jede Minute Verspätung mit langen Übersetzungen aus dem lateinischen Übungsbuch. Es war, als ob dieser Mensch nie die Freude gekannt hätte, als ob er sich absolut nicht daran zu erinnern wüßte, daß auch er einmal jung gewesen und auch seiner Kehle manchmal ein Lachen entstiegen wäre.

Abgesehen davon, daß er Roberts Klassenlehrer war, war er damit beauftragt, den Septimanern die lateinische Grammatik beizubringen, sie Sätze wie Regina rosas amat ins Deutsche übertragen zu lassen u.s.w.

Auch Deutsch-Unterricht gab er auf Roberts Klasse, und da er nicht imstande war, die Vokale in ihrer ganzen Reinheit auszusprechen, sondern ein ä für ein ü setzte, ein ö für ein i, kamen ungefähr Sätze wie der folgende zustande:

„Der Mann im kleinen Hättchen, säht söch dä Troppen an."[28]

Man mußte schon selber das Buch zur Hand haben, um zu wissen, was Seydlitz eigentlich mit diesem Satze meinte. –

Als Robert schließlich Schmitt Rede und Antwort gestanden hatte, durfte er nachhause traben, aber der ganze Enthusiasmus, der ihn noch etliche Minuten vorher zutiefst durchglüht hatte, war verflogen.

Als er daheim anlangte, hatte er das Buch unter seinem Arme ganz vergessen, und erst auf die Frage seiner Mutter, die unter der Lampe saß und mit einer Strickarbeit beschäftigt war, kam ihm wieder das Erleben, das ihn bei Geller gepackt hatte, recht eigentlich zu Sinnen. Mit fiebernden Wangen erzählte er seiner Mutter, die zärtlich ihm zulächelte, was ihm Geller anvertraut hatte, und als er hier die Worte seines Freundes bejaht fand, da hatte er Professor Schmitt und seine Angstgefühle vergessen, und mit einer unbändigen Sehnsucht und klopfenden Herzens machte er sich an die Lektüre.]

Robert verstand vieles nicht, was in dem Buche *Floreal* stand, zu neu klang ihm die Sprache, zu verschieden war das alles von dem, was er bis jetzt als deutsche Dichtung empfunden hatte; und doch mühte er sich redlich ab, bis ihm die Augen zufielen und seine Mutter ihn sanft entkleidete und zu Bett brachte.

Kaum konnte Robert am nächsten Tag den Klassenschluß erwarten, um sich wieder in die Welt der Wunder und Süchte zurückziehen zu können. Es war dieser Tag ein Dienstag und so war Robert frei; Professor Schmitt hatte ihn am Morgen noch mit einer Verwarnung davon kommen lassen, was wunders nun, daß er, nach hastigem Mittagsmahl, sein Buch unter den Arm nahm und den Weg zum Trooßkneppchen einschlug!

Der Trooßkneppchen ist eine sanfte, bergige Erhöhung in der Nähe von Echterhausen, von der aus man eine wunderbare Sicht auf das Städtchen, die Abtei und den Fluß Sur hat. Gleich am Bahnhof nahm ein Pfad, der auf beiden Seiten von blühenden Apfel- und Birnbäumen und leuchtenden Wiesen bestürmt wird, Robert in Empfang und führte ihn sanft nach oben, wo ein Pavillon, der ganz aus Baumstämmen und wilden knorrigen Stöcken hergestellt ist, ihm einen schattigen Sitz bot. Aber Robert wendete sich etwas weiter rechts, und mit einer behaglichen Müdigkeit streckte er sich auf einige Augenblicke auf eine Bank aus, die unter einem alten Birnbaum stand. Robert liebte diesen Birnbaum, der ihm schon oft in seinen Träumereien den fehlenden Freund ersetzt hatte; seine Neigung galt diesem Baume, weil er abseits von allem Verkehr seine Äste dehnte, ganz von Weidengebüsch und dunkelnden Tannen eingehüllt; wie oft schon hatte er hier gesessen, an glutenden Sommernachmittagen, wenn die Luft vor Hitze brodelte, die schieferbedeckten Häuser von Echterhausen blau in der Sonne aufblitzten und das Flüßchen Sur so träge dahin lief, als habe es all seine Kraft schon längstens anderswo verausgabt!

Als Robert etliche Minuten die müden Glieder ausgestreckt hatte, nahm er sein Buch hervor und begann zu lesen; je mehr er sich in die Seiten hineinmühte, desto verzauberter wurde die Gegend um ihn herum. Der Trooßkneppchen und der alte Pavillon versanken vor ihm, der Birnbaum hörte auf zu rauschen, und Robert vernahm Stimmen von einer Süße und Musik, die ihn vollends einzulullen schienen; ein Schlüssel rührte an seine Sinne, und nun gaben sie selber Klänge, warfen Echo dem Gelesenen zurück.

Wer hatte Robert bis heute erzählt von Verlaine und Nollès, von Richard Dehmel[29], Hugo von Hofmannsthal und Peter Schütz? [Wer von Paul Palgen und Nikolaus Welter?]

Besonders ein Lesestück fesselte Robert über alle Maßen. Es hieß *Der stille Ozean* und hatte Johannes Schlaf[30] zum Verfasser. Wenn Robert in späteren Jahren den Inhalt dieser Prosa hätte erzählen sollen, so wäre er nicht dazu imstande gewesen, aber immer erinnerte er sich an den Duft, der damals bei der ersten Lektüre von diesen Seiten auf ihn eingeströmt war, von der Stimmung, die auf jenen Blättern eingefangen war, und ihn noch Jahre später nicht losließ. Wenn Robert sich dann in seinen Gedanken gehen ließ, so wußte er, daß diese Stimmung irgendwie zusammenhing mit jener, die sich auch seiner bemächtigte, wenn er in öden Stunden in der Klasse saß, das Wort des Professors sein Ohr streifte, ohne daß dessen Sinn ihn auch nur angerührt hatte.

Aber plötzlich hielt Robert bei der Lektüre den Atem an. Da stand eine Skizze und die hieß *Wandern* und darunter stand: Johannes Müller. Nie noch hatte er etwas von diesem Autor gelesen, aber da standen Worte so voller Sinn und Schwere, und Robert war auf einmal zumut, als ob er das alles selber schon gedacht und erlebt hätte. In ihm wurde es auf einmal so still wie an Sommerabenden in der Basilika, wenn die letzten Kirchgänger schon den Heimweg angetreten und die Sonnenlichter auf etliche Augenblicke noch auf der Kommunionbank zu knieen scheinen.

Als er das alles gelesen hatte, schlug er einen entfernteren Weg in den Wald ein, um noch länger seinen Gedanken nachhängen zu können. An hohen Felsen kam er vorbei mit spitzen Graten, an dunkelnden Grotten, von deren Steinen Wassertropfen in klingendem Rhythmus herniederfielen.

In dieser Stunde übte das alles keinen Reiz auf ihn aus. Ganz still begann ein Gedanke in ihm zu keimen, zuerst so zaghaft, daß Robert selber davor erschreckte, dann tauchte er jedoch immer eigenwilliger in seinem Gehirn auf, und zuletzt hatte er ganz von der kleinen Person Roberts Besitz ergriffen: Wie schön wäre es doch, wenn man auch einmal solche Gedichte und Geschichten schreiben könnte! Wenn man auch einmal solche Gedanken und Gefühle hätte, und die Kraft, sie dem Papiere anzuvertrauen!

Im Silentium, wo Robert seine Aufgaben für den nächsten Tag vorbereiten sollte, war er an diesem Abend ganz zerstreut. Immer wieder glaubte er, Sätze von dem Gelesenen in seinem Innern aufrauschen zu hören, immer wieder erschaute er Bilder, deren Ungewöhnlichkeit ihn mit Angst und Unsicherheit erfüllte, die er aber nicht abzuweisen vermochte, da sie ihn bezwangen durch ihre Magie und ihren Tonfall.

VI

Die Mutter hatte die beiden Knaben eben zu Bette gebracht, da fragte Robert seinen um vier Jahre jüngeren Bruder, ob er ihm eine Geschichte erzählen solle; es war nämlich Brauch unter den beiden, daß sie stets vor dem Einschlafen noch ein Stündchen miteinander verplauderten, bis dem Jüngeren zuerst, und dann Robert die Augen zufielen. Willy bejahte und Robert begann ein Märchen zu erzählen von einer Tanne, die stand in einem einsamen Forst.

Zuerst wußte Robert selber nicht, wo er mit dieser Fabel hinauswollte, dann aber fügte sich ihm während des Erzählens geduldig Satz an Satz, ein Wort rief das andre, ein Bild warf den Spiegel dem vorhergehenden, und als Robert zuende war, da lag sein Bruder ganz still in den Kissen und träumte dem eben Vernommenen nach.

Auch Robert wagte nun nicht laut zu atmen, aus Furcht, den Bann, in dem der Kleine gefangen lag, zu stören.

Und allmählich keimte in ihm der Gedanke: „Wie wäre es, wenn ich das Gesagte niederschreiben würde, und – sein Herz schlug überlaut bei dem Gedanken – das Manuskript in den *Anzeiger*[31] tragen würde? Vielleicht würde man es dort drucken, und dann würde nicht sein Bruder allein die Geschichte kennen, sondern viele Menschen würden sie lesen, und dann würden auch sie bei der Lektüre den Atem anhalten, und auch in ihnen würde es so still werden, wie es bei Robert der Fall war, als er mit der Erzählung begann?

Am nächsten Tage nach Klassenschluß zog er sich in die Schreibstube seines Vaters, der gerade abwesend war, zurück und begann in seiner großen steilen Jungenschrift das Märchen von der einsamen Tanne zu Papier zu bringen, und als er damit zuende war, machte er sich in einer plötzlichen Energiewirkung auf und schlug den Weg zum *Anzeiger* ein.

Ein bißchen schwül wurde ihm doch dabei zumute, als er den Marktplatz überquerte und um die Ecke in die Straße bog, in welcher sich der Verlag des Lokalblattes befand. Robert kannte den Inhaber des Hauses schon seit Jahren, denn oft hatte er für seinen Vater Botendienste dorthin gemacht; der *Anzeiger* bedeutete nämlich für die Firma Beringer nicht die Haupteinnahmequelle, sondern das war eine Druckerei, in der alles ausgeführt wurde, was mit der schwarzen Kunst zusammenhing.

Nun stand Robert vor dem großen Gebäude, klinkte die Tür auf und trat ein. Aber diesmal tat er nicht wie sonst, wo er gleich durch den kleinen Laden in den Raum gegangen wäre, in dem es so anziehend nach Schwärze, Fett und Blei roch, sondern er blieb schön demütig in der Tür stehen, bis einer der Brüder Beringer auf ihn zutrat und ihn nach seinem Begehr fragte. Es war heute das erstemal, daß Robert die Stimme eines dieser drei Menschen, [die zwei Brüder und ihr Vater,] die in schwarzen Kitteln hinter den Maschinen standen und geheimnisvolle Handhabungen vornahmen, hörte. Gewöhnlich begnügten sie sich damit, das Gewünschte stillschweigend entgegen zu nehmen, und gerade so stillschweigend es abzuliefern. Es verlautete sogar unter den Bürgern von Echterhausen die Sage, daß sie auch unter sich kein Wort wechselten, daß sie ihre Mahlzeiten gerade so stumm einnähmen, wie sie zusammen werkten.

Robert brachte sein Anliegen mit stockender Stimme vor, er glaubte, der große schwarze Mensch vor ihm würde ihn nun anfahren und ihn fragen, was er sich da erdreiste; aber wie immer nahm er das Gebotene entgegen, ohne überhaupt in Gegenwart Roberts einen Blick darauf zu werfen, beantwortete kaum des jungen Autors Gruß beim Fortgehen, und zog sich wieder zu seinen Maschinen und rätselhaften Handlungen zurück.

Es war dies an einem Mittwoch, und so mußte Robert noch zwei volle Tage warten, ehe er das Resultat seines Ganges feststellen konnte, denn der *Anzeiger* erschien nur zweimal in der Woche, Dienstags und Freitags.

Selten noch waren Robert die Tage so lang geworden wie diese beiden, eine fieberhafte Ungeduld hatte sich seiner bemächtigt, er wußte nicht, womit er die Stunden ausfüllen sollte, und da er auch bei Tische zerstreut war und die Speisen kaum berührte, hielt seine Mutter, die ihn aufmerksam beobachtete, ihn für krank und sorgte sich sehr um ihn.

Endlich nahte der mit so unheimlicher Nervosität erwartete Freitag heran.

Da der *Anzeiger* aber stets erst um den Abend herum die Druckerei verließ, stellte sich Robert die Frage: Wie die Zeit, die mit so tödlicher Langsamkeit daherschlich, zu Ende bringen? Gab es denn kein Mittel, die Stunden, die auf ihm lagen wie ein nicht zu sprengender Druck, zu beschleunigen, sie anzufeuern, wie man es mit Rossen tut, deren Gangart einen zum Verzweifeln treibt?

Die Lehrer wußten an diesem Tage nichts Rechts mit dem Schüler Holzer anzufangen. Kaum hatte er das erste Wort einer Lektion hergesagt und schon wieder stockte er, verwirrte sich, und war um alles in der Welt nicht mehr dazu zu bewegen, weiterzufahren. Aber auch diese Qual sollte ein Ende nehmen und als es schließlich vier Uhr war und die Schelle des Pedellen den Klassenschluß ankündigte, da atmete wohl der Trägste der Klasse nicht so befreit auf wie Robert.

Nun war es bloß noch eine Stunde, bis er den *Anzeiger* in Händen halten durfte, bis er die Gewißheit erlangte, ob sein Märchen in den Papierkorb gewandert sei oder man sich der Mühe unterzogen hatte, es den Bürgern von Echterhausen zur Einsicht zu unterbreiten.

Um die festgesetzte Stunde, wo die Zeitung zur Austeilung gelangen sollte, stand Robert auf der Schwelle ihrer Wohnung, und wohl nie noch spähte ein Gestrandeter mit solcher Sehnsucht nach der Küste, wie er nach dem Zeitungsboten.

Aber die erste Viertelstunde verging, und dann die zweite, doch der Bote kam nicht. Da endlich faßte sich Robert ein Herz und machte sich auf den Weg, um die Ursache der Verspätung kennen zu lernen.

Als er um die Ecke bog und in die Straße kam, wo die Zeitungsdruckerei ihre Gebäude hatte, da sah er allenthalben auf den Hausschwellen Bürger von Echterhausen stehen, welche das entfaltete Blatt schon in Händen hielten und das Neueste dem zweimal wöchentlich erscheinenden Organ entnahmen.

Da zögerte Robert trotzdem, bis in die Druckerei selber vorzustoßen, sondern machte kehrt und begab sich wieder nachhause. Als er hier angekommen war, da sah er, daß auch sein Vater schon eifrig bei der Lektüre war; was sonst nicht Roberts Gewohnheit war, nun tat er es: Er schlich sich an seinen Vater heran und bat ihn, doch ihm für etliche Minuten das Blatt zu überlassen; der hob zuerst staunend den Blick: Seit wann interessierte sein Sohn sich so für Mobiliar- und Immobiliarversteigerungen? – dann aber überließ er ihm es, mehr aus Neugierde, denn aus Wohlwollen.

Kaum hatte Robert einen Blick in die Zeitung geworfen, so überflammte eine verräterische Röte sein Antlitz, sein Herz klopfte ihm bis in die Kehle hinauf – denn da stand sein Märchen, schön sauber gedruckt und darunter die Initialen: R. H. Nie noch hatte er die Süße der Druckerschwärze so berauschend eingeatmet wie in diesem Augenblick, nie noch war er von dem Wunder Gutenbergs so benommen gewesen wie in diesen Minuten. Doch schon hörte er seinen Vater neben sich sagen: „Na – wird's bald? –" und er beeilte sich, seinem Befehle nachzukommen. Schnell begab er sich ins Freie und da stürzte eine solche Welle der Freude über ihn her, daß Tränen in seine Augen traten und er zu gleicher Zeit hätte lachen und weinen mögen. Als er sich dann etwas beruhigt hatte, und sein Verstand wieder den Bakel[32] über sein Herz schwang, da drang es langsam aus ihm empor: Ob sein Vater, wenn er das Märchen gelesen hatte und die beiden Buchstaben darunter sah, wohl wußte, was die bedeuteten? Ob er wohl eine Ahnung davon bekam, wer sich darunter versteckte? Und die Bürger von Echterhausen – wer von ihnen mochte wohl auf den Gedanken kommen, daß er, Robert Holzer, der Verfasser jener Geschichte sei? –

Um ungefähr dieselbe Zeit, da sein Inneres durch dieses Ereignis schon ganz in Aufruhr geraten war, machte Robert die Bekanntschaft eines Kameraden, von dem er damals nicht ahnen sollte, von welchem Einfluß diese zuerst zaghaft begonnene Freundschaft auf sein späteres Leben sein sollte.

VII

„Und nun, meine lieben jungen Freunde", sagte der Deutschlehrer der Sexta zu seinen Schülern, „ möchte ich euch etwas erzählen aus dem Leben der Dichter. Ich will euch nicht von jenen sprechen, die ihr im Lesebuch habt, sondern ich werde euch den Lebenslauf eines Schriftstellers schildern, den heute die gesamte Kritik in Deutschland als einen der größten ansieht. Der Mann heißt: Börries von Münchhausen."[33] Nach dieser Einleitung setzte sich Professor Spitz, der eine sehr hohe, etwas gezierte Stimme besaß, nieder, schlug ein Heft, das er mitgebracht hatte, auf und begann zu lesen. Robert, wie die Mehrzahl der Schüler, verstand nicht alles, was in dem Aufsatz geschrieben stand, aber von Zeit zu Zeit wurde all das aesthetische Gerede unterbrochen von Gedichtzeilen, die der Autor als Beleg seiner Thesen zitierte. Als Nachtisch las dann der Professor noch zwei oder drei Balladen desselben Mannes, der eben in dem Aufsatz so grenzenlos gelobt worden war. Doch merkwürdig! Kaum hatte Herr Spitz die ersten Sätze hergesagt, als es in der Klasse unheimlich still wurde; selbst die rabiatesten Köpfe ließen ihre Techtel-Mechtel ruhen und horchten auf einmal auf; die Indianerbücher, in die so mancher bis dahin vertieft war, verschwanden unter den Bänken, der Schlaf war aus vieler Augen gewichen und alle Ohren horchten auf den wie aus Urwelten aufsteigenden Klang, der sie plötzlich in seine Netze zog, wie die Apostel die Fische auf dem See Genesareth. Grausam klang in die Worte des Lehrers hinein die Glocke des Pförtners, und als man sich erhob, um nach Hause zu gehen, da war es allen so feierlich zumut, als ob sie aus einer Kirche kämen.

„Herr Professor, Herr Professor!" Eine Knabenstimme schallt über den Korridor und läuft hinter Herrn Spitz her. Der dreht sich um, und da gewahrt er, dicht an der Türe des Professorensaales Robert hinter sich, der ihn eben erreicht hat.

„Herr Professor, könnten Sie mir bitte das Heft, aus dem Sie eben vorgelesen, bis morgen leihen, ich möchte mir die Titel der Bücher des Dichters aufschreiben, von dem Sie uns einige Balladen vortrugen." Herr Spitz lächelte ein bißchen ironisch. „Ja, aber mein lieber Holzer, die Zeitschrift gehört nicht mir, sondern dem Gymnasium. Doch wenn du mir versprichst, hübsch darauf aufzupassen, so werde ich dir sie bis morgen überlassen." Mit diesen Worten reichte er Robert ein Heft in blauem Umschlag, auf dem in großen Lettern die Überschrift stand: *Das Literarische Echo*.[34]

Robert hatte sich, als Professor Spitz aus der Zeitschrift vorgelesen hatte, in seinem Geiste recht lebhaft ausgemalt, wie schön es sein müßte, mit einem solchen Schatze unter dem Arm durch die Wälder zu wandern, die seine Vaterstadt umgaben, hier auf dieser Bank sich niederzulassen und dem Worte eines Autors zu lauschen, dort auf jener, klopfenden Herzens, ganz benommen von dem urgründigen Geheimnis, das man Dichtung nennt und dessen Quellen hinabreichen bis zu den Müttern.

Aber wie wurde er enttäuscht! Bei weitem der größte Teil des Inhalts bestand aus Kritiken, deren Hauptkennzeichen eine Art Geheimsprache war, zu deren Erschließung man einen besondern Schlüssel besitzen mußte, und nur hier und da fand sich ein Aufsatz vor, aus dem es Robert wie eine Ahnung von dem anwehte, zu dessen Ergründung er sich aufgemacht hatte. Schon wollte er gelangweilt das Heft beiseitelegen, als sein Blick auf eine kleine Anzeige fiel: *Ausgabe fürs Feld. Die ritterlichen Balladen und Lieder des Börries von Münchhausen.* Verlag Egon Fleischel und Co. Berlin. Obgleich das Taschengeld von Robert aufs äußerste beschränkt war, zögerte er keinen Augenblick. Er setzte sich hin und schrieb an den Verlag. Die deutsche Grenze mit ihrem Postbüro war nur fünf Minuten von Echterhausen entfernt, und so konnte Robert den Betrag gleich in Briefmarken miteinsenden.

Etliche Tage nur dauerte es, bis der Briefträger eines Abends Robert ein kleines Päckchen aushändigte. Der konnte sich kaum mehr beherrschen. Seine Hände zitterten vor Ungeduld, als er den Bindfaden des Umschlages löste, und nun hielt er in Händen, wonach er sich so stürmisch gesehnt: Ein Büchlein in grauem Umschlag, voll von Köstlichkeiten, eine schöner und überwältigender als die andre. Da gab es Verse, die einem ganz den Atem verschlugen, aus denen es einen anwehte wie Hauch aus Welten, in die Roberts Seele noch nie einen Blick getan, da waren Gedichte ganz dunkel von Geheimnis, mit Personen, die Robert aus der Bibel her kannte, und die doch wieder nicht diese Personen waren, so ganz anders handelten und sprachen sie, waren ganz anders gewandet als die in der Bibel, und ihre Gebärden waren viel feierlicher und viel absonderlicher.

Robert las das alles mit glühenden Wangen und sehr stark klopfte sein Jungenherz dabei. Das also war ein Dichter, dieser Börries von Münchhausen! Der brachte es fertig, einem den Schlaf zu rauben, Menschen neben einem herwandeln zu lassen, als ob sie von Fleisch und Blut seien, die man mit in die Träume nahm, in die Schulklasse, die sich neben einen auf die Bank setzten und mit denen man Zwiesprache hielt so innig und hingegeben, daß der Herr Professor sogar aufmerksam darauf wurde. Da war die *Gräfin von Monbijou*, die den blonden Pagen küßte am ersten Tag im Karneval, die qualvolle unheimlich düstere Erzählung *Der Todspieler* und die ganz mit Humor erfüllte der *Alten Landsknechte*, die im Himmel droben die Beine strecken...

Jedes Jahr so ungefähr im Juni ereignete sich in der Umgebung von Echterhausen das Wunder der Lindenblüte. Da wurden die Gymnasiasten schwermütig und die Mädchen, die ungefähr im selben Alter standen, begannen zu träumen und ihre Gesichter bekamen einen Glanz, der sie mehr Madonnen, als irdischen Jungfrauen ähnlich machte.

Die ganze Straße, die aus dem Städtchen hinausführte in die Wälder und auf die Berge, auf die sich niederzulassen die Dunkelheit zögerte bis weit gegen Mitternacht, ertrank in einem Duft von einer solchen Süße, daß einen die Brust zu schmerzen begann. Dann waren jeden Abend um dieselbe Stunde die Bänke, die diese Straße säumten, mit Gymnasialschülern besetzt, die sehr laut redeten, um ihre Gefühle los zu werden, da eine jähe Unruhe ihr Blut überfiel, und sie krank zu machen drohte. Und dann stieg von den Wiesen, die dahinter lagen, der Gesang der Mädchen auf, und der machte sie noch viel verwundbarer und noch mehr des Lebens überdrüssig, als die Lindenblüte es schon mit ihrem Duft vermocht hatte.

Das waren die Tage, wo Robert am liebsten den Kopf an einen Baum gelehnt und grenzenlos sich ausgeweint hätte, so weh und zugleich so süß war es ihm zumute.

Er war nun auf Quinta und da sein Freund Geller, [der glaubte, am Ende des Schuljahres sitzen zu bleiben,] wieder nach Belgien, von wo er gekommen, zurück gekehrt war, wanderte er nun wieder allein über den Trooßkneppchen, ganz seiner überwuchernden Melancholie hingegeben.

In dieser Zeit aber ging in den unteren Klassen die Sage von einem Knaben, der unheimlich begabt sei, alles, obgleich er nie außer der Schulzeit arbeite, auf den ersten Anhieb erfasse, besondre Talente im Deutschunterricht bekunde, im übrigen aber alles andre als ein Duckmäuser sei. Er stammte von einem großen Bauernhof aus der Nähe der Industriegegend; seine Mutter hatte ihn zu Anfang ins Konvikt gesteckt, aber dies war nicht der Ort für ein unruhiges Blut seiner Art. Fast jeden Tag gab es Krawall mit dem Direktor der Anstalt, und so mußte schließlich seine Mutter sich dazu bequemen, ihn zu einer Familie ins Städtchen zu geben, von der sie die Überzeugung hatte, daß ihr Sohn diesen Leuten mehr bedeuten würde als eine Einnahmequelle und monatlich eine Summe Geldes.

Es war auf jener Straße, die zum Bezirkshauptort führte, wo Robert die Bekanntschaft mit Fritz Mangen machte, und diese Bekanntschaft sollte schwer an Bestimmung [für sein ganzes späteres Leben] werden.

VIII

Es war zu Beginn des Sommers, und die ganze Landstraße stand im Banne der Fliederblüte; in den Wiesen, die die Landstraße säumten, hingen die violetten Blüten gleich erstarrten Fontänen bis zum Boden, und ihr Duft blieb zwischen Himmel und Erde hängen und war von einer solchen Dichte, daß man ihn mit den Händen fassen zu können glaubte.

Es war ein schulfreier Dienstagnachmittag. Robert hatte sich das Gedichtbändchen von Börries von Münchhausen in die Tasche gesteckt, und wollte nun dem Walde zustreben, dessen Geheimnis in äußerst naher Entfernung sich in das Grün wie in eine Grotte barg. Die Landstraße war um diese Stunde fast leer, die Hitze lag auf ihr wie eine Platte von Blei und kaum wagte sich ein Einwohner des Städtchens aus dem Schatten des Hauses in diese glutende Atmosphäre.

Robert liebte die Hitze wie kaum irgendetwas; man konnte schon von einer wahren Leidenschaft sprechen, mit der er die Orte aufsuchte, wo sie am unerbittlichsten wütete; unwiderstehlich zog es ihn Feldraine entlang, wo der Mohn verblutete und unsichtbar das Läuten der Zikaden erklang. Stundenlang konnte er dann wandern, ganz in der Hitze niedertauchen und in ihr aufgehen, als ob er ein Teil des Feuerelementes sei und sich in ihm auflösen wolle.

Als er kaum einige Schritte auf der Landstraße gegangen war, sah er auf einmal das Gesicht von Fritz Mangen vor sich. Dieser war etwas größer als Robert, seine Züge hatten mehr südlichen als nordischen Schnitt, und tiefschwarze Haare fielen ihm stets, wenn er redete, in die Stirn, was ihm ein mehr künstlerhaftes als bürgerliches Gepräge gab.

Robert klopfte das Herz, als er Fritz Mangen erblickte, aber schon kam der auf ihn zu, und nun konnte er nicht mehr ausweichen.

Wohin er ginge, war die Frage, und, er würde ihn begleiten. Obgleich Robert schon seit langem darauf gebrannt hatte, die Bekanntschaft mit Fritz Mangen zu machen, war ihm doch in diesem Augenblick ein bißchen bang ums Herz. Ob der Neue ihn wohl nicht enttäuschen werde, und was er wohl als Erstes sagen werde?

Verblüffenderweise begann Fritz Mangen nicht damit, [wie wohl alle Schulkameraden Roberts getan hätten,] die Lehrer nachzuäffen, von der Klasse zu reden, von seinen Triumphen und seinen Niederlagen; vielmehr fragte er Robert, ob es wahr sei, daß er sich für Dichtung interessiere, und ob er ihm vielleicht etwas darüber mitteilen könne.

Robert gefiel diese Rede über die Maßen. Noch nie hatte ein Schulkamerad so zu ihm gesprochen, vielmehr hatten alle stets saure Gesichter gezogen, wenn er über dieses Thema ein Wort verlauten ließ.

Statt aller Antwort griff Robert zögernd in die Tasche, zog das kleine graue Heftchen hervor, das er bei sich trug und reichte es Fritz hinüber. Der schlug es gleich auf und begann darin für sich zu lesen. Ganz still und wie selbstverständlich bogen nun die beiden von der Landstraße ab und schritten auf den Eingang des Waldes zu, der zu ihrer Linken gleichsam zwei Tore weit geöffnet hielt, um ihnen Einlaß zu gewähren. Als sie die kleine Stauung, in der eine leuchtende Wiese gipfelte, überwunden hatten, sprang vor ihnen ein glasklarer Bach über Kieselsteine, Weiden beugten sich in das Wasser hernieder, eine Blindschleiche raschelte im alten Gemäuer, das ganz von Efeu umsponnen war und die Wellen des Bachs umfriedete.

Endlich langten sie, beide noch immer schweigsam, bei einer Bank in der Nähe eines Wasserfalles an. Ungestüm flutete hier das Wasser von Felsen hernieder, brandete unten schäumend zusammen, um dann durch die Steine hindurch wieder ganz geruhsam seinen Weg aufzunehmen, bis der Fluß Sur ihm seinen Schoß darbot und es in dessen Fülle versank.

Als sie auf der Bank Platz genommen hatten, da erst getraute sich Robert, Fritz Mangen eine Frage zu stellen. Wie ihm die Gedichte gefielen, frug er, und leise stockend bat er um dessen Urteil. Statt aller Antwort sagte dieser: „Willst du ein Gedicht hören?", und ohne die Gegenrede Roberts abzuwarten, fielen in das Lispeln der Blätter und in das Rauschen der Wasser die ersten Verse aus der *Gräfin Monbijou.*

Robert glaubte, das Gedicht aus seiner Lektüre her zu kennen, aber nun nahmen all die Worte auf einmal ein andres Gesicht an, mit dem Klang der Stimme von Fritz Mangen wechselten Sinn und Bild, die Figuren gewannen Leben, und was bis dahin nur auf jenen Seiten in schwarzen Buchstaben gedruckt stand und nur in seiner Seele ein scheues Dasein führte und sich nicht ans Sonnenlicht wagte, stand auf einmal handelnd und gestikulierend vor ihm, so daß er die Gewänder mit den Händen glaubte greifen zu können und der Atem der Gräfin Monbijou und ihres Pagen sich mit dem seinen vermengte. Und wie jauchzte die Stimme von Fritz Mangen vor inniger Beschwingtheit, als er die Schlußverse herausschmetterte: „Im selben Sattel saßen sie, und küßten sich und küßten sich!"

Robert verspürte auf einmal ein sonderbares Gefühl diesem neuen Freunde gegenüber. Mit welcher Inbrunst hatte er die Endzeilen hervorgeschleudert, wie unheimlich klang das in dieser Umgebung von Grün, Wasser und dem Spiel des Lichtes auf den Wellen! Bisher hatte Robert immer nur auf dieser Bank gesessen, sich an den Kringeln der Sonne gefreut, die die auf den Pfad zeichnete, der ganz mit Tannennadeln bestreut war, versonnen die Gedichte des grauen Heftchens auf sich wirken lassen, doch am liebsten jene, die irgendeine Naturschilderung enthielten, eine Sommerabendstimmung heraufbeschworen, einen Falter, oder einen verlassenen Pfad.

Dieser Fritz Mangen mußte mehr von dem Leben wissen, als Robert bisher zugänglich war, er mußte in Zimmern gewesen sein, die Robert bis jetzt versperrt geblieben waren.

Als sie dann aufbrachen, trat einen Augenblick an Robert der Gedanke heran, ganz scheu und ganz offen Fritz Mangen zu bitten, ihm doch etwas über sein Leben mitzuteilen, ihn in sein Herz blicken zu lassen, aber gleich darauf verwarf er diesen Gedanken, dem nach seiner Meinung etwas Sakrilegisches anhaftete.

Es war Fritz Mangen, der schließlich die Stille brach und zu Robert sagte: „Wie verbringst du deine Abende? – Komm einmal zu mir, wir werden dann zusammen ein bißchen spazieren gehen." Robert versprach es, und kaum war der nächste Abend herangekommen, als er auch schon an der Türe jenes Hauses schellte, in dem sein Freund zur Miete wohnte. Man öffnete ihm, er erwähnte den Namen Fritz Mangens und da stand auch dieser schon vor ihm und begrüßte ihn mit den Worten: „Komm, wir wollen gleich einen Spaziergang machen!"

In einigen Minuten war man auf der Landstraße, und kaum hatte man sich der ersten Ruhebank genähert, als auch schon Robert drei oder vier Mädchenstimmen vernahm, die in einem fort den Namen seines neuen Freundes riefen. Robert kam dies etwas ungewöhnlich vor, Zufälle dieser Art liefen ihm nicht jede Minute über den Weg, aber Fritz störte sich nicht im Geringsten an dieser etwas improvisierten Einladung, im Gegenteil, sie schien für ihn etwas Erwartetes und Selbstverständliches zu bedeuten.

Sie gingen auf die Bank zu und nun erkannte Robert die jungen Mädchen: Es waren lauter Bekannte seiner Schwester, ein jedes von ihnen ein oder zwei Jahre älter als Robert und Fritz.

Die Unterhaltung, die sich nun zwischen Fritz und den Mädchen entspann, war von einer Ungezwungenheit, um die Ältere diesen Gymnasiasten beneidet hätten; vor allem schien es Robert, als ob Fritz den Mädchen viel Artiges sage, worauf sie dann erröteten und zu kichern begannen.

Robert stand daneben und wurde von den Mädchen kaum eines Blickes gewürdigt. Er konnte das Wort nicht so schön an der Leine führen, wie Fritz es tat, als ob das Wort ein Schoßhündchen sei, das auf Befehl Kunststücke vollführte, seine Zunge war gelähmt und klebte ihm am Gaumen. Für ihn waren diese Sechzehn- und Siebzehnjährigen immer höhere Wesen gewesen, er hätte sich nie getraut, das Wort an sie zu richten oder gar in diesem Tone mit ihnen zu reden. Wo sie hintraten, glaubte er die Erde mit Musik erfüllt, die Luft ganz klingend von dem Rhythmus ihrer Körper. Robert betrachtete sie mit derselben Scheu und Ehrfurcht, mit der er an die Madonnenbilder in der Pfarrkirche herantrat.

Dieses für Robert zu geistreiche Gespräch Fritz Mangens stand in schroffem Gegensatz zu allen Ansichten, die er bisher über das weibliche Geschlecht hatte, und auf einmal drängte sich ein Bild vor ihn, strömte ganz auf ihn ein und er konnte sich dessen nicht erwehren:

Es war zu Sylvester, dem letzten Tag des Jahres. Echterhausen hatte Bettag und jede Stunde sprachen die Glocken ihre Mahnung in jedes Haus, sich aufzumachen zur Kirche und Gott seinen Tribut zu bringen. Die Straßen waren hart gefroren, der Schnee stöhnte unter den Tritten, es war just das rechte Wetter, um innerlich Einkehr zu halten und Gott um Vergebung der Sünden anzuflehen.

An diesem Tag wurde im Elternhause Roberts früher als sonst zu Mittag gegessen, denn punkt Mittag nahm die Mutter die Kinder bei der Hand und zusammen ging man in die „Stunde".

Sobald man die Kirche betrat, nahm eine wohlige Wärme einen in Empfang, Weihrauch fiel über einen her, der Braus der Orgel und das Flimmern der Kerzen. Und nun, lausche! Von der Empore klangen Stimmen, die nichts Irdisches mehr an sich hatten. Eine Reinheit ging von ihnen aus und ein Erbarmen, das von einem jeden die Sünden hinweg zu nehmen schien, um sich selber damit zu belasten und sie vor den Thron Gottes zu tragen. Die Schülerinnen des Nonnenpensionats sangen!

Robert hätte weinen mögen ob der Schönheit dieser Stimmen, und gar zu gern hätte er einmal eines dieser Mädchen, denen diese unsagbar herrlichen Stimmen gehörten, von Angesicht zu Angesicht gesehen, aber schon vor diesem Wunsch erschrak er, denn er bedeutete ihm Frevel und Missetat. –

Auf einer Wiese liegt ein junger Mann und schaut geradewegs in den Himmel. Dieser ist von einem unsagbaren Blau, so tief und so strahlend, wie man ihn sonst nur auf kolorierten Postkarten sieht. Der junge Mann liegt auf dem Rücken, fast ganz vom Grase verdeckt, das üppig um ihn herum wuchert. Er scheint angestrengt in seine Träume versponnen zu sein, mit denen er das brennende Blau bevölkert und erst, als er Schritte so nahe bei seinem Ohr vernimmt, daß man ihn auf die Hände, die wie unachtsam herumliegen, hätte treten können, wendet er mit einer Lässigkeit, deren natürliche Veranlagung noch durch die Hitze gesteigert wurde, den Kopf: „Ach so, Robert, du bist es. Komm, leg dich hier ins Gras neben mich! Ich habe hier auf dich gewartet, weil ich wußte, daß du fast jeden Tag diesen Weg nimmst." Er machte eine kleine Pause und plötzlich sagte er: „Nicht wahr, du machst Gedichte?" –

Eine Welle von Rot schlug über Robert hin und er hatte in diesem Augenblick in die Erde sinken mögen. Sein Herz setzte aus und es schien ihm eine Ewigkeit, bis er die Antwort geformt hatte. Stockend bekannte er, daß er die eine oder andre Zeile schon gereimt hätte; aber in seinen Worten lag mehr ein Gefühl der Scham als des Stolzes.

Wie kam dieser Mensch, der um fast zehn Jahre älter war als er, dazu, so Roberts Innere zu verletzen, grausam etwas bloßzulegen, von dem er glaubte, daß es nur ihm gehöre, von dem selbst seine Eltern nichts wußten und zu dem sich zu bekennen er bis heute noch nicht den Mut aufgebracht hatte? Doch der andre fuhr unbeirrt fort: „Ich wollte dich nicht beleidigen Robert, denn sonst hätte ich dir nicht dies mitgebracht", und damit reichte er dem Freunde ein Buch, das in hellblaues Leinen gebunden und in Gold geschnitten war. *Moderne Lyrik von Hans Benzmann*, stand darauf geschrieben.[35] „Das schenke ich dir, da ich doch nichts damit anzufangen weiß", fügte er dann nach einer Weile hinzu. „Du weißt ja, daß ich Ingenieur studiere, und dann hat man keine Zeit mehr, sich mit solchen Mätzchen abzugeben." Er schwieg und starrte wieder in den Himmel, in dem nun winzige Wölkchen sich gebildet hatten und wie Schiffchen auf stiller See dahinfuhren.

Da durchzuckte Robert ein Gefühl unsäglicher Dankbarkeit; er hielt nun einen Schatz in Händen, den zu erwerben er seine kühnsten Hoffnungen nicht gestartet hätte.

„Ich danke dir", brachte er schließlich hervor, und er wußte, daß dabei Tränen in seinen Augwinkeln standen.

Wie es gekommen war, das konnte Robert später selber nicht erzählen, er wußte nur, daß er an einem Sommerabend ganz allein den Weg eingeschlagen hatte, den er etliche Wochen vorher mit Fritz Mangen gegangen war.

Es war zur Zeit der Heuernte gewesen. Die Wiese roch so stark und süß, daß man sich eines betäubenden Gefühls, als ob man irgend ein Narkotikum genommen hätte, nicht erwehren konnte, von ganz aus der Ferne, wo der Wald jäh abfiel, um dann urplötzlich in tiefster Versunkenheit wieder aufzusteigen, kam der trockene, und doch melodiöse Ton einer Sense. In Roberts äußerster Nähe rief eine Wachtel, und das erste Rot des Himmels flammte sehnend im Flusse Sur wieder auf.

In Robert war es so ruhig wie in einer Kirche, wenn abends der letzte Beter die Hallen verlassen und die Heiligen in den hohen Fenstern zu lächeln scheinen, daß auch für sie nun der Tag ein Ende, und sie nun all die unzähligen Anliegen, mit denen man sie im grellen Licht bestürmt, vor den Thron Gottes bringen können.

Er setzte sich etwas erschöpft auf die Bank, die hart am Waldeingang stand und schaute wie gebannt in die Felder hinein, nie noch hatte er die einzelnen Gerüche, die auf ihn zukamen, so eindringlich wahrgenommen und noch in keiner Sekunde seines Lebens hätte er es vermocht, zu dem Himmel und der Luft so ungestüm „Du" zu sagen, wie in diesem Augenblick.

Und da geschah es, daß ein Wort aus verschüttetem Innern sich ängstlich an die Oberfläche tastete, das nächste an seiner Hand führend; ein Bild entstand, und geheimnisvoll fügte sich wieder Wort zu Bild; es war, als ob die Worte nicht ihm gehörten, denn ein jedes trug auf seinen Schwingen neben der natürlichen Bedeutung noch eine andre, höhere, und allen war eine Musik eigen, deren Schwingungen Robert bis dahin noch nie berührt hatten.

Er erhob sich und ging nach Hause wie einer, der einen Schatz sein eigen nennt; fast fürchtete er, mit den Sohlen den Boden zu berühren, aus Angst, er könnte den Schatz zerbrechen, und sein Gesicht lächelte so versunken in sich hinein, daß gar mancher Spaziergänger stehen blieb, ihm nachschaute und verwundert den Kopf schüttelte.

IX

„Nicht wahr, Anne-Marie", sagte Roberts Vater, indem er seinen Kneifer zurechtrückte, „der gestrige Abend wird uns noch lange in Erinnerung bleiben. Zu dumm, daß ich bis heute noch nichts von diesem Rodange wußte und daß der Spoo mich erst mit seinem *Rénert* bekannt machen mußte.[36] Aber schön war es, Herr Gott, man hätte noch eine Stunde länger da sitzen mögen und nichts tun als zuhören. Und wie hat der Spoo es verstanden, die einzelnen Untermundarten, in denen das Buch geschrieben ist, wiederzugeben! Wie natürlich klang sein Clerfer, und dann wieder sein Echternacher Dialekt. Und die Pfaffen hat der Rodange auch nicht geschont! Nun wundert es mich nicht mehr, daß diese ihn zeitlebens totgeschwiegen. Ich glaube, das werde ich in meiner Besprechung für die *Landespost* sagen."

Dann beugte er sich über sein Papier und begann die Rezension für die *Landespost*. In seinen Mußestunden war nämlich Roberts Vater Mitarbeiter verschiedener liberaler Blätter des Herzogtums, die er bald mit Prosa, bald mit satyrischen Gedichten belieferte, und als gar die Eisenbahn Lützelburg – Echterhausen eingewiehen[37] wurde,[38] da kamen sogar die Bürgermeister verschiedener Dörfer der Umgegend zu ihm, damit er ihnen in schönster Kalligraphie eine Rede niederschreibe, die sie dann fein säuberlich herunterlasen. Aber auch die Berichte über die Fronleichnamsprozession von Echterhausen stammten aus seiner Feder, und Robert erinnerte sich, daß, als er einmal in der Primärschule einen Aufsatz über jenes Thema zu schreiben hatte, der Vater ihm eine alte Nummer der *Landespost* brachte mit dem Bemerken, einzelne Sätze daraus zu verwenden.

Man saß an diesem Abend um den Tisch in der Stube, die Mutter war mit irgendeiner Strickerei beschäftigt, Robert las in einem Buch, das er aus der Pfarrbibliothek entliehen hatte, sein jüngerer Bruder war mit seinen Schulaufgaben beschäftigt, die Schwester aber, die in die Töchterschule ging, bei einer Freundin[, um mit der für den nächsten Tag Rechenexempel gemeinsam zu lösen].

Der Vater machte eine Pause in seinem Bericht für die *Landespost*, schaute auf Roberts Buch und sagte zur Mutter:

„Anne-Marie, du erinnerst dich ja noch, was der Herr Wetter gesagt hatte. Wir sollen keine Bücher mehr aus der Pfarrbibliothek entleihen, im Volksbildungsverein gäbe es viel schönere und lehrreichere. Von heute an wirst du also dafür sorgen, daß keine Pfaffenlektüre mehr ins Haus kommt." –

Ohne weiter aufzuschauen, nickte die Mutter nur. Was hätte sie auch sollen entgegnen? Ihre Entgegnung hätte nur Hader heraufbeschworen, dem sie aber in ihrer stillen weichen Art am liebsten aus dem Weg ging.

Sie gehörte zu jenen sanften Naturen, die es bevorzugen, ein gutes Wort anzubringen, als mit Drohungen und Schelten dreinzufahren. Robert erinnerte sich nicht, je von seiner Mutter bestraft worden zu sein, und ihr kummervoller Blick bereitete ihm tagelang mehr seelische Qual, als es eine Züchtigung vermocht hätte.

Ihre Leidenschaft waren Bücher. Während Roberts Großmutter den Haushalt führte und um alles in der Welt nicht geduldet hätte, daß irgendwer darein rede, hatte die Mutter, nun da die Kinder schon einigermaßen erwachsen waren, ziemlich viel Zeit übrig, auf die Worte der Dichter zu hören. Sie las mit derselben genießerischen Liebe Dramen wie Romane, doch nicht wahllos, sondern immer das Wertvolle und Wesentliche treffend. So hatte sie sich eine allgemeine Kultur angeeignet, um die manche Tochter der höchsten Kreise sie beneiden mochte.

Anne-Marie legte die Stricknadeln beiseite und trat zu ihrem Gatten: „Also meinst du, ich soll am Sonntagmorgen Robert in den Volksbildungsverein schicken? Weiß ich denn, welche Bücher man mir dort verabreichen wird?" „Ach, red kein dummes Zeug. Der Professor, der die Ausgabe der Bücher besorgt, wird wohl auch noch was für dich auf Lager haben." –

Als Robert am darauffolgenden Sonntag die Bibliothek des Volksbildungsvereins[39] betrat, war schon eine Unmenge Leute da, die vor ihm bedient sein wollten. Viele bekannte Gesichter sah er, die alle mit einem Paket Bücher unter dem Arm nachhause strebten. Endlich kam die Reihe auch an ihn, er drängte nach vorn, und als er seinen Deutschlehrer mit der Ausgabe der Bücher beschäftigt sah, wurde er etwas befangen wie immer, wenn er einem Professor gegenüberstand.

Doch diesmal sah der Herr gar nicht streng aus, fragte einen jeden leutselig nach seinem Begehr und ob er besondere Wünsche vorzubringen hätte. Da Robert keine Buchtitel nennen konnte, gab der Herr Bibliothekar ihm aufs Geratewohl drei Bände, von denen er auch im späteren Leben besonders ein Werk nicht vergessen sollte: Es waren die *Buddenbrooks* von Thomas Mann.

[In der Woche, die nun folgte, gab es in Echterhausen hellen Aufruhr.

Hie liberal! Hie klerikal! war die Losung. Freunde kamen auseinander, Stammtische entzweiten sich und selbst in den Familien machte der Geist der Zersetzung nicht halt.[40]

Während das bäuerliche Element, das weitaus den größten Teil der Einwohnerschaft bildete, streng katholisch war und sich zu der Partei des Pfarrers bekannte, glaubten die Bürger, Kaufleute, Angestellte u.s.w. es ihrer Bildung schuldig zu sein, sich zu dem liberalen Flügel zu schlagen. Das Ganze erreichte seinen Höhepunkt in einer öffentlichen Demonstration, die sich zum Hause des Pfarrers bewegte, wo Reden gehalten und Schmährufe ausgestoßen wurden. Selbst Kinder wurden in den Rausch der Geister mithineinbezogen, und ihre Redeweise war des öfteren mit Worten durchsetzt, deren Sinn sie nicht verstanden.

Nach dem Rodangeabend gab es nun fast jeden Sonntag in Echterhausen Vorträge, musikalische Darbietungen u. a. Der eine Redner sprach von der Urzeit des Menschen, ein andrer machte seine Zuhörer mit okkulten Kräften bekannt,[41] man deklamierte die *Légende*[42] Victor Hugos und erging sich in psychologischem Schürfen über den französischen Gesellschaftsroman. Und all dem folgten Liebhaberaufführungen Dicksscher Operetten und des *Fritzchen* von Sudermann.[43]

Es schien, als ob man unbedingt Echterhausen seinem Dornröschenschlafe entreißen wolle und man sich jede Woche zu diesem Zweck einem andern Prinzen verschrieben hätte.

Es war eine Zeit der Gärung und der Unruhe, des Anstürmens der jungen Kräfte gegen die Tradition, der mechanistischen Welt gegen jene der Beharrung und der Seele.]

In der Folge nun nahm Robert jeden Sonntagmorgen, ohne daß man ihn dazu aufgefordert hätte, sein Bücherpaket unter den Arm und begab sich in die Bibliothek des Volksbildungsvereins. Freudig erregt kam er jedesmal mit einer neuen Last zurück, denn er wußte, daß er seiner Mutter viele schöne Stunden damit schenken würde, und wenn er dann die neuen Bände aushändigte und die Mutter ihn dafür dankbar auf die Stirne küßte, so hätte er seiner Freude in einem Jauchzer Luft machen mögen.

So traten im Hause Holzer die modernen Dichter der Reihe nach an: neben Thomas Mann Gerhart Hauptmann, neben Schnitzler Hermann Bahr.[44]

Doch eine besondere Vorliebe hatte Roberts Mutter für die Bauernromane. Robert hatte ihr einmal die Erzählungen von Frenssen[45] nachhause gebracht, und seit jenem Tag richtete sie jedesmal bei seinem Weggang die Mahnung an ihn, nach etwas Ähnlichem Ausschau zu halten. Tief beeindruckte sie *Der Büttnerbauer* von Wilhelm Polenz[46], und die Geschöpfe von Federer[47] hatten sich ihr ins Herz geschlichen. Das kam wohl daher, weil sie selber aus einem Bauerngeschlechte stammte und ihre Vettern noch auf jenem Hofe in der Eifel saßen, der eigentlich ihrem Vater, wenn der sich zu seinem Blute bekannt, hätte zufallen müssen.

Es war wohl selbstverständlich, daß all diese Bücher nicht ins Haus kamen, ohne auch in Robert ihre Spuren zu hinterlassen.

Kaum ein Tag verging nun, an dem er, sobald seine Mutter des Abends ihre Lektüre begann, nicht auch zu der seinigen gegriffen hätte, und wenn er bald alle Schriftsteller, die man damals die Modernen nannte, kannte, so war das zu einem guten Teil auf den Einfluß seiner Mutter zurückzuführen.

Um diese Zeit nun erwachte in Robert das Verlangen, auch einmal etwas Näheres über das Leben jener Menschen zu erfahren, die ständig seinen Geist bildeten und formten.

Als er nun das nächste Mal vor seinem Deutschlehrer in der Bibliothek stand, brachte er ganz zaghaft sein Anliegen vor, und wirklich, anstatt darüber zu lächeln, wie er es erwartet hatte, ging der allen Ernstes auf Roberts Anliegen ein und überreichte ihm zwei Bände in einem Umfang, daß seine Arme sie kaum zu fassen vermochten. Es war die *Geschichte der deutschen Literatur* von Eduard Engel.[48]

Sollte die Bekanntschaft mit diesem Literarhistoriker von guter oder schlechter Einwirkung auf Robert sein?

[Von jeher war Mathematik nicht eben seine Stärke gewesen, und wenn er es darin in der Klasse bis dahin immer noch bis zu „genügend" gebracht hatte, so begann er nun, die Mathematik gänzlich zu vernachlässigen, und nur der Liebenswürdigkeit seines Mathematiklehrers war es zu verdanken, wenn er am Ende des Schuljahrs stets seine Klasse bestand.

Dieser Mathematiklehrer war ein kleiner blonder Mensch von einer Lebhaftigkeit des Geistes und der Gebärden, die einen geradezu in Erstaunen setzte. Er liebte es, wenn einer seiner Schüler an der Tafel sich nicht gleich in Heraklit und Archimedes zurechtfand, ganze Seiten aus der Odyssee auf griechisch zu zitieren und dadurch die Situation zu retten, indem nun auch der Schüler an der Tafel das erheiternde Moment rasch zu seinen Gunsten auszunutzen verstand.]

Denn nun brach die Flut, die lange in Robert gestaut war, über die Dämme. Jede freie Stunde benutzte er dazu, sich in die beiden Bände einzugraben, und wenn er anfangs, erschreckt durch das Volumen, nur hier und da etliche Körner gepickt hatte, so begann er nun bald, angezogen durch die Darstellungsweise und das Mystische, das den frühesten Zeitaltern anhaftete, auf der ersten Seite zu lesen und rastete nicht, bis er am Ende des zweiten Bandes angelangt war.

[„Mangen, ich kann also heute Abend auf dich zählen?" –

Fritz Mangen stand vor Professor Guthardt, und wie immer, wenn jemand ihn anredete, überflog eine leichte Röte sein Antlitz.

Mangen nickte ja!

„Wenn nun der eine oder andre deiner Kameraden, von dem du annimmst, daß er sich für diese Dinge interessiert, mitkommen will, so wird er uns willkommen sein."

Fritz Mangen nickte wieder eine etwas linkische Zustimmung mit dem Kopfe und bewegte sich dann in seiner etwas faulen Art auf Robert zu.

Es war in der Zehn-Uhr-Pause und der stand etwas abseits von den beiden, so daß er dem Gespräch nicht genau folgen konnte.

Als Fritz bei ihm angelangt war, brauchte er nicht lange zu fragen, um was es sich handle.

„Weißt du", begann Fritz in seiner etwas stockenden Art, die immer im Verkehr mit Freunden seiner Rede anhaftete, „daß hier so etwas wie ein literarischer Verein besteht? – Guthardt hat mich eben zu einem Vortrag für heute Abend eingeladen. Ein luxemburger Schriftsteller wird über moderne deutsche Lyrik sprechen. Ich denke, das wird auch dich interessieren. Wir gehen also zusammen." –

Als sie am Abend das Zimmer des Gymnasiums, in dem am Tage Naturwissenschaft gelehrt wurde, betraten, waren fast alle Plätze schon besetzt und sie mußten sich in irgendeine Ecke drücken, um nicht allzu sehr aufzufallen zwischen diesen eleganten Damen und Herren.

Als sie etliche Minuten saßen und der Konferenzler noch immer nicht erschienen war, begann Robert mehr aus Zeitvertreib denn aus Neugierde, das vorhandene Publikum zu mustern.

Da fiel ihm zuerst der kurze gedrungene Kopf eines Kurzwarenhändlers auf, und mit dem besten Willen der Welt konnte er keinen Zusammenhang herstellen zwischen dessen Interessen und dem Thema; aber er hatte sich wohl deshalb hierher bemüht, weil er abends mit dem Doktor Skat spielte und wußte, daß auch der hier zu finden sei. Und dann die Dame just vor ihm? – Soweit Robert sie im Alltag kannte, gingen ihre literarischen Kenntnisse kaum über Zeitungsromane hinaus. Aber vielleicht war sie wegen dem jungen Professor gekommen, der bei ihnen zur Miete wohnte?

Auf diese Weise ging Robert die Zuhörer der Reihe nach durch und bei kaum der Hälfte – Professoren und höhere Beamte – glaubte er sich eingestehen zu dürfen, daß sie um des Themas willen hier seien.

Plötzlich öffnete sich die Tür, und der Konferenzler erschien in Begleitung von zwei oder drei Herren des Vorstandes. Es war ein etwas untersetzter Mann mit schwarzem krausem Haar, seine Augen hatten etwas Orientalisches an sich, denn sie saßen in einem Spalt und glitten äußerst beweglich hin und her. Aber an Beweglichkeit wurden sie noch durch die Hände übertroffen, deren Behendigkeit an huschende Mäuse erinnerte.

„Es ist", sagte er einleitend ungefähr, „für mich nicht leicht, über das Thema von heute Abend zu reden, denn ich bin nicht objektiver Beobachter, sondern ich schwinge Tag für Tag in dem Erleben mit."

Bei diesen Worten spürte Robert einen ungeheuren Respekt vor dem Manne, der schamlos vor fremden Menschen eine solche Feststellung wagte.

Dann nahte er mit aesthetischen Begriffen und gebrauchte Fremdwörter in einer solchen Fülle, daß es Robert schwindelte und es ihm unmöglich war, noch den weiteren Gedankengängen zu folgen.

Den Beschluß machte eine ganze Kette von Namen, von denen Robert den einen oder andern vielleicht schon vernommen, mit dem er aber in diesem Zusammenhang nichts Rechtes anzufangen wußte.

Der ganze Vortrag hatte kaum eine halbe Stunde gedauert, und schon wollten Robert und Fritz Mangen aufbrechen, als Professor Guthardt auf sie zutrat und sie bat, noch einen Augenblick sitzen zu bleiben.

Was nun kam, das wog alle Enttäuschung der vorigen Minuten königlich auf, das war mehr, als Roberts kühnste Träume je ersonnen hatten.

Der Konferenzler las Gedichte. Das war nicht mehr ein Lesen, das war ein Schöpferisch-Machen der tiefsten Ahnungen der Dichter; so reicht man Gefäße mit erlesenem Inhalt einem Freunde, so spricht man Worte, die schwer an Geheimnis sind und deren Duft man wie Weihrauch atmet bei einer sakralen Handlung.]

X

Robert und Fritz Mangen durchquerten eine Straße der Hauptstadt. Es war in den Ferien und Robert war für einen Tag nach der Hauptstadt gefahren, um sich dort mit seinem Freunde zu treffen. Plötzlich blieb Fritz vor einer Litfaßsäule stehen und sagte zu Robert:

„Du, schau mal zu, was ist denn das?"

Ein grellrotes Plakat kündete in großen Lettern: Daß nun die Tage des Dilettantismus und der geistigen Unfruchtbarkeit vorbei seien; daß eben im Buchhandel eine Zeitschrift auflege, die es sich zur Aufgabe gesetzt habe, aufzuräumen mit all dem kulturellen Getue, wie es bis jetzt in Lützelburg Mode gewesen sei; deren Vorhaben es sei, die alten Götzen zu zertrümmern, endlich ein Kamel ein Kamel zu nennen, und keine Rücksichten mehr zu nehmen auf Vettern und Tanten, in einem Wort: Daß mit dieser Zeitschrift endlich für das Herzogtum Lützelburg eine neue künstlerische Ära anhebe, und daß die Schriftleitung bestrebt sei, dafür zu sorgen, daß auch das kleine Land zwischen den zwei mächtigen Nachbarn Stimme erhalte im großen literarischen Orchester.

Als die beiden Freunde diesen Erguß gelesen hatten, schaute einer den andern etwas verdutzt an, dann meinte schließlich Fritz:

„Wenn man sich diese Zeitschrift kaufen ginge? – *La Voix des Jeunes*! Das klingt ja wie eine Fanfare, die es sich zum Ziel gesetzt hätte, mit ihren Stößen die Mauern der Tradition zu Fall zu bringen. Gedulde dich einen Augenblick, ich werde einmal gleich nachsehen."

Und schon war er in einer Buchhandlung verschwunden. Etliche Minuten später kehrte er zurück und überreichte Robert ein Exemplar der neuen Zeitschrift, er selber behielt ein zweites für sich.

Robert konnte nicht warten, bis er aus dem Gedränge der Menschen sich auf eine sichere Insel gerettet hatte, schon in der Straße, während die Elektrische an ihm vorbeiklingelte, die Passanten ihn bald hier, bald dort anstießen und sich unwillig nach ihm umdrehten, entfaltete er das Blatt und begann zu lesen: Ein erster Aufsatz war von Johannes Müller geschrieben, dem nämlichen Autor, dem er zuerst im *Floreal* begegnet war und dessen Wanderskizze einen solch tiefen Eindruck auf ihn gemacht hatte; besonders der Schluß jenes Aufrufs gefiel Robert: Wenn auch, meinte Johannes Müller, die Zeitschrift *La Voix des Jeunes* hieße, so sollten doch die Älteren es nicht verschmähen, dann und wann von jener Tribüne aus ihre Meinung ins Volk zu tragen und auch den jüngeren Kräften mit Rat zur Hand zu gehen.[49]

Es folgte ein Aufsatz von Peter Schütz über einen Verstorbenen. Mit festen Strichen, doch mit unendlicher Sympathie zeichnete der Verfasser das Leben und die geistige Tätigkeit Arthur Hofmanns.[50] Robert hatte noch nie den Namen dieses Mannes gehört, doch nachdem er die kurze Skizze[51], die dieser Einleitung beigegeben war, gelesen hatte, und die in einer eigentümlichen ganz neuen Art und Ausdrucksweise geschrieben war, da stand es in ihm fest, daß mit diesem Toten dem Land ein starkes Talent geraubt worden war, das unsagbar Tiefes noch hätte über seine Mitbürger künden können.

Französische und deutsche Beiträge wechselten weiter ab in bunter Folge und unter den französisch geschriebenen lenkten vor allem jene Roberts Aufmerksamkeit auf sich, die Jim Smily[52] gezeichnet waren. Ein kriegerisches Temperament lebte sich darin aus, sagte unumwunden seine Meinung, schüttelte bald diesen, bald jenen, und zur größten Verwunderung Roberts war der Klang, der widertönte, derselbe wie der von Puppen, die mit Sägemehl gefüllt sind. Robert gefiel diese forsche ganz respektlose Art zusehends; bis jetzt hatte er nur mit der größten Hochachtung von jenen Männern, um die es sich da handelte, reden gehört, doch nun wurde er gewahr, daß es möglich sei, auch anders über sie zu denken und zu schreiben.

Als etwas später Robert und Fritz in einem Wirthaus bei einem Glase Bier saßen und ihre Meinungen austauschten, stellten sie fest, daß sie beide gleichermaßen von der neuen Zeitschrift begeistert waren.

Kurz zuvor jedoch hatte noch ein andres literarisches Ereignis tief auf Robert eingewirkt.

Die liberale Studentenvereinigung des Herzogtums gab jährlich ein Sammelbuch heraus, in dem die besten Köpfe der Studentenschaft mit dichterischen und wissenschaftlichen Arbeiten vor die Öffentlichkeit traten.

Diesmal nun hatte besonders eine Arbeit Roberts Aufmerksamkeit auf sich gelenkt. Es war eine Novelle in Tagebuchform: *Der Selbstsucher*, sie spielte in der Umgebung von Echterhausen und an den Ufern der Sur.[53] Als Autor stand nur eine Silbe darunter Pogg.[54] Gewidmet war sie Thomas Seiwerts, dem Maler der Heimat.[55]

Thomas Seiwerts? Das war doch der Mann, den Robert fast jedesmal auf seinen Spaziergängen traf, der stets einen Schlapphut trug und eine Künstlerpelerine um die Schultern geworfen hatte, der immer mit sich selber sprach und dabei beständig eine Zigarette zwischen den Lippen hielt?[56]

Doch wer war Pogg? – Robert hatte lange darüber gegrübelt, bis ihm schließlich ein Klassenkamerad hinterbrachte, daß Pogg kein andrer sei als der Bruder eines seiner früheren Freunde; ein junger Rechtsanwalt, der nun in der Hauptstadt lebte und nur ab und zu auf einen kurzen Besuch wieder nach Echterhausen kam. Da quoll in Robert die Sehnsucht auf, einmal die Bekanntschaft dieses Menschen zu machen, doch noch schien ihm dieses Ziel in eine unendliche Weite gerückt.

Da sollte Professor Guthardt die beiden zusammenbringen und zwar geschah dies auf dem Umweg über die Dichtkunst.

Robert wußte, daß Professor Guthardt ein Freund von Pogg war; oft war er den beiden auf seinen Spaziergängen begegnet, wie sie da gingen, mit den Armen fuchtelnd und mit den Händen gestikulierend; dann war in Robert immer ein Gefühl des Neids erwacht, wenn er überdachte, wie diese beiden jetzt ganz bestimmt tiefphilosophische Diskussionen führten, an denen er so gern, wenn auch nur als stiller Zuhörer, teilgenommen hätte.

Es war um Pfingsten. Die Wiesen, die zum Trooßkneppchen führten, standen in ihrem saftigsten Grün, Löwenzahn und roter Klee sangen das Hohe Lied des Juni, die Blüten der Apfelbäume waren von einer phantastischen Reinheit. Das Gymnasium hatte am Morgen seine Tore für die Pfingstferien geschlossen, und so wollte Robert noch kurz vor Mittag einen Spaziergang machen.

Dort, wo der Weg zum Trooßkneppchen in seiner jähen Steigung eine erste Pause macht, steht eine Kapelle, in der sich eine Statue der Immaculata befindet. Robert setzte sich auf die Bank neben der Kapelle, und als er nun über Echterhausen schaute, gewahrte er die schmetternden Farben der Felder, die sich vor ihm dehnten, und die Dächer der Häuser rund um die Abtei. Das Ganze war von einer Grellheit und Helle, daß man die Augen darüber schließen mußte, und dann, wenn man tief in sich hineinsah, rauschte es auf einmal ganz innig zu einer Symphonie zusammen.

Als Robert die Augen wieder öffnete, dachte er: Das alles müßte man in Sätze zusammenfassen können, dieses Blühen und Glänzen!

Das sollte man in Worte ballen können, daß noch der störrischste Leser einen Hauch davon verspüren würde und sein Herz rascher klopfte ob der Schönheit dieser Stunde.

Robert schaute um sich und da wurde er die Kapelle gewahr und die Statue der Muttergottes. Es war eines jener Bildwerke, wie sie fromme Seelen oft an Wegscheiden hinstellen, ohne jeden künstlerischen Einschlag, nur aus Gips und Farbe zusammengesetzt. So war Robert oft an ihm vorbeigewandert, ohne lange dabei stehen zu bleiben, und nur an den Sommerabenden, wenn unzählige Kerzen zu den Füßen der Muttergottes brannten, deren Geflimmer in den Straßen von Echterhausen sich ausnahm wie ein Kranz von Sternen, hatte ein Gefühl der Sehnsucht zu dieser Statue, das beinah an Liebe grenzte, sich seiner bemächtigt.

Sonderbar! Auch in dieser Morgenstunde schaute Robert diese Statue mit andern Augen, als er es sonst getan hätte. Er sah über die vom Regen abgewaschenen Farben hinweg, aus seinem Geiste schwand das Bildwerk aus Gips und er sah einen Körper von Fleisch und Bein, die Hände rosig durchschimmert von den Quellen flutenden Blutes.

Und blitzschnell stand vor Robert ein andres Bild: Es war am letzten Allerheiligentag gewesen. Während seine Eltern auf die Gräber gegangen waren, um den Toten ihren Tribut zu bringen, war er allein durch die Wälder gestreift. Der Abend nahte schon, das verwesende Laub drang auf ihn ein mit einer Stärke, die ihm die Tränen in die Augen brachte, die Nebel und die Dunkelheit schienen ihn ganz einsargen zu wollen, und vom Kirchhof her kam aufwühlend das Gebet der Menge; von der Front hörte man die Geschütze wie das Husten eines Lungenkranken.

Als Robert die Spannung, die ihn für einige Minuten befallen hatte, von sich abschüttelte, war alles wieder wie vorher. Die Muttergottes stand reglos an ihrem Platz und war nichts als das leblose, süßliche Gipswerk, und auch die Allerheiligenepisode war nur mehr eine Erinnerung unter vielen.

Doch wie kam es, daß er noch am selben Abend die Feder in die Hand nahm und daß sich das Geschick irgendeines Menschen mit dem Tag der Toten und der Immaculata der Kapelle auf dem Trooßkneppchen verwob? –

Eine unbändige Freude durchzuckte Robert, als er die Erzählung beendet hatte, und er merkte, daß es ihm zum erstenmale gelungen war, etwas wie ein Schicksal zu gestalten.

Tags darauf zeigte er die Arbeit Professor Guthardt und dieser war schnell mit seinem Enthusiasmus zur Hand. „Wir wollen sie an Pogg schicken", sagte er, „und der kann dann weiter darüber bestimmen."

Etliche Tage später erhielt Robert von Pogg ein Schreiben: Die *Voix des Jeunes* würde die Novelle in der nächsten Nummer veröffentlichen.

Da wußte Robert in seiner überschäumenden Freude keinen andern Ausweg: Er rannte zu seiner Mutter, die eben in der Küche tätig war, und küßte sie auf beide Wangen. –

Die Nummer der *Voix des Jeunes* erschien und brachte Roberts Erzählung.[57] Als Robert sie gelesen hatte und nun das Gedruckte an sich Revue passieren ließ, da glaubte er, er hätte die Geschichte noch besser machen können; vorerst war er mit der Konzeption unzufrieden; was ihm bei der Niederschrift als genialer Einfall erschienen war, konnte ihm jetzt kaum noch ein Lächeln abgewinnen, auch stilistische Mängel stellte er nun fest und besonders die Diskrepanz, welche sprachlich zwischen der Charakterisierung der Frau und der Schilderung der Kapelle klaffte.

Mürrisch wollte Robert das Exemplar in die Gosse werfen, da wurde er durch einen Beitrag in französischer Sprache gefesselt.

Le Réceptacle von Pier Vanaiken.[58]

Dieser Prosa war ein kurzes Vorwort mitgegeben, in dem der Verfasser mitteilte, daß *Le Réceptacle* eigentlich in Franz Pfemferts[59] Bücherei *Der rote Hahn* hätte erscheinen sollen, daß aber die deutsche Zensur die Veröffentlichung unmöglich mache.[60]

Hatte schon diese Ankündigung in Robert ein Gefühl der Hochachtung auf den Plan gerufen, so steigerte sich dieses Gefühl bis zu einer unbegrenzten Höhe, als Robert das Stück bis zu Ende gelesen hatte.

Dieses Französisch hatte so gar keine Ähnlichkeit mit der Sprache Racines, wie man ihn sie auf dem Gymnasium lehrte. Eine Unmenge Ausdrücke fanden sich vor, die Robert nie gehört hatte und in den Seiten ausgewählter Prosa von Bazin, die als Klassenlektüre vorgeschrieben war,[61] fanden sie sich nun gar nicht. Robert las *Le Réceptacle* zum zweiten- und zum drittenmale, dann schüttelte er den Kopf und legte die *Voix des Jeunes* beiseite, denn er meinte eingesehen zu haben, daß er sich hier nutzlos abrackere.

Und doch war er der Meinung, daß dieser Pier Vanaiken etwas zu sagen habe, etwas, das imstande sei, einen aufzurütteln aus der gewohnten Lethargie, nur daß der Weg, den er eingeschlagen habe, ein bißchen ungewöhnlich sei.

Von da an tauchte Nummer für Nummer derselbe Autor mit dem fremdländischen Namen auf, doch nun bot er seinen erstaunten Mitbürgern Gedichte in deutscher Sprache.

Aber auch diese Gedichte wichen sehr von diesen ab, die Robert bis dahin gelesen hatte, und selbst in seiner Anthologie moderner Dichtung fand er nichts, das er diesen Rhythmen hätte an die Seite stellen können.

Zuerst dünkte es ihn, als ob sie von einem ganz andern Gefühl ausgingen als jenem, worin seine Regungen sich bis jetzt bewegt hatten. Dieses Gefühl schien Robert viel tiefer und brennender zu sein als sein Dasein ihm bis jetzt zu fühlen erlaubt hatte. Immer stand über diesen Versen eine ganz grelle Sonne, selbst dann, wenn sie schwer waren von Klagen und Traurigkeit.

Aber noch etwas fiel Robert dabei auf, jedes Wort schien aus dem Ganzen herausgehoben, schien für sich zu stehen, liebevoll gestreichelt und bereit, neuen Sinn aus sich heraus zu gebären.

Robert wurde im Stillen einer der größten Bewunderer von Pier Vanaiken; für ihn war hier ein großer Dichter am Werk, dem man für jede neue Gabe außerordentlich dankbar sein mußte; und als er einmal auf einen Aufsatz von Jim Smily stieß, worin Pier Vanaiken sehr unsanft angefaßt wurde, da grollte Robert Jim Smily, wie er es noch selten zuvor mit einem Menschen getan.

„Nun Holzer, was haben wir denn?"

Robert stand befangen vor Professor Guthardt, suchte nach Worten, um sein Anliegen vorzubringen, aber so sehr er sich auch mühte, die Worte fanden nicht den rechten Weg.

„Nun, nun, laß dich's nicht verdrießen, du bist doch nicht umsonst zu mir gekommen, du mußt doch irgendetwas mir mitzuteilen haben?"

Da endlich gelang es Robert, unter dem ermutigenden Blick des Professors, mit seinem Anliegen herauszurücken: Er wolle einen Band Gedichte veröffentlichen, und ob Professor Guthardt bereit sei, die Patenschaft dafür zu übernehmen?

Robert hatte sich, wenn nicht auf direkte Ablehnung, so doch auf ein gewisses Zögern seines Deutschlehrers gefaßt gemacht. Statt dessen bemerkte der:

„Holzer, du weißt, daß du dieses Jahr die Reifeprüfung zu bestehen hast, und daß deine Kenntnisse in der Mathematik nicht gerade die besten sind. Wenn du mir aber versprichst, fleißig in der Klasse zu arbeiten, will ich mit deinem Vorschlag einverstanden sein. – Hast du denn auch schon einen Verleger für deine Verse? – Oder wie denkst du dir die Sache?" –

Da sagte Robert, hoch erfreut, daß der erste und peinlichste Teil der Unterhaltung so glatt abgelaufen, seinen Spruch her:

Seit längerer Zeit schon planten er und verschiedene seiner Freunde, Roberts Gedichte der Öffentlichkeit zu übergeben. Da sie sich aber keine Illusionen über den Drucker und Verleger machten, so hatten sie eine gemeinsame Kasse gegründet; jeder von ihnen gab alle acht Tage von seinem Taschengeld einen kleinen Betrag ab, mit dem sie die Kasse speisten; und nun war der Augenblick gekommen, wo sie glaubten, daß es zur Drucklegung lange.

Professor Guthardt konnte sich eines Lächelns nicht erwehren, als er von diesem ingeniösen Plan seiner Schüler hörte.

„Wenn dem so ist, Holzer, daß ihr das Geld schon bereit habt, dann meine ich, ist es das Beste, du trittst jetzt mit deiner Lyrik vor die Kritik, als später. Jetzt kannst du dich noch umstellen, was dir später wohl viel schwerer fallen dürfte. Von mir aus, Holzer, alles Gute!" –

Damit reichte er Robert, dessen Gesicht eine grelle Freudesröte überflammte, die Hand, und die Tür des Konferenzzimmers schloß sich hinter ihm...

Es war zu Sylvester, die Glocken der Basilika riefen stündlich die Einwohner von Echterhausen zum Gebet, eine Kälte, die jedem, der sich vor die Tür wagte, krallend in den Nacken sprang, lief durch die enggewinkelten Gassen, bei jedem Schritt der Kirchgänger stieß der Schnee, der schon lange seine blendende Weiße eingebüßt hatte, unwirsche Laute aus, und der Himmel machte ein Gesicht dazu, das so recht zu dem Tag der Buße und Einkehr paßte.

Robert saß in seinem Studierzimmer, das er sich seit dem letzten Jahre eingerichtet hatte, und blätterte in einem Buche, als seine Mutter melden kam, Professor Guthardt und noch ein Herr seien unten und warteten auf ihn.

Kaum hatte Robert die beiden begrüßt, als auch schon Professor Guthardt in die Tasche griff und mit den Worten „Hast du das schon gelesen?" Robert die letzte Nummer der *Lützelburger Gazette* überreichte.

Robert las und las, und je länger er las, desto heftiger und unduldsamer wuchs die Freude in seinem Innern, keine andern Gefühle mehr neben sich duldend, bis sie in einer ungeheuern Sturzflut schließlich alles überschwemmte und sich bis in das Glänzen seiner Augen Bahn brach.

Es war eine Kritik, die Johannes Müller über sein Versbüchlein schrieb, und die Worte, die dieser Schriftsteller für Roberts Lyrik fand, brannten sich tief in sein Gemüt ein und waberten als freudige Lohe über sein Gesicht.[62]

„Ich habe auch mit Peter Schütz gesprochen", sagte nun der Begleiter Guthardts, „auch er ist von deinen Gedichten ganz eingenommen und wird dir eine gute Rezension schreiben.[63] – Vielleicht wirst du uns die Freude machen, heute Mittag im „Hirschen"[64] mit uns den Kaffee zu trinken?"

Es hätte im Grunde genommen dieser Einladung nicht mehr bedurft, um die Glückseligkeit Roberts bis zum Gipfel zu steigern. Eine Sonne ging in seinem Innern auf und das nämliche Gefühl durchwallte ihn in diesem Augenblick, das ihn stets an Maienmorgen überflutete, wenn der Flieder, noch schwer von Tau, seine Trauben über die Mauern der Gärten schickte.

Schnell sagte er zu und als er nun Guthardt und Pogg zum Abschied die Hand reichte, da war in ihm ein stilles, sanftes Glück.

Nie noch in seinem Leben hatte Robert Handschuhe getragen, aber an diesem Mittag stand es bei ihm fest, daß er solche nicht entbehren könne und daß er es seinem Ansehen unbedingt schuldig sei, mit wildledernen im „Hirschen" zu erscheinen. So durchstöberte er alle Schubladen, um solche ausfindig zu machen, aber ein verhängnisvolles Geschick verfügte, daß nur baumwollene aufzutreiben waren. Und Robert mußte sich wohl oder übel dazu bequemen, diese anzuziehen und damit den Gang zum „Hirschen" anzutreten.

Das Gasthaus „Zum Hirschen" liegt auf dem Marktplatz von Echterhausen. Es gehört zu jenen guten gemütlichen Stuben, die ohne besonders vornehm zu sein, doch die besseren Kreise des Städtchens und der Umgebung anziehen. Bänke laufen an den Seiten entlang, ein paar gute Originalgemälde hängen an den Wänden, und hinter dem Ausschank steht kein griesgrämiger Wirt, sondern eine junge Wirtin. Das Hauptanziehungsstück aber bildet unbedingt der runde Tisch in der Mitte der Stube. Um diesen runden Tisch gruppiert sich alles, was Rang und Stand hat. Da sitzt der Apotheker mit dem ewig selben wie erstarrten Lächeln um die Züge, ein Mann von Kultur, dessen Mutter eine Deutsch-Russin war; er kennt die moderne Dichtung auf den Fingerspitzen, und wenn ausländische Schriftsteller im Volksbildungsverein zu Gast sind, dürfen sie nie verfehlen, bei ihm vorzusprechen; eine gute Flasche Mosel- oder Rheinwein und ein tadelloser Schnaps stehen stets für sie bereit.

Der Apotheker besitzt eine der wunderbarsten Privatbildersammlungen des Landes; besonders Thomas Seiwerts hat es ihm von den einheimischen Malern angetan und so kann man dort die luftigen Interieurs, die von Sonne brennenden Landschaften und die Selbstbildnisse, die allerdings manchmal an Böcklin[65] erinnern, bewundern. Auch in der Musik weiß der Apotheker gründlich Bescheid und seine große Liebe gilt dem Liederkomponisten Hugo Wolf.[66]

Neben ihm sitzt tagtäglich, genau um dieselbe Stunde, der Doktor. Der Doktor hatte sich zu Anfang seiner Praxis im Norden des Herzogtums aufgeschlagen, wo es dazumal keine Eisenbahnen gab. So war denn der Doktor gezwungen, als Landarzt, der selbst in die entferntesten Dörfer und Weiler gerufen wurde, die Strecken im hartnäckigsten Winter und bei den tollsten Schneestürmen zu Pferd zurückzulegen. Wenn er davon erzählte, so hörten die andern Gäste ihm staunenden Mundes zu, denn der Doktor nahm es mit der Wahrheit nicht allzu genau.

Besonders kraß aber trat dieser Umstand in Erscheinung, wenn er seine Gespräche etwa mit den folgenden Worten begann: „Damals als ich in Spanien…" Dabei wußte ein jeder, daß er seit seiner Studienzeit das Herzogtum nicht verlassen hatte; aber er war ein spannender Erzähler und so fiel es niemandem ein, ihn zu unterbrechen. Im übrigen gab es keinen in der Tafelrunde, dem nicht die Quellen der Reiseschilderungen des Doktors bekannt gewesen wären; ihnen allen hatte der Apotheker mitgeteilt, daß der Doktor seine Erlebnisse einer Buchserie *Fahrten und Abenteuer*[67] entnehme und sie dann, da er phantasiebegabt war, an seine persönlichen Verhältnisse anpasse.

Ferner nimmt stets an dem Tisch, auf einem ganz bestimmten Stuhl, Platz der Großkaufmann Widner. Fenster- und Spiegelglas, Tapeten und Öle sind seine Spezialität, aber längst hat er sich davon zurückgezogen. Er ist ein Genießer besten Geblütes und Wanderungen durch Wald und Wiese haben es ihm angetan; er liebt ein gutes Glas Wein, und selbst in den heikelsten Situationen, die seine lose Zunge manchmal selber verschuldet, beschwört er doch stets mit seinem Mutterwitz das Gewitter, das sich schon grollend ankündigt.

In seinem Blut sitzt das Erbe ganzer Generationen von Echterhausen, und seit Anfang des 19. Jahrhunderts riß im Städtchen die Kette seiner Sippe nicht ab. Ein freier Herr war Widner, der weder rechts noch links zu schauen brauchte, und beliebt bei allen, denen es einmal vergönnt war, ihn in einer stillen Stunde zu belauschen.

Ferner darf der Professor nicht vergessen werden. Professor Thürner war ein Mann so Ausgangs der 20er, nicht aus dem Städtchen gebürtig, der aber durch seine Heirat mit der Schwester der Wirtin das Bürgerrecht erworben hatte.

Wenn er am Stammtisch saß, schwieg er und horchte zu bis zum fünften Halben, vom sechsten an aber riß er das Gespräch an sich und ließ nicht mehr locker, bis die Uhr die zwölfte Stunde und somit Feierabend schlug.

Professor Thürner konnte über alles reden, ganz gleich, ob das Gespräch sich um Ackerbau oder Literatur, um Kunst oder das neueste Modell eines Maschinengewehrs drehte. Es wird behauptet, er habe manchmal dem plätschernden Redestrom der andern eine ganz bestimmte Richtung gegeben, nur um seine eigene Weisheit an den Mann bringen zu können. „Das hat er eben heute Mittag im Brockhaus gelesen", flüsterte dann einer dem andern mit schlecht verhehltem Neide zu.

Professor Thürner war bekannt wegen seiner spitzen Rede und öfter schon hatte die ihn in schärfsten Konflikt zu seinen Behörden gebracht. Unter den Schülern kursierte das Gerücht, daß das Unterrichtsministerium ihm einmal ein ganzes Monatsgehalt gestrichen habe, weil er in seinem Geschichtskursus, das Wort eines deutschen Historikers zitiert hatte; daß die drei größten Betrüger der Weltgeschichte Moses, Christus und Mohammed geheißen hätten. Im Übrigen nannte Thürner einen Witz sein eigen, der mehr an den gallischen Esprit, als an den deutschen Humor erinnerte.

Haben wir nun alle genannt, die um den runden Tisch herum saßen und nach dem Abendessen sich ihren Grächen[68] oder ihr Bier munden ließen?

Doch nein, denn da öffnet sich die Tür und zu all den Erwähnten tritt der Tabakfabrikant, ein behäbiger Mann, dem man ohne weiteres ansah, daß er auf der Sonnenseite des Lebens seine Tage verbrachte. Sobald er Platz genommen hatte, griff er in die Tasche, ließ seine Schnupfdose im Kreise herumgehen, und war empört, wenn man sich nicht auf erste Aufforderung hin bediente. Jeden Abend, so um die zehnte Stunde, erzählte er dann dieselbe Geschichte: Wie er als Feuerwehrkommandant einmal zu einem Kongreß in Berlin[69] gewesen sei und wie die Schloßwache das Gewehr präsentiert habe, als er an ihr vorbeigegangen, da sie ihn in seiner lützelburger Paradeuniform für mindestens einen General gehalten habe.

Für gewöhnlich ließ er sich neben dem Postinspektor von jenseits der Brücke nieder, einem Reserveoffizier aus dem großen Krieg. Wegen seines schnarrenden Tonfalls war der bei den übrigen Gästen nicht gerade beliebt und wegen seiner Erzählungen aus dem Krieg hatte man ihm den Beinamen „Der Blutige" gegeben; aber da der Tabakfabrikant eine deutsche Frau hatte, verstanden die beiden sich vorzüglich zusammen.

Ein runder Tisch ist eine unheimliche Angelegenheit: zehn Personen finden rundherum Platz, aber auch fünfzehn, auch zwanzig und je größer der Kreis wird, desto gemütlicher finden die Stammgäste die Atmosphäre...

An diesem Sylvesternachmittag aber war die Gaststube noch ziemlich verlassen. Um den runden Tisch saßen, als Robert eintrat, nur Professor Guthardt und Pogg, sowie der Viehzart, der um des Skatspieles willen dahin kam, das eine Nationalindustrie von Echterhausen war. In der Stube war die Atmosphäre durch die Hitze, die der Ofen ausstrahlte, durch verschüttetes Bier und Tabakwolken gequollen, und so waren die beiden andern gleich damit einverstanden, als Guthardt vorschlug, etwas ins Freie zu gehen.

Als die drei auf der Landstraße waren, die nach einem kleinen Schlößchen führt, das außerhalb Echterhausen liegt und den Benediktinern gehörte, fragte Guthardt Robert, wie er sich denn seine Zukunft vorstelle? Er wisse doch selber, daß ein freier Schriftsteller in Lützelburg unmöglich sei und daß er deshalb einen festen Beruf ergreifen müsse, wenn er sein Leben fristen wolle.

Robert schaute, obgleich er auf diese Frage nicht ganz unvorbereitet war, in die Weite; ein blauer Dunst stand gegen den Himmel, der aber in seinen ferneren Teilen schon wieder rötlich angehaucht war; die Bäume froren in ihrer Nacktheit erbärmlich.

Da sagte er:

„Ich möchte Professor werden! Es muß wunderbar sein, den Schülern die Werke der Dichter zu erklären. Ich möchte Deutschunterricht geben. Ich stelle mir vor, welch eine Genugtuung es für Lehrer und Schüler sein muß, gemeinschaftlich in den Geist einer Dichtung einzudringen; ich würde die Schüler zu den großen Quellen führen; ich würde ihnen erzählen von dem Wessobrunner Gebet und von den Merseburger Zaubersprüchen; von der Nibelungensage, von Wolfram von Eschenbach und von Walther von der Vogelweide; von Goethe und Schiller und von der deutschen Romantik; von dem Jungen Deutschland und vom Naturalismus, von Gerhart Hauptmann, Dehmel und Thomas Mann.

Aber ich würde nicht die Werke allein sprechen lassen; ich würde ihnen Aufklärung geben über das Leben der Dichter und so durch den Menschen das Werk näher zu bringen suchen.

Ich denke mir den Unterricht nicht als blödsinniges Einpauken, sondern jeder, auch der minder begabte meiner Schüler würde die Klasse verlassen an Seele und Geist bereichert. Eine Weihestunde würde mein Unterricht sein, auf den sich die Schüler freuen würden wie auf ein Fest, das man extra für sie bereitet hat, und jeder würde am Schluß der Stunde davon überzeugt sein, daß ich mich gerade an ihn gewandt habe, um ihn teilnehmen zu lassen an all dieser Schönheit."

Robert schwieg und schaute auf die blendendweiße Fläche vor sich, noch ganz im Bann seiner eigenen Worte.

Zwischen den dreien spann die Dämmerung und verwob sich mit dem Schweigen, das den Worten Roberts folgte, und dem Knirschen des Schnees unter den Füßen zu einer gefährlich-mystischen Stimmung.

Guthardt entriß sich als erster dem Bann:

„Du willst also Professor werden? Aber überlege es dir! Man wird dich nicht nur in der deutschen und französischen Sprache prüfen, sondern auch in Latein und noch vielem andern. Du magst das Büffeln nicht, und doch wirst du dich dazu zwingen müssen. Noch ist alles bei dir tastend und unsicher, du wirst noch viele Enttäuschungen erleben, ehe du dein Ziel erreicht haben wirst, aber diese Enttäuschungen werden bei dir hoffentlich nicht umsonst sein und vor allem dazu beitragen, gerade das, was wertvoll in dir ist, noch zu steigern.

Es werden Gesetze über dir sein. Man wird deinen Unterricht kontrollieren und ich fürchte, manche meiner Kollegen werden nicht gerade viel Verständnis für deine Methode aufbringen. Du wirst Neider finden, man wird dich ausschnüffeln und irgendein mißdeutetes Wort kann dich in gar manche Verlegenheit bringen. Viele werden der Meinung sein, daß es besser ist, in den Dichtern nur Geistesheroen zu sehen, die auf einem Piedestal thronen, fern aller Wirklichkeit, als Menschen, Menschen aus Blut und Knochen, um die herum es in ihren Eifersüchteleien und endlosen Klatschgeschichten manchmal gar gefährlich menschelte."

Die Kälte riß ihm die Worte vom Munde und ließ sie in seinem Bart gefrieren zu schneidenden Kristallen.

XI

Seit jenem Dezembertag war Robert Guthardts bester Freund geworden, fast jeden freien Nachmittag sah man die beiden nun zusammen auf längeren Spaziergängen, eifrig miteinander diskutierend und das Für und Wider ihrer Meinungen unter sich selber und gegen vermeintliche Dritte herausstellend. Für Robert waren diese Spaziergänge von einer großen Wichtigkeit, denn im Verkehr mit Guthardt, dem um zwanzig Jahre älteren, wurden manche Ideen, die bis dahin noch im Dunkel in ihm verborgen lagen, aufgehellt, er spürte manche Zusammenhänge zwischen Leben und Dichtung, die ihm bis dahin entgangen waren. Robert konnte sich in jugendlicher Begeisterung für einen Schriftsteller entflammen und dann sogar pathetisch werden; in solchen Augenblicken genügte das kaum wahrnehmbare Lächeln Guthardts, um ihn wieder auf die Erde zurückzubringen und ihm vor allem den Menschen hinter dem Werk zu zeigen.

Es war die Zeit des deutschen Expressionismus. Für Robert war diese Bewegung etwas völlig Neues, diese Revolution in Dichtung und Malerei begeisterte ihn bis zur kritiklosen Hinnahme alles dessen, was bloß nach außen sich das Gewand einer stammelnden Sprache umzulegen wußte. Unendlich lange konnte er bei einem einzigen Gedichte sitzen und an seinem Sinn herumtasten, bis ihn dann schließlich Guthardt darauf aufmerksam machte, daß in den Versen überhaupt kein Sinn verborgen sei, und daß der Autor das Ganze mehr als eine Spielerei, denn ein Kunstwerk auffaßte. So diskutierte man über Werfel[70] und Hasenclever[71], Kasimir Edschmid[72] und Schickele.[73]

Doch wenn Robert die Lyrik und den Roman bevorzugte, so hatte Professor Guthardt eine Schwäche für das Drama; getreu seiner realistischen Einstellung war lange Jahre hindurch Gerhart Hauptmann sein Abgott gewesen, aber nun galt es, sich mit Fritz von Unruh[74] und Georg Kaiser[75] auseinander zu setzen. Von den beiden hatte Guthardt vor allem Unruh mit seiner Trilogie *Ein Geschlecht* in sein Herz geschlossen, und wenn auch sonst Bernhard Diebold[76] sein Lehrer in der modernen Aesthetik war, im Falle Kaiser mochte er sein Urteil nicht mehr anerkennen.

Durch Guthardt lernte Robert auch die Impressionisten kennen, vor allem die Oesterreicher, die bestimmend auf seine spätere Entwicklung einwirken sollten. Guthardt öffnete ihm bereitwilligst seinen Bücherschrank und zu allen Zeiten hatte Robert Zutritt zu seiner Wohnung, um bald dieses, bald jenes Buch zu entleihen.

Auf diese Weise tastete er sich an die Skizzen Altenbergs[77] heran, an die Dramen und Romane Schnitzlers[78], die großen Zyklen Jakob Wassermanns[79], den Guthardt einen deutschen Balzac nannte. Und da diese Bücher alle bei S. Fischer erschienen waren, so war dieser Verlag Jahre hindurch für Robert gleichbedeutend mit der deutschen Literatur überhaupt.

Aber noch ein Autor hatte in diesen Jahren Roberts Gemüt aufgewühlt und es bereit gemacht für neue Saaten. Fritz Mangen hatte ihm eines Tages ein Büchlein mitgebracht und ihn gebeten, noch am selben Abend unbedingt darin zu lesen, denn er selber war noch ganz Feuer und Flamme. *100 ausgewählte Gedichte* von Richard Dehmel.[80] Und Robert hatte sich ganz diesen Rhythmen hingegeben, erschüttert die Gesichte in sich aufgenommen, tragisch zerklüftet besonders durch die erotischen Schreie Dehmels, deren Untertöne mehr Stöhnen und Ächzen, als befreiter Jubel waren.

Aber da geschah ein Ereignis, auf das weder Robert noch Guthardt vorbereitet gewesen waren, in aller Stille waren die Voraussetzungen schon erfüllt gewesen, als die beiden von dem Geschehen benachrichtigt wurden. Eines Tages nach Schulschluß begab sich Fritz Mangen zu Guthardt und erklärte ihm rundweg heraus, daß er das Gymnasium verlassen wolle.

Auf die erstaunte Frage des Lehrers, wieso er dazu komme, hatte Fritz ganz einfach geantwortet, er könne den Schulzwang nicht mehr ertragen. Ob er denn was besonders vorhabe und was er werden wolle?

Und Fritz Mangen entgegnete mit einer Selbstverständlichkeit, die den andern direkt verblüffte: Er wolle sich nach Berlin wenden, um Schauspieler zu werden.[81]

Nun ging Guthardt aus sich heraus und brachte alle Einwände vor, die ihm in jenem Augenblick einfielen: Ob Fritz denn die Berufung zu diesem Fach in sich spüre und ob er sich schon alle Schwierigkeiten überlegt habe, die bei seinem Vorhaben zu überwinden wären? Es sei nicht leicht, in der Schauspielkunst vorwärts zu kommen, auch wenn man Talent dazu habe. Zuviele Schauspieler, und nicht gerade die geringsten, seien in Deutschland infolge der schlechten finanziellen Verhältnisse brotlos, und somit sei es für einen Ausländer doppelt schwierig, sich gerade in der Bühnenkunst eine Situation zu schaffen. Aber er wolle ihn nicht abhalten, wenn Fritz absolut das innere Feuer in sich spüre und die Gewißheit habe, daß er sich durchsetzen werde.

Da entgegnete Fritz ganz gelassen, so ruhig, wie man es bei seiner sonst leicht auffahrenden Natur nicht gewöhnt war:

Ja! er habe sich alles reiflich überlegt und er glaube, er verfehle seinen Beruf, wenn er diesmal nicht herzhaft zugreife. Der Druck in ihm würde mit jedem Tage stärker und drohe ihn zu sprengen. Und weil er Berlin nicht kenne, habe er Ausschau nach jemandem gehalten, der ihm Referenzen geben könne und da sei er auf Pier Vanaiken gefallen; Pier Vanaiken habe ja gute Beziehungen zu Berliner literarischen Kreisen. Und der habe ihm einen Brief an Franz Pfemfert, den Herausgeber der *Aktion* mitgegeben. So wolle er denn sein Glück versuchen und bald von sich hören lassen. – Wann er denn reise? –

Morgen! –

Da sah Guthardt ein, daß hier aller Widerstand umsonst sei, und obgleich er diesen Heißsporn noch gerne etliche Jahre betreut hätte, war er doch in seinem Tiefsten stolz darauf, daß hier einer vor ihm stand, der nicht darauf bedacht war, sein Leben in ein Gefäß Tropfen für Tropfen fein bedächtig abrollen zu lassen, sondern der den Mut hatte, wenn es darauf ankam, den ganzen Inhalt mitsammen zu verschütten.

Und Fritz Mangen fuhr nach Berlin; als er mit dem Schreiben Pier Vanaikens bei Franz Pfemfert vorstellig wurde, wies der ihn an eine der ersten Größen der Berliner Bühne, mit der ihn freundschaftliche Bande verknüpften.

[Fritz wurde sehr liebenswürdig von der Schauspielerin Lotte Müller aufgenommen und eine Zusammenkunft für einen der folgenden Tage verabredet. Als Fritz ankam, bat man ihn, Platz zu nehmen, und Lotte Müller ließ sich nun bis in alle Einzelheiten seine Pläne erzählen.

Sie fragte ihn ganz genau aus nach dem Woher? Sie forschte nach seinem Studiengang und wie er auf den Gedanken gekommen, Schauspieler zu werden. Fritz begann zuerst stockend, aber dann wurde seine Rede fließend, alle Hindernisse, die sich ihm stets, wenn er in seiner Heimatsprache redete, in den Weg stellten, wurden hier in einem einzigen Anlauf genommen; er breitete vor die berühmte Schauspielerin alle seine seelischen Nöte aus, er sagte ihr von dem Druck, der stets im Gymnasium auf ihm gelastet und wie er glaubte, daß er berufen sei, hinabzusteigen in die Schächte, aus denen die Dichter ihre Visionen Gestalt und Wort werden ließen, um die Menschheit zu erschüttern und durch diese Erschütterung zu reinigen.

Lotte Müller lauschte seiner Rede andächtig zu bis ans Ende; dann bat sie ihn, ihr ein Gedicht vorzutragen, das er bevorzugte. Fritz nannte den *Archibald Douglas* von Fontane.[82] Die Schauspielerin nickte, stand auf und reichte ihm eine Anthologie moderner Balladen. Fritz hatte bald den *Archibald Douglas* entdeckt, und nun begann er ihn herzusagen, wie er es schon so oft getan, wenn die Freunde mit ihm in Echterhausen zusammensaßen und zur Deklamation aufgefordert hatten.

Fritz war überzeugt, daß er in diese Ballade ein Maximum an Kraft und Einfühlungsvermögen legte. Seine Stimme hatte schon im Gewöhnlichen einen ganz anschmiegsamen Klang, er konnte sie grollen und jubilieren tun, das Schluchzen war ihr in gleichem Maße eigen wie das befreiende Gelächter.

So schwanden denn auch vor Fritz, kaum daß er begonnen hatte, Berlin und Lotte Müller, der Ort, wo er sich befand, war Schottland, er trug nun keine Ballade mehr vor, sondern er war nun selber Archibald Douglas und bereit, sein Schicksal auf sich zu nehmen. Ihm war, er stände auf einer Bühne und er spreche keine Ballade, sondern er spiele ein Drama, in dem er nicht allein die Hauptfigur, sondern sämtliche Akteure darstelle.

Er hatte geendet und reichte Lotte Müller das Buch zurück, dabei zitterten seine Hände noch von dem seelischen Aufruhr, und seine Wangen wiesen hektische Flecken auf. Eine Pause entstand, welche

Fritz unsicher machte und an seinen Nervensträngen riß und ihn über die Maßen quälte. Er hätte am liebsten gehabt, Lotte Müller wäre gleich aus sich herausgegangen, hätte ihm ohne Umschweife ihr Urteil gesagt und ihn wieder nach Hause zurückgeschickt, wenn das absolut der Fall sein mußte.

Als die Stille anfing, unerträglich zu werden, nahm Fritz als erster das Wort: Ob er nun die Meinung der gnädigen Frau hören dürfe? Er bitte sie, in aller Offenheit zu reden, denn es sei ihm um die Sache zu tun, und nicht um vage Mätzchen und verkanntes Geniespiel.

Da erwiderte Lotte Müller:

Gewiß, Talent habe er wohl, das sei unbezweifelbar, aber sie glaube nicht, daß dieses stark genug sei, um sich in den gegebenen Verhältnissen durchzusetzen. Er müsse bedenken, daß er noch einen ungeheuern Weg habe, ehe auch nur an ein kleines erstes Auftreten auf der Bühne zu denken sei. Sie wisse nicht, ob er der Mann sei, mit Erfolg die Kurse der Schauspielschule zu bestehen; und ob er schon etwas läuten gehört habe von den Intrigen, wie sie unter Schauspielern gang und gäbe seien? Kurz, wenn sie ihm raten könne, so würde sie ihn bitten, noch etwa acht Tage in Berlin zu bleiben, sich die Theater und Museen anzuschauen und dann wieder in seine Heimat zurückzukehren, wo er bestimmt ein angenehmeres Leben führen könne, als es unter den gegebenen Umständen in Berlin der Fall sei.

Lotte Müller lächelte, Fritz stand auf und stammelte seinen Dank, er wußte, was die Worte der Schauspielerin für ihn zu bedeuten hatten. –]

Doch schon etliche Tage später erhielt Robert von Fritz einen Brief, in dem dieser ihm schonungslos das Ergebnis seines Probeexamens mitteilte. Am Ende des Briefes aber befand sich ein Satz, der Robert zum Nachdenken zwang. Es hieß da: Ich habe in diesen Tagen in den hiesigen Zeitungen eine Notiz gelesen, worin von einem jungen Bildhauer die Rede ging, der in einem Keller wohnte und sich monatelang von trockenem Brot nährte, da er das Geld zu einer Wohnung und zu anständiger Nahrung nicht aufbrachte. Aber dieser junge Künstler ist nicht verzweifelt, sondern hat ausgeharrt, bis ihm vor einigen Tagen der Erfolg zuteil wurde.

Dieser Bildhauer hatte den Glauben an sich selbst und die unbedingte Überzeugung, daß sein Weg eines Tages aus dem Dunkel ins Licht führen müsse. Diese Hartnäckigkeit, diese Treue zu seinem Werk hat ihn gerettet. Wir aber sind allzusehr verweichlicht und in unsern bürgerlichen Überlieferungen verankert, als daß wir solches auf uns nehmen würden. Ein gutes Mittagessen gilt uns mehr, als das heilige innere Feuer, und sobald die Mittagsglocke läutet, lassen wird die Dichtung und alles Geistige, und treten in ein Restaurant ein, um unsre Mahlzeit einzunehmen. –

Da wußte Robert, daß er nun nicht mehr lange auf seinen Freund zu warten brauche, und daß ein großer schöner Traum begonnen hatte, sich gegen Abend zu neigen.

Der Frühling war in Echterhausen eingezogen. Aus den Gärten, die das Städtchen umgaben, roch es aufrührerisch nach dunkler Erde, die Wälder standen in sehr hellem Grün, dessen Scheuheit noch manchmal durch das Nackte der Bäume allzu stark bekräftigt wurde, aus den Mauern der Rham sprossen die wunderbarsten Maiblumen und die Straße, die von Echterhausen nach Lützelburg führte, war ein einziger Triumph des Duftes und der Farbe.

Wo die Feldwege von dieser Straße abzweigen, steht eine Kapelle, die der Mutter Gottes geweiht ist.[83] Eine wunderbare Lindenallee führt zu ihr hin, ein Bach, der von dieser Kapelle seinen Namen herleitet, schlendert sorglos an Gärten vorbei und die ganze Luft ist angefüllt mit jener Atmosphäre, welche den Menschen ins Blut springt und es anfüllt mit einer Süße, die sie trunken und taumelig macht.

Jeden Abend, wenn das Blau der Dämmerung die Wälder schon unter seine schützenden Fittiche nimmt und die Geräusche der Felder an den Ufern des Baches verrinnen, stehen die Türen der Kapelle weit offen. Weihrauch quillt aus ihnen hervor, Kerzen flimmern bis auf die Landstraße hinaus, Harmoniumklänge[84] jauchzen auf und Weihrauch und Kerzen und liturgische Lieder mischen sich mit den Düften der Bäume.

In keinem andern Monat des Jahres wird die Muttergottes so gefeiert in Echterhausen wie im Mai. Jugend, deren Vorrecht es ist, über kirchliche Dinge sonst mit einem Achselzucken hinwegzugehen, wird auf einmal still, wenn auf ihren abendlichen Spaziergängen die bekannten Lieder an ihr Ohr dringen, ein leises Schauern dringt auf sie ein und in ihrem Herzen verschmilzt das Antlitz der Muttergottes mit dem jener Jungfrau, die sie heimlich lieben, aber es sich nicht einzugestehen wagen, zu einer mystischen Einheit.

Obgleich Robert schon seit Jahren keine Kirche mehr besuchte und den Gang zu Predigt und Messe eingestellt hatte, war der Mai für ihn noch immer eine Quelle reinen Glücks und tiefster Genugtuung.

Nie sprach er mit einem Menschen darüber, aber seiner Mutter blieb doch dieses sein heimlichstes Sehnen nicht verborgen; mag sein, daß sie den Urgrund dieser Dinge nicht zu fassen wußte, aber eine Ahnung sagte ihr, daß in Robert Kräfte am Werk waren, von denen man in dieser Zeit noch nicht wußte, welchen der Sieg anheim fallen würde.

So fragte sie ihn denn jeden Abend, ob er mit ihr auf die Landstraße hinauswandern wolle; und jedes Mal verstand Robert. Ohne weiter gedrängt müssen zu werden, machte er sich dann mit seiner Mutter auf den Weg zur Kapelle. Ein überwallendes Glücksgefühl stieg dann in ihm auf und drohte, sein ganzes Innere zu überschwemmen. Nie hätte er geglaubt, daß in einem Madonnenlied eine solche Erfüllung läge.

[Als nun Robert und seine Mutter eines Tages die Kapelle verlassen hatten und sich schon auf dem Heimweg befanden, trat auf einmal eine Gestalt auf sie zu und fragte, ob sie die Ehre habe, Herrn Holzer kennen zu lernen; man habe ihr gesagt, daß sie Robert hier treffen könne.

Robert beschaute sich eine Weile den Ankömmling und dachte: Unsympathisch siehst du ja nicht gerade aus! Das Gesicht, von dem alle Vorhänge weggezogen zu sein schienen, lächelte und es schien, als ob in diesem Menschen kein Platz für Falsch sei; eine kleine Rundung des Bäuchleins deutete an, daß er auch den materiellen Genüssen nicht abgeneigt sei.

Der Freund stellte sich vor: Rudolf Reuter, Herausgeber einer Jugendzeitschrift.[85]

Da überflammte ein Freudenstrahl Robert und in seinen Augen spiegelte sich der Mai, die Muttergottesandacht und die Überraschung dieser Bekanntschaft.

Robert stand nun schon über drei Jahre in brieflichem Verkehr mit diesem Schriftsteller. Er mochte ungefähr auf Quarta gewesen sein, als ihm eines Tages eine Nummer des *Lützelburger Katholiken*[86] in die Hände geriet; darin stand ein äußerst belobigender Artikel über die Jugendzeitschrift Reuters und da Robert gerade einen Aufsatz geschrieben hatte, den sein Deutschlehrer belobigend vor der Klasse hervorgestrichen hatte, schickte er diesen kurzerhand an den Herausgeber.[87]

Einige Zeit später kam ihm eine Nummer der Zeitschrift ins Haus. Sie war ganz auf der Hand geschrieben, auch die Zeichnungen rührten von Schülern her, nie noch hatte Robert in solchem Maße wie hier empfunden, was die Liebe zu einer Sache vermag, und er konnte sich einer gewissen Rührung nicht erwehren, als er das Heft betrachtete.

Das war der Anfang ihrer brieflichen Freundschaft gewesen, Robert hatte manche Beiträge für die Zeitschrift geliefert und noch an einen erinnerte er sich ganz besonders: Es war ein Gedenkblatt zum Tode Roseggers.[88]

Rosegger[89] war lange Jahre hindurch ein Lieblingsschriftsteller Roberts gewesen, alle Bücher, deren er von diesem Autor habhaft werden konnte, hatte er sich in den Bibliotheken ausgeliehen, und oft, wenn er in diesen Bänden las, hatte ihn ein Gefühl des Neides für den Waldbauernbub beschlichen, für die Landschaft Österreichs und vor allem die Steiermark.

So war es nur selbstverständlich, daß er Rosegger seinen Dank abstattete übers Grab hinaus.

Als die beiden dann bei einem guten Trunk saßen, begann Rudolf Reuter zu plaudern. Er erzählte von seiner Zeitschrift und den Plänen, die er mit ihr vorhabe, er nannte in schwärmerischem Aufstieg alle seine Mitarbeiter und unterließ es dabei nie, von seinen „lieben Freunden" zu sprechen. Robert entging es dabei nicht, wie Reuter beim Aussprechen gewisser Namen die Zunge genießerisch rundete und diesen und jenen Autor gleichsam auf einem silbernen Teller zu präsentieren schien. Gewöhnlich waren das Schriftsteller, die in ihrem Privatberuf Doktor oder Professor waren, und nie unterließ er es, sobald er diesen und jenen aus ihrer Reihe erwähnte, das durchaus überflüssige Epitheton beizufügen.

Schau, dachte Robert, wie sich dieser Mensch, den du doch ganz, mit Leib und Seele, seiner Sache verhaftet glaubtest, sich auf einmal als ein Schnack entpuppt. Er will dir mit den Professoren und Doktoren imponieren und sich selber mit diesen Bezeichnungen einen Glorienschein ums Haupt legen.

Doch einmal nun in Fluß geraten, hielt Reuter nicht mehr an sich. Er erzählte von den Jahresbüchern, die er schon herausgegeben habe und von solchen, deren Veröffentlichung er noch vorhabe.[90]

Dabei teilte er auch Robert mit, daß sein nächstes Buch eine Anthologie lützelburger Dichter sei, und da er wisse, daß ja auch Robert ein Dichter sei, lade er ihn schon jetzt zur Mitarbeit ein. Und er fügte Namen zu Namen, wie man die Perlen eines Rosenkranzes aneinanderkettet und dabei unterließ er es nicht, besonders sein Gefühl bei Nennung eines bestimmten Namens dermaßen in die Höhe zu treiben, daß ihm Tränen in die Augen traten.

Ist das nun Wirklichkeit oder Schauspielkunst?, dachte Robert und in seinem Innern nistete sich ein Zwiespalt fest, der ihn solange nicht verließ, bis Reuter gegangen war.

Als er spät dann abends in seinem Bette lag, war an Schlaf noch nicht zu denken. Zu sehr beschäftigte ihn der Charakter dieses Schriftstellers, den er aus seinen Briefen her als einen reinen Idealisten zu kennen meinte, und dessen strahlende Helle nun befleckt ward durch Dünkel und Opportunismus.]

Inzwischen war das Reifeexamen herangenaht und Robert hatte es bestanden. Nun lagen zwei Monate Ferien vor ihm, prall angefüllt mit der Süße des Nichtstuns! Nun konnte er schon am frühen Morgen loswandern, wenn der Tau noch an den Gräsern perlte, wenn der Wald noch ganz zartes Geheimnis und seine Stille noch nicht zerrissen war von Stimmen, die in ihrer Brutalität jede Andacht zuschanden machten. Kaum gönnte er sich die Ruhe des Mittagessens und schon schritt er wieder über Landstraßen, die die Folter einer unbarmherzigen Sonne erduldeten, an Wassern vorbei, deren Geplauder befruchtend in seine Seele fiel, Wiesen durchquerte er, auf deren Flächen der Mohn wie große Blutstropfen schwankte, und tief atmete er den Duft reifender Ähren und wilder Rosen.

In diesen Tagen vergaß Robert nie, ein Buch zu sich zu stecken. Neben andern hatte Professor Guthardt ihm auch die Gedichte von Hofmannsthal geliehen, und Robert wurde nicht müde, den Glanz dieser Rhythmen auf sich wirken zu lassen. Ihm dünkte, daß es wohl nie einen größeren Magier des Wortes gegeben habe, als diesen Österreicher, und daß sein Gedicht *Vorfrühling*[91] ihm erst den Weg zu wahrer Dichtkunst gewiesen habe.

Da erreichte ihn ein Brief von Fritz Mangen, der von Berlin aus gleich nach Hause gefahren war, ohne noch den Umweg über Echterhausen zu machen.

Sein Freund Fritz bat ihn, etliche Tage seiner Ferien bei ihm auf dem Bauerngut zu verbringen; dort könnten sie dann über alles plaudern, was ihnen gemeinsam am Herzen liege.

Robert ließ sich nicht lange bitten und schon am andern Tag stand er auf einer kleinen Bahnstation Fritz gegenüber. Fritz hatte darauf gehalten, ihn in einem kleinen Landauer abholen zu kommen und so fuhren sie dem Mangen'schen Gut entgegen.

Der Bauernhof der Mangen war ein Herrensitz, wie es deren nicht viele in der Umgebung von Spritzkirchen gab.[92] Breit und wuchtig waren die Gebäude, und die Geräte im Hof redeten die Sprache des Wohlstandes.

Es war schon im September und es ging gegen Abend, als sie eintrafen. Als Robert die Mutter seines Freundes, die ihnen auf der Türschwelle die Hände zum Gruß entgegenstreckte, zum erstenmale sah, wußte er, daß dieser Sohn keinen andern Weg nehmen konnte als den, den er bis jetzt gegangen. Eine große Schönheit strahlte von ihr aus, die nicht allein durch ihre Gestalt und die Züge ihres Gesichtes bedingt war, sondern vor allem, schien es Robert, durch einen Ausdruck der Güte, der, bei aller natürlichen Zurückhaltung, die ihr Wesen bestimmte, ihr eigen war und eine jede ihrer Gebärden edelte.

Fritz führte Robert gleich in die Wohnstube, wo schon ein Feuer im Ofen kullerte und eine Wärme ausstrahlte, die Robert mit derselben seelischen Heiterkeit dankend entgegennahm, wie ihn schon der Willkomm der Mutter seines Freundes beglückt und geehrt hatte.

Robert und Fritz saßen im Garten des Mangen'schen Gutes.

Der Herbst stand in seltener Feier. Der Himmel war von einem leise-abebbenden Blau, durch das Wolkenschiffchen mit silberglänzenden Segeln zogen, Birnen und Äpfel hingen reifeschwer an den Bäumen, und wenn eine Frucht die allzugroße Süße nicht mehr fassen konnte und dumpf im Grase aufschlug, zuckte Robert jedesmal zusammen. Blätter trieben ab und zu durch die Luft und in ihrem Fall trugen sie schon die ganze Schwermut eines frühen Herbstes.

Da sagte Fritz:

„Robert, du willst doch ein Dichter sein! Du machst Gedichte über den Frühling und den Herbst, über den Sommer und den Winter. Du besingst unsre gemeinsamen kleinen Freundinnen und deine ewigen Liebesschmerzen. Doch sag, wenn du eine solche Meldung liest, spürst du dann nichts? Dringt dann nicht das Lied der ganzen gemarterten Kreatur an dein Ohr, bist du taub gegen die Schreie ganzer vergewaltigter Völker und hast du dich so abgekapselt, daß keine Stimme der Außenwelt mehr an dich herankommt?"

Damit reichte er Robert ein Zeitungsblatt, in dem eine Notiz über die Hungersnöte in China stand. Robert las die Zeilen ohne weitere sichtbare Bewegung und reichte sie Fritz zurück.

„Nun?", machte Fritz, und da Robert nicht gleich antwortete, fuhr er fort: „Also der Schrei von Millionen Menschen, der ganze Kontinente in Bewegung setzt, kann dir keine Silbe des Mitleids entlocken; und ich hätte doch geglaubt, daß der Dichter, getrieben durch seine feineren seelischen Schwingungen, als erster berufen sei, Echo zu sein den Leiden der Masse, Wortführer der geknechteten Freiheit, Streiter im Kampf für die Ideale, wofür Nationen und wieder Nationen lieber untergingen, lieber ihr Haupt auf den Block legten, als Verrat zu üben an dem, was sie als richtig und wahr erkannt hatten.

Du aber gehst durch die Felder, freust dich am Glanz der Blumen, berauschst dich an den Düften und suchst dann, diese Erscheinungen in Worte zu formen, möglichst in klingende Worte und ungewöhnliche Bilder. Ein Ährenfeld, über dem der Himmel sich rötet, kann dich hinreißen bis zur Ekstase, aber vor einer Hungersnot, einer Überschwemmung, die Tausende um Haus und Erwerb bringt, da verschließt sich dein Herz und du schweigst.

Robert, ich finde mich nicht mehr in dir zurecht. Aber trotz allem, ich habe Vertrauen in dich, und ich weiß, daß du früh oder spät doch den Weg finden wirst, der der allein richtige ist."

Damit erhob sich Fritz und zog sich, ohne sich noch einmal umzuwenden, in das Innere des Hauses zurück.

Robert blieb allein, es ging gegen Abend und schon begann es kühl zu werden; ein Vogel flatterte vereinzelt im Baume auf und Robert schauerte, aber immer und immer wieder spannen seine Gedanken dasselbe Garn, das sie beim Weggang von Fritz begonnen hatten.

Ich soll also kein Dichter sein, sinnierte er, weil mich eine glutende Rose stärker in ihren Bann zieht, als das Leid von Tausenden von Menschen, die ich nie gesehen habe? Eine Rose ist mir nah, ich vermag ihren Duft zu atmen, ihre Schönheit kann ich mit den Händen fassen. Das Wasser, das über einen Stein springt, dringt an mein Ohr, das Gerieselt seiner Perlen fasst meine Augen, der Ruf einer Wachtel über abendlichen Breiten ist meinem Ohr höchste Harmonie. Ich bräuchte keinen Acker zu sehn und keine

Blumen an einem Wiesenrain, und doch, glaube ich, wäre schon die Nachahmung eines Wachtelrufes imstande, mir aus dem Innern das ganze Bild einer Gewann an einem Sommerabend ans Licht zu heben. Gerade so wie eine Landstraße in praller Sonne mir genügt, um den Duft und die Farbe einer bestimmten Straße mir ins Erinnerungsfeld zu rücken.

Und sein Sinnieren nahm eine etwas verärgerte Wendung, als die Spule weiter ablief: Ich konnte nie, dachte er, jene Dichter leiden, die mit großem Pathos irgend ein allgemeines Thema behandelten. Sie schienen mir stets sich mehr an den eigenen Worten zu berauschen, als an dem Erleben. Immer hatte ich den Eindruck, daß sie mehr Leitartikel schrieben, als Gedichte. Sie kamen mir stets mehr als Zeitungsredakteure vor, die für den nächsten Tag ihr Pensum zu erledigen haben, denn als Priester des Wortes, die nur dann aussagen sollen, wenn sie zutiefst in ihrem Innern gepackt werden. –

Es war dunkel geworden, ein Windstoß schreckte durch die Bäume, vom Hause her rief Fritz zum Abendessen.

Am andern Tag fuhr Robert ab, und als Fritz ihm auf der kleinen Bahnstation die Hand zum Abschied reichte, lächelte Robert ihm zu; aber in diesem Lächeln lag ein klein wenig Weh, das vielleicht nicht Fritz allein galt, sondern sich auch gegen Robert selber richtete: Denn zum erstenmal in seinem Leben spürte er einen leisen Zweifel an seinem Dichtertum. Und das erfüllte ihn mit Bitterkeit und zog sein Inneres zusammen, wie eine Frucht den Mund, wenn man sie vor der Reife genießen will.

XII

In diesen Tagen geschah ein Ereignis, das für Robert schicksalsträchtig sein sollte, das dem Wagen seiner Bestimmung in die Speichen fiel und die Räder mit einem starken Ruck in die Richtung stieß, in der er später, kraft seines Sternes, weiterwandern sollte, unbeirrt denselben Weg, nur vor sich das inbrünstige Leuchten seines Blutes...

Während Robert in den Ferien bei seinem Freund Fritz weilte, hatte Professor Guthardt in einer deutschen Zeitung die Adresse von Claus Anker angefragt und ihm dann Roberts Gedichtbüchlein geschickt mit der Bitte, ihm ein objektives Bild darüber zu schreiben.

Als Robert aus den Ferien zurückkam, und Professor Guthardt ihm mitteilte, was er inzwischen getan hatte, stand er einen Augenblick fassungslos, ihm war, es sei ein großes Unglück über ihn hereingestürzt, dessen er sich nun nicht mehr erwehren könne. Er war auf alles gefaßt gewesen, nach der Unterredung, die er mit Fritz im Garten gehabt hatte, war sein Gemüt schon umgeworfen worden wie eine Scholle im März; doch nun sollte diese Handlung Guthardts seine Nerven noch heftiger spannen, so daß sie vielleicht dem Druck nicht mehr standhielten und eines Tages mit einem schrillen Aufstöhnen rissen?

Was konnte ein Schriftsteller wie Claus Anker an diesen Gymnasiastengedichten wohl Gutes finden? Der hatte doch sicher andre Sorgen als lange Rezensionen über kleine Gedichtheftchen zu schreiben, die ihm aus seiner früheren Heimat zugesandt wurden?

Wahrhaftig, wenn man seine Bücher im S. Fischer-Verlag herausgibt, dann braucht man sein Augenmerk nicht mehr auf die Versemacher im Herzogtum Lützelburg zu richten!

Jahre mochten das schon her sein, als Robert das erste Buch von Anker in die Hände kam. *Der Hafen*[93] hieß es und Robert erinnerte sich noch ganz genau, mit welcher Gier er den Roman verschlungen hatte. Es war kein Heimatbuch, denn der Held Battist Biver floh aus dem Lande Lützelburg, um in Deutschland den rettenden Hafen zu finden; es standen zu viele Anwürfe darin gegen Roberts Heimat, als daß er ohne innere Revolte die Erzählung hingenommen hätte.

Aber als Robert dann am Ende des Buches angelangt war, und langsam über die einzelnen Teile nachzudenken begann, da drängte sich, zuerst zögernd, dann immer fordernder, in seinem Gehirn ein Gedanke nach oben: Konnte dieser Dichter das Land Lützelburg so hassen, wenn er es nicht zuerst inbrünstig geliebt hatte? Wie muß er an seiner Heimat gelitten haben, um in diesen Worten ihr zu fluchen!

Der Hafen hatte Roberts Interesse für den Dichter Anker geweckt, und so las er nun nacheinander alle Werke, deren er habhaft werden konnte. Piraths Insel[94] beeindruckte ihn stark, an manchen Stellen wurde sein Herz hochgerissen, so daß es wie ein Ballon von dem Rhythmus der Sätze getragen wurde; aber auch Piraths Insel wurde in einer Ecke seines Innern zu zwar nicht vergessenen, aber auch nicht unverlierbaren Büchern gestapelt, als Guthardt Robert Landmann Hal[95] zur Lektüre lieh. Da gab es keine Zeile, die er nicht wieder und wieder in sich aufgenommen, deren Duft er nicht bis in jede Silbe hinein genießerisch nachempfunden und bis in die höchsten Regungen seines Blutes hinaufgetrieben hätte.

Er wußte sich keiner epischen Dichtung zu erinnern, von der er hätte sagen können, sie sei so eins mit ihm geworden, wie diese.

Und dieser Dichter war demselben Stamme zugehörig wie Robert, vielleicht sprach er noch heute dieselbe Sprache wie er und Guthardt! Wenn er so dachte, durchwallte ein Gefühl des Stolzes seinen ganzen Körper und jäh wurde sein Gehirn umnebelt von der inbrünstigen Süße der virgilischen Dichtung.

Doch wer war denn eigentlich dieser Claus Anker? Es mußte doch möglich sein, über einen Menschen, der so gewichtige, so aufwühlende Bücher geschrieben, Näheres zu erfahren.

Und Robert hatte sich an Guthardt um Auskunft gewandt. Der hatte ihm dann mitgeteilt, daß Anker in einer Vorstadt Lützelburgs geboren, daß er in Echterhausen das Gymnasium besucht habe, auf den Oberkursen in Lützelburg das Studium zum Teufel geworfen und den Weg in die schöne wilde Welt genommen. Wie er sich dann eigentlich durchgeschlagen hatte, das wußte Guthardt auch nicht zu sagen, nur etwas stand noch fest: Daß er längere Zeit Feuilletonredakteur an der Frankfurter Zeitung gewesen war und dort während des Krieges Berichte aus Frankreich und England veröffentlicht hatte...[96] Weitere Einzelheiten waren auch Guthardt nicht bekannt.

Aber Robert genügten diese nicht, denn im Grunde genommen waren das nur die Stationen des äußeren Lebens, ungefähr so: wie man geboren wird, heranwächst, zur Schule geht, um etwas zu lernen u. a. mehr; aber in dem Leben dieses Dichters mußte es seelische Katastrophen gegeben haben, ehe er jene Haßliebe in sich großziehen konnte, die den Kern seines ganzen Wesens ausmachte.

Aber vorläufig war Robert gezwungen, sich mit den Daten und Äußerlichkeiten zu bescheiden. Es mochte ungefähr acht Tage gedauert haben, als von Claus Anker eine Antwort auf den Brief Professor Guthardts einlief.

Robert war durch diese Antwort sehr geschmeichelt und das umso mehr, da Anker eines seiner Reisebücher als Widmung beigefügt hatte.

Als Robert *Auf dem chinesischen Fluß*[97] gelesen hatte, begann die Liebe zu diesem Dichter in ihm wuchernde Formen anzunehmen. Er selber wußte um die Enge der lützelburger Verhältnisse und so war es selbstverständlich, daß die Gestalt dieses Schriftstellers, der den Mut aufgebracht hatte, seiner Heimat den Rücken zu kehren, alle Brücken hinter sich abzubrechen, und in jenes Land zu fliehen, das seiner Seele am nächsten stand, um dort den Rhythmus jenes Volkes zu belauschen, in dessen Sprache er seine Bücher ans Licht hob, seine Phantasie entzündete und geheimnisvoll gluten ließ. Weshalb, dachte Robert manchmal, wenn er hierüber grübelte, warf man diesem Menschen einen Stein, der in der Landschaft Beethovens und Dehmels, Gerhart Hauptmanns und Stefan Georges leben wollte, während andre ja auch nach Paris gingen und sich dort niederließen, weil eben Frankreich ihrem Herzen am nächsten stand!

Und Robert mußte an einen *Abreißkalender* Johannes Müllers denken, den dieser bei Erscheinen von *Piraths Insel* geschrieben hatte, und worin davon die Rede ging, daß Anker es schon längstens mit all seinen Freunden verschüttet hätte. Dem Schriftsteller Anker könne man seine Achtung nicht versagen, aber den Menschen solle man von seiner Schwelle weisen.[98]

Anstatt nun die Verehrung in Robert für Anker zu mindern, war all dies nur dazu angetan, was bisher ebenmäßiges Gluten gewesen, zu einer haushohen Flamme zu entfachen. Gerade das Geheimnis, das die Gestalt Ankers umgab, reizte ihn, und so war es selbstverständlich, daß er nicht eher ruhte, als bis er dieses Geheimnis aufgespürt und seiner Mystik entkleidet hatte.

Sobald man in der Umgebung Roberts erfuhr, daß seine Liebe zu diesem Schriftsteller ging, verfehlte man nicht, ihn bald verächtlich anzusehen und ihm den „Preuß" anzuhängen; die Gesichter verzerrten sich zu hämischen Grimassen, wenn bald dieser, bald jener sich ihm nähern und ihm irgendeine Böswilligkeit über Anker ankleben konnte, wie Kinder, die mit Kletten werfen.[99]

Als Robert dann nach und nach alle Worte, die man ihm bedeutungsvoll zutrug, von der unsauberen Schicht, die ihnen anhaftete, gereinigt hatte, blieb ein Gran Wahrheit: Anker hatte mit einem lützelburger Paß im Krieg Frankreich und England bereist, und seine Eindrücke darüber in der *Frankfurter Zeitung* und in Büchern[100] niedergelegt; das konnten seine Landsleute ihm nie verzeihen, sie hängten ihm den Spion an und manche behaupteten, seinetwegen habe man in den Weststaaten ihnen Schwierigkeiten bereitet.

Wenn Robert sich auch nicht mit der Handlungsweise Ankers einverstanden erklären konnte, so umränderte doch ein großes Verstehen seine Gefühle zu ihm.

Es blieb nicht bei diesem einzigen Briefe an Professor Guthardt. Die Antwort an den Dichter des *Landmann Hal* schrieb Robert selber und bald hatte sich ein lebhafter Gedankenaustausch zwischen ihnen beiden entwickelt. [Nun erschien kein Buch mehr von Jacques, das Robert nicht zugegangen wäre, und da dieser nun die Literatur in der *Zeitung des Ostens* versah, kämpfte er dort unentwegt für seinen Landsmann...][101]

In dieser Zeit der aufwallenden Gefühle, des Kreisens und Sich-Verbohrens in psychologische Probleme aber gingen Dinge in Roberts Umwelt vor sich, die ihn zwangen, wieder festen Boden unter die Füße zu nehmen. Seine Großeltern waren in kurzer Zeit nacheinander gestorben, und nun stellte es sich heraus, daß das ganze Fabrikanwesen durch die Untätigkeit des alten Herrn Bode arg verschuldet war und unter den Hammer kommen mußte. Das war ein schwerer Schlag für die Familie Bode und auch die Holzerschen Finanzen wurden hierbei einer starken Bedrängnis ausgesetzt.

Roberts Mutter, die stets ihren Ehrgeiz darin gesehen hatte, ihren ältesten Sohn Professor werden zu lassen, mußte sich auf einmal sagen, daß nun der Kampf, den sie diesetwegen mit ihrem Gatten ausgetragen hatte, umsonst gewesen sei und ihre weiteren Tage nur noch tauben Ähren glichen, ohne Sinn und Zweck.

In dieser Zeit der Not aber fand Professor Guthardt das erlösende Wort. Und Robert ging auf die Oberkurse nach Lützelburg.

Der erste Eindruck, den Robert hier empfing, war durchaus peinlich. [Man mußte seine Aufgaben vorbereiten, wie auf dem Gymnasium in Echterhausen, manche Lehrer schienen der Meinung zu sein, der Unterschied zwischen einem Septimaner und einem Zwanzigjährigen sei nicht so groß, daß es sich der Mühe lohne, darüber Worte zu verlieren, geschweige, seine professorale Tätigkeit umzustellen; und wenn sie die Stunde vorher in einer der unteren Klassen ihre pädagogischen Kenntnisse zum Frommen ihrer Schüler verwertet hatten, so waren sie der Meinung, die Oberkurse bedeuteten für sie ein ähnliches Schachbrett, auf dem sie nach höchst persönlichem Gutdünken die Figuren stellen und bewegen könnten. Die Professoren ahnten nicht, daß sie hier schon fertige Menschen vor sich hatten, die nicht mehr geleitet sein wollten, sondern die Sätze der Weisheit von ihnen verlangten, aber die Wissenschaft, die sie boten, war so unpersönlich, wie sie selber, und die Trockenheit ihrer Kenntnisse ließ die Ernte erstarren, die schon in Reife stand.

Doch wenn auch Robert in diesem Unterrichtsbetrieb manche Enttäuschung in Kauf nehmen mußte, so wurde seine Aufmerksamkeit trotzdem durch zwei Männer in Bahnen gelenkt, aus denen sie nicht mehr wollüstig phantastisch auf eigene Faust ausbrechen konnte: das eine war der Dozent für deutsche, das andre der für französische Literatur.

Heinrich Dorner, dem der Ruf des größten Dichters des Herzogtums vorausging, war von Natur aus eine hünenhafte Erscheinung, sein Kopf war dem eines Geiers nicht unähnlich, wenn er sprach, so hatte man stets den Eindruck, er müsse zuerst Hindernisse aus dem Wege räumen, ehe der Satz die einmalige festgefügte Form fand. Sobald er zum erstenmale das Katheder betreten hatte, dachte sich Robert, daß er sich einen deutschen Dichter denn doch ein bißchen anders vorgestellt hatte, nicht so massiv, nicht so reckenhaft.

Robert hatte seine Bücher gelesen und, obschon sie ihm ob ihres bewußten Pathos nicht ganz zusagten, doch sich in seinem Innern ein Bild dieses Schriftstellers geformt, für das er nun die größte Mühe hatte, es in Einklang mit der Erscheinung vor sich zu bringen.

Aber Dorner begann zu sprechen... Und kaum waren die ersten Worte wie Klötze über seine Lippen gekollert, so war seine ganze physische Erscheinung vor den Schülern versunken; aus ihrem Innern stieg eine Gestalt ans Licht, die wirklich die eines Gelehrten war, die Formulierungen fand, die ob ihrer Neuheit überraschten, die analysierte, synthetisierte.

Das Handbuch der Schüler war ekelerregend trocken, er störte sich nicht daran, er baute dem deutschen Schrifttum Dome, von deren Türmen man die Glocken läuten zu hören vermeinte, er erzählte von Schiller und Goethe, und die Wände des Klassensaales gaben dem Geiste freies Geleit, damit er mit ihnen in den Straßen Weimars wandle und Schillers erregte Dispute sowie die wohlabgewogene gemessene Rede Goethes belausche. Er erzählte von der deutschen Romantik und sein Wort brach sich im öden Schulsaal wie das Licht durch die glühenden Fenster mittelalterlicher Kathedralen.

Und wenn er sich manchmal selber in einem klingenden architektonisch wunderbar gebauten Satze lächelnd unterbrach, nach dem letzten Stein suchte und meinte: „Wir werden das Ding schon schaffen", so gab es keinen, er konnte sonst auch noch so vorlaut sein, der mit brutalem Wort das Gespinst seiner Gedanken zerrissen hätte.

Fred François dagegen war ganz andrer Natur. Im lützelburger Schrifttum französischen Ausdrucks wurde stets sein Name in den ersten Reihen genannt. Obgleich er nicht direkt belletristisch hervortrat, so war doch der dichterische Einschlag in ihm nicht zu leugnen. Im Allgemeinen waren seine Arbeiten kritischer Natur, seine große Vorliebe galt den Romantikern: Musset, Vigny, Lamartine und dem Victor Hugo der ersten Epoche; aber er wußte auch, seine Schüler hinzuführen zu Baudelaire, Verlaine, Claudel und Valéry. François war jung inmitten der jungen Menschen vor ihm, und wenn sein Enthusiasmus auch manchmal zur Kritik herausforderte, so war er doch immer rührend und schön.

Wenn man Robert in dieser Zeit nach seinen Eindrücken fragte, so konnte er nur die Achseln zucken; Professor Guthardt war bei aller Feinnervigkeit doch zu sehr Schulmann, als daß er es gewagt hätte, Robert in seinen Kritiken an dem System beizustimmen und so blieb nur noch Fritz Mangen, vor dem er seinen Ekel an solcher Minderwertigkeit rauskotzen konnte...]

In dieser Zeit brachte fast jede Woche einen Brief von Claus Anker, dem dann wieder ein Brief von Robert folgte. Und da wuchs in Roberts Gehirn ein Plan, der vielleicht zu Anfang ein bißchen absurd dreinschaute, um dann trotz allen Schwierigkeiten auf einmal mit blanken Augen in die Wirklichkeit zu sehen.

Pier Vanaiken war von der Universität zurückgekehrt und bereitete sich auf ein Examen vor.

Robert suchte ihn auf.

„Ich möchte mit dir über einen literarischen Plan reden", sagte er.

Pier stieß einen Laut aus, der, wenn man ihn ganz genau definieren wollte, Ähnlichkeit mit einem Grunzen hatte.

„Hoffentlich ist er besser als die Kritik, die du in der letzten Nummer der *Voix des Jeunes* über Dorners letztes Gedichtbuch verbrochen hattest."[102]

Robert kannte Pier Vanaiken zu gut, um nicht zu wissen, daß seine Laune in diesem Augenblick die allerbeste sei.

„Ich komme eben wegen der *Voix des Jeunes*. Wir beide haben ja schon über Claus Anker miteinander gesprochen, und da wollte ich dir ganz einfach vorschlagen, eine Claus Anker - Sondernummer herauszugeben."

Pier Vanaiken war dafür bekannt, sich nie verblüffen zu lassen, aber diesmal hatte Robert die Genugtuung zu sehen, wie er in drei Sprachen stöberte und in keiner einen richtigen Satz als Antwort zuwege brachte.

So fuhr Robert fort:

„Ja, du übernimmst es, das menschliche Profil von Anker zu zeichnen, ich das literarische.[103] Ich werde mich dann an Anker selber um einen Beitrag wenden, und wahrhaftig, die Bürger werden staunen!" Unbewußt war hier ein Satz gefallen, dem Pier Vanaiken nicht widerstehen konnte. Wenn er auch noch Anker gegenüber mit Hemmungen aller Art zu kämpfen hatte, aber diesen Ruf nahm er auf und steckte ihn sich an wie eine kostbare Krawattennadel.

Die Bürger werden staunen!

Robert schrieb an Claus Anker. Er legte ihm seinen Plan auseinander und bat um Mitarbeit. Er fragte noch nach Unveröffentlichtem, nach Manuskripten, die die Künstlerschaft Ankers in ein noch helleres Licht stürzen sollten, so daß den Lützelburgern davon die Augen brennten. Dann mußten sie sich doch wieder zu Anker bekennen, ihn von neuem als einen der Ihren aufnehmen, und stolz darauf sein, daß endlich auch einer aus dem Herzogtum den Weg gefunden hatte zur großen deutschen Dichtung.

Etwas unruhig wartete Robert auf die Antwort Ankers. Obgleich es von Anfang an bei ihm feststand, daß der Dichter des *Landmann Hal* sich freudig zu dem Plan bekennen würde, hatte doch in den Tagen, die nun kamen, eine gewisse Beklemmung sich um sein Herz gelegt.

Was würde Anker wohl aus seinen Papieren auswählen, was würde für ihn von einem solchen Gewicht sein, daß er meinte, mit dessen Schwere die geistigen Krämer seiner Heimat mundtot zu machen?

Wenn solche Fragen manchmal Robert wie ein Bienenschwarm aus seinem gewöhnten Denken aufscheuchten, so stürzte noch ein ganzes Heer andrer mit diesen über ihn herein.

Wie war es eigentlich gekommen, daß er den Plan zu dieser Sondernummer gefaßt hatte? Es konnte doch nicht allein die Bewunderung für den Schriftsteller Anker sein, die ihn dazu veranlaßt hatte? In seiner Seele mußten doch noch andre Gefühle sich tummeln, die ganz in die Schlupfwinkel zurückglitten, um nicht ausfindig gemacht zu werden, wie Eidechsen in mit Blattwerk behangenem Gemäuer?

Und je tiefer Robert in seine seelischen Schächte hinabstieg, desto greller kam ihm zum Bewußtsein: Es war sein rein menschliches Mitgefühl, das ihm diese Haltung aufzwang. Denn je häufiger Briefe von Anker an Robert gelangten, desto intensiver begann dieser zu horchen. Worte brachen aus den Schriftzeilen hervor, die klar bekannten, daß dieser Mensch ein großer Einsamer war, daß die Heimat ihm unauslöschlich im Blute saß und ihm in seinen tiefsten Stunden auf einer magischen Flöte ihr Zauberlied spielte. Ich habe Sehnsucht nach den Dächern der Heimat... so stand in einem der Briefe an Robert, und unendlich oft hatte dieser den Satz schon vor sich hergesagt, und dabei war ihm jedesmal, als ob sein eigenes Herz einen Schnitt empfangen hätte...

Nach etwa einer Woche langte ein Briefumschlag von Anker an. Hastig erbrach Robert ihn und die Neugierde prickelte ihm hinauf bis in die Fingerspitzen. Der Umschlag enthielt zwei Beiträge, doch kaum hatte er die ersten Zeilen der ersten Arbeit gelesen, als ein jähes Rot sein Angesicht ansprang und ein „Pfui Deibel" über seine Lippen kollerte. Es war eine unsaubere Geschichte, die Anker hier bot, die auch dadurch nicht an Wert gewann, daß Anker das Geschehen ironisch zur Darstellung gebracht hatte. Die zweite Arbeit sagte Robert schon viel eher zu: Ein scheuer verträumter Knabe fühlt mit fast wahnsinniger Angst die ersten Sturzfluten der Liebe über sich hereinbrechen. Bei allen dramatischen Akzenten war diese Geschichte mit viel Lyrik und wehem Herzen erzählt.[104]

Als Robert mit der Lektüre zuende war, steckte er die Manuskripte in seine Tasche und begab sich zu Pier Vanaiken. „Auf keinen Fall", sagte er sich auf dem Wege zu seinem Freunde, „wird der erste Beitrag erscheinen, nur die Elegie des Liebeserlebnisses werden wir in Druck geben."

„Hier bringe ich dir die Sachen von Anker", und damit reichte er Vanaiken den Umschlag über den Tisch. „Auf keinen Fall wird dieses hier", und er zeigte mit der Hand auf das Manuskript, „in Drucke gehen. Lies selbst und sag mir deine Meinung."

Pier Vanaiken nahm die Blätter an sich.

„Famos, famos", brüllte er, sobald er die ersten Zeilen gelesen hatte, und je weiter sein Geist in den Inhalt vordrang, desto stürmischer wurden seine Temperamentsausbrüche.

„Der Lützelburger, wie er leibt und lebt!", und dabei donnerte er mit der Faust auf die Tischplatte, daß die zu zerspringen drohte. „Hier haben wir, was wir suchten. Das ist doch was anders als die ewige lyrische Flöte des *Funchal* und des *Landmann Hal*, die mich anwidert wie Zuckerplätzchen, die man Kindern gibt. Hier haben wir was wunderbar Handgreifliches.

Junge, Junge, was werden die Bürger staunen!"

„Aber Pier, das können wir doch unmöglich veröffentlichen, das…"

„Ach, ich weiß, dir geht der Sinn für diese Dinge ab; du machst lyrische Gedichte und möchtest nun alles in deine Gefühlsduseleien auflösen. Doch überlaß mir das Ganze, ich versichere dich, es wird einschlagen."

Da wußte Robert, daß hier aller Widerstand umsonst sei, Wut und vor allem undefinierbare Ohnmacht rissen an seinen Nervensträngen, und dabei lachte Pier Vanaiken, lachte so dröhnend, wie Robert ihn noch nie lachen gehört hatte.

Als er dann wieder sich einigermaßen in der Gewalt hatte und Robert zum Abschied die Hand reichte, hörte dieser, wie er, mehr zu sich jetzt, als zu seinem Freunde sagte:

„Die Bürger werden staunen! staunen…!"

XIII

Robert schrieb an Pier Vanaiken: „Lieber Pier, wie kommt es, daß bis heute die *Voix des Jeunes* noch immer nicht erschienen ist? Nun sind die Manuskripte schon seit zwei Monaten in deinem Besitz, doch ich warte vergebens auf das Krähen des Hahnes. Hast du es vielleicht mit der Angst bekommen, fürchtest du vielleicht die Bürger und du willst schon wieder verbrennen, was du noch vor einigen Tagen angebetet hast?"

Die Antwort Pier Vanaikens stand auf einer Postkarte und hatte folgenden Wortlaut: „Die *Voix des Jeunes* wird erscheinen. Sie wird. Es ist das letztemal, daß ich was unternehme. Denn: Die lützelburger Intellektuaille[105] ist edelfaul."

Als Robert diese Antwort gelesen hatte, stutzte er einen Augenblick; auf dieser Karte stand mehr, als die Buchstaben an Sinn hergaben. Was wunders, daß er Pier aufsuchen ging, um von ihm Aufschluß zu erlangen.

Sobald Robert das Studierzimmer von Pier Vanaiken betreten hatte, wollte er gleich mit seinem Anliegen loslegen, doch kaum hatte er den ersten Satz gesprochen, als Pier ihm ins Wort fiel.

„Einen Augenblick, mein Lieber, ich habe zuvor noch etwas mit Dir zu erledigen." Damit verließ er das Gemach und kam mit einer Flasche Quetsch und zwei Gläsern wieder.

„Also, laß es dich nicht verdrießen. Zuerst müssen wir noch hiervon kosten!" Und er füllte die beiden Gläser mit der duftenden Flüssigkeit.

„Auf das Wohl Ankers", und die beiden stießen an.

Als der Name gefallen war, schien Robert der Augenblick gekommen, nun die Sache, wegen der er gekommen war, aufs Tapet zu bringen, aber Pier Vanaiken kam ihm wieder zuvor. Robert konnte sich des Eindrucks nicht erwehren, als ob sein Freund mit ihm Fangball spiele, nur daß sein Freund der Schläger, er aber der Ball sei.

„Weißt du, begann da Pier, und leerte sein Glas auf einen Zug, ich habe hier eine wunderbar interessante Beschäftigung. Ich bin dabei,

Definitionen für unsre lützelburger Schriftsteller zu suchen, und da kannst du mir helfen. Es dürfen immer nur zwei oder drei Zeilen sein, aber spritzig, so daß sie gleich ins Volle treffen. Rücksicht brauchst du keine zu nehmen, mal kannst du streicheln, mal die Krallen zeigen, just, wie es dir beliebt. Nur eines ist Bedingung: Du mußt geistreich sein, denn Geist ist des Schweißes der Edlen wert…"

Und er nahm ein Manuskript und las Robert etliche von ihm verfaßte Definitionen einheimischer Schriftsteller vor.[106]

Robert mußte lachen, er konnte sich nicht verhehlen, daß bei manchen die Boshaftigkeit auf die Spitze getrieben war, aber der Pfeil, den Pier abschoß, war stets gut gezielt.

Als Pier Vanaiken mit seinen Beispielen fertig war, sagte Robert: „So! nun schreib mal!", und nun war er es, der etliche Muster lieferte, die vielleicht noch rücksichtsloser waren als jene seines Freundes.

Die Gläser wurden wieder gefüllt, Robert begann Spaß an dem literarischen Spiel zu bekommen, und als er sich erhob, hatte man eine kleine lützelburger Literaturgeschichte fertig. Manchen mochten die Sprüche grausam erscheinen, aber dann übersahen sie geflissentlich das Lächeln, mit denen sie umrändert waren.

Als Robert sich schon erhoben hatte, um sich zu verabschieden, und er über den Tisch hinwegsah, auf dem eine leere Karaffe und leere Gläser, zusammen mit unregelmäßig geschriebenen Manuskriptblättern herumlagen, zuckte es einen Augenblick in ihm auf: Weshalb war ich denn eigentlich hierher gekommen? Ich wollte doch etwas Bestimmtes, etwas ganz Spezielles…? Aber in seinem Hirn braute der Schnaps undurchdringliche Dünste, die sich wie eine klebrige Masse um seine Gedanken hängten.

Pier begleitete ihn ins Freie. Und als sie sich zum Abschied die Hand reichten, sagte Robert: „Vergiß die Überschrift nicht: Von lebenden und toten Autoren." Und er lächelte in die Nacht hinein, schwimmend auf einem See von Glückseligkeit…

Die Bürger werden staunen! hatte Pier Vanaiken zu seinem Freund Robert gesagt, und als dann schließlich die *Voix des Jeunes* erschien, da war es mehr als ein Staunen, es gab nämlich einen ungeheuren Krach. Johannes Müller stieß als erster ins Horn, das war er schon allein den Kreisen schuldig, in denen er beständig seinen Dämmerschoppen trank, und die waren konzessionslos frankophil; Philinthe nahm noch Pauken dazu, das klang bestimmt männlicher und lockte ein noch größeres Publikum an.[107]

An den Biertischen wurden Pier Vanaiken und Robert als „Preußen" verfemt, aber als sie sich begegneten, lächelten sie, ohne ein Wort zu sagen: Sie hatten erreicht, was sie beabsichtigten.

Sie hatten die Intellektuellen Lützelburgs aus ihrem Schlaf aufgerüttelt. Und das war viel.

Das Jahr, das Robert an den Oberkursen verbringen mußte, ging seinem Ende entgegen, und trotz allen Demütigungen, die ihm dort nicht erspart geblieben waren, dachte Robert nicht ohne eine gewisse Wehmut an die dort verbrachten Stunden und Tage. [Freude staute sich in seinen Adern und ließ sich vom Blutstrom durch den ganzen Körper spülen, wenn er sich an seinen Deutschlehrer und an jenen der französischen Literatur erinnerte, und ein Gefühl des Dankes an diese beiden erhob die Freude in jene höhere Region, wo ein Glänzen von ihr ausging wie von einem Heiligenschein.] Doch nun nahten die Ferien, der Himmel war von einem tiefen Blau, um den Trooßkneppchen mußten die Büsche voll von Duft und Wunder sein und der Nadelwald gleich dahinter würde eine Kühle in sich bergen, bei deren Ahnen man schon wollüstig erzitterte.

So trat Robert wieder in Echterhausen über die heimatliche Schwelle und die Tage nahmen ihn mit ihrem alten gewohnten Rhythmus in Empfang. Wenn er des Morgens gegen neun Uhr aus dem Hause trat, so schlug er immer den Weg ein, der von der Landstraße in das Wäldchen mit dem alten Mauerwerk führte, in das der Efeu sein feines Gespinst senkte und silbernes Wasser ihm sprudelnd entgegenrauschte. Nie verfehlte er auf diesen morgendlichen Gängen sich ein Buch in die Tasche zu stecken, und wenn er meinte, weit genug von den Menschen entfernt zu sein, um sich geruhsam niederlassen zu können, und nur mit den Besten des deutschen Volkes Zwiesprache zu halten, so setzte er sich unter irgend einen Strauch nieder und begann zu lesen. Für Robert bedeuteten diese Wandrungen stets etwas wie Gottesdienst, und seine Züge trugen immer, wenn aus dem Städtchen die Glocke zu Mittag läutete und er sich zum Heimgehen anschickte, noch die Spuren einer herzlichen Frömmigkeit.

Als er nun wieder einmal von einer solchen Wanderung nachhause zurückkehrte, trat ihm Professor Guthardt entgegen.

„Du weißt schon, daß Claus Anker heute Nachmittag hierher kommt? Er hat mir telefoniert. Sie kommen von Wiltz, er und sein Bruder und dessen Frau. Wir sollen im Hôtel „Zum goldenen Anker" mit ihnen zu Abend speisen. Wir tun also am besten, zusammen dorthin zu gehen. Ich erwarte dich bei mir zuhause gegen sechs Uhr."

Da begann in Roberts Herzen eine Orgel zu klingen, zuerst spielte sie ganz zaghaft, dann wurde sie immer lauter und zuletzt brauste sie mit vollen Registern. Aber in dieses Jubeln und Entfesseltsein sprach doch eine Stimme: Wie wird er aussehen, wird er dem Bilde in deinem Innern gleichen und wirst du keine Enttäuschung an ihm erleben, wie es dir schon mit so vielen Menschen ergangen?

Doch Robert brachte diese Stimme zum Schweigen, indem er erwiderte: Vielleicht wird sein Äußeres nicht meinem Bilde entsprechen, vielleicht wird seine Rede auch nicht so sein, wie ich sie durch seine Briefe im Ohr trage; aber die Alten kannten ja schon den Satz von der Zweigesichtigkeit des Künstlers. Was auch immer kommen mag, er ist und bleibt für mich stets der Schöpfer des Landmann Hal und des Battist Biver. –

Robert und Guthardt traten durch die große Empfangshalle ins Hôtel. Doch die Gesellschaft, die auf der Terrasse Platz genommen, hatte sie schon erspäht, und nun kam eine große Gestalt mit breiten Schultern auf sie zu und begrüßte sie aufs Herzlichste.

Es war Claus Anker, und eine lächelnde Überraschung spiegelte sich gleich auf Roberts Zügen. Sind denn die Dichter meiner Heimat lauter Recken, dachte er, bestimmt hatte ich mir sie aetherischer vorgestellt. Ich werde also meine Meinung revidieren müssen…, und damit folgte er Anker, der Guthardt und ihn nun den andern Mitgliedern der Gesellschaft vorstellte.

Robert kam neben Anker zu sitzen, und während Guthardt sich mit den andern unterhielt und nach dem Woher und Wohin fragte, konnte Robert nicht mehr an sich halten. Eine Unmenge von Begebenheiten geistiger Natur, auf die er sich keine Antwort wußte, war stets über ihn hereingestürzt, wenn er sich mit Ankers Büchern beschäftigte, und so bezwang er jede Scham und ging gleich aufs Ganze.

Und Anker erzählte aus seinem Leben: wie er auf den Oberkursen gewesen und dort die Flucht ergriffen hatte, wie er nach Bonn übersiedelte und dann ein Herzenserlebnis ihn nach Ostpreußen verschlug; wie er dort in die Redaktion einer Zeitung eintrat, mit den Polen Politik gegen die Deutschen machte, in einen Majestätsbeleidigungsprozeß verwickelt wurde, durch Balder Olden an die *Frankfurter Zeitung* und dann an den Bodensee kam.[108] Und während seine Feder über das Papier lief und die ersten Werke schuf, waren in seinem Blut Leidenschaften erwacht, die das Erbe jener Nation waren, der er fluchte und die er doch immer segnen mußte. So sah er ganz Europa, Australien, China, Brasilien.

Roberts Wangen begannen immer tiefer zu glühen. Die Blumen im Garten des Hôtels standen in der Dämmerung wie aus farbigem Glas, der Duft der Wiesen um die Muttergotteskapelle drang bis zu den Gästen herüber und aus den Bäumen um sie klang manchmal das Zip-Zip eines verschlafenen Vogels.

Der Himmel begann zu blassen, mit dunkelgrauen Bäuchen wälzten sich die Wolken über Wolfsschlucht und Irreltchen, ganze Tage hindurch hingen Regensträhnen wie engmaschige Netze vor Roberts Fenster, der Fluß Sur war nicht mehr tiefblau, sondern von grünlich-gelber Farbe und am Morgen tönte das Kroa-Kroa der Wandergänse über Echterhausen wie der verstümmelte Schrei der Sehnsucht. Die Menschen des Städtchens begannen nun wieder, ihren kleinen Liebhabereien nachzugehen, der machte sich Angel und Fischkorb zurecht, um ganze Tage an den Ufern der Sur zu vertrödeln, der ließ sich mittags zu einer Partie „Rammie"[109] an seinem Stammtisch nieder, um erst aufzustehen, wenn man zuhause sich zum Abendessen bereit machte, und der hatte nichts Eiligeres zu tun, als einmal sich, wenn auch nur für Stunden, Lüttich oder Brüssel anschauen zu gehen: Denn nun hatten die Fremden, die sommersüber das Geld nach Echterhausen brachten, die Ortschaft verlassen, die Schulden waren bezahlt, und was blieb, langte immerhin bis zum nächsten Frühjahr. Nun brauchte man sich nicht mehr anzustrengen, der Arbeit der drei Sommermonate standen jetzt neun herrliche des Nichtstuns gegenüber.

In dieser Zeit traf Robert Anstalten, eine Universität zu beziehen. Daß es nur eine deutsche Universität sein konnte, das stand von Anfang an bei ihm fest, nur hatte er lange zwischen Frankfurt und Bonn geschwankt; aber da seine Mutter sehr um ihn bangte und meinte, eine kleine Stadt eigne sich besser für ihn, weil er sich dort leichter einleben könne, hatte man im väterlichen Hause sich schließlich für Bonn entschieden.

Die Frage des Einpackens machte viele Sorgen. Es waren keine Koffer vorhanden, und zu irgendwelchen Ausgaben, die über das Allernötigste hinausgingen, langte das Geld nicht. Da erinnerte man sich schließlich an eine große hölzerne Kiste, die noch auf dem Speicher stand, und mit der der Großvater nach Amerika gefahren war. Sie wurde heruntergeholt, aufs neue schwarz gestrichen, und nun war es an der Mutter, alles hineinzustopfen, was nach ihrer Meinung Robert in der fremden Stadt zum Aufenthalt benötigte. Inzwischen hatte Roberts Vater herausgefunden, daß die Reise durch die Eifel über Euskirchen billiger zu stehen käme, als über Trier der Mosel entlang, und so hatte er schon am Tage vor Roberts Abreise die große Familienkiste auf deutschem Boden bis nach Bonn verfrachtet.

Als dann Robert von den Eltern und Geschwistern Abschied genommen hatte, und schließlich in der kleinen Bahn saß, die ihn von Irrel durch die Eifel brachte, trotteten seine Gedanken kreuz und quer. Es war das erstemal, dass er in seinem Leben eine größere Reise machte, und so war ihm die Trennung ein bißchen schwer geworden; er konnte nicht gerade sagen, daß er so fest an seinem

Vaterhause und an Echterhausen hing, aber auf einmal war es doch über ihn gekommen, wie er nun ganze Monate hindurch den Anblick auf die dunkelnden Wälder entbehren müsse, wie er sich wohl nach diesem Baum sehnte und den Anblick dieses Felsens zu bestimmten Stunden vermißte. Und immer hartnäckiger drangen diese Gesichte auf ihn ein, denn der Zug stolperte durch das Eifeler Land, dessen Öde und Trostlosigkeit noch seine Schwermut unterstrichen. Manchmal stand am Bahndamm eine Kuh, und schaute aus ihren großen Augen dem Zuge nach, ein Pferd wieherte auf kahler Weide, Zwerggestrüpp stand geduckt, als fürchte es die Geißel des Sturmes. Stunden um Stunden verrannen, und als das Bild vor seinem Wagenfenster stets das gleiche blieb, da vergrub er sich mit verbissener Wollust in eine dunkelnde Melancholie.

XIV

Es ging schon gegen Abend, als er schließlich in der kleinen Universitätsstadt ankam. Es regnete in Strömen, die Bäume am Bahnhof wahren kahle Gerippe und der Sturm jagte die letzten Blätter vor sich her, als triebe er sie mit grausamer Freude der wachsenden Dunkelheit zu.

Robert blieb einen Augenblick vor der Bahnhofshalle stehen, dann rief er einen Gepäckträger und bat ihn, die schwarze hölzerne Kiste nach jenem Gasthof zu tragen, dessen Aufschrift auf der Dienstmütze des vierschrötigen Mannes stand.

Es traf sich, daß der Gasthof in der Mitte der Stadt gelegen und Versammlungsort studentischer Verbindungen und mancher Gesangvereine war. Auf den Tischen standen kleine Fähnchen, die den Namen eines jeden Vereins angaben, und nur ein beschränkter Raum war für Nichtstammgäste reserviert. Robert bat um ein Zimmer, und als man ihm zusagte, ließ er die Holzkiste nach oben tragen. Eine halbe Stunde später erschien er wieder in der Gaststube, ein Männergesangverein trug eben Lieder vom Rhein und von der Liebe vor. Robert verspürte keine Lust in sich, noch an diesem Abend durch die Straßen der Stadt zu schlendern, und so setzte er sich in eine Ecke, bestellte eine Flasche rheinischen Weines und lauschte den geschulten Männerstimmen. Dabei fiel eine Schwermut ihn an, die nicht schmerzte, sondern ihn streichelte, wie seine Mutter es oft getan hatte, und als er die zweite Flasche geleert hatte, hatte sich diese Melancholie zu solchen Ballen getürmt, daß er nahe daran war, zu weinen. Doch er schämte sich vor all den fremden Gesichtern, und nicht mehr ganz sicheren Schrittes ging er auf sein Zimmer.

Es war an einem Sonntagmorgen, und ungefähr eine Woche mochte seit jenem Tage vergangen sein, da Robert das Pflaster Bonns zum erstenmale betreten hatte.

Gleich am Tage darauf hatte er sich auf die Zimmersuche gemacht und auch schließlich bei einer Witwe etwas gefunden, das ihm zusagte. Da man schnell über den Preis einig geworden war, war Robert noch am selben Tag umgezogen und hatte es sich in seiner neuen Behausung wohnlich gemacht. [Seine Wirtin war eine Frau Mitte vierzig, deren Mann ein besserer Beamter gewesen, und die nun, durch die Ungunst der Verhältnisse gezwungen worden war, Zimmer an Studenten zu vermieten.

Gleich nachdem Robert die schwere Holzkiste hatte herbeischaffen lassen, war die Frau zu ihm ins Zimmer getreten und hatte ihm äußerst höflich, doch auch bestimmt mitgeteilt, daß Damenbesuch in dem Hause verboten sei; sie halte darauf, ihm hierüber von der ersten Stunde an klaren Wein einzuschenken, damit nicht später Mißhelligkeiten entstehen könnten.

Robert war diese Offenheit sehr angenehm und das moralische Sauberkeitsgefühl schätzte er an dieser Frau sehr.]

Doch als er an diesem Sonntagmorgen erwachte, hatte er zuerst das Empfinden, als ob man seinen Kopf in einen eisernen Reifen eingezwängt hätte. Das dröhnte und summte darin, das riß und stach und jedesmal, wenn er ihn erheben wollte, glaubte er, man treibe ihm tausend kleine eiserne Nägel in das Gehirn. Auf der Zunge hatte er einen Geschmack, der ihm ständig Brechreiz verursachte.

Draußen woben die Regenfrauen und die Glockenklänge des Münsters fielen wie kleine silberne Kugeln in ihr Gespinst, die darin aufhüpften und wieder zurückfielen. Im Zimmer war es noch halbdunkel und nur die Ritzen der geschlossenen Fensterläden sinterten das Licht, grau und trostlos wie die Gedanken, die gegen die Schmerzen in Roberts Kopf ankämpften.

Allmählich gelang es Robert, die Erinnerungen einzeln aus dem Ideenklumpen zu klauben, sie zu säubern und eine an die andre zu reihen, wie Kinder es mit Glasperlen tun.

Und da ergab sich folgendes Bild: Robert war am Abend vorher ganz absichtslos durch die Straßen geschlenkert, bis ihn schließlich am Bahnhof die Klänge einer Musikkapelle lockten. Robert ging den Klängen nach und trat in ein großes Kaffeehaus ein. Der Raum war fast leer, nur an einigen Tischen saßen etliche Paare, denen man ohne weiteres ansah, daß sie die Liebe hierher geführt hatte.

Robert nahm Platz. Das Orchester spielte gerade: *Ich kam zum Rhein gezogen*[110] – ein Lied, das Robert noch aus seiner Gymnasialzeit her kannte, und da dieses Lied so lieb und vertraut ihm kam, geriet er in eine erhöhte Stimmung und bestellte beim Kellner, ohne sich selber im Grunde Rechenschaft über seine Handlung abzulegen, eine ziemlich teure Flasche Rheinwein.

Robert trank behutsam Glas um Glas, die Musik spielte immer lockender und schmachtender, und nach jedem neuen Glase sah Robert immer hellere Sterne aus seinem Blute steigen. Schließlich, als die Flasche ihrem Ende zuging, bildete sich ein wunderschöner, glänzender Stern und Robert stand auf, dem zu folgen.

Die Straßen des Städtchens waren ziemlich dunkel, aber das verschlug nichts, denn der Stern schwebte noch immer vor Robert her, tiefrot in der Mitte, nur an den Enden zitternd und sich mit dem Dunkel verschmelzend.

Schließlich blieb der Stern über einem Hause stehen.

Sonderbar, dachte sich Robert, dieser Stern tut, als ob ich einer der heiligen drei Könige wär, und dieses Haus sei die Krippe. Er schaute sich die Inschrift über der Tür näher an, und da gewahrte er, daß es eine ganz weltliche Inschrift war. In großen feurigen Buchstaben stand dort das eine Wort geschrieben: Simplizissimus!

Der Name kam Robert bekannt vor: – Und schon sprang ein Funke in seinem Gehirn auf und er wußte: Das war der Name der Zeitschrift, deren erste Hefte er im Volksbildungsverein seines Heimatstädtchens entliehen hatte. Fabelhafte Zeichnungen hatten darin gestanden und hübsche Erzählungen und ergreifende Gedichte. Die literarischen Beiträge stammten fast alle von Schriftstellern, die Robert aus Büchern, die er gelesen hatte, her kannte: Da standen Sachen von Thomas Mann, Peter Altenberg, Felix Braun, Frank Wedekind u. a. Aber daneben auch kurze Gedichte, die einen stark politischen Einschlag hatten, in knappster Form lachende Wahrheiten sagten und Peter Schlehmil als Verfasser hatten.[111]

Robert wußte nicht, wer dieser Peter Schlehmil sei, aber allein schon die Lektüre des Wortes Simplizissimus warf ihn um eine Anzahl Jahre zurück und schleuderte ihn tief in den Strudel schönster Erinnerungen.

Simplizissimus! Konnte das etwas anders bedeuten als den Geist, der diese Zeitschrift gefüllt hatte, dichterisch beschwingt und federnd kämpferisch, einen Spruch vor sich her zu sagen, halb weinend ob der Einsamkeit unsers grotesken Daseins, und doch auch halb lächelnd, weil man dastand und schon allein durch diese Tatsache an sich das Leid schon überwunden hatte? –

Robert öffnete die Tür und befand sich in einem grellerleuchteten Flur. Ganz hinten am Ende des Flurs hingen schwere Vorhänge aus Samt, und schon wollte er sich auf diese Vorhänge zu bewegen, als auf einmal, man ahnte nicht woher, ein Mann in Uniform vor ihm stand, schwer mit Gold betreßt, und nach seinem Begehr fragte.

Robert sagte das Wort „Simplizissimus", und nun schritt, ganz seiner Würde bewußt, der Türschließer vor ihm her, schob die Vorhänge auseinander und wies Robert einen Platz an. Und majestätisch, wie er gekommen, verließ er dann den Raum.

Robert sah sich um. Der Raum, in dem er sich befand, war nicht allzu groß, kleine Tische waren auf einer Fläche von ungefähr zwei Dritteln verteilt, das andre Drittel stand leer und machte den Eindruck, als warte es auf tanzende Paare. Hart am Ende der unbesetzten Fläche befand sich eine Bar, hinter der ein Barmann in roter Uniform und Mütze gelangweilt auf Kundschaft wartete.

In diesem Augenblick spielte eben ein Orchester irgendeinen Jazz, aber kein Mensch trat zum Tanzen an. Robert dachte, daß es sich nun doch nicht der Mühe gelohnt hätte, dieses Lokal zu betreten, und daß all dies nur Zeitvergeudung sei; und schon wollte er sich erheben, um wieder den Raum zu verlassen, als ein Kellner auf ihn zukam, und ihm eine Weinkarte reichte. Robert hätte am liebsten in dieser Minute ein Glas Bier getrunken, aber da auf seine Anfrage hin der Ober ihm bedeutete, daß man hier kein Bier verabreiche, wagte Robert es nicht, sofort aufzubrechen, sondern bestellte aufs Geratewohl. Dabei zeigte er mit dem Finger auf irgendeine Sorte auf der Karte.

Als der Kellner mit dem Eiskübel, darin die Flasche wohlverwahrt lag, sich ihm näherte, mußte Robert feststellen, daß er eine Flasche Sekt bestellt hatte. Aber in dem Zustande wohliger Spannung, in dem er sich befand, nahm er die Sache nicht tragisch, sondern begann, sich gleich einzuschenken.

Doch da hielt er in der Bewegung jäh inne. Mit einigen heftigen Takten hatte das Orchester eingesetzt, und in einem argentinischen Reiterkostüm war eine Tänzerin auf der spiegelglatten Fläche erschienen. Das Orchester nahm die ersten Takte wieder auf, der Leib der Tänzerin flog der Musik entgegen, nun fügte sie die Musik in sich selber ein und sie schien nur mehr Werkzeug, das ganz von den heftigen Takten geschüttelt wurde, das von ihnen getragen wurde, um am Schluß willenlos auseinander zu fallen.

Ein Sprecher erschien und bat die Anwesenden, zum Tanze anzutreten. Robert leerte sein Glas, das er, ohne daran zu nippen, während des Auftretens der argentinischen Tänzerin leise niedergesetzt hatte, auf einen Zug. Und schon begann ihn die Musik, die nun wieder in einen verrückten Rhythmus gefallen war, in ihren Bann zu schlagen. Er sah dort, wo eben noch eine Künstlerin ihr ganzes südländisches Temperament verfeuert hatte, nun Paare sich umschlingen und wie gehetzt von der Musik die Tanzfläche abschreiten. Das war kein Tanzen, das war ein Hüpfen, Springen, ein Weitausschreiten der Beine, und je frecher das Orchester, desto heißer die Blicke, die zwischen diesen Menschen gewechselt wurden.

Robert schaute eine Weile zu, und je heftiger seine Augen in dieses Licht starrten, das von Scheinwerfern ausging und bald blau, bald rot, bald grün die Tanzfläche überflammte, desto krampfiger wurde sein Blut, bis er schließlich aufstand und irgendwo nach Erlösung suchte.

Kaum hatte er einige Schritte nach vorne getan, als ihm eine Frauengestalt auffiel, die in einer Nische für sich allein saß und gar nicht auf irgendeinen Partner zu warten schien, sondern allem Anschein nach, etwas gelangweilt dieses Treiben in dem Raum beobachtete. Sie trug, trotz der erdrückenden Hitze, die im Lokal herrschte, einen Mantel aus schwerem Pelz, und nie noch glaubte Robert einen Mantel von solcher Kostbarkeit gesehen zu haben. Ihrem Äußeren nach schien die Frau ungefähr 25 Jahre alt zu sein, hatte schweres dunkles Haar und ihre Gesichtsfarbe wies sie mehr dem Süden Europas zu als dessen Mitte.

Robert klopfte ein wenig das Herz, als er sich der Frau näherte und sie um einen Tanz bat. Er war darauf gefaßt gewesen, daß sie ihn hochmütig angeblitzt und ganz Vornehmheit und Starrheit abgewiesen hätte. Statt dessen schaute sie ihn zuerst ein bißchen spöttisch an, dann aber schwand der leise Spott aus ihrem Gesichte und sie nickte ein Ja!, das Robert über die Maßen beglückte.

Sie erhob sich und beide gingen tanzen. Als Robert spürte, wie ihr Körper auch dem leisesten Druck seiner Hand nachgab, da sprang ein Funke in sein Blut und nun hatte er wieder den Stern entzündet, der Robert an diesem Abend so lange vorangeleuchtet hatte, doch nun glaubte er, diesen Stern fassen und ihn der Frau, mit der er tanzte, an die Brust heften zu können. Aber dann schaute er ganz genau hin und sah, daß der Stern schon wahrhaftig auf der Brust der Frau glänzte. Robert war zuerst erschrocken, bis er plötzlich merkte, daß es ein Stern aus irgendeinem Metall war, den die Frau an sich trug, und daß ungeheure Spangen wunderbar glänzend ihre Arme zierten und bei jedem Schritt, den sie tat, klingelten wie die Schellen der „Engelchen" an Fronleichnam.

Inzwischen war der Tanz vorüber und als die Frau sich wieder an ihren Platz zurückbegeben wollte, fragte Robert sie ganz schüchtern, ob er sich erlauben dürfe, sie zu einem Glase Sekt einzuladen. Da glänzten die Augen der Frau unter langen Wimpern etwas rätselhaft auf, doch gleich war dieser Glanz wieder verschwunden und in einem Deutsch mit stark südländischem Akzent sagte sie: Ja! weil der Herr sie so freundlich eingeladen, sei sie selbstverständlich bereit.

Robert winkte dem Kellner und in seiner Gebärde war schon etwas Hochfahrendes und Herablassendes. Er bestellte ein weiteres Glas und eine Flasche. Er füllte die Gläser und beide tranken einander zu.

Der Sekt löste Robert die Zunge, und als die Frau mit weicher Stimme, die ganz in Watte gepackt zu sein schien, fragte, wess Landes er denn sei, denn sein ganzes Gehabe künde ihr den Ausländer, da fielen alle Hemmungen, an denen er den ganzen Abend über gelitten, und wie ein Stauweiher, der selbst die stärksten Betonmauern bricht, wogte nun die Rede über seine Zunge.

Er sei Lützelburger, sagte er, er stamme also aus dem Herzogtum Lützelburg, und ob sie wisse, wo das liege?

Und da sie verneinte, holte er mit rednerischem Schwunge aus; er erzählte ihr die Geschichte seines Heimatlandes, entnahm seiner Tasche einen Bleistift und zeichnete die Grenzen des Herzogtums auf die Tischplatte. Doch noch während er dies tat, ging in seinem Hirn ein ungewöhnlicher Vorgang vor: Sein Ich spaltete sich, zwei Menschen saßen der Frau gegenüber; der eine sprach auf sie ein und machte weite und tiefe Gebärden, als schürfe er einen See aus, der andre aber saß kühl daneben und schaute registrierend unbeteiligt zu.

„Sonderbar, höchst sonderbar", dachte Robert, „das habe ich doch noch nie erlebt! Hier sitzt ein Mann neben einer jungen Frau, spricht auf sie ein mit einem Redefluß, der schon mehr einem

Ozean gleicht, und daneben sitzt ein andrer, der von der ganzen Unterhaltung nur skeptisch lächelnd Notiz nimmt. Und doch sind die beiden Gestalten dieselben, sind niemand anders als ich, ich selber, Robert Holzer aus dem Herzogtum Lützelburg." –

Er schob eine Pause ein und starrte etwas rätselhaft vor sich hin; ein ganzes Heerlager von Fragen stürmte nun auf ihn ein, doch anstatt aller Antwort hob er sein Glas und trank es in einem Zuge leer. Die Frau hob ihre großbewimperten Augen zu ihm auf und diese ruhten nun so stark auf ihm, als ob sie ihn an seinem Sitz festschmieden wollten.

Da glaubte er den Augenblick gekommen, auch sie nach ihrer Heimat zu fragen, doch kaum war dieser Satz ihm über die Lippen gesprungen, als der andre dachte: „Weshalb mühe ich Esel mich hier ab; sie wird mir doch nicht die Wahrheit sagen, ihre Augen haben in diesem Augenblick ein Leuchten, wie es von manchen faulenden Bäumen in der Dunkelheit ausgeht."

Und schon vernahm er ihre Rede und ertappte sich dabei, wie er ganz Lauschen und Hingabe war.

Sie sei Rumänin, Studentin der Medizin, und augenblicklich im Johannesspital als Assistentin tätig. O! wenn ihre Eltern wüßten, daß sie abends zu dieser Stunde in diesem Lokal verkehre! Aber, nicht wahr, man sei ja jung, und da müsse man doch nach so anstrengender Berufsarbeit am Tage, sich doch auch abends ein bißchen Zerstreuung gönnen.

Eine Welle von Wollust spülte über Robert hin, er fühlte, wie sie unter dem Tisch ihre Füße ganz nahe an die seinen heranbrachte, so daß ihr linkes Knie nun weich an seinem rechten lag, seine Nervenstränge zitterten, als er durch die dünne schwarze Seide ihres Kleides ihre Haut so unglaublich erregend an der seinen wußte.

Wie sie denn heiße, fragte er. Rita, antwortete sie, und dabei schatteten ihre Wimpern über ihre Augen, wie man abends einen Vorhang an seinem Fenster fallen läßt, damit kein indiskreter Blick mehr in das Innere trifft.

Plötzlich setzte das Orchester, das bis dahin geplärrt hatte, aus. Ein Herr in Frack und tadellos weißem Kragen betrat die Fläche. Er bringe etliche Gedichte, sagte er, zuerst eins von Morgenstern und dann eins von Hans Heinz Ewers. Und er rezitierte *Das Knie* von Morgenstern und *Die Wasserleiche* von Ewers.[112]

Robert kannte die Gedichte aus der Zeit der Oberkurse her, wo gerade diese Brettlyrik[113] eine gewisse Vorliebe unter den Schülern genoß.

Der Mann im Frack sprach die Gedichte nicht ohne Talent, und Robert schienen sie nun einen ganz andern Sinn zu haben als damals, da er sie zum erstenmale las.

„Nett", dachte er, „sehr nett, doch weshalb bringt er keine Verse von mir?"

Da lächelte sein andres Ich, verzog das Gesicht zu einer Grimasse, und als er gerade hinsehen wollte, war es verschwunden.

Ein Paukenschlag riß Robert aus seinem Sinnieren auf, und da, wo er vor kurzem zum Tanze angetreten war, schwebte eine Gestalt, nein, es war keine Gestalt, ein Riesenschmetterling war es, denn das Wesen hatte Flügel, die sich an seinem Körper öffneten und schlossen, auf... zu... auf... zu... Und doch schien es ein Mensch zu sein, denn nun trippelte das Wesen über die Fläche auf das Orchester zu, ganz hastig... mit ganz kurzen Schritten... Robert versuchte, die Augen weit zu öffnen, er mußte doch diese Erscheinung ergründen, aber bald merkte er, daß diese Anstrengung zuviel Kraft von ihm forderte und er verlor sich wieder in abgrundtiefes Sinnen.

Plötzlich aber straffte er sich und rief mit einer Stimme, die wie zerbrochene Teller klirrte:

„Zahlen, Kellner!"

Der Ober erschien und überreichte Robert die Rechnung, die er schon parat hielt. Robert nahm seine Brieftasche, öffnete sie mit gewaltigem Schwung, so daß man das Bündel lützelburger Banknoten darin erblicken konnte und legte mit den Allüren eines spanischen Grande etliche Scheine auf den Tisch.

Er erhob sich zum Gehen, doch da merkte er, daß seine Beine wie mit dem Boden verwachsen waren, er hatte das Gefühl, als ob ein ganzes Regiment hinterlistiger Kobolde ihn stets auf seinen Sitz niederzwänge, sobald er diesen verlassen wollte.

Da überfiel ihn Scham vor der Frau, die sich schon erhoben hatte, und nun stand auch er.

„Du mußt dich bedanken!", schwebte es durch seinen umnebelten Geist, aber er kam nicht dazu, denn schon reichte ihm Rita seinen Mantel und schritt mit ihm dem Ausgang zu.

Draußen schlug kalter Regen ihm ins Gesicht wie Peitschenhiebe, der Wind stürmte.

Wenn Robert auch unter Umständen diesen Sturm und Regen zu allen Teufeln gewünscht hätte, heute übte dieses Unwetter eine wunderbare Wirkung auf ihn aus. Sein Gehirn wurde entlastet und sein Gang wieder freier. Als die beiden einen Augenblick schweigend neben einander hergegangen waren, fragte er Rita, wo sie wohne, und sie nannte ihm ein Hotel am Beethovenplatz.

Obschon Robert sich am hellen Tage in den Straßen der Stadt gut ausgekannt hätte, mußte er in diesem Augenblick zulassen, daß die Frau neben ihm ohne ein Wort zu sagen, die Führung übernommen hatte. Ein tiefes Dunkel lastete auf den Schultern der zwei Menschen, die allein durch die Nacht wanderten. Und da erhob sich wieder, aus ihrem Schlafe aufgescheucht durch Wein und Musik und die Einsamkeit, die Melancholie in Roberts Blut und umkrallte seine Seele mit ihren Fängen. Als ob die Frau an seiner Seite seinen Zustand geahnt hätte, schob sie ihren Arm unter den seinen und Robert spürte, wie nun sein Kopf ganz frei wurde und ein unendliches Glücksgefühl alle Nebel seines Hirns in die Flucht schlug.

Bald tauchte das Standbild Beethovens vor ihnen auf und ein schmerzliches Bedauern grub sich in Roberts Gemüt. Und nun erkannte er auch das Gasthaus, in dem die Frau neben ihm wohnte.

Robert wollte sich verabschieden, aber Rita schien das nicht zu bemerken, hartnäckig drückte sie auf den Knopf einer Klingel, ein

Portier erschien und schon hatte die Türe sich wieder geschlossen. Robert suchte erstaunt die Augen Ritas, aber diese war vorangegangen und stieg die Treppen hinauf in einer Haltung, die Robert Bewunderung abzwang.

Da sanken alle Hüllen, die die Einsamkeit der Jahre um Roberts Blut gelegt hatte, es wogte über die Ränder seiner Seele und riß Rita mit hinein in den purpurnen Strudel...

Als er am andern Morgen erwachte, lag Rita noch schlafend. Er wollte leise aufstehen und sie erst zum Abschied wecken, aber kaum hatte er begonnen, sich anzukleiden, als sie die langbewimperten Augen aufschlug und ihm äußerst munter bei seiner Morgentoilette zusah.

„Also wach warst du schon lange", dachte Robert, „nur wolltest du dir es nicht anmerken lassen." Und eine nervöse Gereiztheit stieg in ihm auf. Er war schon fast mit Ankleiden fertig, da drängte sich Rita an ihn heran; ihr Körper kam so nahe, daß er nun ihre Augen sehen konnte, und nun war auch wieder jenes Leuchten darin, das des Nachts von faulenden Bäumen ausgeht... Und nun klang ihre Stimme wieder, kaum vernehmlich, als wäre sie mit Watte umwickelt: Ob Robert ihr etliches Geld leihen könne, sie habe ihren Monatswechsel noch nicht erhalten... O! er brauche keine Angst zu haben, sie lasse ihm ihren Schmuck als Pfand... Und ihre Adresse kenne er ja... Johannesspital...

Robert hörte diese Worte, seine Faust krampfte sich in Wut zusammen, dann stürzten Mitleid und Scham über ihn her, er legte eine Banknote auf den Tisch und, den Kopf in den Nacken gezogen, als ob er einen weiteren Schlag abwehren wolle, strebte er hastig ins Freie.

Zuhause angekommen wagte er nicht, die Läden zu öffnen, aus Angst, sein zerwühltes Gesicht im Spiegel zu erblicken.

Er entkleidete sich in der Dunkelheit, zog die Bettdecke über die Augen und zwang sich zum Schlafe. Aber noch, als sein Gedächtnis schon fast ganz ausgelöscht war, glaubte er, den Paukenschläger auf seinen eigenen Kopf einschlagen zu spüren und eine Frauenstimme sagen zu hören: „Meinen Schmuck lasse ich dir als Pfand... und meine Adresse: Johannesspital..."

XV

Von den Türmen der Stadt läutete es Mittag.

Als Robert den freien Platz vor dem Münster überquerte, strömte das Volk aus dem Gotteshaus, das Hochamt war zuende und durch die geöffneten Türen klangen nun noch die ersterbenden Akkorde der Orgel.

Robert war es unbehaglich zumute; das nächtliche Abenteuer fraß noch in seinen Adern und seine Kehle war ausgedörrt wie gebrannter Ton.

So ließ er sich in einem Kaffeehaus am Münsterplatz nieder und besah durch die Scheiben die sonntägliche Menge, und als die Uhr gegen eins ging, wußte er, daß es Zeit zum Mittagessen sei. Ohne allzu große Hast erhob er sich und schlenderte zum „Hähnchen".

„Ein verlorener Nachmittag", dachte er, als er den Gasthof verließ, „was soll ich mit den Stunden, die nur noch bis zum Abend bleiben, anfangen? Kein Bekannter, mit dem man reden könnte, lauter fremde Gesichter, wohin man sieht." Und er schlug den Weg an der Universität vorbei ein.

Als er bei der Buchhandlung Röhrscheid angekommen war, las er den Zettel der Veranstaltungen, die für den Nachmittag fällig waren: Im Stadttheater gab man irgendein Lustspiel irgendeines unbekannten Verfassers, aber Robert stand in diesem Augenblick nicht der Sinn nach einer ähnlichen Darbietung; er ging die Reihe der angekündigten Konzerte durch, aber da er wenig musikalisch veranlagt war, fand er auch hier nicht das rechte. Schon wollte er sich zum Gehen anschicken, da fiel sein Blick auf eine Anzeige: Lehmbruck-Ausstellung. Im Untergeschoß der Buchhandlung. Geöffnet von 2-6 Uhr.

Robert betrat den Raum. Er war der einzige Besucher zu dieser Stunde. „Es ist wie in einer Kirche", dachte er, „dieses Licht und diese Ruhe." Und eine große Frömmigkeit und Ehrfurcht kamen über ihn. Er hatte immer Interesse für Malerei und Plastik gezeigt, aber nie noch hatte er Gelegenheit gehabt, moderne Skulptur greifbar vor sich zu sehen; er kannte Lehmbruck schon lange aus Abbildungen her, seine Kunst war ihm nicht ganz unbekannt und oft schon hatte er sich danach gesehnt, einmal diese Werke körperhaft zu spüren, Licht und Schatten auf ihnen zu fühlen und von demselben wohligen Schauer durchflutet zu werden, wie es ihm stets bei der Lektüre eines Gedichtes von Rilke oder Stefan George geschah.

Und nun auf einmal stand er dem *Emporsteigenden Jüngling* gegenüber und *Der Knieenden* und dem *Denker*, jenen Gebilden, die er mit heiliger Scheu nur in seine heimlichsten Träume zu betten wagte. Und um ihn herum hingen die Entwürfe und Zeichnungen Lehmbrucks, lauter Bruchstücke einer einzigen großen Konfession und diese hieß: Sehnsucht und Geist.

Was Robert zuerst bei all den Gestalten dieses Künstlers auffiel, war das Unkörperliche ihrer Körper, dieses Entmaterialisierte, dieses fast ganz Von-der-Erde-Losgelöstsein; selbst die *Knieende* schien mehr zu schweben als gehalten zu werden von dem Boden, auf dem sich die Handlung vollzog. Allen schien ein geheimer Rhythmus inne: Die Sehnsucht, die sie von der Erde löste, um ganz aufzugehen in Wolken und Himmel. Sie hatten alles Irdische abgestreift und ihr Leben vollzog sich nur mehr in den Gebilden des Geistes und der Seele.

Als der erste Eindruck sich ein bißchen gelockert hatte, begann Robert genauer hinzusehen und da merkte er, daß diese Gestalten alle nach innen, in sich hineinhorchten, als ob sie eine wunderbare Musik vernähmen und als ob sie aus diesen Klängen die Kraft schöpften, mit immer größerer Inbrunst die Erde zu lassen, um nur ganz ihrer Seele untertan zu sein.

Robert erinnerte sich an die Figuren eines andern großen Meisters, den er allerdings nur aus der Kunstgeschichte her kannte: Ernst Barlach.[114] Welch ein Unterschied zwischen diesen beiden! Die Gestalten Barlachs schwer, unheimlich mit Mystik beladen, selbst ihr Schreiten noch in den Boden verkrampft, dessen Säfte ihre

Glieder zu speisen schienen; und Lehmbrucks Werke: aus derselben schöpferischen Frömmigkeit geboren, die die Steine zu den Domen und Kathedralen türmte.

Nun verstand Robert auch den Tod dieses Künstlers: Er mußte von dieser Welt gehen, so wie Trakl von ihr gegangen war:[115] Weil sie das Grauen hienieden nicht mehr ansehen konnten, folgten sie den Stimmen, die sie riefen und auf deren Geheiß sie ihr Bestes geschaffen hatten. Den Menschen aber hinterließen sie als ewige Mahnung ihr Werk.

An jenem Abend aber schrieb Robert an seinen Freund Fritz Mangen nach Lützelburg:

Lieber Fritz! Ich muß dir von einem Ereignis erzählen, das mich zutiefst aufgerüttelt hat, und das mir zu allerlei Gedanken und Schlüssen Anlaß gab. Ich will nun keine lange Einleitung machen, sondern dir kurz sagen: Ich war heute Mittag in der Lehmbruck-Ausstellung, du kennst ja den Künstler, mit dessen *Emporsteigendem Jüngling* wir uns so oft in unsern Diskussionen befaßten. Es gibt nicht viele Dinge, die fähig sind, so in unsre dunkelsten seelischen Schächte niederzudringen, wie die Gestalten dieses Plastikers. Wenn du diesen Werken gegenüberstehst, so fallen zuerst alle Hüllen von dir ab, ich möchte sagen, du fühlst physisch, wie eine große Wandlung in dir vorgeht, eine unendliche Frömmigkeit durchwallt dich, ein Schauer rieselt dir bis in die Fingerspitzen. Fritz, erinnerst du dich noch deiner Knabenjahre, wenn du mit deiner Mutter auf verschneiten Pfaden zur Weihnachtsmette wandertest? – So war es mir zumute, als ich heute Mittag allein in dem Raum stand. Wenn irgendetwas möglich ist, uns zu besseren Menschen zu machen, so sind es die in sich hineinhorchenden Figuren dieses großen Meisters, ihre innerliche Musik und ihre demütige Gebärde. –

Darüber hinaus aber bewegt mich seit heute Mittag noch etwas anders: Wie kommt es, Fritz, daß uns bis heute im lützelburger Kunstsalon noch keine ähnliche Erscheinung begegnet ist? – Ich meine nicht von diesen Ausmaßen, o! ich bin ganz bescheiden, offen gestanden, ich wäre herzlich froh gewesen, wenn ich nur Ansätze zu einer ähnlichen Konzeption gemerkt hätte. Wie aber sah es bis jetzt bei uns aus: Kaltes geschniegeltes Akademikertum auf der ganzen Linie, photographische Wiedergabe der Wirklichkeit. Als ob die Wirklichkeit der Kunst mehr bedeutete als Rohmaterial, gerade gut genug für den Maler, den Dichter, den Bildhauer, um damit frei zu walten und aus den einzelnen Teilen das zu gestalten, was in der Seele und im Hirn nach Befreiung ringt. Wir aber waren noch immer mehr materiell veranlagt, für unsere Rasse hatten Bier und Kartenspiel stets höhere Geltung, als Bücher und Plastiken und Bilder. Und jene, die die Führung des Pseudogeistes bei uns an sich gerissen haben, tun nichts anders, als dem Volk in dieser Hinsicht noch entgegenzukommen, aus Angst ihr „Führertum" zu verlieren, wenn die Masse einmal zu geistiger Reife kommen wird.

Doch welche Kraft muß in einer Nation lagern, die imstande ist, in den Zeiten höchster materieller Bedrängnis,[116] so für den Geist zu zeugen und so sichtbarlich vor allen die Seele leuchten zu lassen!

Hier kann man nicht anders, als zu staunen und dann sich tief zu verneigen!

Robert

[Als Robert am nächsten Tag etwas nach Mittag das Universitätsgebäude verließ, trat ein ziemlich beleibter Herr auf ihn zu und sagte:

„Also Sie hab ich das Glück hier wiederzufinden! Das hätte ich mir doch nicht träumen lassen! Aber schließlich trifft man ja Lützelburger an allen Enden der Welt, weshalb also nicht auch hier, zu Bonn am Rhein."

Mit diesen Worten reichte Rudolf Reuter Robert die Hand. Sie begrüßten sich als Landsleute recht herzlich und in diesem Augenblick war die Herzlichkeit, jedenfalls von Robert aus, ganz aufrichtig. Robert war froh, einen Kollegen hier zu treffen, der aus demselben Lande stammte, wie er, und mit dem er die Absicht hatte, über manches zu reden, was in diesen Tagen seine Seele bewegte.

„Und was wollen Sie in Bonn studieren? – Wollen Sie etwa Professor werden?" –

Robert, dem diese Redseligkeit doch schon anfing, ein bißchen auf die Nerven zu gehen, antwortete mit einem kurzen Ja!

Und schon nahm wieder Rudolf Reuter das Gespräch auf und fuhr auf seine Weise fort:

„Professor werden, o! das ist schön! Ich kann mir tatsächlich keinen erhabeneren Beruf denken als den eines Lehrers. Es ist etwas Wunderbares um die Seele der Jugend. In die Hände von uns Lehrern ist die Zukunft des Landes gelegt, wir sind die Lichtbewahrer und dürfen das heilige Oel in der Schale nicht erlöschen lassen. Ich kann mir wahrhaftig nichts Bedeutungsvolleres denken, als die Quellen, die noch ganz zag in den jungen Herzen eben aufgebrochen, zu fassen und in das richtige Bett zu leiten.

Aber wahrhaftig! Professor sein – diese beiden Wörter tragen auf ihren Schwingen noch viel mehr Licht und Sonne; der Professor hat es nicht mehr nötig, den Schülern das Alphabet beizubringen; er kann in die Schätze der Dichter greifen, diese vor den Gymnasiasten ausbreiten und durch sein Wort suchen, den Schöpfungen der Poeten Resonanz in den jungen Menschen zu verschaffen. Wahrhaftig! unser Leben wäre öde und trostlos, wenn wir die Dichter nicht hätten! –" Er machte eine kleine Pause, und Robert glaubte nun den Augenblick gekommen, einige Worte der Erwiderung zu sagen, aber schon wieder hatte Reuter den schleppenden Faden aufgenommen und fuhr unbeirrt weiter:

„Wissen Sie übrigens, daß auch Heinrich Dorner hier seine Studentenjahre zu einem guten Teil verbrachte? Es dürfte Ihnen nicht unbekannt sein, daß ich ein ganz intimer Freund von Heinrich Dorner bin? Und – Ihnen kann ich es ja sagen – eigentlich habe ich gerade Bonn aus der Ursache heraus gewählt, um an denselben Orten können zu verweilen, die auch er mit seiner Gegenwart beehrte."[117]

Robert konnte nun nicht mehr an sich halten und so fragte er Reuter denn gerade heraus, welchen Studien er denn obliegen wolle, und da erzählte ihm sein Landsmann, wie der Minister des Unterrichts einige andre Lehrer und ihn auf die Universität geschickt habe, um sich auf die Examina für Schulinspektor vorzubereiten.[118] Einer sei nach Paris gegangen und ein andrer nach Leipzig, alle aber im Hinblick auf dasselbe Ziel.

Da riß mit einemmale der Schleier, der bis dahin Roberts Licht verhängt hatte, und er schaute in Zusammenhänge, die für ihn nicht gerade eine Ursache der Lust waren.

Mittlerweile waren sie auf den Beethovenplatz gekommen und Reuter schlug vor, um das Zusammentreffen zu feiern, schnell noch ein Glas Wein zu trinken. Sie traten in ein Kaffeehaus ein und Reuter bestellte eine erlesene Flasche. Als der Ober die Gläser und die Flasche heranbrachte, fragte Reuter ihn, ob er auch eine Ansichtskarte der Stadt bekommen könne. Der Ober bejahte und einige Minuten später lag die Karte vor den beiden.

„Wissen Sie", sagte Reuter, „an wen wir die schicken wollen? – An Heinrich Dorner!" – und er schrieb mit wunderbar verschnörkelten Buchstaben: „Dem Meister der Dichtkunst Heinrich Dorner senden die ergebensten Grüsse" – und setzte mit elegantem Schwung seinen Namen darunter. Dann schob er sie Robert zu, daß der das Gleiche tue. Der las die Karte und kniff die Lippen zusammen. „Solches unterschreibe ich nicht!" –

Reuter war äußerst verwundert. „Wieso denn nicht? Es steht doch kein Wort da, dem Sie nicht bedenkenlos zustimmen können."

„Doch", sagte Robert, und eine jähe Blutwelle schoß ihm zu Kopf. „Für mich ist Heinrich Dorner kein Meister der Dichtkunst. Seine Fähigkeiten als Lehrer in allen Ehren, und ich weiß, wieviel ich seinem Literaturkursus verdanke. Ich habe bis heute keinen gehört, der es hier auf der Universität mit ihm aufnehmen könnte. Aber man preise mir ihn nicht als Dichter, denn als solcher nimmt er für mich nur eine durchaus untergeordnete Stelle ein. Man kann ihm ein gewisses Versifizierungstalent nicht absprechen, aber sein Werk kommt nicht aus jenen geheimnisvollen Gründen, die den Dichter dem Seher gleichstellen. Für ihn gilt nicht die Gleichung der Römer: Vates = Dichter, Seher. Bei der Lektüre jedes seiner Werke kribbelt es einen, ihm die Vorbilder aufzuzeigen, ganz gleich, ob es sich für die Dramen um Otto Ernst und Max Halbe handelt, und für die Lyrik um Walter von der Vogelweide, Dehmel, Hartleben, Storm u.s.w. Für mich ist er nichts Besseres als der Rudolf Herzog der modernen Lyrik." – Und damit schob Robert Reuter die Karte wieder zu.

Der steckte sie in die Tasche, stand auf, zahlte und verließ grußlos die Stube.]

Kurz nach diesem Vorfall aber sollte Robert zwei Männer kennen lernen, deren Vorlesungen ihn bis zur Begeisterung hinrissen: Das eine war der Dozent für moderne Literatur, Oskar Walzel, das andre der Kunsthistoriker Paul Clemen.[119]

Robert hätte es nicht über sich gebracht, eine der Vorlesungen dieser beiden zu verfehlen, denn wenn er auch von der wissenschaftlichen Seite dieser Kurse absah, so blieb sonder Zweifel ein tief aesthetischer Eindruck. Wer konnte wie Walzel seine Sätze formen, sie im Sprechen ziselieren, das Wichtigste so wunderbar in das Ganze fügen und dabei doch wieder dem Nebensächlichen einen solchen Schliff geben, daß seine Strahlungen sich alle im Brennpunkte des Satzes trafen? Walzel war der Baumeister von Perioden, ganze Ungetüme von Sätzen flossen ihm scheinbar mühelos von den Lippen, und mehr als einmal hatte Robert das Empfinden, dieser Mensch würde sich unweigerlich in seinen eigenen Gebilden fangen, aber dann sprang plötzlich ein kurzer Satz, den man an dieser Stelle nicht vermutet hatte, daraus hervor und erhellte von der Spitze herab bis zu äußerster Grellheit das Riesenwortgebäude, das er eben vor seinen Zuhörern aufgetürmt hatte.

Eines Tages saß Robert wieder wie gewöhnlich in der Bank und wartete auf das Erscheinen des Professors. Walzel hatte in der vorigen Stunde von Schlegel und den deutschen Romantikern gesprochen, doch als ihn diesmal bei seinem Eintritt das Scharren der Füße begrüßte, schien er etwas bewegter als sonst. Und als er begann, sagte er ungefähr Folgendes:

Wir feiern heute den sechzigsten Geburtstag des größten Dichters unserer Zeit: Gerhart Hauptmann.[120] Meine Herren, Sie müssen mir also erlauben, für heute die deutschen Romantiker beiseite zu lassen und Ihnen zu sprechen über: Gerhart Hauptmann und sein Werk.

Und Walzel begann eine Rede zu halten, die so gar nichts Akademisches an sich hatte, sein Gemüt erhitzte sich, schlug Funken und diese Funken sprangen über auf sein Auditorium. Walzel sprach als Mensch über einen noch Lebenden, der Wissenschaftler hatte den Platz dem Freunde geräumt. Als Abschluß las er dann noch bis dahin Unveröffentlichtes von Hauptmann, speziell aus dem Epos *Till Eulenspiegel*.[121]

Robert hörte die Worte des großen Schlesiers und er wurde seltsam bewegt. Es ist doch etwas Sonderbares um dieses Volk, dachte er, das mit einer ungeheuren Sehnsucht, die imstande ist, Himmel und Erde aus den Angeln zu heben, zugleich eine solche Andacht für den Paradeschritt verbindet. Aber ich glaube, dieser Paradeschritt wurde ihm von der Geschichte aufgezwungen, und seine naturgemäße Veranlagung ist sein Hang zum Philosophisch-Spekulativen und zum Übernatürlichen. Wie kommt es wohl, daß bei uns im Herzogtum die Deutschen so verachtet sind, daß es als Schande galt, im letzten Kriege für sie Partei zu ergreifen? – Es kann doch wohl nur daher kommen, weil unser Volk Deutschland nicht kennt. Weil die Mehrzahl meiner Landsleute nichts wissen von deutschem Geist, von deutschen Dichtern und Philosophen, weil sie unter dem Sammelnamen Deutschland den Geschäftsreisenden verstehen, der mit Judenwitzen und seiner Ware zu ihnen kommt und sich auch nicht durch die größten Grobheiten abweisen läßt. Ich aber liebe das Deutschland der Dichter und Philosophen, das Deutschland der Musik und der Malerei, und da diese Menschen einem Volke, einer Rasse angehören, so muß ich das Ganze lieben, dessen hellste Ausstrahlungen diese Künstler sind. –

Wenn es möglich gewesen wäre, Robert in diesen seinen Ansichten schwankend zu machen, so wären alle Versuche doppelt unwirksam an ihm abgeprallt, nachdem er den Worten von Paul Clemen gelauscht hatte. Paul Clemen gab ein Kolleg über deutsche Kunstgeschichte. Als Robert zuerst diesen Namen in den Universitätsverzeichnissen gelesen, hatte er einen Augenblick gestutzt: Paul Clemen – dieser Name kam ihm doch so bekannt vor! Und allmählich entsann er sich, vor Jahren im Lokalblatt von Echterhausen gelesen zu haben, daß der große Gelehrte im Städtchen zu Besuch weile, um sein Gutachten über Renovierungsarbeiten an der Basilika abzugeben. Und es schien Robert, als ob er nun auf keinen Fall verfehlen dürfe, sich den Mann anzusehen, der schließlich einen kleinen Teil zu der aesthetischen Formung seiner Mitbürger beigetragen hatte!

Und wahrhaftig! er sollte diesen Schritt nicht bereuen. Die Kurse begannen um zwölf Uhr mittags, doch als Robert das erstemal seiner Gewohnheit gemäß fünf Minuten nach Mittag kam, mußte er, trotz der ungeheuren Länge des Konferenzsaales mit einem Stehplatz an der Türe fürlieb nehmen. Alle Bänke waren besetzt und die meisten von Zuhörern, deren Gesichter er noch nie in Vorlesungen wahrgenommen hatte.

„Sollte ich mich geirrt haben", sinnierte er, „aber das ist unmöglich, denn die Nummer des Saales stimmt genau mit jener auf dem Anschlagbrett...", und etwas mißmutig zwang er sich durch die Menge. Sein Nebenmann war ein schmächtiger, blonder Junge, dessen Hände darauf hinwiesen, daß sie auch andre Dinge zu handhaben wußten, als Bücher.

Robert wandte sich an ihn:

„Verzeihung, ich bin doch nicht irr gegangen... Hier spricht doch Paul Clemen..."

Der Blonde bejahte.

„So... so... aber ein so zahlreiches Publikum habe ich noch in keiner Vorlesung getroffen."

Da huschte ein Lächeln über die Züge von Roberts Nachbar, und ein bißchen Geringschätzung dem Fremden gegenüber lag in seiner Rede, als er erwiderte: „Diese Kurse sind die einzigen öffentlichen der Universität. Die meisten, die Sie hier sehen, schuften acht Stunden und mehr am Tage. Der irgendwo in einer Fabrik, der in einem Kontor und der in einem Geschäft als Verkäufer. Aber wir lassen uns unsre Seele nicht zermürben. Diese wöchentliche Stunde bedeutet für uns alle eine Feierstunde, ein Brunnen, an dem wir unsre Sehnsucht stillen, die uns die Kraft gibt, unsrer Hände Arbeit wieder aufzunehmen mit frischem Mut."

Da überwogte Robert die Scham und im Stillen leistete er diesen Menschen Abbitte für alles, was seine Landsleute sündigten in unbeherrschter Rede an Deutschland.

XVI

Das Semester neigte sich seinem Ende entgegen, als Robert eines Morgens durch heftiges Klopfen an der Türe aus dem Schlaf gerissen wurde. Mit einem Satze sprang er aus dem Bett, um die Ursache dieser Störung zu erfahren. Vor ihm stand seine Wirtin und hielt ein Telegramm in Händen. Hastig erbrach es Robert; es war von seiner Mutter und enthielt nur die beiden Sätze: Vater sehr krank, komme nach Hause.

Zuerst starrte Robert auf die Sätze, als ob sie ihn nichts angingen, sein Geist verweigerte jedwede Aufnahme und der Inhalt glitt an seinem Gehirn ab, die Buchstaben waren tot und rührten sich nicht.

Dann aber stürmte es über ihn her: Andeutungen aus Briefen seiner Mutter traten auf einmal mit äußerster Helligkeit ihm wieder ins Bewußtsein, ein Schreiben der Schwester, dem er noch vor einer Woche weiter keine Bedeutung zugemessen hatte, klagte auf einmal auf Leichtsinn und Fahrlässigkeit.

Gewiß, der Vater hatte schon gekränkelt, als er abgereist war, aber kein Mensch war auf irgendeine Gefahr gefaßt gewesen, der Arzt hatte ihm zwar allerlei Einschränkungen in der Lebensweise auferlegt, doch sonst keine Andeutungen über den Verlauf der Krankheit gemacht.

Doch nun sah Robert plötzlich wieder vor sich das sorgenvolle Gesicht der Mutter, die eigentlich nie froh in ihrem Leben gewesen war und deren größte Freude ein gutes Buch bedeutete.

Robert gestand sich ein, daß er in den letzten Monaten, diese gütigste aller Frauen etwas vernachlässigt hatte und machte sich diesetwegen heftige Vorwürfe.

Was würde wohl aus der Mutter werden, wenn der Vater starb? Von Vermögen war keine Spur vorhanden, im Gegenteil: als die Wagenbauerei versteigert werden mußte, da hatte sich herausgestellt, daß durch das etwas bohèmehafte Leben des Großvaters Bode die ganze Familie in Mitleidenschaft gezogen worden war. Der Erlös aus der Versteigerung hatte nicht gelangt, um alle Schuldner zu befriedigen, und so hatte denn auch Roberts Mutter ihr kleines Vermögen opfern müssen, damit nicht der Vorwurf des Bankrotts später auf der Familie Bode laste.

Die Pension, auf die die Mutter aber im Todesfalle des Vaters ein Anrecht hatte, würde knapp dazu langen, den Unterhalt für die ihren zu bestreiten. Der Bruder war noch im Gymnasium, und so würde er, Robert, auf das Studium verzichten müssen, wenn kein andrer Ausweg sich finden ließ.

Ein hemmungsloses Mitleid mit der Mutter wogte über Roberts Seele und ließ den Gedanken an den schwerkranken Vater ins Vergessen stürzen. Auf einmal jedoch sah er das Zimmer vor sich, wo der Vater wohl liegen würde, ein ausgemergeltes Antlitz mit struppigem Bart sah ihn an und die Augen in dem Gesicht waren von einer solchen Traurigkeit, daß Robert sich einem wehen Schluchzen überließ.

Als er seine Nerven wieder etwas in der Gewalt hatte, begab er sich zum Bahnhof, um die Abfahrtszeiten der Züge in Erfahrung zu bringen. Doch wie er staunte, als er die wohlbekannte Halle betrat! Wo eben noch vor einigen Tagen deutsche Beamten gesessen, sah man nun französische Militärs, die lächelnd und zuvorkommend jede gewünschte Auskunft erteilten.

Die Besetzung des Rheinlandes hatte begonnen![122] Der Herr wünsche also nach Lützelburg zu fahren? Ja, aber das sei in diesem Augenblick etwas schwierig, da man nicht ganz genau für die Abfahrtszeit einstehen könne. Immerhin möge sich der Herr um die gewöhnliche Abfahrtsstunde einfinden, man werde schon noch am selben Tage in Trier anlangen.

Robert wollte sich eine Fahrkarte lösen, doch die Militärs winkten ab. Da ging Robert nach Hause, teilte seiner Wirtin in kurzen Sätzen den Inhalt des Telegrammes mit und traf seine Reisevorbereitungen für den nächsten Tag.

Als Robert im Morgengrauen abfuhr, waren nur ein paar Personen am Bahnhof, denen man sogleich anmerkte, daß sie keine Deutschen waren. Regen schnürte hernieder, Kälte umklammerte die Körper, die Halle lag trostlos und verlassen.

Er stieg ein, und als der Zug mit großer Verspätung anfuhr, fiel es ihm wie ein Klumpen vom Herzen. Der Rhythmus der Räder schien sein Gehirn zu einer breiigen Masse zu walzen, aus der kein Gedanke mehr den Mut zur Auferstehung fand. Auf jeder kleinen Station hielt der Zug und mehrmals konnte man daran zweifeln, ob die Lokomotive jemals noch den Atem zur Weiterfahrt aufbringen würde.

In dem Abteil herrschte eisige Kälte; Robert drückte sich in seinem Wintermantel in eine Ecke und seine Seele kniete sich ganz in sein dumpfes Brüten hinein. Bei irgendeiner andern Gelegenheit hätte Robert nicht verfehlt, in die Landschaft hinauszuschauen, aber heute bot auch dieser Zeitvertreib ihm kein Interesse, auf den Nebeln seines Hirns tanzte immer und immer nur der eine Gedanke: Nach Hause!

Es wurde Mittag und ein französischer Soldat, der mit Robert im selben Abteil saß, begann, Eßwaren vor sich auszubreiten und herzhaft zuzulangen, dazwischen vergaß er nicht, ab und zu sein Mahl mit einem tüchtigen Schluck Wein zu netzen.

Robert verspürte keinen Hunger und keinen Durst, sein Leib war wie ausgelöscht aus der menschlichen Gesellschaft und was blieb, war nur eine Puppe, ohne physische Bedürfnisse.

Gegen Abend langte man an der lützelburger Grenze an und erst jetzt begann Robert wieder, aus seinem Dämmerzustand zu erwachen und die Gedanken zuerst zaghaft, dann immer kräftiger einzeln zu fassen. Nun schwammen einzelne Pünktchen in dem Moore seines Hirns, doch bald fingen sie an zu leuchten und in ihrem Leuchten sah Robert ein Bild: Er sah den Vater auf dem Totenbette liegen und um ihn die Mutter und die beiden Geschwister. Da lief er zu Fuß bis zur nächsten Station, um nur nicht im Bahnhofsbüfett hocken zu müssen.

Als er in Echterhausen ankam, war es stockfinstere Nacht. Die Tür seines Elternhauses war geschlossen und so mußte er längere Zeit klopfen, bis man ihm auftat.

Die Schwester öffnete, sie hatte vom Weinen rot umränderte Augen, und als Robert sie nach dem Vater fragte, brach sie in Schluchzen aus. Da stieg er die Treppe hinauf, und öffnete die Tür desselben Zimmers, in dem er und sein Bruder zur Welt kamen.

Da lag der Vater, und es war dasselbe Bett, in das er als Kind so gerne gekrochen war, wenn er von der langen Nacht her nicht mehr schlafen konnte und die Eltern noch eine halbe Stunde mit ihm Kurzweil getrieben hatten.

Robert trat an dieses Bett heran und sagte ganz leise: „Vater!" und dann lauter: „Vater! Vater!" Aber keine Antwort erfolgte, die Augen schauten Mutter und Geschwister der Reihe nach an, die Lippen formten Worte, aber kein Laut war hörbar. Dann aber auf einmal trafen die Augen Robert und blieben lange, Robert schien es eine Ewigkeit, auf ihm haften. Und dann tat der Vater etwas, was er nie in seinem Leben getan hatte: Er suchte nach Roberts Hand, und als er sie in der seinen hielt, da krampften seine Finger sich solange fest, bis sie vor Ermüdung schlaff wurden und herabsanken.

Ein wirrer Bart umrahmte das knöcherne Antlitz, das ungeheuer viel Ähnlichkeit in diesem Augenblick mit einem Christusantlitz hatte. Robert wandte sich zur Tür und stieg die Treppe hinab; er wußte, daß seine Mutter ihm folgen würde.

Als sie in der Stube angekommen waren, sagte Robert:

„Mutter, seit wie lange liegt Vater so, daß er nicht mehr reden kann?" –

„Seit heute Morgen!"

„Und was sagt der Arzt?"

„Es ist das Ende."

„Hat denn der Arzt nicht die Krankheit erkannt?" – Und sein Glaube an die Kunst des Arztes war in dieser Minute so groß, daß er hinzufügte: „Er müßte doch um Heilung wissen."

Da sah die Mutter Robert mit einem Blick so voll unsäglichen Leides an, daß Robert ahnte, was diese Frau in diesen paar Monaten ausgestanden und daß auch sie sieben Schwerter wie die Gottesmutter in ihrem Herzen trug. Da war die Flamme seines Mutes zu Ende gebrannt und erloschen in der unerschöpflichen Qual ihres Blickes.

Als die beiden das Krankenzimmer wieder betraten, füllte ein sonderbarer Laut den Raum. Ein Röcheln entrang sich der Brust des Kranken, das sich zu einem seltsamen Rasseln und Pfeifen steigerte, dabei hob sich und dehnte sich seine Brust jedesmal, als wollten die einzelnen Knochen die Haut zerreißen, damit die Lungen desto heftiger Luft aufnehmen könnten. Und bei jedem Röcheln stöhnte der Kranke so tief und schneidend, daß Robert diese Laute nicht mehr ertragen konnte.

„Mein Gott", sagte er, „es muß ihm doch zu helfen sein." Und er hatte diese Worte lauter gesagt, als er beabsichtigt hatte.

So hatte der Doktor, der eben eintrat, sie gehört.

Er war ein Freund von Robert [und um zehn Jahre älter als er].

Er faßte Roberts Hände:

„Ruhig, mein Junge, es geht zu Ende. Es war deinem Vater von Anfang an nicht zu helfen, auch dann nicht, wenn wir noch einen ausländischen Spezialisten hinzugezogen hätten. Das Übel war schon zu weit fortgeschritten, als er zu uns in Behandlung kam. Da war es schon zu spät. Das Röcheln tut dir weh, reißt dir Wunden, ich weiß es – aber dein Vater spürt nichts mehr davon. Ich gebe dir mein Ehrenwort als Arzt! Für dich ist es noch qualvoll, aber für deinen Vater sind alle Qualen zu Ende. Mut Junge! auch dieses will ertragen sein!"

Die Mutter und die Geschwister begannen zu schluchzen, Robert schmerzten die Augen, aber keine Träne brachte Erlösung. Nie hätte Robert gedacht, daß es so schwer sei, bei einem Sterbenden auszuharren. Das Feuer im Ofen erlosch, es wurde kühl im Zimmer und der Ruch von ausgebranntem Ofen und Ruß vermehrte noch das Unheimliche der schleichenden Stunden.

Es wurde Mitternacht und es wurde Morgen, noch immer rasselte der Atem des Kranken durchs Zimmer. Niemand im Hause hatte sich auch nur einen Augenblick zur Ruhe gelegt.

Als die Helle des Tages die Gesichter von Mutter und Kindern wieder einander entgegenhob, erkannte ein jeder auf dem Antlitz des andern Grauen und Entsetzen.

Es mochte gegen Mittag gehen, Robert hatte mit seinem Bruder eben das Zimmer verlassen, um auch nur für Minuten das Röcheln des Sterbenden nicht zu vernehmen, als die Schwester in die Stube gerannt kam und mit dem Aufschrei: „Er ist tot, er ist tot!" in Roberts Arme sank.[123]

Da riß sich ein Schluchzen aus Robert los, wild und ohne Hemmung, sprengte alle Dämme und zerschmetterte alles, was er an Hoffnungen und Träumen in den letzten Jahren errichtet hatte...

Vierzehn Tage vor Ostern trug man Roberts Vater zu Grabe.

Es war an einem Sonntag, und viele Menschen folgten dem Leichenzug.

Robert stand mit seiner Mutter und den Geschwistern um den Hügel; die letzten Leidtragenden hatten sich entfernt, der Sarg wurde in die Grube niedergelassen, die Seile knirschten: In einem Baum rief zaghaft eine Amsel.

Teil 2

I

Ein Jahr mochte nun seit dem Tode von Roberts Vater verflossen sein, währenddem Robert zuhause saß und darauf wartete, in eine Stellung zu treten.

Die materiellen Verhältnisse der Familie Holzer waren alles andre denn glänzend. Georg Holzer war zeit seines Lebens ein kleiner Beamter gewesen, dessen Gehalt gerade reichte, um seine Familie zu ernähren, und der dann noch manchmal froh war, wenn die Schwiegereltern einen Teil zu dem Unterhalt beisteuerten.

Aber dieses stete Zusammenleben mit den Schwiegereltern trug auch schon den Keim zu Georg Holzers Ruin in sich. Allein durch den Umstand, daß die Großmutter Roberts einen Spezereiwaren-Laden führte, hatte Georg Holzer fortwährend die Möglichkeit, sich Ausgaben gestatten zu können, die ihm das Gehalt eines kleinen Gemeindebeamten nicht erlaubt hätte, und schon, als es mit den Bodes bergab ging, und Roberts Eltern auch ihren Teil zu den Lasten beitragen mußten, waren diese doch noch immer geringer, als es der Fall gewesen wäre, wenn Roberts Eltern ihren Haushalt aus eigenen Mitteln hätten bestreiten müssen.

Dazu kam eine gewisse Spannung in der Familie Holzer selber. Roberts Vater hatte geglaubt, als er Anne-Marie Bode heiratete, in eine der ersten Familien des Städtchens aufgenommen zu werden; aber für die Bodes blieb Georg Holzer immer der kleine Beamte mit dem kleinen Gehalt, dessen Frau nun einmal ihre Tochter war. Und selbst in ihren materiell am meisten beschwerten Lebensstationen konnten die Bodes sich nur schwer mit dieser Tatsache abfinden.

Georg Holzer aber, der einen äußerst hellen Kopf sein eigen nannte, konnte dieser Umstand nicht verborgen bleiben, und die Folgen waren dann Zwistigkeiten in dem gemeinsamen Haushalt, unter denen Robert noch bis in seine Mannesjahre hinein litt, und nicht gerade selten geschah es, daß er, als er schon lange in Stellung war, plötzlich aus dem Schlafe auffuhr, weil er geträumt hatte, irgendeiner häuslichen Szene, deren Widrigkeit ihm die Jugend verdunkelte, beigewohnt zu haben.

[Roberts Bruder war, gleich nachdem er die Reifeprüfung bestanden hatte, in einer großen Verwaltung untergekommen. Monatlich brachte er sein Gehalt nach Hause, und so war es von Roberts Vater, sobald er zu kränkeln begonnen hatte, zu einer steten Wiederholung geworden, an jedem Monatsersten zu äußern: „Dein Bruder ist nun in Verdienst, nun wäre es auch bald an dir, nach dem rechten zu sehen, anstatt den Kopf voller Flausen zu haben!" –]

Wenn Robert es trotzdem durchgesetzt hatte, die Bonner Universität zu beziehen, so verdankte er das vor allem dem Stolze und der Güte seiner Mutter, in deren Adern das Blut der Bodes floß, und die nur ungern auf ihren Traum, wenigstens eines ihrer Kinder in gehobener Stellung zu sehen, verzichtet hätte.

Nun aber war mit dem Tode des Vaters alles zu Ende. Die kleine Pension der Mutter reichte kaum zum aller Nötigsten, [der Zuschuß des Bruders kam gerade recht,] und an Universität und Professorat war nicht mehr zu denken.

Roberts Traum war jetzt zu Ende, und die Worte, die er einmal an einem kalten Sylvestertage zu Professor Guthardt und Pogg gesprochen hatte, schienen ihm nun eitel Narrheit und Schaumschlägerei gewesen zu sein.

Doch welchen Weg sollte er einschlagen?

Er hatte zuhause genug Demütigendes gesehen, um zu wissen, was es bedeutet, in dienender Stellung sein Leben zu fristen. Und da er Kunst und Literatur über alles liebte, reifte in ihm bald der Gedanke, sein Glück als Journalist zu versuchen.

Robert erging es wie so vielen jungen Menschen dieser Zeit: Sie glauben, Zeitung und Literatur seien miteinander verwandt und da ihnen die Einsicht in das Zeitungsgetriebe abgeht, bildet sich bei ihnen die Meinung, ein Journalist sei ein Schriftsteller, der in seinem Blatt frei schalten und walten könne, ohne irgendwem Rechenschaft schuldig zu sein. Sie ahnen nicht, daß auch der Journalist nur ein Froner ist, den Parteien hörig, für deren Blätter er die öffentliche Meinung zu machen hat und daß auch ihm von heute auf morgen Entlassung droht, wenn er nicht gerade das als Parole ausgibt, was seinen Brotherrn bequem ist. Im Lande Lützelburg aber ging die Sage von einem Manne, der es durch sein eigenes Talent fertig gebracht hätte, Redakteur an einem der größten deutschen Blätter zu sein, und dazu noch Lektor in einem angesehenen Verlage Deutschlands.

Vielleicht waren Roberts Gedanken kindisch, aber eine gewisse Folgerichtigkeit konnte man ihnen nicht absprechen, wenn er folgendermaßen räsonierte: Deutschland hat im Kriege einen guten Teil seiner Jugend verloren; mehr denn je ist es aber durch den verlorenen Krieg gezwungen, sich um französische und englische Lebensart zu kümmern. Meine französischen und englischen Sprachkenntnisse reichen immerhin aus, Übersetzungen anzufertigen, und so glaube ich, daß man in Deutschland mein Wissen nicht gänzlich ablehnen wird.

So nahm Robert denn allen Mut zusammen und schrieb an Max Huber, Schriftsteller in Deutschland.[124] Vertrauensvoll erzählte er ihm von seiner Familie, von seinen Studien in Lützelburg und Bonn und wie es sein höchster Traum sei, aufgrund seiner verschiedenen Sprachkenntnisse an irgendeiner deutschen Zeitung sein Leben als Redakteur fristen zu können.

Hätte Robert etwas vom Umgang mit Menschen verstanden, so hätte er diesen Brief unterlassen, vielleicht hätte er ihn auch noch schreiben können, um sich von Manchem, das ihm schwer auf dem Herzen lag, zu befreien, aber auf keinen Fall hätte er ihn abgeschickt. Aber Roberts Vertrauen zu den Menschen war grenzenlos und da er selber sein Herz auf der Hand trug, damit dessen Liebesstrahlen bis an die fernsten Gegenstände reichten, wuchs in ihm ein Gefühl der absoluten Hingabe an alle Geschöpfe.

Doch wie sollte ihn die Antwort, die nach kurzer Frist einlief, enttäuschen! Es war keine Antwort auf Roberts Schreiben, es war kein Eingehen auf die Fragen, die Roberts brennendes Herz gestellt hatte, auf den acht großen Seiten war nichts anders zu finden als der Monolog eines von einem kranken Selbstbewußtsein bis an die Ränder seines Seins erfüllten Mannes. In jedem seiner Sätze schwang er das Weihrauchfaß so hart an seinem Gesicht vorbei, daß er stets Gefahr lief, es auf der eigenen Nase zu zertrümmern. Dieser Schriftsteller konnte sich nicht genug tun an der Aufzählung seiner persönlichen Leistungen, die er nicht verfehlte, dem Jüngeren als Beispiel von nie dagewesenem Fleiß und Können hinzustellen. Den Schluß seiner Epistel bildete die Erwähnung einer ganzen Reihe von Werken, die von der Technik des Schreibens handelten, und dabei hatte er aber nicht unterlassen, seinen eigenen Aufsätzen einen über die Maßen großen Platz einzuräumen.

Als Robert diesen faden Erguß zu Ende gelesen hatte, kam es ihm vor, als habe man seinen ganzen innern Menschen besudelt, er ging in die Küche, füllte eine Schüssel mit kristallklarem Wasser, steckte Kopf und Gesicht und Hände hinein und ließ sich solange von dem kalten Element bespülen, bis er sein Hirn frei werden fühlte von allem Ekel und Haß.

Es war zu derselben Zeit, als eines Abends am Stammtisch „Zum Hirschen", wo Robert nach dem Abendessen sich manchmal einfand, der Apotheker zu ihm sagte: „Guthardts Vater ist dieser Tage gestorben, und da habe ich gedacht, wenn du damit einverstanden bist, würden wir beide am nächsten Sonntag nach Emstal zum Begräbnis gehen.[125] Wir werden morgens hier abfahren, in Emstal zu Mittag speisen, ich werde dir die wundervolle Ardennerlandschaft zeigen, und dann werden wir am Begräbnis teilnehmen. Mit einem der Abendzüge werden wir wieder hier im Städtchen sein." Der Plan, den der Apotheker entwickelte, schien Robert durchaus annehmbar; er hielt es für eine selbstverständliche Angelegenheit, den Vater von Professor Guthardt auf seinem letzten Gang zu begleiten, aber die Aussicht, eine Fahrt in die Ardennen unternehmen zu können, und einen Tag einmal andre Gesichter um sich zu sehen, als die stets gewohnten, fesselte ihn noch viel mehr.

Und schon hatte Robert zu dem Vorschlag des Apothekers Ja! gesagt, als ihm einfiel: Doch die Mutter, was wird die antworten, wenn du mit dieser Rede an sie herantrittst? Wird sie ohne weiteres bereit sein, dir das nötige Geld zu dieser Fahrt zuzustecken? –

Inzwischen jedoch hatte der Apotheker Roberts Zögern bemerkt und mit feiner Witterung richtig gedeutet. „Es ist selbstverständlich", flüsterte er, „daß ich für die ganze Reise aufkomme." Und leicht lächelnd fügte er hinzu: „In diese Dinge lasse ich mir nicht reden." –

Als die beiden am Sonntagmorgen Echterhausen verließen, schwangen gerade die Glocken, die zur Acht-Uhr-Messe riefen, durch einen azurblauen Aether. Am Bahnhof dufteten die Linden so stark, daß man den Geruch wie Seim zwischen den Fingern kleben fühlte, und die Schwalben warfen sich in die Höhe, als trügen sie die ganze Heiligkeit des Tages vor den Thron Gottes.

Robert war es feierlich zumute. Es war das erstemal, daß er mit dem Apotheker, dessen Kulturweite er kannte, einen ganzen Tag verbringen sollte, und ein Gefühl der Unsicherheit, ob er auch allen Situationen dieser Reise gewachsen sei, trat ihn an.

Doch nach kaum einer halben Stunde war jede Befangenheit von ihm gewichen, Herr Verdy war von einer Herzlichkeit, die selbst aus seinen Augen quillte, so daß Robert dachte: „Dieser Tag wird schön werden. Möchte es doch auch mir einmal im Leben gegeben werden, so ausgeglichen zu sein wie dieser Herr Verdy!"

Inzwischen lief der Zug an Landschaften vorbei, die vor Grün geradezu jubelten, hielt an Stationen, deren Gebäude von riesenhaften Kastanienbäumen direkt überflutet wurden, Ausflügler stiegen ein und schwatzten um die Wette mit den Quellen, die aus dunkelnden Büschen sich jäh in den Fluß Sur ergossen.

Der Apotheker erzählte. Da er eine ausgedehnte Landkundschaft besaß, gab es kaum ein Dorf, wo er nicht von dem einen oder andern Einwohner eine Schnurre oder einen tollen Streich wußte.

Aber auch die Historie spielte in seine Geschichten hinein und je näher sie ihrem Ziel kamen, desto mehr begann Robert über das Wissen dieses Mannes zu staunen.

Gegen Mittag lief der Zug in Emstal ein. Wenn auch Robert schon während des letzten Teiles der Fahrt das jäh wechselnde Gesicht der Landschaft aufgefallen war, so stürmte nun, da sie den Bahnhof verließen, ein Gefühl, keinem andern vergleichbar, auf ihn ein: Die schroff in die Tiefe stürzenden Felsen rissen ihn zur Bewunderung hin, während die Enge der Gassen ihn dermaßen bedrückte, daß er fast physische Atemnot empfand.

Robert war an Weite gewöhnt, an wogende Felder, über die hin der Blick bis an den Horizont laufen konnte, an Berge, die das Idyllische der Landschaft eher unterstrichen, als auflösten. Hier aber sah er zum erstenmale einen ganz anders gearteten Teil seines Landes und sein bisheriges Erleben wurde aufgewühlt und dessen Bilder durcheinander geworfen.

Und hier in Emstal kam zum erstenmal über Robert etwas wie das Bewußtsein von der Schönheit und Vielfalt seines Ländchens.

Nach dem Mittagessen schlug Herr Verdy einen Spaziergang zum Klöppelkriegerdenkmal und zur Abtei vor, und bald schlenderten die beiden durch die verwinkelten Gassen von Emstal dem Berge zu, auf dem die Abtei ruhte wie ein kostbarer Schrein, und das Dach funkelte in den trunknen Sommertag als Wahrzeichen, daß über allem menschlichen Schicksal die Sehnsucht schwebe nach Ruhe im unendlichen Licht.

Als der Apotheker und Robert am Klöppelkriegerdenkmal angekommen waren, vernahmen sie auf einmal Glockenklänge, und Herr Verdy sagte: „Schade, nun können wir nicht mehr weiter! Es wird für uns höchste Zeit", und im Eilschritt gelangten sie wieder ins Städtchen.

Nach dem Begräbnis hatten sie noch etliche Stunden bis zur Abfahrt, und bald saßen sie im Garten eines Gasthauses, an dessen Rande, ganz überdacht von Laub und wilden Blumen, die Wellen der Ems sich kullernd überschlugen.

Viel Volk war in diesem Garten zusammengekommen und Herr Verdy, der im ganzen Herzogtum bekannt war, hatte sich schon öfters gezwungen gesehen, nach links und rechts grüßend zu lächeln, ohne dabei seine Pfeife aus dem Munde zu nehmen, ein Symbol seiner stets gleich bleibenden Ruhe und Gelassenheit.

Und wieder einmal hatte er lächelnd gegrüßt, als sich jemand zu den beiden einen Weg bahnte, und Robert und seinem Begleiter herzlich die Hand entgegenstreckte.

Es war Professor Teckling, den Robert seit jenem Studienjahre, das er an den Oberkursen verbracht, nicht mehr gesehen hatte.

Teckling war Spezialist für englische Literatur und so war es seine Aufgabe gewesen, den Schülern die Schönheiten der Byron'schen Gedichte sowie der Dickens'schen Prosa nahe zu bringen. Ob dies ihm jemals gelungen, möge dahin gestellt bleiben, denn Teckling gehörte zu jenen Menschen, die nicht leicht aus sich herausgehen, keiner seiner Schüler erinnerte sich, ihn je begeistert reden gehört zu haben, eine gewisse Kühle legte sich um all seine Sätze und wenn er sprach, so kamen die Worte mehr herausgestoßen, als aus freiem Antrieb hervor.

Das aber verhinderte nicht, daß er zu den geistigsten Köpfen des Herzogtums Lützelburg gehörte. Im Schrifttum des Landes belegte er einen der ersten Plätze, Novellen und Gedichte waren aus seiner Feder hervorgegangen und jüngst noch hatte er die Intellektuellen seines Landes mit zwei Büchern überrascht, die man seinem Temperament nicht zugetraut hätte. Mit feinster Ironie hatte er darin die Werke der heimatlichen Schriftsteller nachgeahmt und die Großschnäuzigkeit gewisser Parlamentarier als reinste Tölpelei entlarvt.[126]

Nachdem Professor Teckling kurz nach dem Woher und Wohin gefragt, setzte er sich zu Apotheker Verdy und Robert.

Teckling und Verdy hatten eben einige allgemeine Worte miteinander gewechselt, da änderte dieser auf einmal die Richtung des Gespräches.

„À propos, Holzer, wann werden wir Sie denn ins Examen bekommen?"[127] Ich habe eben Ihren letzten Gedichtband *Nächte* gelesen. Manches hat mich darin gepackt, aber auch vieles mich abgestoßen. Vor allem müssen Sie ruhiger werden und diese hemmungslosen Gefühlsausbrüche zu bändigen versuchen. Sie sind noch jung und ich glaube an Ihre Zukunft."

Zukunft! Da war das Wort gefallen, das seit einem ganzen Jahr das Denken abgewürgt und in einen Sarg gesperrt hatte, das seine Hoffnungen erschlagen und sie als wertloses Stroh eingescheuert hatte.

Verdy hatte bis dahin Teckling ruhig zugehört, doch nun war er es, der an Roberts Stelle antwortete und in seiner vornehmen, distanzierten Art legte er Teckling die Verhältnisse, wie sie seit dem Tode von Roberts Vater in der Familie Holzer herrschten, dar; er beschönigte nichts, und vergaß keine Einzelheit, und trotzdem kam Robert keinen Augenblick der Gedanke, daß man hier seine allerprivatesten Gefühle anrühre, noch daß hier irgendetwas ihn Verletzendes geschehe.

Kaum hatte er geendet, da sagte Professor Teckling:

„In zwei Wochen schreibt unsre größte Hüttengesellschaft wieder ein Examen aus. Ich bin Mitglied der Kommission und ich verlasse mich darauf, daß Sie sich zu diesem Examen stellen." Und bei diesen Worten leuchteten seine Augen so von einer bezwingenden Güte, daß Robert ein „Ja!" stammelte, das so mit Dankbarkeit befrachtet war, daß es unter der Last fast unhörbar wurde.

„Vor allem müssen Sie ruhiger werden und diese hemmungslosen Gefühlsausbrüche zu bändigen versuchen!"

Als Robert am darauffolgenden Morgen seinen gewohnten Spaziergang an dem Flusse Sur entlang machte, kamen diese Worte von Professor Teckling ihm nicht aus dem Sinn. Robert starrte über das Wasser ins Preußische hinein, von wo aus den Kornbreiten der Ruf einer Wachtel klang. Manchmal auch fuhr ein Windstoß durch sie hindurch und dann war es, als ob für Augenblicke sie die Nacken beugten, um eine rasch vorüberziehende Gefahr abzuwenden.

Robert schaute gegen Himmel. Wolken türmten sich dort aufeinander, Resten von Burgen gleich, wie er sie gestern noch im Norden des Landes gesehen hatte. Da fielen auch schon die ersten Regentropfen, und obgleich Robert sie noch nicht auf seinem Körper spürte, merkte er doch auf dem Flusse schon ihr leises Aufschlagen.

Robert befand sich in der Nähe des Parkes, dem früheren Klostergarten, in dem sich ein Pavillon[128] aus dem 18. Jahrhundert befand und das Robert und seinen Träumereien schon oft Zuflucht in mancher bedrängten Stunde geboten hatte.

Noch ehe der Regen losprasselte, befand sich Robert unter dem Dach dieses Pavillons; eine Bank stand da und schien auf Robert zu warten, der Park lag verwaist und nur der zurückfallende Strahl eines Springbrunns führte ein unendliches Gespräch mit sich selber.

Robert ließ sich auf der Bank nieder und starrte vor sich hin. Der Regen trommelte draußen auf die Pfade und Beete nieder, die Ferne war auf einmal wie mit einem Sack grauer Leinwand verhangen – aber Robert kümmerte das im Grunde genommen sehr wenig. Seine Gedanken gingen im Kreise herum, immer im Kreise herum, wie die Pferde in einer Zirkusarena.

Ruhiger werden... sich bändigen... Ach ja! Professor Teckling hatte gut so sprechen... Wie fern war der mit seinen fünfzig Jahren dem Erleben eines Zwanzigjährigen! Teckling besaß alles, wonach Robert sich sehnte, wonach Robert strebte. Teckling war in Amt und Würden, er brauchte sich nicht um das Materielle des Lebens zu sorgen, er konnte ungestört seiner Lieblingsbeschäftigung nachgehen, sich ganz der Literatur hingeben, die doch schließlich nichts anders als die Fortsetzung jener Arbeit war, die er in seinem Beruf zu leisten hatte.

Und Robert? Hatte er nicht all die Zeit über zuhause mit dem Vater kämpfen müssen, nur um dessen Einverständnis zu seinen Universitätsstudien zu erhalten? Der Vater brauchte viel Geld für sich, immer mehr Geld, und oft hatte Robert in der letzten Zeit die Mutter weinen sehen, weil sie des Abends noch nicht wußte, wovon die Familie am nächsten Tage leben sollte.

Und dann diese dumme Geschichte mit Lena, die nichts von ihm wissen wollte. Oft schon hatte Robert sich die Frage gestellt: Liebte er Lena wirklich in dem Maße, wie man es aus seinen Gedichten glaubte herauslesen zu können? Galten wirklich Lena, diesem Mädchen mit den hohen Beinen und den etwas aufgeworfenen Lippen seine Schreie, seine Beschwörungen und Gebete? Oder redete er sich diese Liebe etwa nur ein, und all diese Gedichte waren nichts anders als ein einziger wortgewordener Ausbruch seiner Verlassenheit? Dieser ganze Zyklus war er etwa nichts andres als ein einziger Schrei, der nicht einem einzelnen Weibe galt, sondern dem ganzen Geschlecht?

In dieser Zeit, da sein ganzes, überhitztes Gefühl mit einer Wucht nach außen drang, deren grenzenlose Melancholie seine Tage mit ihrer Dunkelheit überschwemmte und seine Nächte mit einem phosphoreszierenden Leuchten umgab, da es mit jedem Baum am Wege sprach und jeden Stein in seine Obhut nahm – in dieser Zeit hätte ein frauliches Wesen Robert müssen entgegentreten und ihm Geliebte sein. Dann hätte sich sein schweifendes Gefühl gebunden gespürt und er hätte seine ganze Sehnsucht ihrer Güte anvertraut. So aber blieb er der Einzelgänger, kein Echo kam ihm auf seine Klagen zurück und seine Verlassenheit steigerte noch den Paroxysmus[129] seiner Leidenschaft. Lena? Es war nur ein Name für einen Begriff, und dieser Begriff, behangen mit allen irdischen und unirdischen Kleinodien, geboren aus sexueller Not, er hieß: Das Weib...!

Robert wachte aus seinem Brüten auf. Der Regen hatte nachgelassen. Das Gras war wie zerstampft von den niedergegangenen Fluten, die Rosen senkten die Köpfe schwer von Nässe, ein einzelner Vogelruf stand verlassen im Geäst und wartete auf Antwort, und nur der Springbrunn führte sein Gespräch mit sich selber weiter wie ein Mensch, für den die Umwelt gestorben und der nur mit den Visionen seines eigenen Innern spricht.

II

Ungefähr einen Monat mußte Robert, nachdem er das Examen der Hüttengesellschaft mitgemacht hatte, warten, bis ihm eines

Morgens ein Brief ins Haus kam, worin geschrieben stand, er möge sich an dem und dem Tage, zu einer festgesetzten Stunde in Elzingen einfinden, um eine Stelle als Hüttenbeamter angewiesen zu bekommen. Dann fand sich noch darin die Angabe seines monatlichen Gehaltes – sonst nichts.

Zuerst drehte Robert den Brief nach allen Seiten, denn im Grunde genommen hatte er bei der ersten Lektüre den Inhalt des Schreibens nicht ganz erfaßt, dann aber wallte ein Strom der Freude in ihm auf und er eilte, das Papier in Händen schwenkend, damit zu seiner Mutter. Nun war also auch für ihn der Augenblick gekommen, wo er nicht mehr der Mutter allein die Sorge um den Unterhalt überlassen mußte, nun konnte auch er sein Scherflein dazu beitragen der Mutter, die er über alles liebte, das Leben so angenehm wie möglich zu machen. Zwar würde, und man müßte schon ganz genau alles überdenken und nachrechnen, nicht gerade viel übrig bleiben, das man am Monats-Ersten abliefern konnte, aber immerhin war nun der Mutter die Sorge um Roberts Weiterkommen genommen und nun würde auch wohl aus ihren Augen die große, immer heftiger drängende Frage verschwinden: „Was soll aus diesem Kinde werden?"

Der Tag der Abreise nahte heran. Robert wollte bis zum letzten Augenblick bei seiner Mutter bleiben und so wurde vereinbart, daß er erst an dem festgesetzten Tage zu früher Morgenstunde seiner neuen Bestimmung entgegenfahren solle.

Die Mutter begleitete ihn zum Bahnhof. In dem Städtchen lag noch alles im tiefsten Schlafe, die Lichter des Bahnhofsgebäudes kämpften umsonst gegen den Nebel an, der ihr bißchen Helle verwischte, als die beiden an den Schalter traten und Robert eine Fahrkarte nach Elzingen verlangte.

Kein Mensch befand sich außer ihnen in der Halle, und so traten sie noch auf einige Minuten ins Freie hinaus. Ihr Schritt hallte auf dem Pflaster, der Brunnen im Bahnhofsgarten rauschte, in der Nachbarschaft begann ein Hund zu kläffen, eine Maschine heulte grell auf und verstummte.

Robert wußte, daß seiner Mutter weh ums Herz war; er ahnte, daß es nicht der Abschied war, der ihre Stimme bei jedem Worte, das sie sprach, zittern machte, sondern daß es immer dieselben Fragen waren, die sie bestürmten und ihre Güte mißhandelten. Er ahnte, daß diese Frau mit ihrer unermeßlichen Liebe sich zeitlebens mehr um ihn gesorgt hatte, als ihm davon bewußt worden war, und in dieser Minute spürte er, daß ihr Herzschlag und der seine im gleichen Takte fieberten und daß einer des andern Atem auch in der Ferne belauschen würde.

Schließlich kündete der Schaffner die Abfahrt an, Robert stieg ein, winkte noch einmal zum Fenster hinaus und der Zug setzte sich in Bewegung.

Er war allein in seinem Abteil und so drückte er sich in eine Ecke und ließ seine Gedanken in seinem Kopf summen wie einen Bienenschwarm.

Es war nicht die Angst, die neue Stelle anzutreten, die sein ganzes Innere in Aufruhr gebracht hatte, vielmehr jagten alle Stationen seines vergangenen Lebens an seinem Geiste vorüber, wie die Bilder in jenen Spielzeugen, an denen er sich als Kind bei Kameraden manchmal ergötzt hatte.

Da waren die schummerigen Dämmerstunden an den Winternachmittagen bei Lehrer Rellinger... Und Robert hörte wieder die Geigentöne, die der sympathische Lehrer seinem Instrumente entlockte, und die ganze Klasse in heillosem Durcheinander krächzen: Die Katz sitzt auf der Lauer, Fari, Fara, Farum...[130] Und da war die Preiseverteilung im Hofe der Basilika, und da war der alte Herr Mathes, und nun schritt er durch die Menge auf den Bürgermeister zu, um den ersten Preis aus dessen Händen zu empfangen... Und dann sprach Robert mit Professor Guthardt. Er wiederholte bei sich die Gespräche, die sie auf einsamen Wanderungen zusammen geführt hatten, wie er ihm damals gesagt hatte, daß er Professor werden wolle und wie er sich den Beruf eines Professors denke... Und da war Bonn und Paul Clemen und Oskar Walzel...

Robert spürte, daß nun all das ein Ende haben würde, daß das, was er jetzt noch in Händen hielt, nur die Scherben eines Traums seien.

Er schaute durch die Fensterscheiben und merkte, daß allmählich der Morgen kam. Auf den Stationen, wo der Zug hielt, traten nun schon Menschen auf die Türschwellen, wenn sie dessen Herannahen hörten, und verschwanden gleich wieder im Innern der Häuser, sobald der Schaffner das Abfahrtssignal gab. Ab und zu erschienen auch an den Fenstern verschlafene Gesichter, die aber gleich darauf wieder hinter Vorhängen sich verbargen.

„Wie gut haben es doch diese Menschen", dachte Robert. „Der Ruch der Nacht hängt noch an ihnen und doch ist schon das Wissen um den kommenden Tag in ihrem Blute. Ich aber fahre in eine ungewisse Zukunft, und kein Schleier will zerreißen, um sie zu enthüllen..."

Robert stand vor einem großen breit hingelagerten Gebäude, das durch eine Pappelpflanzung von den Blicken Neugieriger bewahrt wurde. Eine Flucht weitausholender Fenster zeigte in ihrer Einförmigkeit dem Uneingeweihten an, daß hier sich der Direktorssitz einer der größten Hüttengesellschaften des Landes befände.

Als Robert aus der Ferne das Gebäude erschaut hatte, hatte sich eine dunkle Furcht in sein Blut niedergelassen, die seine Schritte schwer machte und sein Herz zu unregelmäßigem gewaltsamem Schlage antrieb. „Also hierhin hat man mich bestellt", dachte er, „und hier soll ich von nun an hausen. Nun werden diese Mauern meinen Atem belauschen, die Gänge meinen Tritt in sich saugen – und meine Gedanken? Ob ich wohl mit diesem und jenem, die darin ihrer Arbeit nachgehen, ein Wort werde wechseln können über das, was in meinem Innern am Werke ist, was meine geheimsten Träume spinnen und dessen Erfüllung jetzt in den Wolken hängt?" – Und Schwermut wollte sich seiner bemächtigen und seine Schritte schon zur Umkehr lenken, aber da stand seine Mutter vor ihm, er sah ihr verhärmtes Angesicht, und nun hatte er die Türklinke in der Hand und stand einem Manne in einer goldbetreßten Uniform gegenüber. Es war der Pförtner, der nach seinem Begehr fragte.

Robert griff in die Tasche und zog den Brief hervor, in welchem man ihm seine Anstellung gemeldet hatte. Der Pförtner wies ihn in einen Warteraum und bat ihn, sich zu gedulden. Der Herr Direktor sei zwar noch nicht anwesend, aber er werde jede Minute eintreffen.

Robert trat ein. Die Minuten wurden zu einer Viertelstunde, die Viertelstunde zu einer halben. Er begann sich zu langweilen und aus lauter Langeweile besah er sich die Bilder, die an den Wänden hingen. Es waren gewöhnliche Stiche darunter, wie man sie zu Hunderten in den illustrierten Blättern findet, untermischt mit graphischen Darstellungen, von denen er aber auch gar nichts verstand; aber da fesselte eine Reproduktion sein Interesse: Es war das Bildnis des Generaldirektors der Gesellschaft, aus dessen Zügen Tatkraft und doch Güte sprach. Noch war Robert in diese Züge vertieft, da öffnete sich die Tür und „Der Herr Direktor läßt bitten" vernahm er plötzlich neben sich.

Und schon stand er jenem Mann gegenüber, der von nun an über sein Schicksal zu bestimmen hatte.

„Ein Aristokratengesicht", sprach eine Stimme in Robert, sobald der erste Eindruck in ihm Bewußtsein geworden war. Und dann: „Was macht der große Hund zu seinen Füßen? – Ich bin kein Freund von Hunden... Eine Katze, ja!..." Weiter kam er nicht, denn die Augen des Herrn Thurion hatten inzwischen ihre Inspektion an seiner Gestalt beendet, und nun hörte er, wie dieser sagte: „Also ich habe Sie in die Grube „Letzert" gesetzt.[131] Sie werden dort von einem älteren Beamten angelernt werden, die Löhne der Grubenarbeiter auszurechnen... das Pulver, das sie verbrauchen... die Handwerksgegenstände u.s.w. ... À propos... Man hat mir gesagt, Sie schrieben auch in die Zeitungen..." Und Herr Thurion sprach das in einem Tone, der keinen Zweifel daran aufkommen ließ, daß Verse machen und Wettervorhersagungen in der Zeitung auf denselben Nenner zu bringen waren. Versemachen jedenfalls, wenn diese Verse von dem kleinsten seiner Beamten herstammten. „Herr Knippchen wird Sie also in fünf Minuten abholen kommen, und Sie werden dann mit ihm zur Grube gehen." – Hierauf nickte er ein ganz klein bißchen mit dem Kopf und Roberts Audienz war zu Ende.

Kaum war er wieder im Flur angelangt, als ein großer breitschultriger Mann auf ihn zutrat und sich als Herr Knippchen, Buchhalter auf Grube „Letzert" vorstellte. Roberts erster Eindruck war Verblüffung, dann aber eine große Enttäuschung. Er hatte in seiner Vorstellungswelt einem Beamten denn doch ein ganz andres Aussehen verliehen! Herrgott, dieser Mensch hatte ja mehr in seinem Äußeren von einem grobschlächtigen Bauernknecht denn von einem Büroangestellten an sich! Ein Nacken, der einem Schlächtergesellen alle Ehre gemacht hätte, und Fäuste, wie sie Brauereiarbeitern öfter zu eigen sind.

Da brach Roberts Mut wie ein Kartenhaus in sich zusammen. Hatte er Herrn Thurion – sein Antlitz, seine Gebärden – noch mit Interesse beobachtet, so wurde ihm jetzt auf einmal klar: „Stefan George und Hugo von Hofmannsthal, und Dehmel und Werfel, lebt wohl! Die Welt, in die ich nun eintrete, sie hat mit der Euren nichts mehr gemeinsam. Vielleicht treffen wir uns wieder an einer andern Wegscheide!"

Und er schritt an der Seite seines Kollegen Knippchen durch die Straßen von Elzingen dem „Letzert" zu.

Plötzlich blieb Knippchen stehen. „So", sagte er, „und nun kommen wir in unser Reich." – Da erst hob Robert, der beständig während des Schreitens in sich hinein gehorcht hatte, den Kopf, und er gewahrte, daß sie am Fuße eines Berges angekommen waren, den es nun zu ersteigen galt. Das erste, was seine Augen sahen, war auf dem Gipfel des Berges einen Mann und ein Pferd. Der Mann trug einen großen breitrandigen Hut und von weitem kam es Robert vor, als sei er über und über mit Lehm beschmiert. Doch als sie näher kamen, gewahrte er, daß das, was er von unten als Lehm gesehen, nichts anders war als rötlicher Staub und Sand, und daß das Pferd in derselben rötlichen Farbe schillerte, die dem Mann sein ungewohntes Aussehen verliehen hatte. Als die beiden fast in die Nähe des Mannes mit dem Pferd gelangt waren, hörte Robert, wie der Mann die ungeheuerlichsten Flüche ausstieß und dabei das Tier mit Schlägen bearbeitete.

Als Roberts Kollege diese Szene sah, rief er: „Aber zum Henker, langsam da oben! Wenn das Herr Friedrich erfährt, so wird ein schönes Donnerwetter über Euch herniederhageln. Ihr kennt ja die Liebe des Meisters zu den Pferden. Seid froh, daß ich ihm nichts von dieser Szene berichte, sonst würdet Ihr sofort entlassen werden."

Der Angeredete stutzte und wollte zu einer Gegenrede anheben, aber Knippchen wehrte mit der Hand ab und sagte zu Robert: „Herr Friedrich, den wir alle hier den „Meister" nennen, wird in einigen Minuten im Büro sein. Der Schulz hat Glück gehabt, daß wir beide gerade des Weges kamen und nicht der Meister. Wenn er auch nicht den Stock gebraucht hätte, um Schulz zu züchtigen, aber Schreien und Fluchen kann er, daß sich die Wolken zusammenballen. Doch nun laßt uns eintreten." Da ging in Robert etwas Eigentümliches vor: Mit einemmale glaubte er, das alles schon irgendwo gesehen zu haben: Diese Landschaft, den Mann mit dem Pferd auf der Kuppe des Berges, diese Flüche, diese Reden... Und plötzlich wußte er es: Aus seinen Kindheitsbüchern beschwor ihm die Erinnerung diese Szene... und diese Szene wurde zusammengefaßt in dem einen Worte: Wildwest!

Kaum hatten Robert und Herr Knippchen die Füße in das Innere des Büros gesetzt, als Robert im Zwielicht der vergitterten Fenster einen kleinen Mann gewahrte, der mehr einer Kugel als einem menschlichen Wesen glich. Auf zwei kurzen dünnen Beinen, die mit grünfarbigen Gamaschen umwickelt waren, saß ein Bauch, und auf diesen Bauch war ohne Übergang ein Kopf gepflanzt, dessen Verhältnis zu den Beinen direkt grotesk wirkte. Das Gesicht hatte die Farbe von Burgunder und die blauen Äuglein, die auf diesem Burgundersee zu schwimmen schienen, unterstrichen nur noch mehr dessen dunkle Röte. Eine behaarte Hand streckte sich Robert entgegen:

„Also Sie sind der neue Beamte, den man uns hierher schickt. Man wird Ihnen ja gesagt haben, daß Herr Knippchen Sie in die Arbeit, die Sie hier zu machen haben, einweihen wird. Es ist, alles in allem, keine Hexerei, aber man muß seinen Verstand fest zusammenhalten."

Und damit drehte sich Herr Friedrich um und verließ den Raum.

Nun war Robert mit Herrn Knippchen allein. [Während der Anwesenheit von Herrn Friedrich hatte dieser keinen Laut geäußert, doch nun sagte er: „Kommen Sie, Sie müssen jetzt auch noch meinen Vater kennen lernen." Und Knippchen führte Robert in einen Raum, der neben dem Büro lag, und der ganz angefüllt war mit einem Geruch, wie Robert ihn noch nie wahrgenommen zu haben meinte. In dem Raum selber stand ein alter Ofen, auf dem eine schwarze Kaffeebrühe brodelte, ein Tisch und ein nicht mehr neuer Stuhl vervollkommneten die Einrichtung. An dem Tisch aber saß ein alter Mann, und trank aus einem blechernen Gefäß jene Brühe, deren Rest das ganze Zimmer mit ihrem Duft schwängerte.

„Dies ist mein Vater", sagte Herr Knippchen und deutete auf den alten Mann, „er ist Steiger[132] hier in der Grube." Robert gab dem alten Manne die Hand, der murmelte ein „So... so..." und „Aha...", ohne sich aber dabei in seinem Frühstück stören zu lassen.

Nachdem Knippchen noch einige Fragen an seinen Vater gerichtet hatte, sagte er: „Jetzt aber an die Arbeit!", und dabei nahmen seine Gesichtszüge den Ausdruck eines Schulmeisters an, der eine Herde störrischer Buben zu befehlen hat.]

Die erste Arbeit, die Knippchen Robert zu machen gab, war dies: Robert bekam ein dickes Buch und in dieses Buch mußte er aus Listen die Namen und den Verdienst sämtlicher Arbeiter eintragen, die in der Grube arbeiteten.

[Als Robert die ersten Namen und Ziffern hingesetzt hatte, dachte er: „Man gibt dir eine Arbeit zu machen und sagt dir nicht, was diese Arbeit bedeutet. Du wirst doch nicht stumpfsinnig Namen und Ziffern hier abschreiben, ohne den Sinn davon zu kennen. Das wäre gelacht! Sollte Herr Knippchen vergessen haben, dich aufzuklären?"

Und Robert fragte seinen Kollegen nach dem Zweck seiner Arbeit. Da sah ihn dieser mit verschmitztem Lächeln an, machte dabei ein Gesicht wie ein Priester des Altertums, der die Geheimnisse irgendeines Gottes zu hüten hat und entgegnete: „Das werde ich Ihnen einmal später sagen, Herr Holzer, für heute müssen Sie sich schon damit begnügen, wenn ich Ihnen bemerke, daß Ihre Additionen richtig sein müssen." Und seine Lippen verzogen sich wieder zu einem augurischen Lächeln.[133]

Robert sagte kein Wort der Widerrede, aber ein Gefühl des Unbehagens kribbelte über seine Haut und er dachte:

„Drei Tage gebe ich dir, Robert Holzer! Drei Tage – entweder bist du dann von selber deiner Wege gegangen, oder man hat dich entlassen!"

Inzwischen war es Mittag geworden und die beiden schlugen denselben Weg ein, den sie vor etlichen Stunden gekommen waren.

Unterwegs fragte Knippchen Robert, wo er denn zu Mittag speise und dieser entgegnete aufs Geratewohl: „Im Kasino."[134] Er selber wußte zwar in diesem Augenblick noch nicht, wo das Kasino lag, aber man hatte ihm in Echterhausen gesagt, daß dort alle Hüttenbeamten in Kost seien und so hatte auch er der Einfachheit halber beschlossen, im Kasino seine täglichen Mahlzeiten einzunehmen.

Da sagte Knippchen: „Aber das Kasino ist doch weit von hier, hätten Sie nicht besser, mittags hier irgendwo in einem Gasthaus in der Nähe zu speisen und erst abends in die Stadt zu gehen?"

Da fragte Robert schüchtern, wo denn das Kasino eigentlich liege? – und Knippchen lachte, aber nicht frei, sondern ein bißchen gezwungen und sagte: „Also das wissen Sie auch noch nicht...", und nun erklärte er Robert den Weg, den er einschlagen müsse, um dorthin zu gelangen. Obgleich Robert selber ahnte, daß es von der Grube bis zum Kasino immerhin eine gute halbe Stunde sei, glaubte er doch aus den Worten Knippchens noch einen andern Unterton herauszuhören, und daß er sich nicht getäuscht hatte, das sollte er bald erfahren. „Sehen Sie", hob Knippchen nach einer kurzen Pause wieder an, „ich bin einmal im Kasino gewesen, aber mein Lebtag nicht mehr. Das war auf einem Ball, wir waren zu unser vier, wir hatten schon viel getrunken und da...", und er erzählte eine durchaus unsaubere Geschichte, bei deren Anhören Robert das Blut in die Wangen schoß. Nicht als ob er prüde gewesen wäre, aber von Haus aus hatte er einen Abscheu vor dieser

Art von Reden anerzogen bekommen. Und schon glaubte er, Knippchen mit seiner schmutzigen Erzählung zu Ende, als dieser noch, mit einer Armbewegung, als ob er das Ganze noch einmal zusammenfassen wollte, hinzufügte: „Und überhaupt bin ich der Meinung, daß wir kleinen Beamten nicht unter dieses hochnäsige Pack passen." So, nun war es heraus und Knippchen schnob vor Erleichterung durch die Nase und machte dabei ein Gesicht, als hätte er eine überraschende Tat vollbracht.

An einer Wegkreuzung rief Knippchen: „Auf Wiedersehen um halb zwei!" und ging mit Riesenschritten auf die Mahlzeit zu, die seine Frau für ihn bereit hielt. Robert schlug die von Knippchen angewiesene Richtung ein und auf einmal befand er sich wieder vor jenem pappelgeschützten Gebäude, das er etliche Stunden vorher mit Knippchen verlassen hatte. Unschlüssig schaute er nach rechts und links, und schon wollte er wieder umkehren, da gewahrte er einen Mann, der, eine Lampe an der Seite hängend, ganz mit rötlichem Staub bedeckt, daher kam. Robert trat auf ihn zu und fragte etwas schüchtern, ob er ihm sagen könne, wo sich das Kasino befinde. Da lächelte der Mann etwas spöttisch und entgegnete: „Aber Sie stehen ja daneben", und er deutete auf ein großes Gebäudeviereck, das dem Direktionsgebäude genau gegenüber lag. Robert errötete bis an die Haarwurzeln, trat durch einen Garten in das Innere ein, und sagte seinen Namen und seine Arbeitsstätte. Der Vorsteher, Herr Lugen, ein Mann in den besten Jahren, mittelgroß und mit dem Gesicht eines Lebenskünstlers, führte ihn höflich in den Speiseraum und wies ihn an einen Tisch, wo noch ein Platz leer war. Drei junge Männer, die ungefähr im selben Alter wie Robert sein mochten, saßen an dem Tisch und waren eifrig mit Essen beschäftigt. Robert war der Meinung, sich hier wie überall vorstellen zu müssen und so nannte er seinen Namen. Die drei aber hielten es nicht der Mühe wert, darauf zu antworten, sondern lächelten in sich hinein und fuhren geruhsam mit Essen weiter. Da setzte sich auch Robert und begann, äußerst langsam, nichts überstürzend, seine Mahlzeit. So war er es von Haus aus gewöhnt, und so gedachte er es auch weiter zu halten. In einem Nu aber waren die drei andern mit Essen fertig, falteten schnell ihre Serviette zusammen und stürmten davon. Auch dies kam Robert etwas ungewöhnlich vor, denn die Familie Holzer pflegte äußerst geruhsam zu essen, nicht hastig alles herunterwürgend, und nach dem Essen noch etliche Minuten sitzen zu bleiben zu einem angenehmen Schwatz.

Der große Speisesaal aber leerte sich allmählich, einer nach dem andern verließ den Raum und so stand Robert denn auch schließlich von seinem Platze auf und begab sich ins Freie.

Er schaute nach der Uhr. „Noch eine gute halbe Stunde", dachte er, „ich brauche mich somit nicht zu beeilen, um zur Zeit im „Letzert" zu sein." Und langsam trabte er die Straßen zurück, durch die er vorher gekommen.

Da schweifte sein Blick zum erstenmal in die Runde und da sah er, daß nicht die Menschen allein hier eine andre Gangart hatten, als die in Echterhausen, sondern daß auch die Natur aus der Idylle seines Heimatstädtchens sich heraus verwandelt hatte zu einer wirklichen Tragödie. Anstatt der Süße der geschwungenen Linien der Felder um Echterhausen, die an einen Mund erinnerte, der zum Küssen bereit war, standen hier die Berge in einer grauenhaften Nacktheit. Wunden waren ihnen in die Leiber gerissen, ganze Fetzen Fleisch hatte man aus ihnen herausgetrennt und die rötliche Tönung der Farbe unterstrich noch die Brutalität des Geschehens.

Robert schauderte. In Echterhausen gab es nur einen Tag im Jahre, der Aufregung und Geschäftigkeit in die alten verschnörkelten Straßen brachte, es war der Pfingstdienstag, der Tag der Springprozession; hier aber erschütterten bis dahin unbekannte Geräusche die Luft, die Menschen hatten einen viel eiligeren Schritt als im Städtchen an der Sur, viele Gestalten begegneten Robert, die er mit ihrer unergründlichen Sprache, ihren heftigen Gebärden und ihrem verwegenen Aussehen gefürchtet hätte, wären sie ihm auf einer seiner heimatlichen Wanderungen entgegen getreten.

Als Robert im „Letzert" ankam, war Herr Knippchen schon damit beschäftigt, durch ein Schalterfenster auf Arbeiter einzureden, die vor demselben standen. Dann ging er in einen Nebenraum, der an das Büro grenzte, und kam mit Gegenständen zurück, die er bald diesem, bald jenem verabreichte. Dann schrieb er wieder in ein Buch, füllte einen Zettel aus, steckte ihn in einen Umschlag, und gab ihn einem Manne, der Augen hatte wie ein Reh, so braun und warm. „Aber Ylia, daß es diesmal nicht wieder Monate werden, wie das vorige Mal, sonst wird der Meister böse und schickt dich fort."

„Nein, nein, Herr Knippchen", sagte der andre, „heut Mittag, ein Stein auf die Hand gefallen, hier..." Und er hielt Knippchen eine Hand hin, deren Finger ganz mit Blut verschmiert waren, so daß man die einzelnen Glieder nicht mehr von einander unterscheiden konnte.

Robert wandte sich schaudernd ab.

Als die Arbeiter gegangen waren, frug er Knippchen nach dem Vorgefallenen. Und da erfuhr er, daß er auch Magazinverwalter zu sein habe und Kranken- und Unfälle müsse gewissenhaft zu buchen wissen.

Robert bemerkte Knippchen, daß er sich vor den zerquetschten Fingern des Arbeiters Ylias eben geschaudert habe.

Da lachte dieser und in seiner Stimme reckte sich der Hohn wie eine Lanze. „Also davor grauste Ihnen?... Wir haben einmal einen aus der Grube herausgebracht, dessen Glieder hatten wir jedes einzelne Stück in einen Korb verpackt. Und dabei lief das Blut beständig aus dem Korb heraus, so daß der ganze Plan damit gezeichnet war. Wir haben stundenlang arbeiten müssen, ehe wir seine Knochen zusammen hatten – ein herabfallender Block hatte ihn zermalmt – und, ich bin heute noch nicht sicher, ob wir alle Teile in den Korb gepackt hatten."

III

Zu jener Zeit fanden die Leser der Zeitung *Der Wächter im Osten* in ihrem Blatt einen Aufsatz, der betitelt war *Das Ende der Voix des Jeunes* und dessen Verfasser kein andrer wie Robert war.[135] Dieser legte darin mit schonungsloser Offenheit jene Gründe dar, die zum Verschwinden der Zeitschrift der Jungen geführt hatten: Geistiger Schwund auf der einen Seite, den man durch Krakeel[136] wettzumachen suchte; und als Folge davon auf der andern Seite vollständiges Desinteressement der Abonnenten und Leser. Schon seit der Norbert Jacques Nummer, die Pier Vanaiken und Robert herausgegeben hatten, konnte man feststellen, daß die Zeitschrift zum Untergang verurteilt war. Reibereien der hauptsächlichsten Mitarbeiter unter sich waren an der Tagesordnung, die früher in jenem Blatt am lautesten geschrien, waren auf einmal mäuschenstill geworden und jene, die nicht müde geworden waren, stets ein Organ zu fordern, in dem man endlich seine Meinung sagen könnte, schlugen sich als erste seitwärts in die Büsche. Dazu kam die Atemnot der lützelburger intellektuellen Kreise. Die Lützelburger lesen gerne Bücher und kargen nicht mit ihrem Lob, wenn der Autor einen Stempel trägt, der an seinem Wert keinen Zweifel mehr läßt und etwa dahin lautet: De l'Académie Française, oder Prix Goncourt 19... Handelt es sich aber um einen inländischen Schriftsteller, der dazu noch den Mut besitzt, neue Wege zu gehen, so ist bei dem Lützelburger gar bald ein Ermatten festzustellen und geistige Beklemmungen sind dann bei ihm keine Seltenheit und er zieht es vor, nachdem er seinen Vorwitz der ersten Monate gestillt, wieder zu seiner Hausmarke zurückzukehren, die ihm alle Gewähr für Qualität bietet und ihn jedweden persönlichen Urteils enthebt.

Robert war nicht davor zurückgeschreckt, kaltblütig auf all diese Wunden am geistigen Organismus Lützelburgs zu weisen und jedes Ding ungeschminkt bei seinem Namen zu nennen.

Das alles aber war Wasser auf die Mühlen jener getrieben, die jahrzehntelang eine ihrer Hauptexistenzmöglichkeiten in den Fehden im liberalen Lager erblickten. So ließ das Echo denn nicht lange auf sich warten. In den *Blättern für das Lützelburger Volk* erschien ein Artikel, der Roberts Sätze resümierte und dem als Schluß ein Satz angehängt war, der ungefähr Folgendes besagte: Jenem, der den Aufsatz im *Wächter im Osten* schrieb, kann man Glauben schenken, denn er gehörte lange zu den Hauptmitarbeitern der *Voix des Jeunes*.

Fruzzelchen, Hauptschriftleiter des *Elzinger Tageblatts*,[137] hob den Telefonhörer und hatte mit seinem Chef ungefähr folgendes Zwiegespräch:

„Haben Sie den heutigen Artikel in den *Blättern für das Lützelburger Volk* gelesen? So...so... Also Sie sind auch der Meinung, daß man dagegen reagieren müsse... Durch die Gründung einer neuen Zeitschrift? Selbstverständlich, mit der allergrößten Freude... Also das Nähere werden wir noch besprechen... Adjöh..."

Äußerst vergnügt hing Fruzzelchen, wie ihn seine Freunde nannten, wieder ein und rieb sich die Hände. Also wieder wollte man eine Zeitschrift gründen, Herrgott! gab es denn etwas Schöneres auf der Welt als Zeitschriften-Gründen. Peter Schütz, wie er mit seinem richtigen Namen hieß, hatte bis jetzt etwa neun Zeitschriften auf die Beine gesetzt, die aber sämtlich aus Mangel an Abonnenten eingegangen waren. Eigentlich hatte er Lehrer werden wollen und schon auf der Normalschule eine Zeitschrift herausgegeben, die *Der Morgen*[138] hieß und schon nach einem Jahr ihr Erscheinen einstellen mußte; das gleiche Schicksal war *Floreal*[139] beschieden gewesen, aber Schütz hatte sich nicht unterkriegen lassen, sondern war unentwegt in seinen Gründungen weitergefahren. Und so konnte es denn für ihn keine lieblichere Musik geben, als das Ferngespräch, das er eben mit seinem Direktor gehabt hatte.

Etliche Tage später hielt Robert eine Einladungskarte in seinen Händen, worauf geschrieben stand, er möge sich an dem und dem Tage in einem Café der Hauptstadt zwecks Gründung einer neuen Zeitschrift einfinden.

Als Robert den Raum betrat, saß schon eine Menge von Männern dort, mit und ohne Bart, von denen er nur die wenigsten kannte. Man stellte sich vor und schüttelte sich die Hände, viele trugen eine Brille und gaben sich sichtlich Mühe, ihr Gesicht in strenge Falten zu legen und ihm dadurch den Stempel von Tiefsinn aufzudrücken. Manche gab es dort, bei deren Namennennung Robert sich nicht verkneifen konnte, zu denken: Aber was tut der denn hier, ich habe bis heute doch noch keine Zeile von ihm gelesen! Allmählich aber stellte sich heraus, daß Robert in Gedanken diesem und jenem

Unrecht getan hatte und daß man ihn nicht als Schriftsteller eingeladen hatte, sondern um ihn um sein Urteil in einer sozusagen kommerziellen Angelegenheit zu bitten; denn – so sonderbar es auch klingen mag – da die meisten Zeitschriften an Abonnentenmangel, somit aus finanziellen Gründen eingegangen waren, wollte man diesmal vorerst das Fundament, also das benötigte Kapital sicherstellen, ehe man an den ideellen Überbau dachte. Die Schriftsteller kamen erst an zweiter Stelle; die führenden Männer gingen von der richtigen Erkenntnis aus, daß im Lande Lützelburg sich jeder gerne gedruckt sieht und man also keinen Mangel an Mitarbeitern – jedenfalls solange der erste Enthusiasmus anhält – zu befürchten braucht.

So gab man denn auch dem Direktor des *Elzinger Tageblatts* als erstem das Wort. Friedrich Schall[140] war wie kaum ein zweiter dazu geeignet, die kommerzielle Seite des Themas zu beleuchten; Inhaber verschiedener Zeitungen, verwandt mit all jenen Männern, die in Lützelburg politische Blätter gegründet und herausgegeben hatten und immer dann auf der Bresche standen, wenn es darum ging, den Linksgedanken im Herzogtum zu verteidigen, hätte man wahrhaftig sich an keinen besseren als Friedrich Schall zu wenden vermocht, um auch dieses Unternehmen zu einem guten Ende zu führen. Und da ja auch der Gedanke zur Gründung einer neuen Zeitschrift seinem Hirn entsprungen war, war es nicht mehr als recht, daß er als erster darlegte, weshalb man eigentlich zusammengekommen war und welches der Zweck der heutigen Zusammenkunft war.

Wenn man den kleinen schwarzen Mann mit der gebogenen Nase und den raschen Händen so dasitzen sah und seinen Worten lauschte, konnte man sich nicht des Eindrucks erwehren, daß Friedrich Schall eher ein Jude als ein Christ war. Aber was er vorbrachte, war bestechend, seine Argumente hatten Logik und keines davon verfehlte seine Zugkraft auf die Zuhörer. Als er mit seiner Rede zuende, waren sich alle in dem kleinen Saal einig, daß die geplante Zeitschrift in guten Händen und materiell gesichert sei.[141]

Dann sprach Peter Schütz. Er sprach hastig, mit etwas heiserer Stimme, und während er redete, liefen seine Schlitzaugen von einem zum andern wie huschende Mäuse. Er sagte, daß es eine Schande sei, daß die Linksparteien es nie fertig brächten, einmal fest zusammenzuhalten, während man auf der andern Seite wie Kitt aneinander klebe. Und doch seien die wahrhaften Talente bei den Linksparteien zu suchen. Es gehe nicht an, daß die Linksleute sich beständig in den Haaren lägen und zum Gaudi der andern ihre kleinen Reibereien immer öffentlich austrügen. Zusammenhalten müsse die Parole sein und das geistige Sammelbecken die eben zu gründende Zeitschrift! Man habe sich zum Ziel gesetzt, weitestgehend Toleranz zu üben und jeder könne in der Zeitschrift in künstlerischer Hinsicht nach seiner Fasson selig werden. Es gebe nur eine Vorschrift, an die sich alle Mitarbeiter zu halten hätten: Talent und nochmals Talent und als dessen sichtbares Merkmal: Niveau.

Schütz hatte geendet, er lehnte sich selbstbewußt zurück, zündete eine neue Zigarette an und sog wollüstig mit dem Rauch den Beifall ein, der seiner Rede folgte.

Als dieser verstummt war, sagte plötzlich eine Stimme in das kurze Schweigen: „Wie sollen wir aber nun die Zeitschrift nennen?" – Doch bei dieser Frage, die so selbstverständlich war, daß man sie schon längst erledigt geglaubt hätte, sah zuerst einer den andern betroffen an. Wahrhaftig, man konnte die Zeitschrift doch nicht ohne Namen in das Herzogtum hinausgehen lassen! Daß man aber auch daran noch gar nicht gedacht hatte! Und so rafften sie denn alle ihre Erinnerungen an ähnliche Unternehmen deutscher oder französischer Sprache zusammen, aber da die Zeitschrift unbedingt einen französischen Titel tragen mußte, schied schließlich die deutsche Sprache aus. Doch noch dauerte es lange, bis man sich auf einen Namen, der einfach und zugkräftig zugleich war, einigen konnte, und es war das Verdienst des Professors Eltz, des besten Kenners der französischen Sprache in Lützelburg, daß man das neugeborene Kind ganz einfach *Les Cahiers Luxembourgeois* nannte.[142]

Nun blieb nur noch ein Punkt zu erledigen, und der war der wichtigste, und vielleicht hatte man ihn auch deshalb an das Ende gesetzt: Es handelte sich darum, zu wissen, welche Beiträge in der ersten Nummer erscheinen sollten und da im Grunde genommen keiner der Anwesenden eine fertige Arbeit zur Verfügung hatte, mußte man auf den guten Willen der einzelnen Rücksicht nehmen.

Keiner zögerte nun, auch nur einen einzigen Augenblick seinen guten Willen zu beweisen, jeder brachte ein andres Thema vor, über das er schreiben wollte, aber sobald dann Schütz, der sich als vorläufigen Hauptschriftleiter betrachtete, ihm den Zeitpunkt ansagte, an dem das Manuskript zur Ablieferung bereit sein müsse, machte er Ausflüchte und bat, seinen Beitrag für eine nächste Nummer zurückzustellen: Der Lützelburger hat nämlich in geistigen Dingen folgende Eigenschaft als hervorragendes Merkmal: Sein erster Willenimpuls treibt ihn stets zu der Handlung an, aber dann scheut er vor der Arbeit, die diese Handlung kostet, zurück, und verzettelt sich lieber in hundert kleinen Torheiten, als ein größeres Werk zu gutem Ende zu führen.

Doch da brach sich wieder Schützens Stimme Bahn: „Ich schlage einen Redaktionsstab von fünf Männern vor." Man hatte sich rasch auf fünf Namen, von denen vier Professoren waren, geeinigt. Und nun lächelte Schütz faunisch in sich hinein, denn jetzt wußte er: Für den Inhalt der ersten Nummer brauchte er sich nicht mehr zu sorgen, der war ihm sicherer als der eigene Atem.[143]

Tage vergingen und Wochen, die Wochen reihten sich aneinander wie die Perlen eines Rosenkranzes, und die Monate waren daran die „Gesätze".[144] Nun hatte die Zeit schon zwei solcher „Gesätze" herabgebetet und noch immer saß Robert, der sich beim Antritt seines neuen Postens geschworen hatte, keine paar Tage es auf der Grube „Letzert" auszuhalten, auf demselben hohen Stuhl und addierte endlose Zahlenreihen, deren Bedeutung ihm aber noch immer unbekannt war. Ab und zu kam auch ein junger Mann, der ungefähr in Roberts Alter stand, ins Grubenbüro, sprach gezwungen laut, so daß jedes Wort widerschallte, mit Herrn Knippchen, und ging dann wieder von dannen, nicht ohne mit Knippchen einen schnellen Blick über Roberts Kopf hinweg gewechselt zu haben.

Es war Krolinka, der Steiger des „Tagebaus", wie Knippchen nach dessen Fortgehen zu Robert sagte. „Tagebau", es war zum erstenmal, daß Robert in seinem Leben dieses Wort hörte. Ob er Lust habe, einmal mit nach „oben" zu gehen, sagte, als Krolinka zum erstenmal im Büro erschienen war, Knippchen zu Robert und deutete dabei durchs Fenster. Als rechter Grubenbeamter müsse er doch auch einmal eine Grube sich ansehen. Robert war diese Ablenkung willkommen und so schritten die beiden los. Sie kletterten einen kleinen Berg hinan und stießen auf ein nicht großes Gebäude, das ganz aus roten Backsteinen erbaut war. Unten schien dieses Gebäude etwas wie einen Schuppen darzustellen, während um den oberen Teil eine Art Veranda lief, zu der eine eiserne Treppe emporführte. „Der obere Teil", sagte Knippchen, „ist das Büro von Krolinka, früher war es ein Hühnerstall, aber man hat die Hühner jetzt an einer geschützteren Stelle untergebracht." Er sprach das mit einer Selbstverständlichkeit, die jede Gegenfrage ausschaltete. Ein großer Nußbaum, der aber in diesem Augenblicke ganz entlaubt war, dehnte mächtig seine Zweige nach allen Seiten aus, als wollte er mit seinen groben Armen die Menschen fassen und zu sich emporziehen. Nicht weit davon befand sich ein Garten, in dem Wind und Regen wüst gehaust hatten, und es war unmöglich zu unterscheiden, ob sein Dasein zu Zierde oder zu Nutzen gereichen sollte. Als die beiden noch einige Schritte getan hatten, wurde das Feld vor ihnen auf einmal licht, der Hügelrücken glättete sich und da sah Robert in der Ferne eine Unmenge Menschen, die nicht größer als Mäuse waren, manche liefen geschäftig hin und her, manche standen und führten irgendeine Bewegung aus. Von Zeit zu Zeit auch dröhnte ein Schuß, riß in die Berge ein Echo, das etliche Sekunden später bruchstückhaft wieder zurückgeschüttelt wurde, und bei dessen erstmaligem Donnern Robert schmerzlich zusammenzückte.

Sie gingen näher und Robert merkte, daß die Menschen mit Picken in den roten Stein schlugen, ganze Blöcke lösten, die schwer in die Grube kollerten, wo sie nochmals von groben Fäusten zertrümmert wurden, und daß wieder andre dabei waren, die Stücke in Wagen zu laden, die auf einer Bahn bereit standen, welche die Grube in ihrer ganzen Länge durchlief. Die gefüllten Wagen wurden aneinandergekoppelt, und sobald eine Reihe von etwa einem Dutzend bereit stand, kam ein Junge mit einem Pferd heran, spannte es davor, und zog die Wagenreihe aus der Grube. Die Menschen sprachen nicht viel, nur manchmal zickzackte ein kräftiger Fluch durch die Kälte, oder der Pferdejunge stieß sein Hüh-Hott herausfordernd hervor. Hin und wieder auch krachte irgendwo ein Schuß und man hörte das gelöste Gestein, das zur Tiefe stürzte und ganze Blöcke, die schon früher erschüttert waren, mit sich riß. Während sie so dastanden und schauten, kam auch ein Mensch an ihnen vorüber mit blutender Hand, die er ein bißchen von seinem Körper ausgestreckt hielt. „Wo gehst du hin, Nickel?", rief Knippchen ihm zu. Der Angeredete hob den Kopf und als er neben Robert und Knippchen stand, sagte er: „Solch ein Saublock ist mir darauf gefallen. Mein Bruder und ich wollten eben laden, da kam noch einer gekollert und schwapp! lagen meine Finger darunter. Ich glaube, er hat mir etliche kaputt geschlagen, ich geh mal zum Arzt." – Er sagte das ohne Wimmern und Ächzen, mit einer Selbstverständlichkeit, als ob die Hand nicht zu ihm gehörte.

Als Robert eine Stunde später wieder in seinem Büro saß, ging etwas Merkwürdiges in ihm vor: Seit seiner Ankunft in Elzingen hatte er sein Inneres abgekapselt gegen jedwedes Ding, das von außen Einlaß begehrte, er hatte seine Seele zugesperrt und den Schlüssel der Empfindungen ins Unbekannte geworfen. Die Menschen, mit denen er tagtäglich in Berührung kam, waren ihm zu rauh, ihre Rede war wie eine Pike rundum mit Stacheln versehen, und diese Stacheln trafen Robert hundertmal am Tage und ritzten seine Seele blutig. Da hatte er einen Schutzwall um sich gelegt und der war ganz aus Träumen errichtet. Wunderbar glänzende Sonnentage standen darin, durchadert von weißen Landstraßen, über die ein Knabe schritt. An den Rändern glutete dunkelroter Mohn und dahinter ergoß sich ein Meer von Wiesen mit Schlüsselblumen und weißen Margueriten und dem Lila jungen Klees. Und der Knabe auf der Landstraße, auf der der Mittag flammend lag, schritt weiter und weiter, einem Wäldchen zu, wo ein Bach ihm willkommnend entgegenkam, hohe Farne seine Stirne streiften, als wollten sie dieselbe mit einem Kranz umwinden... Und der Kuckuck rief und ein Specht klopfte und es war so schön, daß der Knabe fromm ward... Und Abende wurden von Tagen geboren, da dufteten die Linden, daß der Kopf einen zu schmerzen begann und aus einer Kapelle klang zu Harmonium und Kerzengeflimmer: *Wie unsre Väter flehten...*[145]

Und Robert wußte selber nicht, wie es gekommen war, aber sei es der Anblick von soviel Fremdartigem, sei es der Gegensatz seiner früheren Lebensweise zu der jetzigen: Auf einmal hatten diese Bilder ihn alle überfallen, sich in sein Blut eingebaut wie Bienen in ihre Zellen und naschten nun den Seim schmerzlich-süßer Melancholie. Und eines Abends, als Robert auf seiner Kammer gesessen, da war all dies so stark in ihm geworden, daß er, der seit seiner Ankunft in Elzingen keine literarische Arbeit mehr begonnen hatte, zu Feder und Papier griff, um diese Träume zu beschwören: Denn er glaubte durch die Gewalt des Wortes sie veräußern, sie also Wirklichkeit werden zu lassen und sie damit zu bannen. Und Zeile um Zeile war dann in ihm aufgebrochen, blumenhaft sich wiegend und er hatte sie von ihrem Stengel gelöst, und Blüte an Blüte gereiht. Und selbst den Duft der abgelösten Blüten hatte er noch in sich eingesogen und sich an ihm berauscht.

Doch während er nun dasaß und das eben Geschaute noch einmal ganz in sich aufnahm, kroch ein Gedanke in sein Hirn ein, zuerst zaghaft und es nach allen Seiten abtastend, dann aber mit seinen Fangarmen es plötzlich fest umpackend, so daß Robert in seinem Denken aufschreckte, seinen Schreibtisch mit voller Hand faßte, die Augen weitete und starr vor sich hin sah. Der Gedanke aber war eine Frage und die lautete: Wie lange willst du noch abgestorben sein, dich an die Vergangenheit verschwenden, während die Gegenwart dich ruft, nein, dich anschreit, mit Sirenen, Menschen mit zerquetschten Händen, mit dem Krachen der Minen und dem Donner stürzender Blöcke? –

Krampfhaft und verbissen fielen Robert die Zahlenreihen an, die sich vor ihm aufbauten. „Es ist Mittag", sagte Knippchen, „ich hab Hunger."

IV

[Die Tür des Grubenbüros öffnete sich und zwei helle strahlende Augen, die zwar hinter Brillengläsern lagen, aber über die Brillengläser hinweg ihre Wärme in den Raum ergossen, traten ein. Diese Augen waren in dem Gesicht des Mannes, der nun sichtbar wurde, alles: Sie waren wie eine inwendige Beleuchtung, deren Licht über die Züge flutete und ihnen Leben spendete, die sogar die etwas wulstig aufgeworfenen Lippen edelte und sympathisch machte. Im Übrigen trug die Gestalt Stulpstiefeln und hielt eine Mappe fest unter den Arm geklemmt. Kaum war er im Türrahmen erschienen, da rief ihm auch schon Herr Knippchen zu: „'N Tag Herr Bartholdy! Woher denn schon so früh? Sie suchen sicher den „Meister". Der ist aber in diesem Augenblick nicht zu finden... Vor etwa einer Stunde ist er in die Grube „Entenpfuhl" gegangen, um dort wieder einmal nach den Kroaten zu sehn... Sie wissen ja, es ist wieder großer Zuzug gekommen, man will ein Sportsfeld errichten... und da sollen die Kerle schuften... Und haben Sie's schon gehört? Auch eine Kantine will man da errichten, denn hier im „Letzert" haben wir keinen Platz mehr für diese Bande..." „Donnerwetter", sagte Herr Bartholdy, „Ihr habt ja hier oben große Pläne. Knippchen, Sie würden ein wunderbarer Kantinenwirt werden..." Knippchens Gesicht strahlte vor Heiterkeit, Kantinenwirt, ja gewiß, das wäre was für ihn, er wußte schon, wie er diese „Wilden" anfassen würde, wie würden sie zahm ihre Teller leeren, und abends in ihre Betten kriechen! Doch da erinnerte er sich, daß auch Robert noch zugegen war, und nun stellte er Herrn Bartholdy denselben vor.

Als Bartholdy den Namen Robert Holzer hörte, preßte er die dargebotene Hand mit sichtlicher Freude.

„Ei! ei! und hier muß man Sie antreffen, und ich hatte keine Ahnung davon, daß auch die Gruben Dichter beherbergen. Ich habe vor einigen Tagen das erste Heft der *Cahiers* erhalten und darin Ihre Gedichte gelesen, wofür ich Ihnen meine Hochachtung aussprechen möchte. Aber sagen Sie mal, Sie scheinen mir mit Ihrem Herzen noch stark in Echterhausen verankert zu sein. Spricht denn nicht auch das Leben hier in Elzingen zu Ihrem inneren Menschen? Ich hätte doch geglaubt, gerade dies Neue böte Ihnen ungeahnte Ausdrucksmöglichkeiten... Aber immerhin, noch einmal meine Reverenz... und was nicht ist, kann noch werden..." Bei den Worten Bartholdys war alles Blut aus Roberts Wangen gewichen, der Schlag des Herzens setzte manchmal aus, als ob er nie mehr seinen gewohnten Gang aufnehmen würde; am liebsten wäre Robert jetzt unter seinen Schreibtisch gekrochen und hätte seinen Kopf in die Hände genommen, nur um nicht Knippchen in die Augen schauen zu müssen. Aber der sagte kein Wort, nur seine Blicke gondelten unsicher von Robert zu Bartholdy und von dort wieder zu Robert. Und schon hatte wieder Bartholdy den abgerissenen Faden aufgenommen und spann weiter am selben Garn. „Kennen Sie die *Cahiers*, Knippchen?", fragte er. Doch diese Frage war mehr eine Höflichkeitsfloskel, als Anlaß, Knippchen zu einer Erwiderung zu bewegen; denn im selben Atemzuge fuhr Bartholdy fort: „In diese Zeitschrift schreiben nur Professoren und Leute, die Studien gemacht haben. Und da drin hab ich die Sachen Ihres Kollegen gefunden..." Er schaute nach der Uhr. „Ich bedaure, nicht mehr bleiben zu können, meine Herren. Sagen Sie Herrn Friedrich, ich sei hier gewesen, er wird dann gleich wissen, um was es sich handelt." Und damit klemmte er seine Schreibmappe fester unter den Arm, noch einmal wärmten seine Augen mit ihrem Strahlen das ganze Büro, und dann sah Robert, wie er den Berg hinunterstrebte, der Hauptstraße nach Elzingen zu. Sobald die beiden allein waren, sagte Robert, und seine Stimme klang noch abgehackt, nur mit Mühe formte er die Sätze: „Herr Knippchen, wer ist Herr Bartholdy? – Ich habe noch nie seinen Namen gehört. Ist er Schreiber wie wir, oder was sonst anders?..." Knippchen erwiderte lachend: „Ach nein, der verdient dreimal soviel als ich! Betriebsführer ist er auf Grube „Ballert", und daneben Professor an der Steigerschule in Elzingen...[146] Doch sagen Sie mal, was hat er da noch erzählt? Sie würden in eine Zeitschrift schreiben... Und in eine solche von Professoren... Davon haben Sie ja noch kein Wort verlauten lassen. Was schreiben Sie denn eigentlich?" – „Ach", sagte Robert, und ein flammendes Rot warf sich über sein Gesicht und er fühlte, wie sogar sein Nacken erglühte, „nichts von Belang, Herr Knippchen, es handelt sich um einige Gedichte..." Eine Stille entstand, die Feder Knippchens stockte und schließlich meinte er: „Da sind Sie ja ein Mensch wie Beethoven!" Robert duckte sich wie ein Boxer, der einen Schlag empfangen und nun, gewärtig des zweiten, Abwehrstellung bezieht. Aber kein zweiter erfolgte und schon wieder hörte man die Feder Knippchens übers Papier scharren.

Beethoven? grübelte Robert, Beethoven? Wie kommt Knippchen ausgerechnet auf diesen Namen? Doch wie er sich auch anstrengen mochte, kein Strahl der Erkenntnis fiel in sein Hirn.

An diesem Mittag aber nahm Robert, wie jedesmal nach dem Essen, im Kasino die Zeitungen des vergangenen Tages zur Hand, und da war das erste, woran sein Blick haften blieb: In dem Organ der klerikalen Partei Lützelburgs hieß an jenem Tag der Leitartikel: Beethoven. Da fuhr ein Lachen Robert an, so herzlich und so tief, daß jene, die um ihn saßen, erschreckt ihre Zeitungen fallen ließen, oder in ihrer Skatpartie innehielten und strafend Robert ansahen...]

Draußen fiel dicker Schnee, es ging gegen acht Uhr morgens. Da stampfte mit Gepolter und Fluchen jemand im Vorraum des Büros auf, die Tür donnerte in ihren Angeln und mit „Pfui Deibel, so'n Sauwetter!" trollte sich Herr Friedrich in den wohltemperierten Raum. Und ohne einen Gruß zu entbieten, fuhr er weiter: „Knippchen, Sie wissen ja, daß wir mit der Inventuraufnahme beginnen müssen. Sie fangen also heute mit dem Holzmagazin im „Letzert" an, während Herr Holzer sich nach dem „Entenpfuhl" begibt. Zeigen Sie Herrn Holzer, wie's gemacht wird." Er riß die Tür auf, man hörte das zornige Aufstoßen seines Stockes und dann sah man ihn am Fenster vorbei den Weg in die Grube einschlagen. Als er außer Sicht war, meinte Knippchen: „Das ist immer so mit dem „Meister". Wenn's nach ihm ginge, müßte der Herrgott stets Frühling sein lassen, wird es aber zu warm oder zu kalt, dann hat wahrhaftig keiner in seiner Nähe zu lachen. Und ausgerechnet heute müssen wir Holz messen gehen." Doch dann ging er auf einen Schrank zu, entnahm ihm Meter und Notizbuch und händigte beides Robert aus. Und dann begann er Robert zu erklären, wie der sich bei dieser Prozedur anstellen müsse, um damit ins Reine zu kommen. Robert horchte angestrengt zu, und als Knippchen geendet hatte, war er bei sich zwar noch im Unklaren, wie er die Sache anstellen müsse, um sie zur vollsten Zufriedenheit auszuführen, aber eine Glocke läutete in ihm und sprach ihm die Worte: Wald... und Schnee... und Alleinsein...

Knippchen aber staunte über die blanken Augen seines Kollegen, als er an jenem Morgen das Büro hinter sich schloß.

Gleich nach dem Mittagessen begab Robert sich nach dem „Entenpfuhl". Sobald er die Räume des Casinos verlassen hatte, fiel die Kälte ihn an mit einer Bösartigkeit, wie er es bis jetzt noch nicht gewohnt gewesen war, mit tausend Stichen warf sie sich über ihn, trieb ihre Nadeln ihm in die Finger und die Wangen mit einer solchen Heftigkeit, daß es ihn schmerzte. Die Schneeflocken taumelten vom Himmel in einer Weiße, die einen wehmütig stimmte, dachte man an ihr Ende in Dreck und Kot.

Aber Robert war trotz allem von einer leicht berauschten Fröhlichkeit, als er auf der Straße zum „Entenpfuhl" dahinschritt. Auf den Koppen der Berge lag schon das blendende Licht des Schnees, doch die Wunden, die die Menschen diesen Bergen gerissen, bluteten noch in ihrer ganzen Frische; es mochte noch eine geraume Weile dauern, bis die Natur mit zarter Hand auch diese zum Vernarben bringen würde.

Nach fast einstündiger Wanderung war er in der Grube angelangt und da sah er gleich zu seiner Rechten sich Holzstoß an Holzstoß reihen; neben schönen markigen Scheiten lagen verkrüppelte, die kaum die Dicke eines Kinderarms besaßen und über allem lag der Schnee, wunderhaft weiß und schon zu einer Kruste zusammengefroren. Kein Mensch war weit und breit zu sehen, das Land ringsum schwieg in mystischer Versunkenheit, aus der es nur ganz selten emporgeschreckt wurde durch den Schrei eines Raben.

Robert schaute um sich, er atmete tief und ihm war, als ob die Kälte mit ihrem stechenden Schmerze allen Staub von ihm weg nehme, der sich in den letzten Wochen auf ihm gelagert hatte und als ob er neugestärkt aus einem Bade tauche, dessen erquickende Wellen er unendlich lange nicht mehr an seinem Körper gespürt.

Daraufhin nahm er Metermaß und Notizbuch zur Hand und begann zu arbeiten, und während er maß und schrieb und schrieb und maß, merkte er kaum, wie die Stunden verrannen und allmählich die Dämmerung ein blaues Gespinst um das Land ringsum gewoben hatte. Die Tannenwälder in der Ferne nahmen als erste die blauen Schleier, die sie aber kurz darauf in tiefschwarze umtauschten; über den Feldern blieb das blaue Leuchten am längsten haften und nur ganz langsam tauchte es in der Dunkelheit unter. Am Himmel jedoch stand noch lange ein zages Leuchten, wehmütig war sein Glänzen und doch mit inbrünstiger Hoffnung erfüllt.

Da wußte Robert, daß es an der Zeit war, einzupacken und nach Hause zu gehen. Nach Hause? – Ja! Denn heute war Heiligabend und da mußte er nach Echterhausen zu seiner Mutter fahren; sie würden, sobald er angekommen, den Weihnachtsbaum schmücken und dann sich zur Ruhe begeben. Doch sobald die Glocken am frühen Morgen zur Mette läuten, dann werden sie zusammen zur Kirche gehen. Stockfinster wird es noch im Städtchen sein, nur die Straße wird vor ihnen leuchten so hell und doch so demütig in ihrer Weiße wie an sonst keinem Tage im Jahr. Und in den Nachbarhäusern werden die Türen knarren, überall werden Gesichter erscheinen und sich zu ihnen gesellen und die Kerzen um das Tabernakel werden beten, die Orgel dieses Gebet auf ihre Wellen nehmen und die Menschen auf der Empore werden singen so fromm wie sonst nie: „Stille Nacht, heilige Nacht..."

„Ja! Stille Nacht! heilige Nacht!" Robert hatte diese Worte unbewußt in die Stille gesprochen und die Stille nahm sie in ihre Hände und erschrak vor der Inbrunst dieser flehenden Bitte.

[Inzwischen wurde im „Entenpfuhl" wacker gearbeitet, eine Kantine erstand für die „Kroaten", wie Knippchen die fremden Arbeiter genannt hatte, dort sollten sie zu angemessenem Preise Unterkunft und Essen finden, aber Knippchen wurde nicht Kantinenwirt, wie Bartholdy im Scherze geäußert hatte, sondern hoch aus dem Norden des Landes kam ein Schmied, der sein Handwerk an den Nagel gehängt hatte, und nun im Erzbezirk sein Glück versuchen wollte. Mit Frau und Kindern kam er, die sollten ihm an die Hand gehen, wenn es galt, die Speise herzurichten und die Zimmer zu ordnen.

Die Zahl der Jugoslawen, die auf dem Plan arbeiteten, vergrößerte sich immer mehr, und da Robert inzwischen gelernt hatte, selbstständig Lohnlisten aufzustellen, Pulver und Feilen zu verrechnen, trat schließlich Herr Friedrich mit dem Gedanken hervor, im „Entenpfuhl" ein selbständiges Büro einzurichten und Robert mit dessen Führung zu betrauen. „Und daß Sie nicht vergessen, manchmal auch in der Kantine aufzutauchen und deren Kontrolle zu besorgen", hatte Herr Friedrich Robert noch als Mahnung mit auf den Weg gegeben, als der sich anschickte, zum erstenmal das neue Büro zu betreten.

Mit der Übernahme von Roberts neuer Funktion war auch die Eröffnung der Kantine vorgesehen und so kam es, daß, als Robert am ersten Tage in seinem Büro saß, gegen die zweite Stunde des Nachmittags der Steiger Krolinka in den Raum trat und sagte: „Der Meister hat mich beauftragt, Ihnen zu melden, Sie sollten mit nach der Kantine gehen. Ein Fräulein aus der Hauptstadt sei dort und die würde uns Anweisungen geben, wie wir die Kantine führen sollen." Robert legte die Feder auf den Schreibtisch nieder und sah Krolinka einen Augenblick an, dann meinte er: „Die Kantine führen? – Aber dafür sind doch andre Leute da... Immerhin können wir ja mal sehen", und er schloß seine Bücher ein und verließ mit Krolinka den Raum.

Als die beiden in der Kantine anlangten, war das Fräulein aus Lützelburg schon dort, um Robert in die Geheimnisse eines Küchenzettels einzuweihen. Robert war zuerst sprachlos, aber noch schluckte er die Bemerkung, die er schon auf der Zunge parat hielt, hinunter und gab sich den Anschein, als folge er mit Aufmerksamkeit dem Vortrag der fremden Dame. „Für jeden Mann stehen Ihnen soviel Gramm Erbsen zur Verfügung, soviel Gramm Kartoffeln, soviel Gramm Fleisch, soviel Gramm Brot und da Sie ja genau die Zahl der Arbeiter kennen, die hier in der Kantine in Kost sind, so wird die Kontrolle über die Lebensmittel Ihnen ja nicht schwer fallen. Ferner haben Sie zu Anfang jeder Woche den Küchenzettel aufzustellen für die ganze Woche. Also, sagen wir mal, Montags Erbsen mit Wurst, Dienstags Hammelfleisch mit Möhren u.s.w. Zu jedem Fleisch müssen Sie dann immer das passende Gemüse auswählen, die Art und Weise der Kartoffelzubereitung bestimmen und aufpassen, daß die Speisen nicht zu fett, aber auch nicht zu mager auf den Tisch kommen..." Bis dahin hatte Robert ruhig zugehört, er ließ den Redestrom des fremden Fräuleins ihn wohlig umspülen..., mit keiner Miene verriet er, was in seinem Innern vorging. Das Fräulein hatte geendet, schaute Robert an und fragte schnippisch: „Nun, haben Sie das Gesagte verstanden?" „Nein, denn Sie haben vergessen, daß ich weder für Küchenchef noch für Kellner studiert habe." Und damit wandte er sich um und ging zurück in sein Büro.]

V

Robert betrat den Speisesaal des Casinos und war nicht wenig erstaunt, eine Dame an seinem Tisch vorzufinden. Er unterdrückte einen Fluch, der zwar nicht der Dame am Tisch, sondern dem Vorsteher, Herrn Lugen galt: Also da hatte er nicht länger als vorgestern Herrn Lugen mitgeteilt, er wolle einen Tisch für sich allein haben, da er während des Essens gewöhnt sei, seine Zeitungen in Ruhe zu lesen, durch das Geschwätz und Gefrage der Kollegen aber stets in seiner Lektüre gehindert werde! Man hatte seiner Bitte willfahrt und einen Ecktisch zu seiner alleinigen Verfügung gestellt. Und wie hatte er sich gestern gefreut, als er sich ruhig dem Genuß der Blätter widmen und ohne die geringste Ablenkung sich den letzten Neuigkeiten hingeben konnte. Doch nun...

Robert trat näher und grüßte, die Dame hob leicht den Kopf und nickte, dann schien ihr Interesse wieder ganz den Zeitungen zu gelten. Daraufhin nahm auch Robert seine Zeitungen aus der Tasche und gab sich den Anschein, als ob er keine größere Leidenschaft als Zeitungslektüre kennte, insgeheim aber schaute er über das Blatt hinweg und zu der Dame hinüber. Sie war blond, ihr Profil ebenmäßig, ohne Hervortreten irgendeiner besonderen Art; Roberts Blick kehrte wieder zu seiner Zeitung zurück. „Im Grunde genommen nichts Außergewöhnliches", dachte er. Aber da stand sie auf. Sie hatte früher als Robert mit Essen angefangen und ging nun, da sie zuende gespeist hatte, dem Ausgang zu. Robert hob den Kopf und da merkte er, daß sie schön geformte Beine hatte und daß ihr Körper, obgleich er einen leichten Ansatz von Fülle trug, sich trotzdem zu einer stolzen Erscheinung straffte. Robert spürte, wie bei ihrem Schritt sein Herz in eine leichte Erregung geriet und seine Wangen ein bißchen zu glühen begannen. Er merkte, wie bei ihrem Verlassen des Speisesaals alle Blicke der Kollegen wie auf Kommando sich hoben und für einen Moment alle Gabeln und Messer zu klappern aufhörten; da wurde er über sich selber wütend und begann, seine Lektüre wieder von vorne aufzunehmen, aber bald mußte er die Feststellung machen, daß seine Gedanken ganz andre Wege liefen, wie eine Herde wilder Pferde, die man nicht mehr einfangen kann, trotz Lasso und allen Cowboy-Künsten. Doch dann fand sich hier ein Gedanke und dort wieder einer zu seinem Hirn zurück und bald hatte er sie wieder alle zusammen und nun wurde er gewahr, daß sie nicht mehr auseinandersprengten, sondern sehr sittsam sich zusammentaten und immer im Kreise gingen, schön rund, immer um einen und denselben Punkt.

Robert strich sich mit der Hand über die Stirn, stand brüsk auf und begab sich, obgleich es noch etwas zu früh war, in sein Büro, dort stieß er seinen Willen gegen den lebloser Ziffern, deren Kälte und herzlose Logik ihm wohltat. Und während er schrieb, sagte er mit einer Beharrlichkeit, die jeden Zuhörer verblüfft hätte, zu sich selber: „Alter Dummkopf, großes, großes Kind..." Aber er konnte nicht verhindern, daß trotz dieser Rede seine Wangen ein bißchen warm wurden und sein Herz in einem schnelleren Rhythmus schlug als gewöhnlich.

An diesem Abend gab es für Robert lange keinen Schlaf. Wohl zehnmal legte er sich die Frage vor, weshalb er denn so erregt sei? Daß er mit einem Weib, dessen Namen er noch nicht einmal kannte, etliche Minuten an einem Tisch gesessen, das, sagte er sich, sei doch nichts Außergewöhnliches, aber dann auf einmal spürte er wieder, wie seine Gedanken im Kreise gingen und da riß der Nebel, der bisher um das Bild der Fremden gebraut hatte, und nun wußte er: Die Fremde hatte Erinnerungen in ihm aufgerufen, die er seit Jahren begraben glaubte, damals hatte er unter dem Erlebnis gelitten, aber sein Stolz suchte so schnell wie möglich die verbliebenen Trümmer jener sentimentalen Episode aus dem Wege zu räumen; er war lange der Überzeugung gewesen, daß die kleine alltägliche Geschichte mit seinem neuen Beruf für immer aus seinem Gehirn gelöscht sei, daß seine Arbeit das Gedenken daran aufgezehrt habe, aber nun mußte er seinen Irrtum bekennen und sich sagen, daß er alles bisher nur zurückgedrängt hatte und daß die Begegnung von diesem Abend den Behälter zertrümmert und die Fluten der Erinnerung sich nun über seine Seele gossen.

Das war damals gewesen, als Robert in der Hauptstadt die Oberkurse besuchte. Es war ein kalter stürmischer Tag gewesen, der Himmel ganz gefüllt mit Regen und Schnee, als er am Bahnhof auf den Zug wartete, der ihn nach Echterhausen bringen sollte. Er hatte den Kragen seines Überziehers recht hoch geschlagen, das Haupt zwischen die Schultern gezogen und freute sich schon unbändig darauf, wie er sich in eine Ecke des Abteils kuscheln würde und nicht mehr aufsehen, bis der Zug in Echterhausen einlief.

Aber da sagte plötzlich eine Stimme neben ihm: „Verzeihung, dies ist doch der Zug nach Echterhausen?" Robert schaute auf und sah eine Mädchengestalt vor sich, die ungefähr etliche Jahre jünger als er selber sein mochte. Soweit er in dem kleinen, schlecht beleuchteten Raum, der als Wartesaal diente, bemerken konnte, hatte sie schwarze Augen und schwarzes Haar und auch ihre Hautfarbe hatte in ihrem Dunkel etwas vom südländischen Typus an sich. Robert sagte Ja! er fahre auch dahin und wenn Sie wolle, könnte man ja zusammenfahren. Sie lachte ein bißchen herausfordernd, nahm aber dankend an, und als sie dann in den Zug stiegen, da fiel ihm auf einmal auf, welch einen wundervollen Rhythmus ihre Beine hatten. Sie waren so wohlgeformt, daß immer wieder der Blick sich zu denselben zurückfand und obgleich der Körper ein bißchen füllig war, trugen ihn doch die Beine mit einer fast ephebenhaften[147] Grazie.

Im Laufe des Gesprächs ergab sich dann, daß sie Thekla Lang heiße, und nicht weit von Echterhausen beheimatet sei, daß sie zu Ende des Jahres die Reifeprüfung im Mädchenlyzeum ablegen müsse, aber, was den Erfolg angehe, ihrer Sache nicht ganz sicher sei. Immerhin, man würde es versuchen, und bis dahin... wer könne wissen, was sich noch alles ereigne...?

Sie sagte das ohne irgendwelche Ziererei, ihre Worte klangen frisch, fließend, ohne Stocken, und sie reichte sie Robert hin, der das Glasklare ihrer Rede mit der Begierde eines Verdurstenden trank. Noch ehe die beiden in Echterhausen ihr Abteil verließen, hatte sich zwischen ihnen eine Art Gemeinschaft hergestellt, die sich auf dem Umstand gründete, daß beide noch im Studium waren und beide nur um wenige Kilometer von einander getrennt ihr Zuhause hatten. So ergab sich im Gespräch eine gewisse Wärme und eine gewisse Herzlichkeit umränderte jedes ihrer Worte.

„Und wann", sagte Robert, da sie ausstiegen, „kann ich Sie wiedersehen?", und er hielt ihre Hand länger in der seinen, als er beabsichtigte. Sie nannte ihm den nächsten Tag als Stelldichein, und als er dann abends durch die engen Gassen des Städtchens, trotz Wind und Schnee, schlenkerte, ertappte er sich dabei, wie er immer bestimmte Takte eines damals in Mode gekommenen Liedes vor sich hinsummte, ohne sich eigentlich dieser Tatsache bewußt zu sein.

Mein Gott, und dann hatte die Sache ihren Lauf genommen, ganz schön gerade, ohne jede Abweichung, wie es unbedingt kommen mußte: Als beide wieder in Lützelburg ihrem Studium oblagen, trafen sie sich tagtäglich, aus diesen Zusammentreffen wurden dann gemeinsame Spaziergänge an den freien Nachmittagen, und eines Nachmittags hatte Robert Thekla dann rund heraus erklärt, daß er sie liebe. Wenn er sich recht erinnerte, hatte Thekla zuerst ein bißchen aufgelacht, dann war sie selber über und über rot geworden und als Robert sie dann geküßt hatte, hatte sie auch nicht im geringsten widerstanden.

Jede freie Stunde, die nun kam, waren sie hinausgewandert in die Umgebung Lützelburgs, über Landstraßen, an deren Rändern kleine Wärterhäuschen standen, die umsäumt waren von Gärtchen, über deren Gitter dicke Sonnenblumen keck den Spaziergängern nachschauten; und dann wieder hatte sie ihr Weg durch Wälder geführt, deren Laub sie beschützte wie die Hand einer Mutter. Und wenn sie müde waren, ließen sie sich auf einer Wiese nieder, inmitten einer Unmenge gelber Dotterblumen, und dann lagen sie ganz still, und gaben nur acht auf den gleichen Schlag ihrer Herzen.

Wenn sie so zusammenlagen, sprachen sie nicht viel. Wenn Thekla während des Wanderns auch von manchen Dingen geschwatzt, sich mit der Unerfahrenheit der Jugend lustig gemacht hatte über ihre Professoren und alles, was mit der Schule zusammenhing, sobald sie sich jedoch zum Ruhen niederließen, verstummte sie, suchte am blauen Himmel die Wölkchen, die vereinsamt dort umhersegelten und wenn sie dann den Mund öffnete, so war es meistens, um irgendeine melancholische Betrachtung zu äußern. Manchmal aber sprach sie diese ganze Zeit über kein einziges Wort, und Robert mußte sich alle Mühe geben, sie während der Rückwanderung wieder zum Reden zu bringen.

Einmal, als Robert sie nach dem Grunde dieser ihrer Schweigsamkeit gefragt hatte, hatte sie ihm geantwortet, ihre Mutter habe ein Gelübde für sie getan und daran müßte sie an den festlichen Tagen ihres Lebens denken. Ob diese Äußerung auf Wahrheit oder Phantasterei beruhte, das konnte Robert nie ergründen.

Wenn er über seinen damaligen Zustand später nachdachte, so liefen alle seine Erinnerungen darauf hinaus, daß er überall, in der Klasse und draußen etwas leicht Beschwingtes hatte, daß er viel eher als sonst alles erfaßte und von einer Hellhörigkeit war, um die manche Kameraden ihn neideten.

Und wieder eines Abends war er mit ihr über die Höhen gewandert, von wo aus man die Lichter der Stadt sich zusammenfügen sieht, wie Sterne am nächtlichen Firmamente. Da hatte er sie wegen irgendeiner Geringfügigkeit vom am Tage vorher geneckt, und da hatte sie ihm plötzlich geantwortet: Sie könne von heute ab nicht mehr mit ihm zusammensein, denn das Gelübde, das ihre Mutter für sie gemacht, fordere immer strenger seine Rechte Da war Robert nicht weiter in sie gedrungen, und als sie dann die Stadt erreicht hatten, hatte er ihr ruhig die Hand hingereicht, wie man sie einem lieben Kameraden hinhält; und ohne auch nur noch einen Satz zu äußern, waren sie auseinandergegangen. Die Tage, die dann folgten, waren für Robert von einer besonderen Härte gewesen; das Alleinsein wurde ihm zur Qual und so sah man ihn denn jede freie Stunde des Tages im Caféhaus sitzen und vor sich hinstarren; im Umgang mit den Kameraden war er streitsüchtig und selbst in der Klasse suchte er Händel mit den Professoren. Alles wurde ihm schließlich zuwider und als das Klassenjahr zuende ging und er wieder ganze Tage sich in den Wäldern um Echterhausen herumtrieb, kam ihm erst das äußerst dumme Benehmen der letzten Monate zum Bewußtsein. Da warf er sich ins Gras, knirschte mit den Zähnen, blieb eine Stunde liegen, ohne auch nur ein Glied zu rühren und als er sich erhob, da glaubte er, sich nun vollständig gehäutet zu haben...

Ganz enthäutet? Zu seinem größten Verwundern aber mußte Robert an diesem Abend feststellen, daß hier ein Irrtum von seiner Seite vorgelegen habe und daß der sich über Jahre hinaus hartnäckig behauptet hatte. Denn wie wäre es sonst möglich gewesen, daß das Bild jener Frau im Casino auf einmal wieder das ganze Liebeserlebnis seiner zwanzig Jahre wachgerufen hätte? Und der Entschluß reifte in dieser Nacht in ihm, unbedingt den Namen jener Frau zu erfahren.

Es war nie ein besonderes Kennzeichen von Robert gewesen, taktisch und diplomatenhaft vorzugehen, und so wählte er auch diesmal einen zwar nicht gefahrlosen, aber immerhin stark abgekürzten Weg. Als er am nächsten Mittag das Casino betrat, ging er auf Herrn Lugen zu und sagte zu ihm: „Aber, Herr Lugen, ich hatte Ihnen doch mitgeteilt, daß ich gern allein sitzen möchte, um meine Zeitungen in aller Ruhe zu genießen... Nun setzen Sie eine junge Dame an meinen Tisch..." Da unterbrach ihn Herr

Lugen mit maliziösem Lächeln: „Hat die Dame Sie vielleicht schon gestört?" – Robert fühlte, wie eine purpurne Welle über ihn hin wogte. Sollte dieser alte Menschenkenner vielleicht schon in seinem Hirn gelesen haben? Aber das war doch gänzlich ausgeschlossen und jetzt mußte sich Robert über sich selber ärgern, über die verräterische Lohe in seinem Gesicht und über den sausenden Rhythmus seines Herzens. Herr Lugen mußte dies wahrgenommen haben, denn er äußerte: „Schämen Sie sich mit Ihren dreißig Jahren. Und lesen Sie Ihre Zeitungen nur ruhig weiter!"

VI

„Zum Donnerwetter", polterte Herr Friedrich, und das Blut schoß ihm dabei zu Kopf, so daß er die Farbe eines gesottenen Krebses hatte, „soll die verdammte Weiberwirtschaft nun auch in die Gruben einreißen? Trat da nicht, als ich eben den Plan heraufkam, ein Dämchen an mich heran und fragte, ob ich ihm erlauben würde, die neue Kantine in Augenschein zu nehmen. Ich habe dieser modischen Puppe aber nicht viele Komplimente gemacht, sondern sie ganz einfach an Herrn Holzer verwiesen. Der kann schauen, wie er mit ihr fertig wird." Robert war um diese Stunde zufällig im Grubenbüro „Letzert" anwesend, wo er eine gemeinsame Arbeit mit Knippchen zu erledigen hatte. Knippchen war zuerst bei dem Zornesausbruch des „Meisters" zusammengefahren, denn er wußte nicht, ob nicht entweder er oder Robert die Veranlassung dazu sei, bei den nächsten Worten aber hatte sich sein Gesicht wieder merklich aufgehellt, und nun pflichtete er mit der tiefsten Überzeugung dem Standpunkt des Herrn Friedrich bei. „Wahrhaftig", begann er, und dabei klang seine Stimme zuerst etwas verschleiert, denn noch war er im Zweifel, ob Herrn Friedrich seine Rede genehm sei, dann aber, als dieser ihm verschiedene Male zunickte, wurde er immer kühner und gesprächiger, „wahrhaftig, es ist eine Schande, was man uns in der letzten Zeit aus der Hauptstadt herüber nicht alles auf den Leib schickt! Als ob wir nicht Manns genug wären, mit allem allein fertig zu werden! Und dazu beständig diese Weiber. Zuhause sollten sie bleiben und sich um ihren Kochtopf kümmern, anstatt auf die Schulen ins Ausland zu gehen, das Geld ihrer Eltern zu verstudieren und sich dann Gott weiß wie wichtig vorzukommen. Wenn sie allesamt..." und Knippchen schloß seine Rede mit nicht mißverständlichen Wendungen.

Robert hatte sich bis dahin nicht an dem Gespräch beteiligt. Während der Rede des Meisters hatte sich eine Ahnung seiner bemächtigt, eine Erscheinung war aus dem Nebel seines Hirns hervorgetreten, der er aber noch nicht den Mut besaß, feste Gestalt und Körper zu geben. Eben wollte er zu einer Erwiderung Knippchen gegenüber anheben, da schrillte das Telefon. Herr Friedrich nahm den Hörer zur Hand und mit den Worten „Ja, ja! Herr Holzer wird gleich da sein" hing er brüsk wieder ein. „Da war sie schon wieder", knurrte er und wandte sich gleich darauf an Robert. „Gehn Sie jetzt gleich hinüber in den „Entenpfuhl", sie erwartet Sie schon dort. Sputen Sie sich etwas, denn sonst könnte die Dame ungeduldig werden." Und das Wort „Dame" stieß er mit wütigem Hohn hervor. „Gehn Sie mit ihr bis zur Kantine, aber zeigen Sie ihr nur, was Sie selber für angebracht halten, für alles übrige haben Sie eben keinen Schlüssel. Die Gans braucht nicht ihre Nase in alles zu stecken." Während der letzten Sätze hatte Robert schon begonnen, sich anzukleiden, und kaum wartete er noch auf die letzten Ratschläge des Meisters. Er stürmte die Bahn entlang, nahm zur rechten Hand einen Pfad und war in einigen Minuten in der Grube angelangt. Wahrhaftig, er hatte sich nicht getäuscht! Es war seine Tischnachbarin aus dem Casino, die ihn dort erwartete. Roberts Herz setzte für eine Sekunde aus, dann aber nahm er sich zusammen und als er ihr „Guten Tag" sagte, war alle Befangenheit aus seiner Stimme gewichen. Sie hatte gerade in diesem Augenblick ihm den Rücken zugekehrt und in die Richtung der Berge geschaut, und nun schrak sie bei seinem Gruß ein bißchen zusammen und als sie sich umwandte, flog eine leichte Röte über ihr Gesicht. Doch gleich darauf war ihr zages Erschrecken wie weggeweht und mit einem kleinen Lachen in der Kehle sagte sie: „Also Sie sind Herr Holzer? Herr Friedrich, den ich heute Morgen um Besichtigung der Kantine gebeten, hatte mir gesagt, daß er Herrn Holzer schicken würde, doch dann sind wir ja keine Unbekannten mehr. Mein Name ist Gaby Werner", und damit reichte sie Robert ihre Hand zum Gruß. Für den Bruchteil einer Sekunde geriet Roberts Blut in Wallung, dann aber duckte es sich seinem Willen und er sagte: „Also im Dienst muß man Ihre Bekanntschaft machen. Eigentlich hatte ich schon im Casino die Absicht, mich Ihnen vorzustellen, aber da machten Sie eine solch abweisende Miene, daß mir der Mut, das Wort an Sie zu richten, in die Schuhe sank. Doch vielleicht darf ich Sie fragen: Welches Interesse führt Sie dazu, die Kantine unsrer Grube zu besichtigen? Ich kann doch kaum annehmen, daß Sie dies aus purem Vergnügen tun." Da erwiderte sie Holzer: Nein, nein! aus purem Vergnügen gewiß nicht. Aber sie sei von der Direktion beauftragt, sich nach den sozialen Werken der Gesellschaft umzusehen, über die sie dann einen Bericht nach Lützelburg schicken müsse. Und da sei es selbstverständlich ihre Pflicht, da sie sowieso auf dem Wege zur Waldschule[148] sei, auch in der Kantine vorzusprechen, um sich davon zu überzeugen, wie dort die Pensionäre beköstigt würden und logiert seien.

Es ging auf den Frühling zu. Zur Seite der Landstraße lagen Felder, der Pflug hatte ihren Schoß schon aufgerissen und nun boten sie sich der ersten Sonne dar mit der Gebärde vollständiger Hingabe.

Und Gaby Werner fragte Robert, ob er schon lange Grubenbeamter sei? Robert verneinte und nannte die Zahl seiner Dienstjahre. Wo er denn früher tätig gewesen? „Professor wollte ich werden", und nun erzählte er ihr, ohne etwas wegzulassen noch schönzufärben, wie er eigentlich nach Elzingen gekommen sei. Sein Wort klang fließend, stockte nicht, und er mußte sich selber über diesen Umstand wundern. Während seiner Rede sah er manchmal auf ihr Haar, das glänzte golden, er beobachtete die Bewegung ihrer Hüften, wenn sie die Füße setzte, und diese Bewegung schien ihren Rhythmus von der Erde zu empfangen, deren frische Schollen sich vor ihnen dehnten. Er erzählte ihr von seiner Stellung, und sie blickte in die noch fahle Sonne. Da wurde Robert verwirrt, einen Augenblick hielt er inne und ein Gedanke sprang empor und legte seine Hand auf alle andern Gedanken, daß die zusammenkrochen wie junge Hündchen: Dieses Bild habe ich doch schon einmal gesehen! grübelte er. Ein moderner Meister hat ähnliches geschaffen. Und mählich kam es ihm in den Sinn: Das war in einer Ausstellung von Josef Thorak[149] in Köln gewesen, da er erschüttert vor dessen Mädchenköpfen gestanden war, vor diesen Gesichtern, deren Sinnlichkeit bis zum Traume gesteigert und deren tiefster und beglückendster Ausdruck doch die Reinheit von Madonnen war.

Am Abend saß Robert in seinem Zimmer und hielt den Kopf in beide Hände vergraben; er war nicht hinauf ins Casino gegangen, um an diesem Tage jedes weitere Zusammentreffen mit ihr zu vermeiden. Es war dunkel im Raum und diese Dunkelheit tat Robert wohl. Er hatte einen Augenblick geschwankt, ob er das Licht anzünden solle, aber in der Grellheit der aufblitzenden Helle waren die Gegenstände des Zimmers über ihn hergefallen mit der Spitzheit ihrer Kanten, der Härte ihres Baues, so daß er vorzog, gleich wieder in dem Dunkel unterzutauchen. Er nahm die Hände von dem Gesicht und starrte auf einen Punkt, und er starrte so lange, bis dieser Punkt sich zu beleben begann, silberne Linien wuchsen aus ihm heraus, nahmen seltsame Formen an, kehrten zu dem Punkte zurück, und nun fing auch der zu wandern an, Hunderte winziger Pünktchen blühten auf seiner Bahn, da erstanden hauchzarte Umrisse und es ward daraus ein menschliches Angesicht. O Du! flüsterte Robert in sich hinein, und diese zwei Silben waren schwer befrachtet mit allem, was sich in zehn Jahren in ihm angestaut hatte, die Bereitschaft, zu den Menschen zu kommen, und doch nicht zu ihnen hin zu finden, sein zertrümmertes Ich, das in Blöcken am Boden lag und wieder auf den Bauherrn wartete, und die riesenhafte Sehnsucht, sich zu einem Weiberschoß flüchten zu können, um von ihm neue Stärke und den Mut zur Bejahung der Umwelt zu empfangen. Du! Du! stammelte er, und er nahm dieses Wort in die Hände und streichelte es und hob es zärtlich empor wie einen seltsamen Gegenstand, und da spürte er: Je länger er es wiederholte, desto ruhiger wurde er, eine große Stille kam über ihn und diese Stille war Sehnsucht und Begnadung in einem.

Als Robert am nächsten Tage mit Gaby zu Tische saß, sagte Gaby: „Schade, daß Sie gestern Abend nicht hier waren. Ich habe meiner Freundin, der Frau des französischen Abgeordneten Villancourt[150] von Ihnen gesprochen. Sie kennt Sie dem Namen nach aus Ihren Büchern und Zeitschriftenveröffentlichungen. Frau Villancourt hat nun folgenden Plan: Wie Sie wissen, hat sie, aufgrund ihrer lützelburger Abstammung ein großes Interesse an dem Fortkommen der hiesigen Arbeiterjungen. Sie möchte nun jenen, die intelligent sind, eine Chance fürs Leben geben. In Deutschland gibt es Schulen, die sich gerade mit dem Problem der Weiterbildung der Proletarierjugend befassen.[151] Da kam Frau Villancourt der Einfall, auch etliche lützelburger Jungens dahin zu schicken, doch fürchtet sie, daß die Allgemeinbildung bei ihnen etwas hapert, und so hat sie sich entschlossen, zuerst hier anzusetzen und dann erst nach dem Weiteren zu schauen. Sie sollen die literarische Bildung übernehmen,[152] ein Arzt wird sich mit den medizinischen Fragen befassen und ein Jurist ihnen die ersten Elemente des bürgerlichen Gesetzbuches beibringen. Hier ist die Liste der Siebzehn- bis Zwanzigjährigen, die vorerst an den Kursen teilnehmen werden, später sollen Sie dann aus dieser Anzahl heraus aufgrund der gemachten Erfahrungen jene bezeichnen, von denen Sie sich für das weitere Studium etwas versprechen." Und damit reichte sie über den Tisch hinüber Robert ein Blatt Papier, auf dem etwa ein Dutzend Namen verzeichnet standen. „Am liebsten sähe Frau Villancourt, wenn Sie nur solche Dichter und Schriftsteller behandelten, die dem Fassungsvermögen dieser Arbeiterjugend entgegenkommen." Sie schwieg und schaute Robert an. Der hatte bis jetzt noch kein Wort geäußert und seinen Zügen war nicht zu entnehmen, ob er diesen Auftrag als ehrenvoll betrachtete, oder aber ihn von sich weisen wollte. Innerlich aber hatte er sich von den ersten Augenblicken an entschieden: War er nicht selber ein Proletarier, wenn auch einer des Hirns? Was war denn das Leben im Elternhause, in der Enge kleinbürgerlicher Verhältnisse, nach dem finanziellen Zusammenbruch der Bodes anders gewesen als das besserer Proletarier? Und die Krankheit des Vaters, hatte die nicht einen endgültigen Strich unter alle Studiumspläne gezogen und ihm jene Stelle angewiesen, wo er heute saß und wo ihm alle Hoffnung auf Weiterkommen abgegraben war? Und schließlich: Kam dieser Auftrag nicht von ihr, von dieser Gaby Werner, die dort vor ihm saß, und deren Name allein an sein Ohr rieselte wie das Läuten kleiner Glöckchen an einem Weihnachtsbaum? Er tat noch immer, als ob er in das Studium der Namen auf dem Zettel vertieft sei, da hörte er, wie Gaby sagte: „Wir können also auf Ihre Mitarbeit zählen? Ich möchte noch heute an Frau Villancourt einen Brief abgehen lassen und ihr von unsrer Unterredung berichten." Da sagte Robert: Ja! und aus diesem Ja sprang Dankbarkeit empor so hell wie der Klang einer Quelle, die aus Licht bricht.

[Am darauffolgenden Tage trat Robert nach dem Abendessen in das Lokal ein, das Gaby ihm für die Zusammenkünfte mit seinen Schülern bezeichnet hatte. Es war dies ein Caféhaus, etwas am Ende der Stadt gelegen, aber da der Sohn des Wirtes sich unter den Schülern befand, hatte Frau Villancourt geglaubt, ihm jenen Raum für seine Vorträge anweisen zu müssen. Neben dem eigentlichen Ausschankraum war noch ein Saal vorhanden, und hier war es, wo Robert begann, die Hirne dieser Arbeiterjugend mit Literatur zu füllen. Er hatte beschlossen, seinen Schülern zuerst einen allgemeinen Überblick über das proletarische Schrifttum zu geben und dann erst einzelne repräsentative Gestalten daraus näher zu behandeln.

Als er den Saal betrat, waren die Jungens vollständig, so wie sie auf der Liste gestanden hatten, versammelt, keiner fehlte. Mit harten schwieligen Händen, denen man die Tagesfron ansah, saßen sie da, aber alle Gesichter spiegelten ein sonntägliches Erwarten. Eine absolute Ruhe herrschte, als Robert eintrat, so daß dieser selber sich einer gewissen peinlichen Feierlichkeit nicht erwehren konnte. Da bemerkte er unter ihnen einen jungen Arbeiter, der bei ihm in der Grube als Pferdejunge werkte; der Name war ihm auf der Liste nicht weiter aufgefallen, aber nun war er froh, ihn zu bemerken, grüßte ihn herzlich und bat ihn, auch die andern vorzustellen. Nun war das Eis gebrochen, ihre Glieder und ihre Gesichter lösten sich.

Robert entnahm seiner Mappe eine Anzahl Bücher, die er mitgebracht hatte, und begann: Er sagte dieser Jugend, wie die proletarische Literatur im Grunde neueren Datums sei, weshalb sie, abgesehen von einigen ganz wenigen Äußerungen, erst im 19. Jahrhundert entstanden und im darauffolgenden zur Blüte gekommen sei. Er sagte ihnen die Biographien der einzelnen Dichter und las aus dem Werke eines jeden bezeichnende Stellen vor. Robert hatte seinen Vortrag auf ungefähr eine Stunde berechnet, er war von der Überzeugung ausgegangen, mehr diesen jungen Köpfen nicht zumuten zu können. Doch als er nun geendet, da gab es zuerst ein Tuscheln und Flüstern, und dann stand schließlich einer auf und während er sprach, rötete sich seine Stirne bis an die Haarwurzeln: „Das war schön, Herr Holzer, viel schöner als in der Kirche... und deshalb möchten wir Sie bitten, uns als Zugabe noch einige Gedichte zu lesen. Wir sagen Ihnen auch vielen Dank." Diesem Ansinnen konnte Robert nicht widerstehen und nun war er es, der diesen Jungen zu danken hatte.]

Das *Elzinger Tageblatt* hatte den Besitzer gewechselt,[153] seit Generationen in den Händen derselben Familie, wurde auf einmal der Besitzer der Zeitung amtsmüde, und liberal-radikal wie die Zeitung bis dahin immer gewesen, änderte sie mit dem Besitzer auch die politische Richtung: Sie ging in die Hände der Arbeiterpartei über, einer Partei, die in ihren Anfängen durchaus antibürgerlich war, doch aber schon, als sie das *Elzinger Tageblatt* übernahm, ganz im Fahrwasser eines gewissen Konformismus segelte. Als die Arbeiterpartei das *Elzinger Tageblatt* erworben hatte, tat ein klerikaler Abgeordneter den Ausspruch, daß dies der größte Erfolg sei, den die Arbeiterpartei bis dahin davon getragen habe; und das Elzinger Organ dankte mit den Worten: Daß eher ein Kamel durch ein Nadelöhr als ein klerikaler Abgeordneter in das Himmelreich eingehe.

Seit Beginn seines Aufenthaltes in Elzingen hatte Robert einen Bekannten, der eine führende Rolle in der Arbeiterpartei innehatte. Hyppolite Poiré gehörte zu den Menschen, denen man nicht gerade Müßiggang nachsagen kann, denen jedoch ihr Beruf nicht äußerst stark am Herzen liegt. Poiré war Lehrer seiner Zivilkarte nach, aber schon früh hatte ihn eine bestimmte Veranlagung auf die Literatur hingewiesen. Da er nicht selber schöpferisch sein konnte, so begnügte er sich damit, die Brosamen zu sammeln, die vom Tische des Herrn fallen, d. h. er sammelte alte Volksweisen, schrieb Aufsätze, die mehr Inhaltsangaben als kritische Stellungnahme enthielten, rangierte sich an erster Stelle bei der Gründung der Volksbildungsvereine, kurz und gut, er war überall dabei, wo es galt, die kulturellen Belange des Herzogtums zu verteidigen.[154] Als er jedoch merkte, daß hier seinem Schaffenseifer Grenzen gesetzt waren, warf er sich in die Politik: Der Kampf ging damals zwischen klerikal und liberal, und der aufstrebenden Arbeiterpartei war es zu jener Zeit ganz einerlei, mit wem sie ein Bündnis einging, wofern man ihr die Möglichkeit bot, an die Macht zu gelangen. Nun stand Hyppolite Poiré im politischen Leben bald an erster Stelle, und als die Arbeiterpartei im Gebäude des *Elzinger Tageblatts* ihren Sitz aufschlug, konnte sie keinen geeigneteren zur Führung ihres Organs finden als Hyppolite Poiré.[155] Begabt wie er von Natur aus war für die Strömungen der großen Masse, hatte er bald herausgefunden, was dem Geschmack dieser Masse zusagte; da er aber auch intellektuellen Ursprungs war, so tauchte bei ihm auch der Plan auf, die Geistigen an seinem Blatt zu interessieren: Er tat, was bis dahin noch kein einziger lützelburger Verleger zustande gebracht hatte: Er gab dem *Tageblatt* wöchentlich eine literarische Beilage und bat Robert, die Leitung dieser Beilage zu übernehmen. Robert griff mit beiden Händen zu, denn nun sah er, der bis dahin egozentrisch gelebt hatte, auf einmal eine Möglichkeit vor sich, auf die Masse zu wirken. Als Poiré ihm sein Vorhaben unterbreitete, dachte sich Robert, wie schön es sein müsse, all die zerstreut im Lande wirkenden Kräfte zusammenzufassen, und ihnen eine Tribüne zu bieten, auf der sie ungehindert ihren Spruch hersagen könnten, welch ein beglückendes Gefühl sich eines Menschen bemächtige, dem es gegeben sei, den Weg jüngeren gänzlich unbekannten Talenten zu öffnen.

Die erste Nummer der Beilage erschien, doch sie war fast ganz von Roberts eigener Hand geschrieben.[156] Zwischen den einzelnen Beiträgen stand dann ein Aufruf an die Jungen, von dem sich Robert wunder was versprach, aber er hatte nicht mit der Schreibfaulheit der Lützelburger Intellektuellen gerechnet. Schließlich meldeten sich als Mitarbeiter Pier Vanaiken und eine Frau: Juliette

Frührot. Als Robert die ersten Aufsätze dieser Frau in Händen hielt, kam zuerst ein großes Staunen über ihn, denn diese Arbeiten waren so originell, so wunderbar geschaut und dabei von einer solch fraulichen Güte, daß Robert sein Herz bei deren Lektüre klopfen fühlte wie noch nie. Wunderzarte Tiergeschichten waren es, die sie bot, und daneben kleine Skizzen von Baum und Blume, deren jedes Wort mit Gefühl zum Überströmen geladen war. Robert selber aber kämpfte in dieser Beilage für seine Lieblingsschriftsteller: Da zog er ins Feld für Thomas und Heinrich Mann, da brach er eine Lanze für Hugo von Hofmannsthal und Stefan George. Manchmal allerdings wurde Robert darauf aufmerksam gemacht, daß diese Art Literatur aber so gar keinen proletarischen Charakter trage, und er mußte bei näherem Zusehen seinen Widersachern recht geben, aber so oft er sich auch mit dem proletarischen Schrifttum beschäftigte, so kam er nicht an dem Gedanken vorbei, daß hier mehr guter Wille als Talent vorhanden sei. Somit braucht man sich also nicht zu wundern, daß Robert trotz aller Vorstellungen gewisser Kreise mehr zu Wassermann als zu Upton Sinclair[157] hielt (den er nur als einen gerissenen Journalisten ansah) und mehr zu Richard Dehmel als zu Petzoldt.[158]

Da aber sollte ein Ereignis eintreten, das die Wellen weitere Kreise ziehen ließ, und das dieser Angelegenheit ein Echo gab, auf das Robert selber nicht gefaßt gewesen war: In Lützelburg erschien eine Zeitschrift *Die Junge Welt*, in ihren Anfängen war sie das Sprachrohr mehr der studentischen Jugend als der älteren Schriftsteller gewesen. Dann aber war es ihr gelungen, auch bekannte Autoren heranzuziehen, und schließlich hatte sie sich einen Leserkreis gesichert, mit dem jeder Dichter im Herzogtum zu rechnen hatte.[159] Und nun sollte die Bombe, die schon seit langer Zeit vorbereitet war, platzen.

Robert war eben im Begriff, sich zum Mittagessen zu begeben, als ein Freund ihm schon aus weiter Ferne entgegenwinkte und ein feuerrotes Heftchen in seiner Rechten schwang. Robert verlangsamte seine Schritte und als der Freund neben ihm war, stieß dieser hervor: „Hast du das gelesen?", und damit reichte er Robert das Heftchen hin. Robert las zuerst einen Titel, der ihm nicht gerade viel sagte, doch kaum war er weiter drei Zeilen vorgedrungen, als er stutzte: Ja... aber ging da nicht von ihm die Rede? Von seiner Arbeit im *Elzinger Tageblatt*? – Was wollte denn der Pamphletist[160] eigentlich? Und Robert las weiter und wurde nun gewahr, daß er ein bürgerlicher und kein proletarischer Schriftsteller sei, daß die Meinungen, die er vertrete, längst abgewirtschaftet hätten, daß er nie ein Wort von Karl Marx gelesen, und daß die Literatur, die er vertrete, längst der Vergangenheit angehöre.[161]

Robert war zuende, er traute seinen Sinnen nicht; der erste Eindruck war von einer direkt niederschmetternden Wirkung. Wer konnte diese Boshaftigkeiten geschrieben haben, wer konnte ihm so unendlich gram sein, was befähigte den Autor jener Zeilen, in einer solchen Tonart von ihm zu reden, da er doch fest überzeugt war, in besten Absichten gehandelt und nie ein Wort dem Druck überliefert zu haben, das nicht ein Glaubensbekenntnis seiner aesthetischen Anschauungen war? Betroffen, das Gesicht ganz mit Rot übergossen, schaute er den Freund an. Einen Augenblick herrschte eine peinliche Stille zwischen beiden, dann erst würgte Robert hervor: „Du, hast du keine Ahnung, wer diese Kübel Schmutz über mich ausgegossen?" „Aber stell dich nicht so, das wirst du doch wissen", gab der andre zurück. „Es gibt doch nur einen, der deine persönlichen Schwächen, die übrigens ja auch hier zur Genüge ausgebreitet werden, kennt, nur einen in Lützelburg, der fähig ist, ein solches Pamphlet vom Stapel zu lassen, und dieser eine heißt – Fritz Mangen." Robert zuckte zusammen, als ob er einen Faustschlag empfangen hätte. Fritz Mangen, sollte das möglich sein? – Je mehr er jedoch ins Nachgrübeln versank, desto tiefer ging in ihm die Überzeugung vor Anker: Wahrhaftig, es konnte kein andrer als Fritz Mangen sein! Noch vom Gymnasium her kannte Robert diesen Stil, gemischt aus Ironie und Sarkasmus, die Sätze hatten sich seither nicht viel geändert, nur daß sie in ihrer Ausdrucksart etwas sicherer und gefüllter geworden waren.

Inzwischen waren die beiden beim Casino angelangt, Robert gab dem Freunde das Heft zurück, da rief dieser ihm noch lächelnd zu: „Doch laß dir den Appetit nicht verderben! Ich würde jedenfalls drauf spucken."

Aber trotz der freundschaftlichen Mahnung war Roberts Appetit dahin. Er trat an den Tisch, an dem schon Gaby Werner mit Essen hellauf beschäftigt war, heran, setzte sich mechanisch nieder, nahm einen Löffel zur Hand und begann ihn zwischen Zeige- und Mittelfinger im Kreise zu drehen, immer rundherum. Der Kellner stellte die Speisen vor ihm auf, er rührte nicht daran, sondern drehte ruhig seinen Löffel im Kreis weiter wie ein Karussell. Bei seinem Eintritt hatte Gaby ein bißchen den Kopf erhoben und war dann mit Essen weitergefahren, indem sie es Robert überließ, das erste Wort an sie zu richten. Als aber die Stille dieses Mal etwas zu lange anhielt, da blickte sie Robert ins Gesicht und sah, daß dessen Augen wo anders weilten, um seinen Mund bemerkte sie ein nervöses Zucken und kein Zweifel konnte noch darüber herrschen: Der Mensch, der vor ihr saß, war von irgendetwas in der Seele getroffen worden. Sollte sie das Wort an ihn richten, ihn nach seinem Kummer fragen, oder war es besser, zu schweigen, bis er sich selber zur Rede meldete? Robert mochte ungefähr eine Viertelstunde so gesessen haben, da erhob er sich wieder und verließ den Raum. Die Speisen dampften auf dem Tisch, er hatte keinen Brocken davon zu Munde geführt.

Auf dem Büro drängte die Arbeit, er aber ließ sie ruhig liegen, von Zeit zu Zeit schrillte das Telefon, das Zentralbüro benötigte fällige Aufstellungen, Robert erwiderte etwas Ausweichendes und hängte den Hörer ein; als man aber zu zudringlich wurde, da stellte er ganz einfach das Telefon ab. So! jetzt wird er doch wohl seine Ruhe haben, jetzt wird man ihm doch mit den lästigen Ziffern vom Leibe bleiben! Die Telefonleitung ist eben gestört und damit basta!

Roberts Gedanken irrten wie eine Herde Schafe, in welche der Wolf eingedrungen, immer stoben sie aus der einen Ecke seines Hirns in eine andre und lärmten und galoppierten, daß Robert mit der größten Strenge sie nicht zur Vernunft bringen konnte. Zwei Gefühle hatten diese Hölle in seinem Hirn entfesselt, und wenn er den Dingen auf den Grund ging und ehrlich mit sich selber sein wollte, so mußte er gestehen, daß zu Anfang aller Verwirrung Gaby Werner stand. Seit dem Tage, da er mit ihr zur Kantine hinausgewandert war, hatte sich seiner eine Unruhe bemächtigt, die die Platten seiner Seele, mit denen er sich seit seiner Ankunft in Elzingen umgeben, angenagt hatte und nun mit äußerster Gewalt in sein Inneres einbrach und Verheerungen dort anrichtete wie Sturzflut, die Häuser unter Wasser setzt, Baumstämme mit sich führt und Körper toter Menschen. Kein Zweifel war mehr möglich, er liebte Gaby Werner, wenn er abends auf seiner Kammer ihren Namen sprach, so faltete er die Hände, wie er es als Knabe vor Madonnenbildern getan, wenn er ihr gegenüber zu Tisch saß, spürte er stechenden Schmerz und Beglückung zugleich[; dann wieder war es manchmal so still in seiner Seele wie des Abends in der Kirche zu Echterhausen, wenn der Küster sich anschickte, die Türen zu schließen und in dem letzten Strahl des Tages die Kirchenfenster und das Gold der Kronen und Herzen förmlich aufblitzten und die Heiligen demütig-leidvoll zu lächeln schienen. In solchen Augenblicken war er so fromm, wie er es seit seiner Kinderzeit nicht mehr gewesen, und dann war der Gedanke in ihm aufgetaucht, Elzingen zu verlassen und Zuflucht in jenem Hause zu suchen, dessen Dach ihm in Emstal wie eine Offenbarung erschienen war].

Und nun steigerte diese Attacke von Fritz Mangen seine Verwirrung bis zum Paroxysmus. Tränen traten Robert in die Augen und er hätte nicht sagen können, ob es solche der Wut oder des Schmerzes waren.

Es klopfte und ins Büro trat Gaby Werner. Robert konnte ihren Gruß kaum erwidern, ein Klotz war ihm in die Kehle gerammt und als er ihr die Hand zur Begrüßung entgegenstreckte, da wäre er am liebsten in die Knie gesunken und hätte den Saum ihres Kleides geküßt. Mit einem Blick hatte Gaby die Situation erfaßt und ohne Robert zu Wort kommen zu lassen, sagte sie: „Ich wollte Ihnen nur Guten Tag sagen kommen, Herr Holzer! Ich bin eben hier in der Nachbarschaft tätig gewesen, die Frau eines Arbeiters liegt krank... und da schickte man mich nach dem Rechten sehen... Allzu angestrengt scheinen Sie ja nicht gerade zu arbeiten", fügte sie bei, indem sie einen Blick auf Roberts Arbeitstisch warf, wo die Papiere noch seit dem Morgen unberührt geblieben waren. „Doch wenn Ihnen nichts an dieser Arbeit heute liegt, so schreiben Sie wenigstens etwas Literarisches, Sie würden mir damit eine Freude bereiten", und mit einem kurzen Gruß war sie draußen und Robert sah noch am Fenster die Blondheit ihres Haars.

„Sie würden mir damit eine Freude bereiten!" Einen Augenblick saß Robert fassungslos, dann legte er den Kopf auf seine Arme und weinte. Und die Tränen waren Tränen der Freude und des Leides zugleich...

Als Robert sich wieder ganz in der Gewalt hatte, und seine Eindrücke lässig mit übergehangenem Lederzeug nebeneinander trabten, dachte er: Meine Sehnsucht wächst in die Unendlichkeit hinein, der Himmel breitet seinen Pfuhl, um sie zu empfangen, die Orgel meines Blutes lobpreist die Königin und alles, was an Ungebärde in mir kreist, das harrt in Demut ihres Winkes.

Und als er an jenem Abend zu Bette lag, da nahmen seine Gedanken einen schnelleren Gang, alle strebten sie einem Ziele zu und als sie am Ziele angelangt waren, da traten sie auf ihn zu und sagten: „Wir gratulieren, Herr Redakteur!" Hyppolite Poiré pflegte abends, wenn seine Arbeit beendet war, in einem Café, das dem *Elzinger Tageblatt* gegenüber lag, seinen Dämmerschoppen zu trinken. Poiré war ein Genießer und wenn er auch am Tage in seinem Blatt für die Besserstellung des Proletariats kämpfte, so war er selber doch so von der Herrlichkeit alles Irdischen durchdrungen, daß nur die edelsten Getränke zum Stillen seines Durstes gerade gut genug waren. Da auch Robert des öfteren in jenem Café verkehrte, hatte er es nicht schwer, am darauffolgenden Abend Poiré zu treffen. Robert war gerade mit der Lektüre der Abendblätter beschäftigt, als Poiré eintrat, etwas umständlich nahm er neben Robert Platz und mit den Worten „Was gibts denn Neues?" wollte er zu einem unverbindlichen Gespräch ausholen. „Neues?", erwiderte Robert, „neues gibts allerlei. Zuerst, daß ich meine Stelle bei der Hüttengesellschaft aufgeben will." Poiré nahm die Zigarre, die er stets im Munde hatte, zwischen Zeigefinger und Mittelfinger und legte sie auf den Aschenteller, seine Gesichtszüge waren gespannt. „Ja!", fuhr Robert fort, „und da wollte ich dich fragen, ob du mich nicht als Redakteur brauchen könntest. Ich halte es als Beamter bei der Gesellschaft nicht mehr aus! Du magst jetzt wieder deinen Spruch vom verrückten Dichter anbringen, doch das schert mich wenig. Du mußt meine Situation begreifen: Ich bin nicht zu einem Büromenschen geschaffen, ich vertrag es nicht, täglich acht Stunden mit Ziffern operieren zu müssen, die ich schon auf dem Gymnasium haßte wie sonst nichts auf Erden. Du weißt, daß ich schreiben kann, daß mir keine Arbeit zuviel ist, aber auf dieser Galeere halte ich es nicht mehr aus..." Poiré nahm einen Schluck Riesling und sog an seiner Zigarre. „Nein, es geht nicht. Ich weiß, daß ich noch einen Redakteur brauche, aber vorläufig steht mein Geschäft nicht so, daß ich heute dir eine Zusage erteilen kann. Du mußt dich noch etwas gedulden, sobald ich aus dem ärgsten Schlamassel heraus bin, werde ich unbedingt an dich denken." Damit erhob er sich, reichte Robert die Hand und verließ, begleitet von seiner riesigen Bulldogge, die ihn selbst in die Redaktionsräume begleitete, das Lokal.

Es war zwischen Robert und Poiré abgemacht worden, daß der Leitartikel für die literarische Beilage schon Freitagmorgens in dem *Tageblatt* sein müsse, und so wanderte denn Robert jede Woche, ehe er sich in sein Grubenbüro begab, in die Direktionsräume der Zeitung; hier übergab er seinen Aufsatz dann Frau Schmitt, die alles weitere besorgte. Doch als er an diesem Morgen Frau Schmitt sein Manuskript auf den Redaktionstisch legte, machte diese „Pst" und deutete ins Nebenzimmer. Robert wußte nicht, was das heißen sollte, doch instinktiv nahmen seine Augen die von Frau Schmitt bezeichnete Richtung. Robert rieb sich die Augen, er war doch am Abend vorher frühzeitig zu Bett gegangen, oder waren seine Sinne so aufgebracht, daß sie ihn schon am hellichten Tage trogen?

Im Nebenzimmer saß geruhsam an einem Tisch Fritz Mangen und schrieb.[162] Robert hatte die Türklinke in der Hand und wollte sich zum Gehen wenden, da hörte er sich aus dem Nebenzimmer angerufen: „Aber geht man so an einem vorbei, ich hoffe, wir werden doch weiter Freunde bleiben." Es war Fritz Mangen, der diese Worte an Robert gerichtet, und wenn auch zuerst Wut und Empörung in diesem die Führung hatten, so ging er doch auf Fritz zu, reichte ihm die Hand und sagte: „Nun denn..." Aber es war nicht ganz klar, wie er diese beiden Silben gedeutet wissen wollte.

VII

Lützelburg ist ein Land, von dem in Europa behauptet wird, es sei ein zweisprachiges Land. Tatsache ist, daß schon in den Primärschulen die Kinder in deutsch und französisch unterrichtet werden, daß man ihnen also die Elemente beider Kultursprachen beizubringen versucht; sobald sie dann etwas herangereift sind und Talent und das Vermögen der Eltern sie auf eine Realschule weisen, wird das Französische vorherrschend: So kommt es, dass nach Ablegen der Reifeprüfung die Achtzehn- und Neunzehnjährigen imstande sind, deutsche und französische Bücher zu lesen, auch in der Unterhaltung mit Oui und Non zu antworten, daß es aber nur sehr wenigen gegeben ist, in den Geist der Sprache einzudringen und sich dort wie im Elternhause heimisch zu machen. Fügt man dem hinzu, daß auf der Straße und daheim gewöhnlich nur der Dialekt gesprochen wird, so kann man sich leicht ein Bild davon machen, wie in den jungen Köpfen eine Sprachverwilderung herrscht, die nur jener vergleichbar ist, die wir aus der Erzählung des Turmbaus von Babel her kennen.

[Von höchster Stelle aus geschieht nichts, um dieser Unordnung zu steuern, im Gegenteil, man kann sich manchmal nicht des Eindrucks erwehren, als ob man dort der Verhedderung systematisch Vorschub leiste.] Mit zwanzig Jahren ist ein junger Lützelburger imstand, einen Geschäftsbrief nach einer gewissen Schablone fehlerfrei in den beiden Kultursprachen abzufassen, soll er aber Selbsterlebtes oder Geschautes zu Papier bringen, so wird es ihm auf einmal schmerzlich bewußt, daß weder deutsch noch französisch seine Heimatsprache ist, sondern er in beiden stets ein Fremdling bleiben wird.

Es scheint, daß auch das Unterrichtsministerium von jenem Dilemma etwas läuten gehört hatte, doch anstatt nun dem Übel mit allen Mitteln zu Leibe zu rücken, begnügte es sich, wie immer in Lützelburg damit, irgendein Pflästerchen auf eine schwärende Wunde zu legen. Schon als Robert noch Gymnasialschüler gewesen war, hatte man ihnen die freien Nachmittage damit zu vergällen gesucht, daß man einen Belgier als Lektor der französischen Sprache in die verschiedenen Unterrichtsanstalten schickte, der die Schüler in der Aussprache des Französischen unterweisen solle. Das war schon lange her und Robert hätte diese Angelegenheit schon vergessen gehabt, wenn man nicht dasselbe Experiment nun mit einem deutschen Professor versucht hätte: Radelheimer hieß der Mann und war Lektor für deutsche Sprache an der Universität Frankfurt. Und John Friedrich Radelheimer sollte ein nicht zu unterschätzender Faktor im geistigen Wachsen Roberts werden.

Robert hatte seine Bekanntschaft im Hüttencasino gemacht, wo Radelheimer auf einem Vortragsabend deutsche Gedichte und Prosa gesprochen hatte, nach der Veranstaltung war man noch ein bißchen zusammengeblieben und bald hatte Robert herausgefunden, daß er einen Menschen vor sich hatte, dem nicht allein profundes Wissen eigen war, sondern der auch die Gabe besaß, die Fackel seines Idealismus an andere weiterzugeben, auf daß auch sie nun zeugen sollten von deutscher Art und deutschem Wesen. Und als er dann gegangen war, da hatten seine Worte noch lange in Robert nachgeklungen, hatten dort Kreise gezogen und seine Seele in Wallung gebracht, bis ihre Wellen über die Ränder flossen und Roberts Geistigkeit ganz in der Mystik eines Jakob Böhme oder Rilke versank.

Und wieder trat das alte Problem an ihn heran: Wie kommt es, dachte er, daß meine Landsleute nur mit der größten Verachtung von Deutschland und deutscher Art sprechen? Sollte man etwa den Schlüssel dazu in ihrer Unwissenheit allen geistigen Dingen gegenüber suchen müssen? Gewiß, die Lützelburger waren gute Geschäftsleute, sie wußten Eisen und Stahl zu verkaufen und auch den Überschuß an landwirtschaftlichen Produkten ins Ausland abzustoßen, brachte man jedoch einige Ausnahmen in Abzug, so äußerte sich ihr Verständnis aller künstlerischen Betätigung gegenüber in Ausdrücken wie: Phantasterei und Verrücktheit. Die lützelburger Schriftsteller, ganz gleich, ob sie in deutscher oder französischer Sprache schrieben, lebten in einer splendid isolation. Einer neidete den Erfolg dem andern und von Standesbewußtsein war keine Spur bei ihnen vorhanden.

Als Robert an jenem Abend Radelheimer verlassen hatte, da stand es bei ihm fest: Von nun an sollte alles anders werden. Er wollte die deutschschreibenden Lützelburger zu einem Kreis zusammenschließen und dieser Kreis sollte ein Glied werden des Bundes rheinischer Dichter. Das Bindeglied aber sollte kein andrer als Radelheimer sein, der Mann, zu dem sich Robert hingezogen fühlte, wie zu keinem andern.

Und Robert schrieb an Radelheimer folgenden Brief: Sehr geehrter Herr Doktor, erlauben Sie mir, unser Gespräch heute dort wieder anzuknüpfen, wo wir es gestern Abend im Casino abreißen mußten. Wie Sie sich erinnern, habe ich Ihnen von der Lage unserer einheimischen Schriftsteller erzählt, von der splendid isolation, in der sie leben. Ich habe Ihnen gesagt, wie in ihren Werken nichts zu finden ist von dem Blutstrom, der die Dichtungen ihrer deutschen Kollegen durchpulst, wie man das Ohr an ihre Bücher legen kann, ohne auch nur einen einzigen Schlag des Herzens zu hören. Aber, sehr geehrter Herr Doktor, ich bin der Meinung, daß diesem Zustand abgeholfen werden kann, daß man diese Blutleere durch Zufuhr der nötigen Salze beheben kann: Man müßte unsre Dichter aus ihrer freiwilligen Einsamkeit, aus ihrer Verkapselung lösen und sie einreihen in die große Gemeinschaft ihrer deutschen Kollegen. Ich weiß recht wohl, daß uns eine größere Entfernung trennt von einem Berliner als von einem Pariser, aber unsre Adern sind von demselben Blut durchbraust, das in jenen des Rheins und der Mosel rauscht, und wir schaffen aus denselben kulturellen Voraussetzungen heraus wie jene Schriftsteller, die in Trier oder Köln beheimatet sind. Sie haben mir erzählt, daß Sie Alfons Paquet, den Präsidenten des Bundes rheinischer Dichter kennen. Sie würden mir nun einen großen Gefallen erweisen, wenn Sie mit dem Rücksprache nehmen würden wegen des Beitrittes der Lützelburger Dichter zu dem rheinischen Bund. Ich selber werde inzwischen hier im Lande Umschau halten und anfragen, wer zu einer event. Mitgliedschaft bereit ist. Ich versichere Sie, sehr geehrter Herr Doktor meines aufrichtigsten Dankes. Robert Holzer.

In jener Zeit nun sollte zu der Begegnung mit Radelheimer noch ein andres Ereignis treten, das Roberts Einstellung zu dem kulturellen Leben Lützelburgs in eine noch bewußt heftigere Einseitigkeit trieb.

Die Bewegung des Volksbildungsvereins schlug ihre höchsten Wogen; wenn man in die Jugendzeit dieser Bewegung zurückging, so fand man an ihrem Anfang eine Persönlichkeit stehen, die nicht allein deren Organisator war, sondern sich selber mit dem Einsatz des ganzen Menschen in den Dienst der Sache stellte, deren Patenschaft er freiwillig und freudig übernommen.

Dr. Badloff war der Mann, der der geistige Urheber der ersten Volksbildungsbüchereien war, er schickte Theatertruppen ins Land,[163] die Stücke von Oscar Wilde und Bruno Frank[164] mit derselben Selbstverständlichkeit spielten wie *Kabale und Liebe* oder *Minna von Barnhelm*. Daneben aber war er ein Konferenzler, dem die Menge stundenlang andächtig zuhörte, der über die schwersten Probleme reden konnte, ohne daß das Publikum auch nur einen Anflug von Ermüdung verspürte.

Und nun stand er wieder an diesem Abend auf dem Podium. Der Saal war bis zum Erdrücken besetzt, die etwas trotzige Gebärde des Arbeiters kontrastierte lebhaft mit der abgerundeten des Bürgers oder der gemessenen, betont feierlichen des Pädagogen.

Dr. Badloff sprach über die Ethik Spinozas;[165] er redete in freiem Vortrag, keine Notizen stützten sein Gedächtnis, die Worte fanden sich zueinander selbstverständlich und doch voll feiner Schwingungen, die Perioden, die er baute, stiegen auf wie die Wassersäulen eines Springbrunns, um dann wieder in wollüstig fallendem Rhythmus sich zur Erde zu senken. Und doch war jedes Wort, das er wie einen kostbaren Stein setzte, schwer an Sinn und trotz allem durchsichtig wie eine Scheibe Glas. Als er geendet hatte, prasselte der Beifall über ihn herein und etwas schüchtern abwehrend verließ Dr. Badloff die Tribüne.

Da Robert am Ende des Saales sich mit einem Stehplatz hatte begnügen müssen, gehörte er nun auch zu den ersten, die den Konferenzraum verließen und schon hatte er die Türklinke in Händen, als er seinen Namen rufen hörte. Der Vorsitzende des Volksbildungsvereins kam ihm entgegen: „Du, Robert, Dr. Badloff hätte ein Wort mit dir zu sprechen."

Robert kehrte sich um und folgte Ingenieur Sadler in den Saal zurück. Hier saß an einem Tische Dr. Badloff mit den andern Herren des Vorstandes[, der sich aus Ärzten, Lehrern und Privatbeamten zusammensetzte, und war gerade im Gange, Anekdoten aus seiner Konferenztätigkeit zu erzählen, als Robert an ihn herantrat und seinen Namen nannte. Dr. Badloff erhob sich und begrüßte Robert; seine Begrüßung war äußerst herzlich und von einer wunderbar menschlichen Wärme durchdrungen, und doch eignete ihr bei aller Wärme etwas Zurückhaltendes, fast Aristokratisches].

„Also Sie sind Herr Holzer, von dem Dr. Radelheimer mir schon gesprochen hat. Der Plan, den Sie Dr. Radelheimer entwickelt haben, ist mir sehr sympathisch und glauben Sie mir, daß von meiner Seite aus schon alles besorgt wurde, um ihn zu verwirklichen. Ich habe nämlich mit Alfons Paquet, dem Präsidenten des Bundes, Rücksprache genommen und Paquet war von ihrem Plane direkt begeistert. Übrigens: Paquet erinnert sich noch Ihrer..."

„Wieso, wieso?", machte Robert, denn es war ihm in diesem Augenblick nicht bewußt, schon einmal mit dem Dichter des *Kamerad Fleming* zusammengetroffen zu sein.

„Also Sie entsinnen sich nicht mehr?", sagte Dr. Badloff. „Aber er erklärte mir doch, Sie einmal in Echterhausen gelegentlich einer Vortragstournee getroffen zu haben."[166]

Plötzlich stand vor Robert ein Bild... er sah ungefähr ein Dutzend Menschen, meistens junge Leute, in einem großen Saal um einen runden Tisch sitzen... Der Saal war nicht genügend geheizt für diese kleine Anzahl Menschen, und diese Menschen froren in dem großen Saale... Doch kaum hatte der Dichter mit der hohen Stirn und den blauen Augen aus seinen Werken zu lesen begonnen, so wurde es den Zuhörern warm ums Herz, sie vergaßen die Kälte und die großen kahlen Mauern um sich herum, Rhythmen blühten vor ihnen auf wie erste scheue Frühlingsblumen, oder rollten über sie her wie Sturm, in dessen Dunkelheit manchmal ein Blitz grell rot oder grün seinen Zickzack reißt...

[Nach dem Vortrag waren sie, d. h. Professor Guthardt und er, dann noch ein Stündchen mit dem Rhapsoden zusammen gewesen, Robert hatte einen enthusiastischen Aufsatz[167] über das Erlebnis jenes Abends geschrieben und Alfons Paquet hatte mit einem Gedichte *Stadt im Regen* gedankt, das er Robert gesandt hatte.]

Nun jagten auf einmal wieder all diese Erinnerungen, die Robert schon längstens eingesargt hatte, durch sein Blut und für den Bruchteil einer Sekunde war eine ungeheure Helligkeit in ihm.

„Ja, ja", sagte er, „es stimmt... gewiß, gewiß...", und nun fuhr Dr. Badloff fort: „Sie kennen ja die Schwächen Alfons Paquets, der selber lützelburger Abstammung ist,[168] für Ihre Landsleute. Er wird Sie und Ihre Kollegen mit offenen Armen empfangen. [Sie werden in den ersten Tagen Einladungen von ihm zu der nächsten Zusammenkunft des Bundes rheinischer Dichter empfangen, die dieses Jahr in Freiburg im Breisgau stattfindet. Sie müssen unbedingt mit etlichen Kollegen dorthin gehen, und bei der Gelegenheit kommen Sie über Frankfurt und sprechen im Frankfurter Sender über die Literatur Ihrer Heimat. Sind Sie damit einverstanden? Gut, Gut... alles weitere wird Ihnen der Intendant des westlichen Senders selber schreiben...]"

Robert schoß das Blut zu Kopf. „Ich danke Ihnen vielmals, Herr Doktor, und auf Wiedersehen in Frankfurt!" Dann eilte er blitzartig ins Freie und hier atmete er tief, sehr tief. Und in diesem Atmen war Beglückung wie noch nie.

Kaum konnte Robert den nächsten Samstag erwarten, um nach Echterhausen zu fahren und vor allem seine Mutter von der großen Neuigkeit in Kenntnis zu setzen. [Wie würde die sich freuen, ihren Sohn von Frankfurt her reden zu hören, indessen sie zu Echterhausen in der guten Stube saß, festtäglich gewandet, als ginge sie zum Hochamt oder zu irgendeiner weltlichen Feier.]

Robert klopfte das Herz, wenn er an seine Mutter dachte. War es nicht ihr zuliebe, daß er in einem Büro sitzen blieb und Dienste tat, die so gar nicht mit seinem innern Menschen in Einklang zu bringen waren, war es nicht aus einem Gefühl von Mitleid heraus zu dieser Frau, deren ganzes Leben bis zum Tode des Vaters nichts anders war als ein einziges großes Dulden? [War es nicht ihretwegen, daß er die Reise nach Frankfurt unternahm, damit sie sehen würde, daß der, an den sie soviel Liebe gehangen hatte und den die Bewohner von Echterhausen so gerne als Narren oder Tagedieb dahinstellten, schließlich denn doch zu etwas nutze sei?] Robert stutzte. War es ihm wirklich nur um den Stolz der Mutter zu tun? Und je tiefer er in Grübeleien versank und seine Stollen weitertrieb, desto klarer wurde ihm: Gewiß, ein gut Teil seiner Handlungen war ihm von der Liebe zu seiner Mutter diktiert, aber wenn er ganz ehrlich sein wollte und auch den letzten Fetzen von Unaufrichtigkeit von sich abriß, dann mußte er sich gestehen, daß die letzte und vielleicht intensivste Triebkraft seines Handelns keine andre als Gaby Werner war.

Robert hatte ja noch nie den Mut gefunden, es sich einzugestehen, aber in seinem Unbewußten lag es wie ein Tier im Winterschlaf, das darauf wartet, von den ersten Sonnenstrahlen geweckt zu werden. Und nun begann dieses Tier, unter dieser Erkenntnis zu atmen und die Beine zu regen.

Eigentlich war Robert Gaby gegenüber immer ein Gefühl der Bedrücktheit nicht los geworden; wenn er zu ihr redete, mußte er zuerst gleichsam einen Panzer sprengen, ehe ihm das rechte Wort auf die Zunge kam und am Ende der Unterhaltung blieb noch immer ein bitterer Rest, der nie vollständig von der Zunge zu tilgen war. Und dieser Rest war nichts anders als das Gefühl, daß Gaby haushoch über ihm stehe und daß er sie nur dadurch erreichen könne, daß er eine Leistung vollbringe, ganz gleich auf welchem Gebiete. Vielleicht hieß nun der Anfang dieser Leistung Frankfurt... und nun, o ja gewiß! nun würden bald andre und größere folgen! Und dann brauchte er nicht mehr zu Gaby aufzublicken, sondern dann würde er ihr entgegentreten können als Gleich zu Gleich... und dann...

Robert mußte die Augen schließen. Ein ungeheures Glücksgefühl durchrieselte bei diesem Gedanken seinen Körper und willenlos überließ er sich dem Rhythmus der Eisenbahnwagen und versank in einen schönen Traum.

Es war an einem nebligen Herbstmorgen, als Robert der Mosel entlang nach Frankfurt fuhr. Glocken läuteten in seinem Innern und all seine Gefühle zogen, trotz Nebel und Regen, mit flatternden Fahnen auf sommerlichen Landstraßen. Auf dem Frankfurter Bahnsteig stand Dr. Badloff und erwartete ihn.

„Sehen Sie, Herr Holzer", sagte er zu Robert nach der ersten Begrüßung, „das hat sich ja alles viel schneller abgewickelt, als wir es noch vor vierzehn Tagen ahnten! Doch nun müssen Sie mir auch noch einen Gefallen tun: wir gehen zusammen vorerst hier schön dem Main entlang und dann nehmen wir meine Sekretärin ab, hierauf gehen wir zusammen in ein Restaurant und speisen zu Nacht. Doch nun wählen Sie: möchten Sie lieber ein vornehmes Restaurant aufsuchen, oder eines der Vorstadt? – Ich rate Ihnen zu einem der Vorstadt, den Grund werden Sie heute Abend erfahren."
– Und dabei lächelte Dr. Badloff, als ob er gewillt sei, noch später Geheimnisse preis zu tun.

Gegen die siebte Stunde abends ging man zu dritt durch die Pestgasse und Dr. Badloff gab Erklärungen, man durchquerte das Ghetto und der Doktor reihte Jahreszahlen an Jahreszahlen und schließlich machte man vor einem großen Torbogen halt. Die Gasse, durch die man eben gekommen, war so eng, daß man leicht aus einem Hause mit dem einfachen gestreckten Arm das gegenüberliegende erreichen konnte, ein spärliches Licht huschte, von den Windstößen getrieben, von Zeit zu Zeit über die Wölbung des Torbogens wie eine gespenstische Maus, doch gleich darauf drohte es, ganz zu erlöschen und von seiner Armut übermannt zu werden. Daneben hing ein Strauß, der ehedem vielleicht einmal grün gewesen war, doch nun nur noch das dürre Geäst dem Sturm als Fahne entgegenhielt.

„Hier wollen wir einkehren", lächelte Dr. Badloff, „und uns die mainischen Fische wohlschmecken lassen."

Die drei gingen durch den Torbogen hindurch, überquerten einen Hof und noch ehe sie die Tür der Wirtsstube geöffnet hatten, vernahmen sie die Töne einer Harmonika, und irgendein bekannter Schlager suchte schmelzend ihr Gehör zu umgarnen.

Mit einem kühnen Ruck stieß Dr. Badloff die Tür auf, und nun bot sich Robert ein Bild, wie er es schon lange nicht mehr in seiner Heimat wahrgenommen hatte: An langen ungedeckten hölzernen Tischen saßen Fuhrknechte in blauem Kittel, den Pfeifenstummel gemütlich zwischen den Zähnen und lauschten etwas melancholisch dem Spieler auf dem Podium, zwischen ihnen machten sich Fischer in Trikot und Gürtel breit und man merkte an ihren anfeuernden Reden, daß sie den kleinen Gassen der großen Reichsstadt längst den Rücken gekehrt hatten. Alle aber hatten ohne Ausnahme dasselbe vor sich stehen: Ein Glas Apfelwein, der warm in seiner Bräune leuchtete. Dr. Badloff warf Robert, der etwas zögerte, einen raschen Blick zu. „Wollen wir uns setzen, ja?" – und schon hatte er eine lebhaft diskutierende Gruppe Fischer gebeten, Platz für drei Personen zu machen. Ohne Murren folgte man seiner Aufforderung und etliche Minuten später stand vor den dreien wie vor allen übrigen ein süßduftendes Glas Apfelwein. „Und nun, Herr Holzer, werden Sie auch noch die zweite Spezialität Frankfurts kennen lernen, und ich versichere Sie, es wird Sie niemals gereuen!" Dieses zweite Gericht aber bestand aus Mainfischen und an den Gesichtern der dreien konnte man merken, daß ihnen die Speise vorzüglich mundete. Der Spieler auf dem Podium war inzwischen mit seiner schmachtenden Weise zu Ende gelangt, doch kaum hatte er dieses verlassen, als ein Rothaariger mit einer Stupsnase und Sommersprossen im Gesicht dasselbe bestieg und eine Strohpuppe, die sehr närrisch ausstaffiert war, vor die Zuschauer hinpflanzte. Es war ein Bauchredner, dessen Frage- und Antwortspiel die Anwesenden zu dröhnendem Beifall hinriß, besonders aber dann, wenn irgendeine Zote klatschend in die dumpfe Atmosphäre fiel.

Mittlerweile war es schon spät geworden und Dr. Badloff gab das Zeichen zum Aufbruch, nicht ohne vorher für den nächsten Nachmittag Rendez-vous gegeben zu haben.

„Ich werde also vor Ihrer Vorlesung noch einen Bummel mit Ihnen durch die Stadt unternehmen. Und nun – Auf Wiedersehen!"

Und damit verabschiedete er sich von Robert, der nun den Weg zu seinem Hotel einschlug. Am nächsten Morgen war er schon in aller Frühe auf den Beinen. Was tun? Um ihn lärmte die Großstadt, tuteten die Autos, klingelten die Straßenbahnen. Es hatte keinen Zweck, schon am Morgen durch Frankfurt zu schlendern, da er ja am Nachmittag diese Stadt mit Dr. Badloff als Führer unvergleichlich stärker erleben würde. So kam Robert auf den Marktplatz und stand plötzlich vor dem Römer. Und ohne sich weiter zu bedenken, ging er hinein, wanderte auf Filzsohlen durch die Säle und viele Jahrhunderte deutscher Geschichte wurden vor ihm lebendig.

Gleich nach dem Mittagessen machte sich Robert auf den Weg zu Dr. Badloff. Der wohnte weit aus der Stadt heraus, in einem Villen- und Gartenviertel und so blieb ihm nicht viel Zeit, sich noch lange nach der Mahlzeit zu säumen. Als er etwa eine Stunde gegangen war, tauchte ein Park vor ihm auf und in diesem Park befand sich ein Haus, das mehr Ähnlichkeit mit einem Schloß als mit einer bürgerlichen Behausung aufwies. Robert stutzte. Sollte hier Dr. Badloff wohnen? Er verglich die Nummer des Hauses mit der Adresse, die ihm Badloff am Abend vorher aufgeschrieben hatte. Die Übereinstimmung ließ keinen Zweifel Raum – Dr. Badloff mußte hier wohnen! Robert klingelte. Eine Kammerzofe in weißem Häubchen öffnete. Nun wurde das Gefühl der Unsicherheit in Robert noch stärker. Er wünsche Herrn Dr. Badloff zu sprechen, würgte er schließlich hervor. Die Zofe nickte und führte ihn eine breite Treppe empor, auf deren oberstem Absatz Dr. Badloff stand und ihnen schon lächelnd entgegenkam. „Also da haben Sie doch mein Haus gefunden", sagte er scherzend. „Ich habe mir schon Vorwürfe gemacht, weil ich dachte, Sie könnten fehlgehen, da ich Ihnen den Weg nicht bis in alle Einzelheiten aufgezeichnet hatte." Robert faßte sich ein Herz und nun erzählte er Dr. Badloff, wie er geglaubt hatte, bei dem Anblick des großen Gebäudes, in die Irre gegangen zu sein und wie er im Begriffe stand, wieder umzukehren. Dr. Badloff lächelte, aber dieses Lächeln war ganz umrahmt von einem heiligen Ernst. „Sie waren somit der Meinung, ein Schriftsteller könne nur im Elend gedeihen und jedem, der schreibt, müsse etwas Bohèmehaftes ankleben. Seine Hauptbeschäftigung bestände etwa darin, mit breitem Hut und wallender Krawatte in den Kneipen zu hocken und dort auf Inspiration zu warten. Glauben Sie mir, Herr Holzer, das alles war einmal, das konnte noch um 1890 und 1900 herum der Fall sein, aber ich meine, München und Montmartre haben sich überlebt. Die letzte große Bohème war ein Luxus, den sich das Bürgertum vor dem Kriege noch leisten konnte, aber heute...! Paul Verlaine hieß für mich der letzte überragende Bohémien von Blutes Gnaden, von dem eine direkte Linie bis ins Mittelalter hinunter zu François Villon führte, doch die Bohémiens unsrer Tage, ob Maler oder Dichter, haben für mich ihr Interesse verloren. Gewiß, manche gibt es unter ihnen, auch noch heute, denen Kunst Gott-Nahe-Sein bedeutet, die lieber verhungerten, als der Heiligkeit ihrer Sendung untreu zu werden. Aber zu viele Existenzen hat dieser Krieg an die Oberfläche gespült, die besser zugrunde gegangen wären als nun durch ihr Untalent das Edelste zu entweihen, was die Menschheit besitzt: Die Kunst. Es ist keine Schande, den Tag über Gossenreiniger zu sein, um am Abend desto inbrünstiger mit dem Gott in seinem Innern ringen zu können [und dazu die Bibelworte zu sprechen: Ich lasse Dich nicht, es sei denn, Du segnest mich]." Dr. Badloff hatte die letzten Worte mehr zu sich selber, als zu Robert gesprochen, eine leichte Röte hatte seine Wangen angeflammt, und es schien, als ob er von irgendwoher sich zurückreiße, als er schließlich sagte: „Ich fürchte Herr Holzer, unser Tee ist während unsrer Erörterungen kalt geworden, wir wollen noch auf eine Minute nach oben, um uns dann in die Stadt zu begeben." Welch ein Genuß! dachte Robert, als er etwas später an der Seite Dr. Badloffs durch die Straßen Frankfurts schritt, ist es doch, einen solchen Menschen zum Lehrer zu haben. Die Alt-Stadt erstand vor ihm in einer Lebendigkeit, die manchmal etwas Bestürzendes an sich hatte, die Brunnen redeten zu ihm und das Haus der Gontard, wo Hölderlin seine Diotima anschwärmte,[169] die Brücken über den Main wurden Magie, wenn Badloff Zahlen und die Erbauer nannte, und selbst das Nüchternste verlor in seinen Worten seine Kälte und wurde emporgehoben in das Reich heller Geistigkeit.

Bald war die Stunde herangekommen, da Robert im Sender sprechen sollte. Nun saß er vor einem kleinen marmorartigen Block, die Ansagerin gab ein Zeichen und Robert begann zu reden. Kaum waren die ersten Worte ins All gewandert, da rauschte, während er sprach, ein Gefühl des Staunens in ihm hoch: Die Worte, die von seinen Lippen fielen, waren von keiner Erregung durchzittert, und sonderbar, er, dessen seelischer Pendel doch sonst so leicht übermäßig nach einer Seite ausschlug, war in diesem Augenblick von einer Sicherheit des Ausdrucks, die ihn selber überraschte. Als er geendet, mußte er lächeln, und dieses Lächeln trug auf seinem Atem großen Dank, aber auch Inbrunst und Sehnsucht.

Robert saß im Eisenbahnzuge und überdachte die Eindrücke des vergangenen Tages. Da war er etwa zwei Stunden mit Dr. Badloff durch Frankfurt gewandert und er hatte in diesen paar Stunden mehr an Erlebnissen in sich hineingesogen, als es ihm an einem ganzen Tage möglich gewesen wäre. Aber das Haus am Hirschgraben hatte für ihn eine große Enttäuschung bedeutet. Er hatte sich vorgestellt, in das Heiligtum der Deutschen einzutreten, also in Gemächer, wo man die Stimme nur zu einem Flüstern zu erheben wage, wo Ehrfurcht einen durchriesele und man erschüttert von dannen gehe. Statt dessen waren Badloff und er in ein Getriebe hineingeraten, das jedem Jahrmarkt zur Zierde gereicht hätte. Fremdenführer zogen mit ganzen Trupps Engländern und Franzosen durch die Räume, trieben auf ihre Art Literaturkunde, gaben hanebüchene Antworten auf dumme Fragen, ließen es ruhig zu, daß dann und wann eine englische Miß auf Goethes Spinett[170] klimperte und waren im übrigen nur darauf bedacht, aus den ihnen anvertrauten Fremden ein möglichst hohes Trinkgeld herauszupressen.

Robert stieg noch jetzt ein Gefühl des Ekels in die Kehle, wenn er sich dieser Szenen erinnerte. Er hatte später Dr. Badloff seine Eindrücke und die Gedanken, die ihm bei seinen Beobachtungen im Hirschgraben aufgestiegen waren, mitgeteilt, aber der hatte nur resigniert die Achseln gezuckt. Und da hatte Robert geschwiegen.

Es ging gegen Mittag, als er in Freiburg anlangte. Er wußte, daß die erste Sitzung am Morgen in der Aula der Universität stattfand, und so machte er sich gleich auf den Weg, um die Kameraden zu treffen.

Johannes Müller, der ungefähr doppelt so alt wie Robert war, hatte ihm geschrieben, er sei ebenfalls auf dieser Tagung anwesend. Johannes Müller war jener Schriftsteller des Herzogtums Lützelburg, dem Robert die meiste Achtung unter all seinen Kollegen entgegenbrachte. Er war aus dem Journalistenberuf hervorgegangen, und hatte es fertig gebracht, in seinem Blatt die geistige Erziehung der Lützelburger in die Hand zu nehmen.[171] Ihm war es zu danken, wenn ein Teil von Roberts Landsleuten heute zwischen guter und schlechter Literatur zu unterscheiden wußte, er hatte sie mit modernen Augen sehen und modernen Sinnen fühlen gelehrt. Wenn es Streitigkeiten gab zwischen Jungen und Alten, so stand Johannes Müller immer auf der Seite der Jungen und die Jungen dankten es ihm.

Zu Anfang hatte Johannes Müller, obgleich eine große Liebe zu Deutschland in seinem Herzen brannte, gezögert, nach Freiburg zu gehen, da auch Claus Anker anwesend war und beide noch immer in heftiger Fehde miteinander lagen.[172] Aber dann schließlich hatte doch das Interesse an der Sache in ihm die Oberhand gewonnen und er war abgereist.

Bei Roberts Eintreffen in der Universität war die Sitzung noch in vollem Gange. Professor Radelheimer hielt eben ein Referat über *Dichtung und Landschaft*.[173] Da Robert sich schon verspätet hatte, dünkte es ihm das Klügste, unten am Eingang stehen zu bleiben, um nicht die Aufmerksamkeit allzusehr auf sich zu lenken. Er schaute um sich, aber in der ersten Verwirrung konnte er die einzelnen Gesichter kaum von einander unterscheiden, er strengte sich an, die Züge Alfons Paquets zu finden, aber auch hier ließen ihn seine Sinne auf eine ungestüme Weise im Stich. Schon wollte er resignieren, da fiel sein Blick auf eine Gestalt, die an eine Säule gelehnt dastand und mit äußerster Aufmerksamkeit den Darlegungen des Konferenzlers folgte. Robert stutzte. Die Gestalt mußte er doch kennen, dieses Hünenhafte der Figur, diese Schultern und diese Kopfbildung! Wahrhaftig, das konnte kein andrer als Claus Anker sein!

Das Referat Professor Radelheimers ging zu Ende, da nahte sich Robert seinem Landsmann und begrüßte ihn. Anker lächelte, als er

Roberts ansichtig wurde. „Gott sei Dank, daß Sie gekommen sind, wir waren schon in Sorge um Sie, wir dachten, unser Warten sei umsonst."

„Ist Johannes Müller auch hier?", fragte Robert.

„Ja! da oben steht er."

„Dann kommen Sie."

Und ohne weiter sich um die Antwort Ankers zu kümmern, schritt er voran in der Richtung, wo er Johannes Müller vermutete, er wußte, daß Anker folgen würde. Als sie bei Johannes Müller angelangt waren, drehte der sich plötzlich um und seine Augen blickten in das Gesicht des Dichters des *Landmann Hal*. Dieser streckte ihm die Rechte entgegen. Und Johannes Müller nahm die Hand und drückte sie.

Es ging zum Schau-ins-Land.[174] Johannes Müller fuhr, wie die meisten Kollegen, mit der Schwebebahn nach oben, Anker aber hatte darauf bestanden, Robert in seinem eigenen Wagen mitzunehmen. So kam es, daß die größere Anzahl schon am Tafeln war, als die beiden anlangten. Sie setzten sich zu Tische und Anker stellte vor. Jakob Kneip[175], Leo Sternberg[176], René Schickele... Da weiteten sich Roberts Augen, es wurde ihm heiß unter seiner Kleidung, seine Kehle war wie ausgedörrt. Nun saß er also dem Schriftsteller gegenüber, dessen Bücher ihm mehr bedeuteten als lässige Unterhaltung, die ihn begleiteten als Schutzheilige seit jener Zeit, da sich auch bei ihm das mütterliche Erbteil zu melden begonnen hatte. So sah also der Mann aus, in dessen Blut dieselben Kräfte miteinander rangen wie in jenem Roberts, endlich war es ihm gegönnt, jenen Dichter von Auge zu schauen, dessen Seele wie die seine in der Schwebe war zwischen Deutschland und Frankreich. [O Mund, halte ein mit Reden, denn jedes deiner Worte, und sei es noch so schwer mit Sinn geladen, klingt schal gegenüber jedem, das über die Lippen deines Abgottes kommt!]

Nach und nach kam nun das Gespräch in Schwung, an manchen Tischen ging es schon ziemlich laut her, der badische Wein und die reiche Tafel verfehlten ihre Wirkung nicht.

Robert sprach mit Schickele über das Fluchwürdige, das dem Schaffen jener Schriftsteller anhafte, die in einem Grenzlande geboren seien. Er sagte ihm von den Schwierigkeiten, mit denen all jene zu kämpfen hätten, die daran gingen, in einer der großen Kultursprachen zu schreiben, wie sich ihre Gefühle zuerst in Dialekt umsetzten, um dann erst ihren Ausdruck in der deutschen oder französischen Sprache zu finden, wie die Mundart einer direkten Gefühlsübertragung stets hindernd im Wege stehe und so manches bei den lützelburgern Dichtern wirke, als sei es mehr erklügelt als erlebt.

Während Robert dies alles sagte, kam ein großes Verwundern über ihn. „Wie ist es möglich", dachte er, „daß mir hier die Rede daherfließt ruhig und getragen, wie der Rhein, wenn er an der heiligen Stadt Köln daherzieht, wo ich zuhause in der lützelburger Mundart mir jedes Wort erst erschaffen, erwerken muß? Wo jeder Gedanke erst mühsam nach Ausdruck ringt, sich seinen Weg sucht wie eine Quelle, die nach langem Dämmern und Tasten aus dem Stein hervorbricht?" – Und Robert suchte nach Antwort, aber seine Seele blieb stumm, denn noch stand die Entscheidung nicht bereit zur Ernte.

Mählich verhängte die Dämmerung eines der großen Fenster des Hotels nach dem andern. Sie war durch die Schlucht der Schwebebahn heraufgekommen, und als schon das Tal in Dunkelheit lag, war über den Bergen noch eine leise Helle.

Da entschloß man sich, in die Stadt zu fahren, [denn das Stadttheater gab den Gästen zu Ehren Zuckmayers Volksstück, den *Hauptmann von Köpenick*. Nach dem Theater ging man zusammen in eine Weinkneipe,] wo stets die Künstler Freiburgs verkehrten. Robert bildete zusammen eine Gruppe mit Johannes Müller, Claus Anker, Professor Radelheimer und René Schickele. Über die Stadt war ein wunderbarer Himmel gespannt, sie gingen über kleine Brücken, unter denen die Dreisam rauschte, sie kamen an dem Münster vorbei, dessen Vergangenheit sich zutiefst mit dieser Gegenwart vermählte. Schließlich fanden sie das Lokal, das man ihnen bezeichnet hatte, Decken und Wände waren vom Rauche geschwärzt, und diese geschwärzten Wände schienen ihre Gemütlichkeit zu übertragen auf die Gesellschaft, die an jenem Abend in diesem Raume versammelt war. Da saßen sie alle zusammen, die Diener der Seele und des Geistes, und so sehr sie auch sonst durch Temperament und Lebensart verschieden waren, in dieser Stunde fühlten sie sich alle als Erbauer eines einzigen großen Werkes: Den Dom der Schönheit und der Güte zu errichten, damit die Menschen wieder atmen und einander nahe sein könnten. Robert saß mit Johannes Müller und Claus Anker an einem Tische und die beiden wurden nicht müde, auf ihre neuerstandene Freundschaft zu prosten. Claus Anker hatte bis dahin immer noch „Sie" zu Johannes Müller gesagt, aber auf das Drängen Johannes Müllers ging man mit zunehmender Stunde zu dem brüderlichen Du über. [Die Illustrierten Blätter hatten einige Zeichner zu dieser Veranstaltung entsandt, und so sah die Gruppe der Lützelburger sich bald von Künstlern umlagert, die ihre Gesichter auf das Papier bannen wollten. Während dies ihnen noch einigermaßen bei Johannes Müller und Claus Anker gelang, hatten sie ihre liebe Mühe mit Roberts Zügen, die sich anscheinend nicht zu einem Konterfei eignen wollten.]

Es ging schon gegen Morgen, als der Wirt die „Herren Dichter" zum Aufbruch gemahnte. Manche hatten schon das Lokal inzwischen verlassen, aber noch gab es eine erkleckliche Zahl, die nicht im geringsten daran dachte, zu Bett zu gehen. Mit zunehmender Stunde hatten sich auch Schickele und Radelheimer zu der lützelburger Gruppe gesellt, und als Radelheimer den Vorschlag machte, sich zur Bahnhofsrestauration zu begeben, wurden seine Worte als Labsal empfangen, man schlürfte sie, man saugte sie ein, wie ein müder Wandrer einen Tropfen Wasser. Nur Johannes Müller bat um Nachsicht, die ihm auch gewährt wurde, die andern vier aber stapften dem Bahnhof entgegen.

Man nahm an einem kleinen Tische Platz und nicht umsonst ist der Schwarzwald die Heimat des Schwarzwälder Kirsches. So saßen um diese Stunde vier Menschen zusammen, von denen drei an der Peripherie Deutschlands geboren waren, deren große

Liebe Deutschland galt, dem deutschen Menschen, seinem Traum und seiner Arbeit. Alle drei aber litten sie an dem Zwiespalt: Ihr Werk aus dem Teige der deutschen Sprache zu kneten, die nicht ihre Muttersprache war. Den tiefsten Vorstoß hatte ja Claus Anker gewagt, aber trotz allem trug auch er noch in seiner Seele die Sehnsucht nach seiner Heimat, nach Lützelburg.

Als die vier die Restauration verließen, lag der Tag schon breit in den Straßen, festtäglich gekleidete Menschen begegneten ihnen, die zum Dome gingen, und da erinnerte sich Robert: Herrgott, es war ja Sonntag, und für elf Uhr hatte man sie ins Stadttheater zu einer Dichterfeier gebeten. Da verabschiedete sich Robert schnell von den andern, denn der Schlaf stieg in seine Augen und die Müdigkeit umfaßte seine Beine wie die Flut einen unkundigen Schwimmer.

Robert betrat mit Claus Anker zusammen das Stadttheater, das ganz angefüllt war mit allem, was Freiburg an Literatur- und Kunstbegeisterten hervorgebracht hatte. Das weibliche Element war besonders stark vertreten, und manches Gesicht sprang Robert an, so daß sein Blut aufbrach wie ein Strauß glühender Rosen.

Doch nun hob sich der Vorhang und Alfons Paquet sprach über Landschaft und Dichtung. Es waren freie Rhythmen, die er sagte, jedes Wort vielseitig, und das Ganze in kosmischer Ballung endend. Die aristokratische Gestalt Rudolf Georg Bindings[177] erschien, und die Verse, die er las, standen im Einklang zu der Gestalt: Jede Silbe eine Kostbarkeit, jedes Komma eine kultivierte Bewegung. Noch war der Beifall für Rudolf Georg Binding nicht verrauscht, da schritt ein Mann über die Bühne, breit und jede Muskel gespannt, ganz Reserviertheit und doch das Publikum an sich bannend wie keiner der Vorhergehenden: Claus Anker! Robert saß da und staunte, und Claus Anker begann seine *Kleine Rede über Lützelburg*.[178] Kaum waren die ersten Sätze über seine Lippen in das Publikum gesprungen, da stockte Robert der Atem: So hatte noch keiner den Dualismus der Lützelburger in künstlerische Form zu bannen gewußt, so war noch keinem eine Deutung des Wesens dieser Nation gelungen, wie diesem da, der Worte der Trauer, aber auch der Verheißung sprach. „Man kann das Land nicht hassen, in dessen Sprache man dichtet." Und erschüttert fühlte Robert: Nie würde er Deutschland zu hassen vermögen, komme auch, was immer wolle, denn zu nah stand ihm dieses Land mit seiner Landschaft und seinen Menschen, seinen Dichtern und seinen Künstlern.

Am nächsten Morgen fuhren Robert und Claus Anker den Rhein entlang Lindau entgegen. Schickele war schon einen Tag früher abgereist und so folgten denn die beiden der Einladung des großen elsässischen Dichters und machten für einige Stunden Rast in jenem Dorfe, wo Schickele wohnte.[179] Es war ein wunderschön gelegener, an ein stattliches Bauernhaus erinnernder Bezirk, den der Autor des *Erbe am Rhein* sich als Rast in seiner ewigen Unstäte erkoren hatte. Es war noch früh am Morgen, als die beiden dort anlangten und als man ihnen den Frühstückstisch bereitete, geschah es im Garten, der ganz von dem Lichte eines süddeutschen Herbstes überzittert war. Mit der Grazie, wie sie nur den Menschen süddeutscher Landschaft eignet, empfing die Frau des Hauses die Gäste, und erst, als man schon um den Tisch Platz genommen hatte, erschien der Dichter. Ein großer breiträndiger Strohhut, wie ihn die Bauern im Herzogtum Lützelburg zur Heuernte tragen, überschattete seine Züge. Kaum hatte er die Anwesenden begrüßt, so wandte er sich auch schon an Anker: „Du, hast Du meine Blumen schon bewundert? Schade, daß die Jahreszeit schon so weit fortgeschritten ist, nun sind die meisten verblüht. Aber immerhin – kommt ihr beiden mal her, ich will sie euch zeigen." Und nun schritten die drei die Pfade entlang und auf einmal brach es über sie her, wie ein Gemälde von van Gogh. Aus Geröll und Stein schienen hunderte von Arten hervorzubrechen und auf die Beschauer loszumarschieren, das blühte nicht, das jauchzte, das schrie, das schmetterte und trillerte. Eine solch unbändige Fülle von Blumen hatte Robert noch nie gesehen, diese Üppigkeit an Formen und Farben wirkte auf sein mehr nordisches Temperament aufreizend und zu gleicher Zeit fast bestürzend. Nun ging es gegen den Herbst, welche Wollust des Auges mußte dieser Garten im Hochsommer sein! Schickele stand neben seinen Gästen und weidete sich ein bißchen an Roberts Bestürzung, dann wies er auf eine besonders schöne Art hin und fragte Anker, ob er die schon besitze? Da Anker verneinte, kniete er sich auf den Boden, hub die Pflanze mit ihren Wurzeln sorgsam aus und gab sie Anker: „Nimm sie mit", meinte er, „sie soll bei dir zuhause Wurzeln schlagen." Und nach einer Weile setzte er ein bißchen resigniert hinzu: „Es ist ja nicht das Einzige, das wir beide gemeinsam haben." Die Klänge der Mittagsglocke reihten sich zu einem Kranz um den Kirchturm von Badenweiler, als Frau Schickele[180] ihren Gästen vorschlug, nun ins Dorf hinunterzuwandern, wo das Essen für alle bereit stehe. So brach man auf, und als man schließlich in einem Gasthaus des Ortes Einkehr hielt, da war der Tisch schon gedeckt, und bald funkelte bernsteingelber Wein in den Gläsern. Während des Essens tauschten Robert und Frau Schickele ihre Eindrücke über Freiburg aus, während Anker und Schickele selber von Büchern und Kollegen sprachen. Plötzlich hörte Robert sagen: „Weißt du, wie hoch der Meyer bei seinem Verlage in der Kreide steht? – Zwanzigtausend hat der Lehmann wieder blechen müssen. Man spricht davon, daß seine Schuld sich nun bei jener Firma auf hunderttausend beläuft. Und dabei kann man nicht gerade behaupten, daß der Erfolg ihm in den letzten Jahren nachgelaufen ist. Fast alle seine Stücke waren ja im Grunde genommen von 1920 an nichts wie Nieten. Nun je, der Meyer ist ja noch immer Lehmanns große Kanone; er wurde in seinem Verlag hochgepäppelt und Lehmann läßt noch heute nicht das Geringste gegen ihn sagen…" Schickele verstummte und Anker erzählte eine Anekdote, die dem Schriftsteller Schmidt, dessen Bücher auf Robert in seiner Gymnasialzeit wegen ihrer Dynamik ungeheuer aufpeitschend gewirkt hatten, auf einer Reise zugestoßen war und die diesen Dichter in seinem Menschlichen der Lächerlichkeit preisgab. Obschon Robert Spaß an diesen kleinen Boshaftigkeiten empfand, wurde er doch ein bißchen unangenehm von der Wendung, die das Gespräch genommen hatte, berührt. Wenn er auch nie an das Gottesgnadentum der Dichter geglaubt hatte, so waren es doch für ihn Wesen, die über den gewöhnlichen Menschen standen und er konnte sich nie gut vorstellen, daß ein Dichter um Geld sein Werk verhandelte, sich sogar in Schulden verstrickte und um dieser Schulden wegen nun gezwungen war, Jahr für Jahr ein Stück auf die Bühne zu bringen, und auch dann, wenn er in seinem Inneren von dem Unwert desselben überzeugt war. Hier lag also zu einem guten Teil der Schlüssel zu Meyers Mißerfolgen während der letzten zehn Jahre! Und wie hatten die Dramen dieses Dichters damals, als sie begonnen hatte, sich mit Literatur zu beschäftigen, auf die Jugend von Echterhausen eingewirkt! Professor Guthardt hatte die Gymnasiasten von Roberts Vaterstadt auf den großen Dramatiker aufmerksam gemacht, und bald gab es kein Stück jenes Dichters mehr, das der kleine Kreis um Guthardt nicht gelesen hatte und fast auswendig kannte. Robert schwieg und als es Zeit zum Aufbruch war, war er ziemlich einsilbig, denn noch immer wirkte das Gehörte in ihm nach und umdunstete seine Seele mit Gestalten, die ihm alle wohlbekannt waren, aber nun erschienen sie ihm in Gewändern, die nichts Königliches mehr an sich hatten, sondern die verunziert waren durch häßliche Flecken und unedles Tragen.

Die Reise ging am Titisee entlang, der in seiner hauchzarten Bläue da lag wie ein kostbarer Stein, durch Dörfer, an deren Eingang Wegweiser standen, die mit bunten Gestalten bemalt waren, die mehr an die Figuren der Südseeinsulaner erinnerten, als an Malereien europäischen Gepräges. Anker erklärte Robert, daß es Heilige seien, deren Schutz man anrufe bei Gewitter und Überschwemmung, und Robert konnte sich des Gedankens nicht erwehren, daß der Weg von diesen Südseeinsulanern bis zu den Bewohnern unsers Kontinentes gar nicht so weit sei, wie wir in unsrer Überheblichkeit so gerne annehmen. Als die beiden an den Rheinfällen bei Schaffhausen vorüberfuhren,[181] war es fast Nacht, und das Donnern der Wasser hatte für Robert mehr etwas Pathetisches als Großartiges an sich. Robert aber war, wie die meisten Einwohner des Ländchens, aus dem er kam, dem Pathos abgeneigt und stets bereit, einer pathetischen Gebärde mit Ironie das Genick zu brechen. So war er froh, als sie auch diesmal das Donnern bald hinter sich hörten und sie beide wieder ihre Bemerkungen über Landschaft und Menschen aufnehmen konnten.

Es ging gegen die Mittagszeit. Über der badischen Landschaft stand ein Himmel, dessen Leuchtkraft faszinierend auf Robert wirkte, den er bisher jedoch nur aus seinen heiligsten Träumen kannte, da kamen sie in dem Dorfe an, das Anker sich als Heimat gewählt hatte. Wenn auch dessen Besitztum sich ein wenig außerhalb der Ortschaft befand, so waren es doch diese Wiesen und Wälder, die Anker zu seinem Entschluß bestimmt hatten, es war die ungeheure Fruchtbarkeit dieser Landschaft, es waren dieser Himmel und der See.

Der Wohnsitz Claus Ankers[182] bestand aus zwei Teilen, die durch einen großen Obstgarten von einander getrennt waren: Dem Herrschafts- und dem Gesindehaus, denn Claus Anker war nicht allein Schriftsteller, sondern auch Landmann und es wäre dem Betrachter schwer gewesen zu sagen, welche Beschäftigung Anker mehr mit Stolz erfülle: Die Vollendung eines guten Buches, oder ein Gang durch Feld und Bongert, wenn Knechte und Mägde mit der Hereinnahme der Ernte beschäftigt waren.

Nach dem Essen sagte Anker zu Robert: „Kommen Sie, wir wollen ein bißchen nach oben gehen, dort können wir ungestörter zusammen plaudern." Und sie begaben sich in Ankers Arbeitszimmer: Als sie die Türe dazu geöffnet hatten, wurde Robert gleichsam von dem Raume überfallen, so ungeheuer tief war dieser Raum, daß in Robert als erstes die Empfindung nach oben stürzte: Dieser Mensch haßt die Enge der Stuben und die Luft der Studierzimmer ist ihm ein Greuel! Er benötigt Sonne und Luft und Wind und seine Sehnsucht muß frei schweifen können, um fruchtbar zu sein. [Er wandte den Blick nach oben und sah, daß rund um die Decke ganze Bündel von Pfeilen der Südseeinsulaner liefen, die der elektrischen Leitung etwas Gespensterhaftes verliehen.] Robert schaute sich im Zimmer um und bemerkte, daß fast alle Bücher seines Landsmannes in sämtliche europäische Sprachen übersetzt waren; da gab es Übersetzungen ins Dänische und Norwegische, ins Schwedische und Holländische, nur zwei Sprachen fehlten: die französische und englische. Und Robert erinnerte sich der Haltung seines Landsmannes während des Krieges und da wußte er: Man hatte ihm drüben noch immer nicht verziehen. [Als Anker sah, daß Robert seinen Gedanken nachhing, sagte er plötzlich: „Wollen Sie einige Negergesänge hören? Auf all meinen Reisen habe ich Platten aufgenommen, die ich in manchen Augenblicken mir vorspiele, sie sind mir Stimulans bei der Arbeit, sie heften die Erinnerung fest und stöbern die Sehnsucht aus den letzten Winkeln." Ein sonderbarer Sang tönte durchs Zimmer, eine Melodie, die im Grunde keine war, die aus nur zwei oder drei Takten bestand, die immer wiederkehrten, und die ganz in Schwermut versank und Schwermut bei dem Hörer auslöste.]

Am nächsten Morgen, Robert lag noch zu Bett, da hörte er unten im Garten schon Ankers Stimme: „Wollen Sie denn noch immer schlafen? Haben Sie gar keine Lust, meinen Garten zu sehen und meinen Teich mit den Forellen?" Es dauerte nicht lange mehr und Robert stand unten neben Anker im Garten. „Kommen Sie", sagte dieser, „wir wollen zuerst durch den Obstgarten gehen." Sie schritten nun durch eine steil abfallende Wiese dem Obstgarten zu. Von Zeit zu Zeit blieb Anker stehen, schaute an einem Baum empor und klopfte daran. Dann schüttelte er den Kopf und sagte: „Dieser Herbst bringt eine schlechte Ernte. Wir schlagen nicht einmal soviel daraus heraus, um Knechte und Mägde zu bezahlen." Sie gingen weiter, Anker mit breit ausholenden Schritten voran, Robert bedächtiger hinterdrein, manchmal auch blieb er stehen und sah in die Ferne, aus der das Läuten von Kuhglocken sich seltsam mit jenen Klängen mischte, die nun schon seit einigen Tagen in seiner Seele versuchten, zu Rhythmus und Melodie zu werden.

Da tönte auf einmal Ankers Stimme: „Aber um Gotteswillen, wo stecken Sie denn? – Kommen Sie doch hierher, meine Forellen bewundern!" In einigen Sekunden war Robert in der Nähe Ankers und da sah er, wie dieser gebückt dastand und in das Wasser starrte, Mordgier stand in seinen Zügen, aber auch heilige Demut, neben dem Rausch, die Tiere zu fangen, ein ungeheures Mitleid mit jeder Kreatur. Sie gingen weiter und ohne daß Robert es eigentlich wollte, beobachtete er seinen Gastgeber nun stärker und schärfer, als er es sonst getan hätte. Und da fiel ihm auf, wie Anker sich seit seinem Freiburger Aufenthalt gewandelt hatte. Anstatt des in allen Sätteln gerechten Weltmannes, fand Robert einen Bauern neben sich gehen, schwer und bedächtig, breit setzte er die Füße, wenn er die Schollen trat. Und Robert wußte nun, woher der Erdgeruch in seinen Büchern, der Duft der Reife, die betäubende Süße ungemähter Felder. Ihm wurde klar: Dieser Mensch ist wahrhaftig ein Landmann Hal, ein dem Boden zutiefst Hingegebener, einer, der seine stärkste Schaffenskraft aus der Scholle zieht, der sich der mütterlichen Erde geweiht, auf daß er selber blühe und Früchte trage. Plötzlich blieb Robert stehen: „Weshalb, Claus Anker, verließen Sie eigentlich das Land, da Sie ja Bauer werden wollten? Weshalb siedelten Sie sich nicht in Ihrer Heimat, den Ardennen, an, wo der Ginster die Berge überfällt, weshalb wollten Sie nicht dort dem Boden seine Säfte entlocken und seine dornenschwangeren Hänge fruchtbar machen?"

Da kam Ankers Stimme zu Robert und es schien, als klänge sie weit aus der Ferne: „Unser Land war mir zu klein, ich brauchte Weite, Sonne und vor allem Wasser. Ich konnte es mir nicht vorstellen zu leben wie die meisten eurer Schriftsteller. Hingegeben irgendeinem intellektuellen Beruf, hocken sie tagsüber in Stuben und Bibliotheken, um dann des Abends ihre Literatur zu machen. Euer ganzes Schrifttum schmeckt ja nach dieser Stubenluft, ihr fürchtet die Fenster weit aufzureißen, aus Angst, einer unter euch könnte mit seinem weichen Gehirn sich einen Schnupfen holen. Wo kommt es denn her, daß man bei der Lektüre eurer Schriftsteller nie den Gedanken los wird, als bezögen sie all ihre Empfindungen aus zweiter und dritter Hand? Weil sie sich vor dem Erleben fürchten, weil ihre Gefühle Buchgefühle sind, die sie erst über einen Umweg aus dem Dialekt in die Schriftsprache übersetzen müssen. Daher kann man sich nie des Eindrucks erwehren, als ob eure ganze Literatur mehr erklügelt, mehr papieren, als lebendig sei. Schließlich braucht man sich auch darüber nicht zu wundern. Wer führt heute bei euch die Feder? Schulmeister und wieder Schulmeister, die nichts anders tun, als das wiederkotzen, was ihnen Verdauungsbeschwerden macht. [Sie selber haben es ja schon hundertmal geschrieben, ich brauche somit keine Namen zu nennen.] Es gibt nur einen in eurem Lande, den ich als Dichter liebe, er blieb in der Heimat, ich aber brauchte die Welt, und deshalb siedelte ich mich schließlich hier an, hier am See." Und ohne Übergang senkte Anker auf einmal die Stimme: „Sprechen wir die Sprache unsrer Heimat." Und es klang wie eine Beschwörungsformel, gesagt, um Geister und Dämonen zu bannen.

An jenem Abend konnte Robert lange nicht schlafen: Was für ein sonderbarer Mensch war dieser sein Gastgeber? Er fluchte seiner Heimat und war ihr doch in tiefster Seele unlösbar verfallen, all seine Sehnsucht kreiste immer um den einen Punkt: Heimat. Und Robert erinnerte sich eines Satzes aus den Ankerschen Büchern: „Vielleicht ist es nur die Sehnsucht nach unbekannten Fernen, der ich den Namen gebe: Uruguaystrom."[183] Und schon, als die Gestalten des Traumes anfingen, sich in sein Hirn zu nisten, klang es mit schon undeutlicher Stimme: „Ein Wandrer... zwischen Staub... und Sternen..."[184]

Am Tage darauf kehrte Robert in die Heimat zurück. Ein Wunsch stieg aus seinem Innern auf, der ihn in einer hypnotischen Spannung hielt: Ach! wer doch auch leben könnte wie diese Menschen da, befreit von allen Sorgen des täglichen Berufes, nichts anders tun als dem Werk, dem man sich verpflichtet glaubt, zu Wachstum und Gestalt verhelfen! Und Robert überkam eine dunkle Melancholie, wenn er an seine eintönige, qualvolle Büroarbeit dachte, an die Gespräche, die er mit seinen Kollegen zu führen gezwungen war, an die Tage ohne Auftrieb und Begeisterung. Nun war er schon anfangs der Dreißiger und noch immer war ihm nicht das restlos gelungen, wonach er mit der ganzen Inbrunst seines Herzens strebte: All die Visionen, die in ihm lebten, einmal in Worte zu fassen, so daß Wort und Erleben zu einer einzigen unlösbaren Einheit würden! Doch stets noch hatte er, bei jedem seiner Werke, sobald es fertig vor ihm lag, sich nicht des Eindrucks erwehren können, daß diese Einheit wieder einmal nicht zustande gekommen war, daß noch immer das Erlebnis die Sprache nicht aufgesaugt hatte, so daß sie wie ein dunkler ferner Klang zu vernehmen wäre. Oh, Robert wußte, die Sprache existierte neben seinem Werk, Empfindungen und Gesichte wurden in ihm ausgelöst, doch die führten ein Leben für sich, Worte und Sätze wurden geboren, Klänge barsten in ihm auf, aber sie deckten sich nie in dem Sinne mit dem Inhalt, wie es Goethe in seiner Lyrik gelungen war, und Storm und Dehmel. [Gewiß! Robert hatte dieses Übel auch aus den Büchern der andern Schriftsteller seiner Heimat herausgespürt, aber das war ihm ein kleiner Trost. Wenn die andern sich damit begnügen wollten, so etwas wie Heimatdichter zu sein, die zufällig in deutscher Sprache schrieben, so waren das ihrer Sachen, er aber wollte ein deutscher Dichter werden, dessen Wiege eben in Lützelburg stand.] Während den Unterhaltungen mit den deutschen Kollegen glaubte er einen Augenblick, an die Lösung des Rätsels herangekommen zu sein. Was ihm sonst Schwierigkeiten bereitet hatte, auszusprechen, seine Gefühle und Gedanken nahmen nun auf einmal aus sich selber heraus den Weg auf seine Zunge, er brauchte nicht mehr zuvor mühsam nach Worten zu tasten und aus einer Sprache in die andre zu übersetzen. Die Sprache war in diesen Tagen für ihn nicht mehr ein Hilfsmittel gewesen, ein Karren, in den man alles kunterbunt hineinwirft, nur zu dem alleinigen Zweck, von der Stelle zu kommen, nein, sie war allem, was er vorbrachte, angewachsen wie ein Kleid, das alles Unfaßbare nun erst greifbar und sichtbar machte.

Es war an einem Samstag, als Robert von Anker Abschied nahm und da somit der nächste Tag noch frei war, beschloß er, den in Echterhausen bei seiner Mutter zu verbringen. Wie würde die sich freuen, ihn wiederzusehen und aus seinem Munde alles zu erfahren, was er erlebt hatte, was er gesehen und was ihn bewegt hatte!

Es war in Roberts Heimathaus stets der Brauch gewesen, nach Tisch noch eine Weile sitzen zu bleiben, eine Tasse Kaffee zu trinken und gegenseitig Gedanken über Menschen und Bücher auszutauschen. Auch dann, als Robert und sein Bruder Willy längst in Stellung waren, war dieser Brauch beibehalten worden, wenn auch die Tafelrunde nun nur mehr aus drei Mitgliedern bestand: aus der Mutter, Roberts Schwester und dem Mann der Schwester. Für die Mutter aber war es jedesmal ein Feiertag, wenn die Brüder nachhause kamen und nach dem Essen die Runde vervollständigen halfen. Dann wurde die Mutter nicht müde zu fragen, ein jeder der beiden mußte seine kleinen Erlebnisse aus seinem Wirkungskreis zum Besten geben, diese kleinen Erlebnisse und Begebenheiten, die für die Mutter, die nie ihr Geburtsstädtchen verlassen hatte, außer an dem Tage, wo ganz Echterhausen nach Lützelburg wallfahrtete, eine Welt bedeuteten. Als nun Robert an jenem Sonntagmittag in die Stube trat, wollte die Freude kein Ende nehmen. Besonders die Mutter hatte soviel zu fragen, ihre Worte waren in eine solche Wärme eingebettet, daß Robert am liebsten seinen Kopf in ihren Schoß gebettet und einem lautlosen Weinen sich hingegeben hätte. Vielleicht daß dann alles Leid von ihm genommen worden wäre, vielleicht wäre es ihm leichter ums Herz geworden, wenn er Aug in Aug seiner Mutter seine seelische Not hätte schildern können, aber so kam er nicht dazu, er stand allen Rede und Antwort, erzählte von Banketten und den Dichtern, die er getroffen hatte, und den schönen Tagen mit Claus Anker. Und jedesmal, wenn der Name eines bekannten Schriftstellers aufklang, von dem die Mutter schon das eine oder andre Buch gelesen hatte, wollte sie unbedingt wissen, wie der Mann gekleidet war, wie er spreche und welches seine Gebärden seien.

Am Abend dann begleitete sie Robert und seinen Bruder Willy zum Bahnhof. Sie kamen etwas zu früh dort an, und so gingen sie noch eine Strecke auf der Straße, die sie aus der Stadt heraus den Wäldern entgegenführt. Die Bäume standen kahl, der Springbrunnen im Bahnhofsgarten klang nackt und metallen, auf der Sauer schwammen vom gegenüberliegenden Ufer einige Lichter. „Jetzt hierbleiben können", dachte Robert, „in die Dunkelheit hineinmarschieren, sich vom Regen das Gesicht peitschen lassen und die ganze Melancholie dieser Landschaft in das Herz schließen und ihr zu Wort verhelfen." Doch die Zeit der Abfahrt nahte, und als ob die Mutter etwas von all dem, was den ganzen Tag über in Robert vorgegangen, gemerkt hätte, auch ohne daß eine Äußerung darüber aus seinem Munde gefallen war, preßte sie kurz vor dem Pfiff der Lokomotive stürmisch seine Hand und flüsterte ihm zu: „Sei tapfer, mein Junge!"

Robert kuschelte sich in eine Ecke und während man rings um ihn herum lärmte und grölte, denn manchen Mitreisenden war das Bier zu Kopfe gestiegen, klang in das Dröhnen der Räder und das Zischen der Lokomotive die Mahnung der Mutter: „Sei tapfer, mein Junge!" Robert starrte durch die Fensterscheiben. Tiefschwarz standen die Wälder. Jetzt aussteigen, in die undurchdringliche Finsternis hineingehen, nicht umschauen, immer weiter und weiter, nicht achtend auf Weg und Steg, der Nebel schlägt die Pforten hinter einem zu, und am Morgen finden sie einen mit zerbrochenen Gliedern, abgestürzt, und aller Schmerz hat ein Ende...

Da riß Robert sich zusammen. Bis wohin hatte ihn sein Träumen und Brüten geführt? Gewiß, in ihm hatte sich in dieser Minute der Vorsatz festgekrallt, sich auszulöschen, aber durfte er nur an sich selber denken, gab es nicht ein Wesen, dem er auch über den Tod hinaus Rechenschaft schuldig war? Sei tapfer, mein Junge!

Draußen heulte der Sturm und warf den Regen mit äußerster Wucht an die Fensterscheiben eines Restaurants, in dem Robert mit einigen Freunden zusammensaß; jedesmal, wenn wieder eine Böe gegen die Scheiben geschmissen wurde, ging ein leises Klirren durch dieselben, das eine Sekunde lang im Raume nachschwang. Ein großer Kolonnenofen stand in der Mitte der Stube, das Feuer bubberte und seine Lichter zitterten auf der Messingplatte, die vor dem Ofen auf dem Boden lag. Eine gewisse Behaglichkeit ging von diesem Ofen aus, etwas Altväterliches, das weder der Zeit noch der Umgebung achtete.

Robert war eben dabei, seinen Freunden seine Freiburger Erlebnisse zu erzählen, ihnen die Schönheit eines badischen Herbstes zu schildern, als sich die Tür öffnete und Roberts Schulkamerad Bernard hereintrat. Sobald Robert ihn erblickt hatte, ahnte ihm nichts Gutes. Bernard hier in Elzingen, zu dieser Stunde und bei diesem Wetter! Er ging gleich auf Robert zu:

„Du mußt sofort mit nachhause kommen! Deine Mutter ist krank, und da glaubten deine Geschwister, es sei besser, wenn du auch jetzt daheim seiest."

„Meine Mutter krank? Ist es denn gefährlich?"

„Jetzt vielleicht noch nicht, aber man kann ja nie wissen, was aus anfänglichem Unwohlsein entstehen kann."

Robert sah Bernard an und da wußte er, daß dieser nicht die Wahrheit sprach, jedenfalls nicht die ganze Wahrheit.

„Wie bist du denn hierher gekommen?", begann Robert wieder.

„Im Auto, ich hab es draußen stehen."

Da sagte Robert kein Wort mehr, schweigend erhob er sich.

„Komm, laß uns gehen!"

Der Wagen rollte durch die Nacht. Es ging durch Wälder, deren Nähe etwas Erschreckendes an sich hatte, etwas Raubtierhaftes, das fertig zum Sprung lag. Der Sturm wütete, sprang den Bäumen ins Genick und schüttelte sie, daß die letzten Blätter taumelnd zu Boden fielen. Sie kamen an Dörfern vorbei, an Häusern, durch deren Läden Licht auf die Straße rieselte.

Im Wagen war es stumm. Keiner der beiden sprach ein Wort. Da nahm Bernard den abgerissenen Faden wieder auf:

„Du, Robert, ich habe eben im Café dir nicht die ganze Wahrheit gesagt. Deine Mutter ist schwerkrank. Es besteht ja noch Hoffnung, aber es ist besser für dich, wenn ich es dir jetzt schon mitteile."

Und wieder setzte sich das grauenhafte Schweigen zwischen sie, nahm Robert beim Handgelenk und spürte, daß dieser fröstelte.

„Aber so sprich doch ein Wort!"

„Gut, Bernard, dann sag ich, daß meine Mutter tot ist."

Die Worte kamen aus Roberts Munde, als ob nicht er sie geformt hätte, sondern irgendeiner, der vielleicht hinter ihm saß.

„Schnell, schnell Bernard! Sonst spring ich raus und laufe zu Fuß nachhaus."

„Der Wagen gibt nicht mehr her. Doch sei kein Kind, Robert, wir müssen uns ja alle mit dem Gedanken vertraut machen, heute oder morgen unsre Mutter zu verlieren. Du weißt, deine Mutter und meine Mutter, sie sind nicht von heute. Und was dich jetzt getroffen hat, kann mir schon morgen blühen."

Die Lichter von Echterhausen kamen in Sicht, der Sturm hatte ein wenig nachgelassen, da standen die Türme der Basilika und nun hielt der Wagen. Robert stürzte in die Stube und da saßen sie alle versammelt, Schwester und Bruder, Tanten und Vettern.

Robert warf seinen Überrock zu Boden.

„Wo ist die Mutter?"

Da trat der Bruder vor, nahm ihn bei der Hand und sagte:

„Komm!"

Robert eilte die Treppe empor und riß die Tür zum Schlafzimmer auf.

Da lag sie, die Hände auf der Brust gefaltet und schien zu schlafen. Ein leises Lächeln war um ihre Züge, so geruhsam war schon lange ihr Schlummer nicht mehr gewesen.

Robert beugte sich über sie und küßte sie auf die Stirne. Sein Bruder tippte ihm auf die Schulter. „Laß mich allein, Willy!" Und Robert trat an sie heran, zog den Schleier weg, den man über sie gebreitet hatte, strich mit den Fingern über ihr Gesicht und ihre Hände, immer wieder befühlte er diesen Körper, immer heftiger wurde in ihm das Gefühl, ihn in die Arme zu nehmen und an sich zu drücken, als müsse er ihm Wärme geben vom eigenen Herzen. Aber nun ging keine Wärme mehr von der Mutter aus, deren ganzes Leben nichts anders gewesen war als ein unendlicher Liebesdienst an den andern. In ihren Händen hielt sie das Kreuz, Symbol ihres eigenen martervollen Lebens. „Wahrhaftig, Mutter!", dachte Robert, „du mußtest das Kreuz in Händen halten, denn dein Erdenwallen war nichts weiter als ein einziger Opfergang. Doch weshalb hast du dich gerade jetzt aufgemacht zu der großen Reise, du, die doch sonst nicht das Städtchen verlassen wollte? Hattest du keine Angst vor dieser Pilgerfahrt ins große Unbekannte, du, die nicht sein konnte ohne ihren täglichen Schwatz, ihr liebes Plauderstündchen, ohne die Kirche von St. Peter und Paul und ohne die

Glocke des Maximilian. Wie freutest du dich stets, wenn ihr Summen und Dröhnen über die Dächer des Städtchens kam, wie leuchteten dann deine Augen, als ob man für dich ganz allein ein Fest feiern würde!

Doch nun hast du all dies verlassen, fast ohne Bedauern machtest du dich bereit. Wie kam das, Mutter? Was hast du alles gelitten, wovon du mir nie etwas anvertrautest? Am Samstag, wenn ich nachhause kam, tratest du mir immer lächelnden Gesichtes entgegen, du wolltest nicht, daß ich von deinem Herzen etwas anders erführe als Liebe und Verstehen. Nun weiß ich, daß du mir in deiner großen Güte vieles verborgen hast, was war es, Mutter? Ich ahne es, aber dein Mund schweigt.

Und so bist du auch von dannen gegangen, schweigsam. Dreißig Jahre hast du geschwiegen, doch nun, vor deinem erstarrten Körper, weiß ich: Du warst eine Märtyrerin, eine Heilige warst du. Weil du nicht allein dein Kreuz auf dich nahmest, sondern, als der Augenblick gekommen, wo man dir dieses Kreuz von den Schultern hob, du all den Jammer und das Elend der andern auf deinen schwachen Körper ludest. So liebe ich dich in diesem Augenblick wie nie zuvor, so flutet meine ganze Inbrunst über dich hin, als müßtest du in ihrer Wärme wieder zu Leben kommen. Aber du wußtest ja immer mit Klugheit das Beste zu wählen. Und deshalb hast du vielleicht auch jetzt, wenn auch nur einmal im Leben, für dich selber gewählt."

Robert beugte sich über die Leiche, schaute sie lange an, küßte sie dann auf die Stirne und machte über sie das Zeichen des Kreuzes. Und seine Lippen flüsterten: „Möge dir diesmal dieses Zeichen zum Heile gereichen!" Und über das Grauen seines Schmerzes schimmerten ganz schwach diese Worte.

Robert kam eben mit seinem Bruder Willy und seiner Schwester Marie-Anna aus dem Seelenamt nachhause. Es war am Tage nach der Beerdigung der Mutter, noch weilte er ganz bei der Toten und manchmal überraschte er sich plötzlich selber dabei, wie er auf einmal das Wort „Mutter" formte und es laut vor sich aussprach.

Die Schwester sperrte die Haustüre auf, der Schlüssel drehte sich ächzend. „Sonderbar", dachte Robert, „er schreit, als ob er vor der Hand eines Fremden Alarm schlagen wolle." Sie traten in die Stube, in der noch gestern die Mutter aufgebahrt lag. Solange ihr Körper in dem Hause geweilt, hatte Robert die Trennung nicht so empfunden; und dann war die Familie, waren all die Bekannten dagewesen, die ihn über seinen Schmerz hinwegzutäuschen suchten, und am Abend war er dann aufs Bett gefallen, wie erstarrt vor Müdigkeit.

Doch nun war er allein. Er stieg die Treppe empor in Mutters Schlafzimmer und öffnete den Schrank. Da hingen ihre Kleider, da die Röcke, die sie getragen, da war die Jacke aus Plüsch, die stets ihr Stolz gewesen, da lagen die Hüte, die auch noch in späterem Alter so wundersam sich auf ihrem schwarzen Haar ausnahmen, und daneben einige Blumen, die einmal auf einem Ball – o! das mußte schon eine ganze Ewigkeit her sein – ihre Schönheit erhoben hatten.

Robert preßte das Gesicht in die Kleidungsstücke, sog ihren Geruch tief in sich hinein und ihm war, als ob er damit die Tote in die Gegenwart zurückrufen könne. Aber als er wieder den Kopf erhob, stürmte die Einsamkeit nur noch heftiger auf ihn herein.

[Er sah sich im Zimmer um und da bemerkte er an der Wand den Hochzeitskranz, den die Mutter zu jener Feier getragen hatte, daneben eine Statue der Unbefleckten Empfängnis. Robert sog all diese Gegenstände in sich ein, seine Augen faßten sie zusammen, und als er sich umkehrte, um das Zimmer zu verlassen, da wußte er, daß er den Ruch dieses Raumes nun in seinem Innern mit sich forttrage wie einen Talisman, der ihn behüte auf seinen Wegen.]

„Robert, ich möchte dir etwas mitteilen."

Robert, der eben wieder vor sich hingebrütet hatte, hob den Kopf.

„Also, ich wollte dich fragen, wie wir es hier mit unserm Hause machen?"

Robert richtete den Blick auf seine Schwester. „Dummheit", dachte er, „nichts als Dummheit! Was zerbricht das Mädchen sich in dieser Stunde den Kopf mit diesen Dingen? Gibt es denn jetzt noch ein Haus, über das es sich zu reden lohnt, gibt es jetzt noch eine Heimat, die man lieb haben kann, Dinge mit Wärme, in denen man Schutz suchen kann, wenn die Welt da draußen uns anbellt und brutal vergewaltigt?"

Und laut hörte er sich selber sprechen: „Aber das ist doch alles so einfach. Du und dein Mann, ihr bleibt hier wohnen und haltet das Ganze in Ordnung. Und wenn Willy und ich dann Samstags nachhause kommen, werden wir froh sein, ein Absteigequartier zu finden. So wird es euch ja auch recht sein."

„Ach! Robert, du verstehst mich nicht. Du weißt doch, daß wir schwere Zeiten durchgemacht haben, daß der Verdienst meines Mannes all die Jahre über gering war... und daß die Mutter...", sie begann zu stocken, „uns manchmal beispringen mußte. Und dann, weißt du, hatten wir ja auch Pech mit den Autos, du erinnerst dich ja, drei Autos hat Marcel in den letzten Jahren gebraucht, und da ... da ist Mutter manchmal zur Bank gegangen..."

Robert stand auf. Er schaute seine Schwester an und sagte: „Ich habe geahnt, an welcher Krankheit Mutter gestorben ist. Nun gehört uns also nicht einmal mehr das Dach über dem Kopfe..." Weiter kam er nicht, ein ungeheures Schluchzen schüttelte seinen Körper, brach aus ihm heraus wie eine Sturzflut, vor deren Gewalt es keine Rettung mehr gibt. Alles, was in diesen Tagen an Schmerz sich in ihm angesammelt hatte, wurde aus seinem Innern emporgeschleudert, sein Kopf warf sich in krampfhaften Zuckungen, und erst nach langen Minuten gelang es seiner erschreckten Schwester, sein Schluchzen in ein unterirdisches Weinen zu leiten.

An diesem Abend kehrte Robert nach Elzingen zurück. Als er am Morgen die Grube wieder betrat, kam ihm alles so fremd, so marionettenhaft vor. Er setzte sich an die Arbeit und schaute die Zahlen vor sich an, wie man sehr seltsame sonderbare Tiere ansieht, wenn im Fernsprecher sich jemand meldete, so schreckte er zusammen, als ob eine Stimme aus dem Jenseits an ihn herangetreten, die Arbeiter, die an dem Schalter Aufstellung nahmen, blickte er an mit sonderbar verwirrten Augen. Herr Knippchen trat ins Büro, um ihm zum Tode seiner Mutter sein Beileid auszusprechen. Robert ließ es geschehen, doch kaum war er wieder allein, so sprach er zu sich selber: „Weshalb ist der nun auch gekommen? Weshalb hielt er unbedingt darauf, mich in dieser Minute zu stören. Ich will kein Mitleid, von keinem, hört ihr, von keinem einzigen Menschen! Denn was ihr sagt, liegt doch alles fertig gedruckt in eurem Innern, bei jeder ähnlichen Gelegenheit packt ihr es aus und es fließt euch vom Munde wie einem Redakteur seine schlechte Prosa aus der Feder. Pfui Deibel, daß ihr nicht soviel Achtung vor dem Menschen aufbringt, um mich in diesen Stunden ruhig zu lassen. Seelische Banditen, die ihr seid!" Und von Ekel geschüttelt sperrte er die Türe und verließ die Grube.

Als Robert an jenem Abend ins Casino trat, saß Gaby Werner schon dort. Von Hunger verspürte Robert keine Spur und so wußte er, genau genommen, selber nicht, was ihn zu dieser Stunde hierher trieb. Trotzdem setzte er sich, man brachte das Essen, aber unberührt, wie man es auf den Tisch setzte, ging es wieder in die Küche zurück.

Gaby nahm als erste das Wort. Sie sprach ihr Mitgefühl Robert gegenüber aus, sie tat es in wohlgerundeten, klug gesetzten Worten. Da sagte Robert plötzlich: „Sehen Sie, Fräulein Werner, was Sie jetzt tun, ist doch, bei Lichte richtig betrachtet, ziemlich wertlos. Sie bilden Worte, wie wir sie alle aus der Literatur her kennen, sehr gepflegt, sehr aristokratisch, doch nicht so, daß man ohne weiteres sagen könnte: Nun bist du allein, aber es gibt trotz allem noch einen Menschen, der es gut mit dir meint, der mit dir fühlt und leidet. Alles ist in Konventionen erstarrt, jeder trägt eine Maske, die abzunehmen seine Erziehung ihm nicht erlaubt. Fräulein Gaby, ich hatte andres von Ihnen erwartet..." Gaby Werner erblaßte.

„Aber Herr Holzer, dieser Ton... Das bin ich doch wahrhaftig nicht bei Ihnen gewöhnt..." Sie erhob sich und schritt grußlos hinaus. Einige Minuten später trat auch Robert ins Freie.

Der Regen prasselte hernieder, der Sturm fuhr über die Pappeln hin, daß sie sich duckten und stöhnten vor Angst und Schmerz.

Manchmal fuhr von den Schlackenhalden ein Strahl zum Himmel, aber gleich warf sich das Dunkel über ihn und erdrückte ihn mit seiner Massigkeit und Fülle.

Robert ging nicht nach Hause. Sein Weg führte ihn durch eine Gasse, die nur von Fremden, hauptsächlich Italienern und Slawen bewohnt war, und als er aus einem Café Dirnenlachen hörte, trat er ein.

[Das literarische Lützelburg feierte ein Ereignis: Zehn Jahre waren es nun her, seit die *Cahiers* gegründet worden waren, zehn Jahre voll von Schwierigkeiten, aber auch von Erfolgen, zehn Jahre eines Werkes, auf das die Herausgeber stolz sein konnten, denn bis heute war es noch keiner Zeitschrift von Niveau gelungen, sich zehn Jahre im Herzogtum über Wasser zu halten: *Floreal* hatte es auf einen Jahrgang gebracht, die *Voix des Jeunes* erschien mit Unterbrechungen, sie hatte schon lange die Mitarbeiter geändert und aus einer Zeitschrift mit streitbarem Charakter, die zu Anfang alles um sich gesammelt hatte, was einen bestimmten Ruch als Schriftsteller trug, war nun eine Publikation geworden, die es als ihre Hauptaufgabe ansah, besonders die Verbindungen unter Studierenden aufrecht zu erhalten.

Auch die *Cahiers* hatten allerdings ihrer Leserschaft Zugeständnisse machen müssen. Wie bei allen kleinen Völkern erfreute sich die Volkskunde größter Beliebtheit, und so lag es ohne weiteres auf der Hand, daß die *Cahiers* sich diesen Zweig Schrifttum nicht entgehen ließen, und das umso mehr, da es für diese Art Literatur nicht an Mitarbeitern fehlte. Man wird die Ursache begreifen: Der Krieg von 1914 hatte das völkische Bewußtsein bei den Lützelburgern wach gerufen, und wenn auch gegen Ende der Katastrophe die Nation gespalten war in Republikaner und Monarchisten, so hatte binnen kurzem die neue Herrscherin es verstanden, das Volk um den Thron zu scharen und ihm Gewähr zu sein für seine Unabhängigkeit. Im Gewöhnlichen kümmerte der Lützelburger sich kreuzwenig um seine Vergangenheit; Nationalgeschichte wurde erst auf den Oberkursen gelehrt und abgesehen von den gebildeten Schichten, waren die Kenntnisse an nationalem Wissen bei

Arbeitern und Beamten äußerst gering. Aber als in Deutschland der Nationalsozialismus die Oberhand gewann, und die gemeinsame Rückkehr aller deutschsprechenden Stämme zum größeren Vaterlande forderte, da erst lernten die Lützelburger ihre Heimat richtig schätzen. Bei den Verlegern wurde die Nachfrage nach nationalem Schrifttum so stark wie nie, und konnte man es deshalb den *Cahiers* verdenken, wenn sie ganze Nummern mit folkloristischen Beiträgen füllten? Und das umso mehr, da es ihnen gerade auf diesem Gebiete nicht an Mitarbeitern fehlte, die sich darauf beschränkten, in alten Mappen zu sammeln und das Gesammelte fein säuberlich zusammenzustellen, ohne auch nur eine Spur einer schöpferischen Arbeit zu leisten.]

Seit dem Tode der Mutter hatte Robert keine Zeile mehr geschrieben. Alles, was mit Literatur zusammenhing, ekelte ihn an, Bücher waren ihm ein Greuel und wenn er des Morgens erwachte, so stand noch immer der Traum der Nacht vor ihm und dieser Traum war stets derselbe, nie änderte er, selbst bis in die kleinsten Einzelheiten blieb er sich gleich: Die Mutter kam zu ihm und beide sprachen miteinander ganze Nächte lang; Robert sagte ihr, was er am Tage geschafft, erzählte ihr von seinen Arbeiten und dem Umgang mit den Kollegen, sie ging auf alles ein, teilte ihm ihre Meinung mit und gab ihm Ratschläge für die Zukunft. Und wenn dann Robert beim ersten Frühlicht erwachte, und den Schlaf aus seinen Gliedern schüttelte, dann sah er, daß die Scherben seines Traumes den Boden bedeckten und Tränen sprangen ihm in die Augen.

Wenn er schon sonst nicht gerade dem Büro in Anhänglichkeit zugetan war, so begann er nun, diese Arbeit zu hassen. Er fluchte jedem Tag, der ihn aufs Neue ins Räderwerk der Pflicht trieb und heftiger denn je tauchte in dieser Periode der Gedanke in ihm auf, das Land zu verlassen, sich nach Deutschland zu wenden und dort, wenn nicht anders möglich, Hungers zu sterben.

[Es war an einem Samstagnachmittag, als es an Roberts Türe klopfte und Fritz Mangen mit Christian Weise hereintrat. Christian Weise war von hoher Gestalt und breiten Schultern, er war fast doppelt so groß wie Robert, und wenn man das Wort an ihn richtete, so hielt es hart, seine Meinung gewahr zu werden. Man konnte nicht von ihm sagen, daß er Furcht hätte, diese Meinung zu äußern, vielmehr ging er sehr sparsam mit seinem Wort um, er geizte förmlich damit und wenn er einmal ein Urteil wagte, so geschah es mit einigen Silben, aber diese paar Silben trafen dann ins Schwarze. Christian Weise hatte in früheren Jahren zu schreiben versucht, besonders für historische Novellen zeigte er ein besonderes Interesse, aber noch hatte er nichts veröffentlicht, und der großen Öffentlichkeit war sein Name so gut wie unbekannt.

Robert war erstaunt, die beiden an diesem Nachmittag ihm einen Besuch abstatten zu sehen, und seine erste Regung war die eines gewissen Unwillens. Weshalb kam man ihn stören, jetzt, wo er am liebsten mit sich selber allein war? Weshalb kam man ihn aufscheuchen aus jener Grotte, die sein Schweigen und sein Schmerz nun schon seit Wochen über ihn gewölbt hatten?

Kaum hatten die beiden Platz genommen, als sie auch schon mit ihrem Anliegen an Robert herantraten.

Er wisse ja, daß die *Cahiers* ihr zehnjähriges Bestehen feierten.

Robert bejahte.

Dann wisse er auch, daß bei dieser Gelegenheit die *Cahiers* ein Preisausschreiben veranstalteten und zwar drei Preise für Lyrik, drei für Epik und drei für Abhandlungen, ganz gleich, welcher Art und Weise diese seien. Man sei nun gekommen, um von ihm ein Gedicht zu erhalten, das man fortschicke, damit er sich einen Preis bei dieser Veranstaltung hole.

Robert lachte, und sein Lachen hatte die Schärfe eines Messers, das unbarmherzig in verharschten Wunden wühlt.

„Ihr wollt von mir ein Gedicht zu einem Preisausschreiben? Aber ihr wißt doch, daß ich schon längere Zeit nichts mehr geschrieben habe! Die Dichtung ist ja nichts anders wie ein Surrogat, und dieses Surrogat hat sich in meinem Falle zu schwach erwiesen. Ihr meint es mit mir gut, aber ich bitte euch recht herzlich: Laßt mich in Ruhe."

Da sagte Fritz Mangen und seine Worte klangen ziemlich gebieterisch: „Dann zeig uns deine Manuskripte von früher!"

Robert legte eine Mappe vor sie hin, und nun begannen Fritz und Christian Weise, darin zu blättern. Schließlich hielt Fritz ein Blatt in Händen, das er Christian Weise zeigte und nachdem auch der es gelesen und bejahend mit dem Kopf genickt hatte, meinte Fritz:

„So, und das wird nun abgeschickt. Wenn du nicht mehr die Energie aufbringst, dich am geistigen Leben Lützelburgs zu interessieren, so müssen eben andre an deiner Stelle handeln."

Und damit steckte er das ausgewählte Manuskript in die Tasche. Fritz war schon zum Aufbruch bereit, da meinte Weise, und seine Rede kam stockend, als ob er zögere, die Worte vor die beiden andern hinzusetzen:

„Wenn ihr noch einen Augenblick Zeit habt, ich habe hier auch etwas mitgebracht, das ich euch vorlesen möchte. Ist's recht? Gut! Ihr möget dann darüber urteilen."

Und er begann. Zuerst zaghaft, mit schwerer Zunge und Fritz und Robert mußten die Ohren spitzen, um kein Wort des Inhaltes zu verlieren; Christian stieß die einzelnen Worte mehr zwischen den Zähnen hervor, als er sie sprach und manches fand überhaupt nicht den Weg bis zu den Ohren der beiden Zuhörer, sondern verlor sich schon vor dem Start in der Tiefe irgendeines gurgelnden Lautes.

Aber trotz der Schwere und der Unbeholfenheit des Vortrags wurde die Aufmerksamkeit von Fritz und Robert derart gefesselt, daß sie aus dem Staunen nicht mehr herauskamen. Denn was Christian ihnen da vorlas, das war nicht eine der üblichen psychologisierenden Liebesgeschichten, sondern das Kapitel sagte von dem Lebensweg eines Außenseiters der menschlichen Gesellschaft, es erzählte von dem Lumpensammler Jim Steller, der in einer der Vorstädte Lützelburgs zuhause ist und den man versucht, für das bürgerliche Leben zu gewinnen. Mit einer Eindringlichkeit sondergleichen hatte Christian sich dieses Schicksals bemächtigt, hatte die Seele dieses Menschen bis auf den Grund ausgeschöpft und dabei die Atmosphäre des Milieus gegeben, sie gezeichnet mit

Sachlichkeit und Kühlheit und doch mit einer Schwere, die an die Wucht mancher deutschen Balladen denken ließ.

Als er geendet hatte, gingen seine grauen Augen suchend zwischen den beiden Zuhörern hin und her, begierig zu erfahren, ob sie dort auf Zustimmung oder Ablehnung treffen würden.

Schließlich brach Robert das Schweigen.

„Das mußt du unbedingt einsenden, Christian, du wirst sehen, du wirst den Preis erhalten!"

Christian schaute noch ungläubig auf Fritz, der dafür bekannt war, skeptischer in seinen Urteilen als Robert zu sein, und da der nun schließlich auch zustimmte, wurde beschlossen, die beiden Arbeiten gleich zur Post zu tragen.

Das Resultat des Wettbewerbes war so, wie Fritz und Robert es Christian vorausgesagt hatten: Christian erhielt den Preis und seine Arbeit ward in einer Sondernummer der *Cahiers*, welche teilweise dem Preisausschreiben gewidmet war, veröffentlicht.

Aber die preisgekrönte Arbeit stellte im Grunde nichts anders als das erste Kapitel einer größeren Erzählung dar, die Christian zu schreiben im Begriffe stand. Nun mußte er sich daransetzen, Nummer für Nummer den *Cahiers* die Fortsetzung zu liefern, und als die Erzählung dann schließlich als Buch veröffentlicht wurde, da konnte man mit gutem Gewissen von einer Wende in der lützelburger Epik sprechen: Denn es war zum erstenmale, daß ein inländischer Autor ein proletarisches Schicksal zu gestalten versuchte, und wenn auch dieser oder jener Kritiker in seiner Besprechung noch nicht die rechten Worte fand, so war doch der Eindruck beim Publikum umso tiefer.]

Inzwischen war der Frühling ins Land gekommen und der Sommer ließ seine Lichträder von den Höhen zu Tal rollen. Früher waren dies für Robert immer Hochzeiten gewesen, wenn er Samstagabends nach Echterhausen fuhr, das Licht über den Wäldern an der Sur säumte und die Wiesen den inbrünstigen Geruch von frisch gemähtem Gras durch das großgeöffnete Fenster in das Zugabteil schickten. Dann hatte er Sonntags, nachdem die Kaffeestunde zuende war, Hut und Stock genommen und war zum Trooßkneppchen emporgewandert, hatte tausende und tausende Blüten beglückt in seine Augen gehoben, die grelle Melodie der Zikaden riß seine Seele in ungeahnte Aufschwünge und wenn er spät am Abend wieder nach Elzingen zurückmußte, so trug er eine Schatztruhe mit sich, die er nur dann öffnete, wenn er ganz allein war, um den Inhalt immer und immer wieder zu kosten und seine Augen mit neuem Glänzen zu füllen. Doch seit dem Tode der Mutter war das alles nun ganz anders. Wie vieles hatte sich seither verändert! Robert fuhr nun nicht mehr am Wochenende nach Echterhausen, er blieb in Elzingen und verbrachte seine freie Zeit meistens mit Lektüre, da ihm jeder Mut zu einer größeren geistigen Arbeit fehlte. Vom Frühling und vom Sommer hatte er dieses Jahr nicht viel gemerkt, nur daß die Tage länger wurden und daß an den Hängen der Gruben das Gras von dreckig Braun ins Grüne wechselte.

Die Glocken von St. Josef hatten eben zur Vesper geläutet, und Robert stand imbegriffe, sein Zimmer aufzusuchen, da sah er in der Hauptstraße seinen Kollegen Sebaldus Biermann auf sich zukommen. Sebaldus Biermann war annähernd im selben Alter wie Robert, aber an Gewicht mochte er gut das Doppelte machen. Eine feuchte Heiterkeit lag stets über seinen Zügen und seine wollüstig aufgeworfenen Lippen ließen auf einen unbedingten Genießer schließen. Robert mochte an und für sich Sebaldus gut leiden, er hatte einen verträglichen Charakter und er war von einer heroischen Aufopferungsbereitschaft. Nie war ihm eine Stunde zu früh und nie eine zu spät, wenn er irgendeinem Freund und Kollegen zu Dienst sein konnte. So kam es denn auch, daß er bei allen, die mit ihm Umgang pflegten, wohl gelitten war, und keiner konnte sich entsinnen, diesem Menschen im Ernst gram gewesen zu sein. Und doch hätte er seinen Bekannten öfters Anlaß dazu gegeben: Denn Sebaldus Biermann beanspruchte für sich die Eigenschaft, in jeder Gesellschaft, in der er verkehrte, der klügste zu sein. Kam das Gespräch auf Metaphysik, Sebaldus Biermann wies überlegen lächelnd jeden metaphysischen Gedanken von sich, mit seinem Doppelzentnergewicht stand er fest auf dem Erdboden und war jeder spekulativen Philosophie abhold. Sprach man über Literatur, so konnte man gewiß sein, daß er alles Moderne ablehnte und nur aus dem Born jener Erinnerungen schöpfte, die ihm noch aus seiner Schulzeit her geblieben waren, doch wehe dem, der in seiner Gegenwart das Wort „Musik" gebrauchte! Unbarmherzig fiel dann Sebaldus über ihn her, verdammte, ohne sie überhaupt zu kennen, dessen Anschauungen in Grund und Boden, hielt eine Vorlesung über Musikliteratur, die einem Fachmann hätte die Haare zu Berge stehen lassen, und redete sich dermaßen in einen Eifer hinein, daß er, mit seiner Theorie zuende gekommen, wütend im Kreise um sich sah, einem Schmierenartisten gleich, der nach erledigter Kraftprobe ins Publikum schreit: „100 Mark demjenigen, der imstande ist, mir diese Leistung nachzumachen!"

Man glaube aber nun nicht, daß Sebaldus Biermann irgendwelche Musikschule zu seiner Ausbildung besucht hätte, mitnichten, eine große Liebe zur Tonkunst paarte sich bei ihm mit einem mittleren musikalischen Empfinden und aufgrund dieser Tatsache baute er sich seine eigene Wissenschaft und nie wäre es ihm in den Sinn gekommen, auch nur eine Sekunde an der absoluten Richtigkeit seiner Erkenntnisse zu zweifeln.

Sebaldus rief Robert an.

„Du willst schon wieder nachhause? Komm mal her! Jetzt gehst du mit mir. Ich möchte dir für heute einmal eine Überraschung machen. Warst du schon einmal im Café „Zum Krokodil"? Da gibt es ein Mädchen, sag ich dir, das schönste, das mir je unter die Finger gekommen. Also, nicht wahr, jetzt machst du keine Flausen und gehst mit." Und schon hatte Sebaldus den noch etwas zögernden Robert unter gegriffen und zog ihn gutmütig mit fort.

Das Café „Zum Krokodil" lag in einer der vielen Nebengassen, welche die einzige Hauptstraße, die Elzingen besitzt, durchschneiden. Als die beiden das Café betraten, stutzte Robert. Der Raum war nicht aufgemacht wie so viele ähnliche Stätten Elzingens, sondern man sah sofort, daß hier mehr als Handwerker am Werk gewesen, daß hier der Geist und die Hand eines wirklichen

Künstlers gewaltet hatten. Obschon Robert noch nie in einer Künstlerkneipe des Montmartre gewesen, mußte er sich doch sagen, daß dies ungefähr der Stil sein mochte, wie er sich in seinen Phantasien ähnliche Räumlichkeiten ausdachte. Die Wände waren mit Bildern bemalt, die etwas Expressionistisch-Futuristisches an sich hatten und dabei doch nicht aufreizend, sondern viel eher diskret wirkten, und auch die Beleuchtung, die an den Wänden entlang lief, war in ihrer Diskretheit eine Wollust allen Sinnen.

Als Robert und Sebaldus die Tür öffneten, schlug ihnen Lachen und heiteres Geplauder entgegen und bald erkannte Robert in der Gruppe, die sich um ein etwa zwanzigjähriges Mädchen gebildet hatte, einen älteren wohlbeleibten Herrn, der Professor am Gymnasium von Elzingen war, einen jüngeren, den man ebenfalls mit Professor anredete, und einen Arzt, der kurz vorher in der Stadt seine Praxis eröffnet hatte.

Sobald die Gruppe des Sebaldus ansichtig wurde, brach sie in jubelnde Rufe aus und Robert konnte ohne weiteres schließen, daß Sebaldus in diesem Hause kein Neuling mehr war. Ein geschmeicheltes Lächeln ging über Sebaldus' Züge, da er diesen Willkomm entgegennahm. „Wahrhaftig", rief der ältere der Runde aus, „du hast uns noch gefehlt. Komm und gib auch du dein Urteil ab! Jetzt streiten wir schon eine halbe Stunde, in welchem Stil der Künstler die Bilder an den Wänden gemalt. Ich habe behauptet, daß Anklänge an die Araber darin vorhanden seien, während mein Kollege hier von Kandinsky spricht. Nun gib auch du noch deine Weisheit zum besten, also leg los!" Sebaldus' Gesicht strahlte. Ihn riefen Professoren um Hilfe, da es mit ihrem Wissen zuende ging! Beglückt suchte er die Augen des Mädchens, das Zeuge seines Triumphes sein sollte, aber dessen Blicke weilten träumerisch ganz irgendwo anders. Umständlich bestellte er nun sein Bier und einer aus der Runde begann schon, ihn zu mahnen, da endlich fing er an:

„Kandinsky, wer hat hier was von Kandinsky gesprochen? Daß ich nicht lache, Defregger[185] ist es, purer Defregger." Er machte eine Pause und schaute herausfordernd sich im Kreise um, die andern sahen einer den andern an und wußten nicht, ob es Sebaldus ernst sei, oder ob er sie nur zum Narren halten wolle. Doch schon begann Sebaldus wieder: „Defregger, sag ich, reinste Münchner Schule. Diese Feinheit der Striche, dieses ausschweifende Spiel der Phantasie, das konnten nur zwei fertig bringen, Defregger und Lehmbach." Jetzt wurde es dem älteren Herrn doch zu bunt. „Sag mal, wenn du uzen willst, so würde ich dir vorschlagen, dir andre Opfer zu suchen. Hast du schon Bilder von Defregger gesehen? Wie kannst du solchen Mist hierher verzapfen kommen! Defregger war doch der Maler der Hochlandbauern, der Jäger und Wilderer. Und dessen Einfluß willst du in diesen reinen Fabeltieren feststellen können? Geh und schäm dich!"

Das aber wollte Sebaldus sich nicht sagen lassen. Er konnte doch nicht in Gegenwart des Mädchens zulassen, daß ein andrer ihn besiege! Auf keinen Fall durfte er sich für geschlagen erklären! Und so entwickelte er nun eine Maltheorie, wie sie in keinem Handbuch für Kunstgeschichte zu finden war und die an Verworrenheit alles in den Schatten stellte, was Robert über ähnliche Dinge je gehört hatte.

Die Rede der andern war schon längst vom Gegenstande abgeglitten und hatte sich wieder intensiver dem Mädchen zugewandt, und so blieb denn nur Robert als einziger Zuhörer übrig, auf den Sebaldus eifrig einredete.

Sebaldus bestellte eine Runde für den ganzen Tisch, und obschon Robert nicht den Zweck dieser Gebärde einsah, ließ er doch seinen Kollegen gewähren. Das Mädchen erhob sich und nun sah Robert, daß es die Schlankheit einer Gazelle besaß. Als es die Gläser auf den Tisch niedersetzte, suchte Robert seine Augen, ihre Blicke trafen sich von ungefähr, aber Robert gelangte nicht auf den Grund. Und er mußte an den Brunnen in der Schloßruine zu Schöntal denken. Oft waren er und seine Geschwister in der Begleitung der Eltern dort hinauf gepilgert und die Kinder hatten sich damit vergnügt, Steine in den Brunnen zu werfen, aber nie hatten sie deren Aufschlag unten vernommen und so ging die Mär, daß jener Brunnen in die Ewigkeit führe.

Als Robert sein Glas geleert hatte, wollte er sich erheben und den Raum verlassen, aber Sebaldus protestierte dagegen mit aller Kraft, und auch das Mädchen sagte: „Wie, Sie wollen uns schon verlassen? Gefällt Ihnen unsre Gesellschaft nicht?" Nun mischte sich auch der ältere der Professoren darein und sagte: „Lotti, red du schön auf Herrn Holzer ein, vielleicht wird das doch nutzen. À propos, Herr Holzer, ich möchte über einige Verse in Ihrem letzten Buch Aufklärung haben." Und nun zitierte er etliche Verse aus Roberts letztem Gedichtzyklus und bat um erläuternde Worte. [Wohl oder übel mußte Robert nun wieder Platz nehmen; und obgleich er nichts so sehr haßte, wie Kommentare zu seinem Schaffen zu geben, so sah er doch ein, daß es eine grobe Unhöflichkeit gewesen wäre, in diesem Augenblicke auszuweichen.]

Kaum hatte Robert zu reden begonnen und dem Professor Auskunft erteilt, da hörte er, wie Sebaldus sagte: „Du, Lotti, ich kann auch Gedichte machen. Ich habe noch gestern Abend dich in Versen besungen. Sie reimen zwar nicht, aber der Rhythmus ist absolut neuartig. Willst du sie einmal lesen?" Und er griff in die Tasche und reichte dem Mädchen ein Manuskript hinüber. Kaum hatte das es mit einem Blick überflogen, als ein Lachen wie eine Fontäne aus seiner Kehle stieg und es das Papier dem Professor übergab. Dessen Blicke huschten darüber hin und mit dem Ruf „Sebaldus, ich gratuliere, du bist ein Dichter!" langte er über den Tisch und zog Sebaldus an seine Brust. Tränen der Rührung traten in Sebaldus' Augen.

„Aber wirklich, Professor, Sie glauben?"

„Sebaldus, kein Zweifel ist möglich. Das heiße ich Lyrik, vor der ein Goethe und ein Schiller stotternde Jungens sind. Du bist der kommende Mann des Herzogtums, von dem noch spätere Geschlechter reden werden." Sebaldus wollte mit geheuchelter Bescheidenheit abwehren, aber der Professor sah sich im Kreise um und als er auf allen Gesichtern Bestürzung und Staunen sah, sagte er:

„Gut, ihr sollt alle Zeugen von der Geburt eines neuen Genies sein. Es geziemt sich nicht, Sebaldus, daß du dein Licht unter den Scheffel stellst. Du erlaubst mir ja, dein Produkt vorzulesen?"

Und Professor Roderich erhob sich und mit tiefstem Ernste hob er an: *Die Legende vom Spitzenhöschen.*

Es ging gegen Abend und die andern hatten schon längst das Lokal verlassen, aber Sebaldus und Robert saßen noch immer fest auf ihren Stühlen. Kaum waren die Gläser leer, so standen sie schon wieder gefüllt vor ihnen. Es war Robert unersichtlich, wer denn stets eine neue Runde bestellte, denn er merkte nicht, daß Sebaldus irgendein Zeichen machte, er selber aber war nichts anders als absolutes Horchen und Beobachten. Erschreckt flatterten seine Blicke zuerst auf, aber bald darauf gelang es ihm, sie nach seinem Willen zu leiten und was er nun sah, war nicht gerade danach angetan, sein Herz mit Freude bis an den Rand zu füllen: Sebaldus Biermann gab sich eine unendliche Mühe, das Mädchen in ein geistreiches Gespräch zu verwickeln, Netze über seine Worte zu werfen, in denen sich seine Sätze fangen sollten, aber die Netze waren immer so plump geworfen, daß der Wurf entweder daneben gelang, oder die Maschen rissen, sobald sie das Ziel berührten. Sebaldus rackerte sich ab. Sei es durch geistige Anstrengung, sei es durch den übermäßigen Genuß von Alkohol, bald konnte man merken, wie Schweiß auf seine Stirne trat. Mit einer heroischen Gebärde trocknete sich Sebaldus die Stirn, ein Grammophon begann in der Ecke zu schnurren, da rief Sebaldus: „Lotti, spiele mir das *Ave Maria* von Gounod"[186], und sich ein wenig zu Robert hinüberneigend, sagte er: „Du mußt wissen, ich bin hier Kapellmeister, und so lange ich hier bin, dulde ich nur klassische Stücke." Robert wußte nicht, was er erwidern sollte, er hatte das Gefühl, als habe man sein Gehirn in einen Schraubstock gepreßt, seine Augen hingen wie eine klebrige Masse an dem Mädchen. „Sie ist schön", sagte sich Robert, und dabei glühten seine Wangen und er spürte, wie das Blut ganze Wellen in sein Gehirn hinaufwarf. Er schaute an den Wänden entlang und da sah er, wie das arabische Phantasiegebilde ihm eine Grimasse schnitt.

Da mahnte er Sebaldus: „Es ist Zeit aufzubrechen, gehen wir, ich merke, wie ich anfange, betrunken zu werden."

„Noch einen", lallte Sebaldus, dessen Augen einen fiebrigen Glanz angenommen hatten, „noch einen, und das ist unweigerlich der letzte. He, Lotti! bring uns beiden noch ein Glas, aber du mußt unbedingt was mitnehmen." Das Mädchen ließ sich nicht lange bitten und brachte das verlangte. „Auf Ihr Wohl, Herr Holzer", und die drei stießen zusammen an. „Auf Ihr Wohl, sage ich, Herr Holzer, denn vielleicht kenne ich Sie besser, als Sie meinen. Herr Professor Roderich hat mir das eine und andre Ihrer Bücher geliehen, und wirklich, Ihre Gedichte haben mir gefallen." Robert war zuerst sprachlos. Es war das erstemal, daß ihm öffentlich ein solches Lob gezollt wurde, und war es schon die vorgerückte Stunde oder die Gestalt des Mädchens, immerhin geriet er in einen Wirbel von Gefühlen hinein, der ihn von der Gegenwart losriß und ihn in eine traumselige Zukunft warf. „Also Sie meinen, Fräulein Lotti." – „Aber bestimmt, Herr Holzer. Sie haben eine solch wunderbare Art, Ihre Gedanken auszusprechen." Gedanken! wollte Robert erwidern, Lyrik sind doch keine Gedanken, aber vor dem Blick, der seine Augen suchte, schwieg er.

Da tönte plötzlich eine Stimme: „Feierabend, meine Herren!", und zwei Polizisten standen auf der Schwelle.

„Ja, ja! wir kommen gleich", sagte Sebaldus und gab dabei Robert einen Stoß in die Seite. Die beiden Polizisten entfernten sich und kaum hatten sie die Tür hinter sich geschlossen, da meinte Sebaldus: „Jetzt verschwinden wir nach oben, und trinken dort mit Lotti und ihrer Mutter noch eine Flasche Sekt." Obschon Robert schon eine gewisse Schwere durch den reichlichen Alkoholgenuß in den Gliedern verspürte, konnte er doch der Lockung, mit Lotti noch eine Stunde zusammen zu verbringen, nicht widerstehen. Sebaldus machte den Führer und bald saßen sie in schweren ledernen Klubsesseln, einer Ampel Licht perlte auf sie hernieder und ein Grammophon spielte ganz gedämpft die Weise von *Ases Tod*.[187]

Als die beiden aufbrachen, stand die Sonne schon prall am Himmel. Über die Dächer der Gasse zwitscherten Vögel hinweg, stießen dann plötzlich nieder, um gleich darauf wieder in die Höhe zu schießen, als wollten sie in den Strahlen sich die Flügel wärmen, denn trotz der hervorquellenden Sonne herrschte noch die Kühle der Frühe. Robert schlug seinen Kragen hoch, hakte Sebaldus ein und grölend trabten sie heimzu. Plötzlich blieb Sebaldus stehen und Robert merkte, wie ein Krampf seinen Körper schüttelte. „Aber Sebaldus, was hast du?" „Du, es ist wegen der Lotti... du weißt ja, daß ich sie liebe... und jedesmal, wenn ich dahinkomme, sitzt Professor Roderich mit seinem jungen Kollegen dort, der nämliche, der heute so herausfordernd über mein Gedicht gelacht hat..." Und wieder schüttelte ein Weinkrampf den schweren Körper. „Aber Sebaldus, so mäßige dich doch ein bißchen. Du siehst ja, Leute schauen uns zu." Und wirklich gingen in diesem Augenblick Grubenarbeiter vorbei, um sich an ihre Arbeitsstelle zu begeben und die warfen teils fragende, teils belustigte Blicke auf das sonderbare Paar. Endlich waren sie in der Nähe von Roberts Wohnung angekommen.

„Komm gut nachhause, Sebaldus", und Robert warf die Tür ins Schloß und torkelte die Treppe hinauf. Als er erwachte, wies die Uhr vier am Nachmittag; mit einem Fluch war er aus dem Bett. Das hatte gerade noch gefehlt, daß er heute nicht im Büro war! Zum Teufel mit allen Zechgelagen dieser Art! Er kleidete sich an und stieg in die Straße hernieder. In seinem Kopf wogten Zehntausende von Bienen und die stachen, wo immer sie nur hingerieten. Robert wollte die Hauptstraße von Elzingen durchqueren, um sich nach dem Park zu wenden, und sich dort die Lungen mit frischer Luft zu füllen, aber dann wußte er selber nicht, wie es geschehen war, plötzlich stand er wieder in der Stube, die ihm seit dem Tage vorher so wohl vertraut war. Und schon dröhnte ihm Sebaldus' Stimme, der an diesem Tage frei war, entgegen: „Wie kommst du denn schon hierher?" Und Robert erzählte ihm, von aufrichtiger Reue geplagt, sein Mißgeschick. „Ach was", entgegnete Sebaldus, „nimm die Sache nicht zu schwer. Komm setz dich, und laß dir hier von unsrer Lotti das Gemüt erheitern." Robert gefiel der Ton nicht, in dem Sebaldus von dem Mädchen sprach, aber schließlich, was wußte er bis jetzt von ihr? Er hatte gestern zum erstenmale ihr gegenüber gesessen, sie hatten zusammen Worte gewechselt, die jedes Mädchen ihm hätte sagen können, dann war er in ihrer Gesellschaft betrunken gewesen... und allein schon bei dieser Erinnerung stießen Scham und Ekel in ihm hoch. Doch trotz allem suchte er wieder Lottis Blick; Sebaldus war eben im Gange, ihr die Vorzüge der modernen Chemie in bezug auf das Kochen darzulegen, und obwohl Robert das Empfinden hatte, daß Sebaldus Lotti blauen Dunst vormachte, kam er doch nicht daran vorbei, die Redegabe seines Kollegen zu bewundern.

Seit jenem Tage verbrachte Robert jede freie Stunde im „Krokodil". Sobald er des Abends sein Büro verlassen hatte, lenkte er wie mechanisch seine Schritte zu jenem Hause, das von da an für ihn zum Inbegriff aller Schönheit und Gemütlichkeit wurde. Allerdings gab es auch Tage, an denen er Sehnsucht nach seinem früheren Leben empfand, nach seinen Büchern und Manuskripten, nach dem inbrünstigen Erlebnis einer einsamen Stunde. Dann schlug er auch wohl den Weg nach seinem Zimmer ein, beglückt schon in Erwartung des Zwiegespräches, das er nun mit seinen Lieblingsdichtern pflegen könnte, aber dann bedurfte es nur des Winkes eines Kollegen, den man ganz zufällig auf der Straße antraf, und fünf Minuten später saß man wieder an dem runden Tisch und Lotti füllte die Gläser und lächelte dazu, als wollte sie sagen: „Gelt, es konnte doch nicht anders sein!" Und als ob sie Roberts Gedanken hätte lesen können, fügte sie noch manchmal mit ihrer wunderbar fraulichen Stimme hinzu: „Wie können Sie aber auch nur Vorsätze fassen? Sie müssen doch immer zu mir kommen!" In solchen Augenblicken ätzte ein großer Ekel Roberts Seele, eine unendliche Scham warf glühende Wellen bis in sein Hirn, er spürte Lottis leisen Spott – aber er brachte nicht die Kraft auf, sich zu erheben und von dannen zu gehen. Und selbst in seinen dunkelsten Stunden, die ganz angefüllt waren mit Alkohol und schwärender Melancholie, zwang sich durch all den Dunst eine Melodie empor, silbern und sieghaft. Dann konnte es geschehen, daß Robert, der sich auch noch in seinen ausgelassensten Augenblicken stets angestrengt beobachtete, sich dabei ertappte, wie er vor sich hinsprach immer und immer wieder nur den einen Satz: „Lotti, du bist schön! Du solltest mir gehören!"

Die Gesellschaft, die um ihn herumsaß, achtete dann seiner schon längst nicht mehr. Sebaldus Biermann hatte sich dann gewöhnlich schon in ein Gespräch mit dem jungen Professor, in dem er seinen Rivalen bei Lotti erkannte, verbissen, und suchte, an Hand dieses Gespräches darzutun, daß er viel gebildeter sei als der Professor, und daß er, was allgemeine Kultur angehe, in nichts diesem nachzustehen brauche.

Professor Aschhoff aber war nicht der Mann, einen Gegenspieler neben sich zu dulden. Wenn sein Kollege Roderich dabei war, konnte er sehr schweigsam sein, doch wenn er sich mit Sebaldus Biermann allein wußte, ließ er seinen Geist Funken sprühen, und die waren gewöhnlich derart, daß Sebaldus sich daran verbrannte. Professor Aschhoff war von einem sehr gepflegten Äußern. Aschhoff war Spezialist für französische Literatur, in der man ihm ein umfangreiches Wissen nicht absprechen konnte, aber anstatt sich mit der Vorherrschaft auf diesem Gebiet zu bescheiden, wollte er seinen Geist in allen Facetten sprühen lassen, und dann mußte es manchmal soweit kommen, daß ihm eine Blamage nicht erspart blieb. [Schüler der Ecole Normale Supérieure von Paris war es nicht verwunderlich, daß er kein Verständnis für deutsche Art und deutsches Wesen aufbringen konnte, und daß er, wenn er darüber zu orakeln begann, unweigerlich in eine Sackgasse geriet.] Wenn es dann soweit gekommen war, freute sich Sebaldus über die Niederlage des Professors und rief triumphierend: „Lotti, noch ein Glas. Den Professor hab ich mal wieder!" Und glückselig lächelte er dann Lotti an und zwinkerte verschmitzt mit den Augen.

Manchmal aber geschah es auch, daß Professor Aschhoff ins „Krokodil" kam und man ihm die schlechte Laune schon meilenweit am Gesicht ablas. Dann begann er damit, daß er irgendeine Diskussion über ein bestimmtes akademisches Thema anschnitt, nur um Robert und Sebaldus schachmatt zu setzen und als Sieger vor Lotti zu glänzen. Dann schlug er jenen Ton an, den er von der Schule her gewöhnt war, gereizt, von oben herab und jeden Widerspruch von vorne herein ausschaltend. Nichts aber haßte Robert so sehr wie diesen Ton und so dauerte es gewöhnlich nicht lange, bis er und Aschhoff aneinandergeraten waren und keiner dem andern auch nur ein Haarbreit Boden überlassen wollte.

Allmählich hatten sich diese homerischen Kämpfe herumgesprochen, und bald fand[en] sich an demselben Tische auch Fritz Mangen [und Christian Weise] ein. Fritz Mangen war auf Aschhoff von Anfang an nicht gut zu sprechen, denn der Professor war politisch fanatisch klerikal, während Fritz ein überzeugter Liberaler war. Konnte es somit ausbleiben, daß die beiden öfters hart zusammenprallten, und Fritz seine Stimmbänder bis zu einer imponierenden Fülle zwang, auch dann, wenn ein Unbeteiligter den Eindruck gewonnen hätte, daß Aschhoff unbedingt im recht war? Aber Fritz konnte nun einmal keinen klerikalen Geruch vertragen, jedes Wort, das ihm irgendwie mit dieser Farbe auch nur leicht getönt schien, rief bei ihm Wutausbrüche hervor, und da er stets auf der Lauer lag, auch nur den leisesten Seitensprung seines Gegners zu erpirschen, hatte der Professor öfters einen schweren Stand.

[Christian Weise nahm im gewöhnlichen nicht an diesen Diskussionen teil, „den großen Schweiger" hatte die Tafelrunde ihn benannt, aber hier und da warf er eine Bemerkung in die dröhnenden Worte hinein und die war dann stets mit Widerhaken versehen.]

Am besten charakterisierte zu jener Zeit den Stammtisch im „Krokodil" ein Arbeiter der Stadt, der sich in seinen freien Stunden eine gewisse Allgemeinbildung angeeignet hatte. Als ihm nämlich ein Bekannter auf der Straße begegnete und ihn nach dem Woher und Wohin fragte, entgegnete er: „Ins Krokodil."

Und auf die Bemerkung des andern, was er denn im „Krokodil" tue, da er ja doch keine Gesellschaft dort antreffe, meinte er:

„Ich habe in meinem Leben gern Zirkus gesehn, und da zur Zeit kein anderer Zirkus hier gastiert, so gehe ich eben den literarischen Zirkus des Krokodils schauen."

Das Wort machte bald die Runde in der Stadt und wo Fritz oder Robert [oder Christian] hinkamen, mußten sie sich bald darauf das Wort vom „literarischen Zirkus" in den Ohren gellen lassen.

Monate vergingen, das Gespräch zwischen Lotti und Aschhoff wurde immer vertraulicher, die fröhliche Buntheit der Abende wich, und ein Wettlaufen um Lottis Gunst setzte ein. Das Gefühl der Vereinsamung nahm bei Robert immer bedrohlichere Formen an und bald spielte er mit dem Gedanken, in ein Kloster zu gehen, bald sich gänzlich aus der Gesellschaft der Lebenden zu tilgen. Er konnte nicht das selbstbewußte, von keiner geistigen Last beschwerte Auftreten des Sebaldus sein eigen nennen, alle Dinge wurden ihm zur Qual: Der Stuhl, auf den er sich setzte, tat ihm weh, seine Nerven schrieen, wenn er ein Glas zum Munde führte, der Raum lag auf seinen Schultern wie eine Last von Blei. Alle Kraft in ihm war gebrochen, sein Hirn lag in einer Art Winterschlaf und es hatte so gar nicht den Anschein, als ob bald ein neuer Frühling frisches Leben daraus hervorsprießen ließe.

[In jener Zeit gingen in dem Grubenbetrieb seltsame Veränderungen vor. Büros wurden unter irgendeinem nichtigen Vorwand geschlossen, Beamte hin und her geschoben wie auf einem Schachbrett. Und so kam es, daß Robert eines Morgens, als er sein Büro betrat, von dem „Meister" mit der Botschaft überrascht wurde, daß nun der „Entenpfuhl" als selbstständige Grube aufgehört habe zu bestehen und daß deshalb die Direktion Roberts Übersiedlung nach der Hütte Elzingen angeordnet habe.][188]

Robert war müde, ungeheuer müde. Schon seit Wochen lagerte diese Müdigkeit in seinen Gliedern und am Tage hatte er immer nur das eine Bedürfnis: Schlafen-Können, einmal drei Tage und drei Nächte hindurch schlafen können, vielleicht, daß man dann nie mehr erwache. Aber wenn die Nächte kamen mit ihrer unendlichen Angst vor dem Alleinsein, wenn sie sich wie Vampire auf seine Brust kauerten, dann lag er bis an den Morgen mit geöffneten Augen und er starrte das Dunkel an und gewaltig wuchs in ihm die Furcht vor dem kommenden Tag. Und wenn die Schreie der Sirenen in sein verzweifeltes Brüten fielen, dann schreckte er auf wie ein zum Tode Verurteilter, an dessen Türe der Henker klopft. [„Es tut uns ja leid, Herr Holzer, daß Sie uns verlassen müssen", sagte Herr Friedrich und er bemühte sich, dabei ein bißchen wehmütig dreinzuschauen, „aber Sie wissen, Befehl ist Befehl, und da kann unser einer nichts dran ändern."

Robert sah ihn an. „Selbstverständlich, Herr Friedrich, selbstverständlich...", bei sich aber dachte er: „Du bist nicht aufrichtig, mein Lieber. Im Grunde genommen bist du froh, daß du auf diese Weise mich los wirst. Ich war dir von Anfang an durch mein Benehmen ja immer etwas unangenehm. Allerdings... und wenn ich noch hundert Jahre bei euch geblieben wäre, ich hätte es nie mit Herrn Knippchen aufnehmen können." „Auf Wiedersehn, meine Herren", und damit verließ er die Grube „Letzert".

Ein Gefühl der Erlöstheit kam über Robert, als er die Tür hinter sich ins Schloß springen hörte, aber dieses Gefühl hielt nicht lange vor, sondern mußte bald einer großen Unsicherheit und Verzagtheit weichen.

„Wie werden die neuen Männer, mit denen ich nun zu arbeiten gezwungen bin, aussehen?", grübelte er. „Sollen die von derselben Derbheit sein wie Knippchen und Friedrich, und sollen sie meinem Wesen gerade so verständnislos gegenübertreten wie diese beiden? Wenn ich genau zusehe, waren sie ja durchaus brave Kerle, aber ihr Kopf enthielt genau soviel Hirn wie der eines Huhnes. Diese Zeit ist nun gottlob vorbei... ob die neue mir gnädiger sein wird?"

Robert trat durch das Portal der Hütte und meldete sich gleich bei dem Vorsteher jener Abteilung, an die man ihn verwiesen hatte.

Der Vorsteher war für den Augenblick noch nicht zu sprechen, und so nahm dessen Sekretär ihn in Empfang. „Ein hundertprozentiger Jude", stieß es in Robert hoch, sobald er dessen ansichtig wurde. Ganze Redesturzfluten ergossen sich über Robert, während er ihn in das Büro des Vorgesetzten geleitete und ihn bat, sich einige Minuten zu gedulden. Während der Worte, die er sprach, waren stets seine Hände in Bewegung und trotz der erstaunlichen Zahl an Fremdwörtern, mit denen er seine Mundart auf eine höhere Ebene zu bringen und dadurch seine Ausdrucksweise intensiver zu gestalten versuchte, beharrte er trotzdem darauf, jeden Satz mit den Fingern noch gleichsam zu unterstreichen. Er fragte Robert nach den Verhältnissen in den Gruben aus, wollte Roberts Studiengang kennen lernen, um sich dann über die Zahl seiner eigenen Stellungen, die er bis dahin schon inne gehabt, sich des längeren und breiteren auszulassen.

Robert gab ziemlich einsilbige Antworten. Durch hohe gläserne Wände sah er an Tischen und Schreibmaschinen ungefähr fünfzig Männer seines Alters sitzen. „Meine neuen Kollegen", dachte er, „sollt ihr wohl auch so im Kreise herumgehen wie ich, hoffentlich denkt ihr anders wie Herr Friedrich und Herr Knippchen es taten und ihr wißt, daß Beethoven nun einmal kein Dichter war..."

„Ach so, Herr Mai, da sitzt unser neuer Kollege, hoffentlich haben Sie ihn gut unterhalten."

Ein Mann von stattlicher Figur, der ungefähr ein halb Dutzend Jahre älter als Robert sein mochte, war ins Büro getreten. „Herr Mai hat Sie doch wohl nicht zu sehr mit Fragen belästigt", wandte er sich nun lächelnd an Robert, „so daß Sie auch mir noch etwas zu erzählen wissen?"

„Aber ich bitte Sie, Herr Willmer..." Der Sekretär machte eine abwehrende Gebärde, die Robert in ihrer Ausdrucksart wieder an die Gesten von handelnden Juden erinnerte, wie sie ihm aus seiner Jugend noch im Gedächtnis waren. Der Sekretär zog sich zurück.

„Also Herr Holzer", begann nun der Vorgesetzte wieder, „was Sie in den Gruben gearbeitet haben, das kann uns ja gleich sein. Sie sind meinem Betrieb zugeteilt worden und nun müssen Sie versuchen, sich darin einzuarbeiten. Die Umstellung wird Ihnen zu Anfang vielleicht schwer fallen, aber mit ein bißchen gutem Willen werden Sie das schon meistern. Können Sie Englisch?" – Robert bejahte. Herr Willmer drückte auf eine Schelle und eine Gestalt mit rötlichem Kopfhaar und etwas verschleierten Augen erschien auf der Schwelle. „Herr Pauly, ich habe Herrn Holzer in Ihre Abteilung gesetzt. Wollen Sie ihn bitte dort anlernen!"

Die Abteilung des Herrn Mathias Pauly saß in einem gesonderten Raum und umfaßte vier Personen: Ihre Aufgabe bestand darin, die einlaufenden Bestellungen so herauszuschreiben, daß sie walz- und versandfähig waren. Jedes Land hatte seine Sondervorschriften und da stets viele Aufträge aus Amerika und England vorlagen, fand die Frage des Herrn Willmer nach den englischen Kenntnissen Roberts schnell ihre Begründung.

Robert wurde von Herrn Pauly seinen neuen Kollegen vorgestellt: Knöllchen, Dassier, Karpf und Jolly.

Knöllchen war der älteste der neuen Kollegen, sein Haar war schon etwas ergraut und sein Gang glich mehr dem eines Landmannes, der die Schollen tritt, als dem eines Beamten. Knöllchen sollte eigentlich Professor werden, aber mißlicher Umstände halber mußte er diesen Beruf verlassen und kam dann zur Hütte. Dassier kannte Robert von früher her, da er noch jeden Sonntag nach Echterhausen gefahren war. Dassier stammte aus einer Nachbarortschaft von Echterhausen, die mehr berüchtigt als berühmt war durch das stolze hochnäsige Benehmen ihrer Advokaten und Professoren. Dassier war von hoher Gestalt, hielt viel auf elegante Kleidung und war überzeugt davon, daß ihm an Wissen und Vornehmheit nicht sobald einer gleichkomme. Die beiden andern mochten kaum an die zwanzig heranreichen, sie hatten eben das Fähigkeitszeugnis erworben und saßen nun „auf Probe". Noch hatten sie das Examen, das die Gesellschaft von jedem neu eintretenden Beamten forderte, nicht bestanden und deshalb gestattete ihnen Herr Willmer, jeden Tag zwei Stunden sich auf dem Büro darauf vorzubereiten. Woher Robert diese Kenntnisse über die einzelnen Menschen alle kamen? Mein Gott, es war nicht schwer irgendetwas in Erfahrung zu bringen, jeder kannte die Verhältnisse eines jeden, war ganz genau auf dem Laufenden über die allerprivatesten Exkurse. Besonders in der Abteilung, in der Robert untergebracht war, trieb diese Art und Weise, sich mit dem Leben auseinanderzusetzen, ihre krassesten Blüten. Dieser Abteilung war nämlich noch eine andre angegliedert, der der Versand oblag. Auch sie bestand aus vier Mann, und manchmal, wenn man deren Gesprächen lauschte, fragte man sich, welcher Zufall denn diese Menschen zusammengewürfelt habe. Grundverschieden in ihrem Charakter, war ihnen doch das eine gemeinsam: Die Lust und Liebe, mit der sie die kleinen Schwächen ihrer Nächsten aufstöberten, sie hundertfach vergrößerten, um dann mit dem Fanatismus eines Sadisten darin zu wühlen. Eine Ausnahme machte allerdings Franz Bernard. Er war ein Mann, von dem behauptet wurde, daß er früher, wenn man ihn in Wut brachte, zu allem griff, das in seiner Nähe lag, um es als Wurfgeschoß zu benutzen, ohne Bedenken, ob er den Gegner nicht etwa zu Tode treffen könne. Er hatte früher eine untergeordnete Stelle auf der Eisenbahn inne, da er jedoch in der Industrie größere Möglichkeiten sah, im Leben voranzukommen, war er umgesiedelt und hatte den Weg zur Hütte gefunden. Seine Haupttätigkeit bestand jedoch in dem An- und Verkauf von Häusern, weshalb er den Beinamen „Der Makler" erhalten hatte. Er mochte Mitte Fünfzig sein und neigte nun eher zu einer beschaulichen Ruhe, als zu tollen Temperamentsausbrüchen. Er beteiligte sich sehr selten an dem Gespräch der andern und in seinen freien Minuten sah man es ihm an, daß ihm ganz andre Dinge durch den Kopf gingen als die kleinlichen Gehässigkeiten, mit denen die andern ihre freie Zeit totschlugen.

Das gerade Gegenteil war sein Kollege Nikolaus Wittich. Tiefschwarzes Haar, in dem trotz vorgerückten Alters noch kein Silberfaden zu entdecken war, gab ihm einen Anflug von ewiger Jugend, der wunderbar zu seinem Gehen paßte. Dieses Gehen war ein Ding an sich, man konnte es kaum ein Gehen nennen, denn es bestand aus einer Unmenge äußerst kleiner Schritte, die es in unbedingte Nähe des Tanzes rückten. Nach Büroschluß war Nikolaus Wittich Weinreisender, Vertreter in Schnäpsen und Champagner, in Burgunder und Grächen. Dann suchte er der Reihe nach die einzelnen Kaffeehäuser auf und notierte Bestellungen für die Firma Mallakowski und Co. Es wird erzählt, daß Nikolaus Wittich seine schönste Zeit hatte, als die großen Unternehmungen in Elzingen in Schwung waren, da Millionen verdient wurden und der Champagner wie Bäche im Frühling floß. Diese Zeit aber war nun endgültig vorbei, und Nikolaus Wittich empfand diesen Ausfall an Verdienst als eine persönliche Kränkung. Das gab seinem ganzen Wesen etwas stets Gereiztes, stets schlecht Gelauntes, und nur dann Aufgeräumtes, wenn er hinterbringen konnte, wie unheimlich scheußlich es diesem oder jenem in seinen Geschäften oder finanziellen Spekulationen gehe. Wegen der tiefen Denkfalten, die sich während der Arbeit in seine Stirne gruben, wurde er der „Doktor" genannt. Wunderbar verstand sich mit ihm Battist Pallatsch. Ohne etwas anders als die Primärschule seines Dorfes besucht zu haben, war er auf die Hütte gekommen, da die Eisenindustrie im Lande gerade jenen Aufschwung nahm, der sie an die Spitze sämtlicher Eisenindustrien von Europa bringen sollte. Es war damals überall Not am Mann und so suchte das größte Genie des Herzogtums, Emil Mayrisch, der ebenfalls aus jener Ortschaft stammte,[189] besonders den jungen Leuten seines Dorfes Aufstiegmöglichkeiten zu bieten. Battist Pallatsch war ein Mann von schöner Gestalt, mit ebenmäßigen Gesichtszügen, denen man aber ansah, daß Pallatschs Vater nicht aus dem Herzogtum stammte. Wenn Pallatsch über die Straße ging, war er sich seiner Vorzüge sehr bewußt. Kein Spiegelglas war ihm zu weit und keine Fensterscheibe zu hoch, um nicht einen Blick hineinzuwerfen, der ihn jede Minute in seine eigene Schönheit bannte. So kam es denn auch, daß er in dem Wahn lebte, jede Frau falle ihm zu wie eine überreife Frucht und er brauche nur die Hand danach auszustrecken, um sie zu pflücken.

Der Vierte in der Versandabteilung war ein ganz Junger, Emil Reiter, Anfang der Zwanzig, kaum der Mittelschule entwachsen, der aber überzeugt war, mit seinen zwanzig Jahren es mit Pie de la Mirandol[190] an Wissen aufnehmen zu können. Da er außerdem einen losen Mund sein eigen nannte, kam es oft in der Gruppe zu peinlichen Auftritten, die ohne sein vorlautes Wesen unterblieben wären.

Wenn alle schon Genannten ihre Freude an dem kleinen persönlichen Tratsch und Klatsch hatten, so übertraf alle in dieser Hinsicht Johann Peter Knöllchen. Man konnte in dieser Hinsicht bei ihm von einer direkt genialen Veranlagung reden. Alles, was in Elzingen geschah, wußte er, nichts blieb ihm verborgen, ganz gleich, ob es an dem Nord- oder an dem Südende Elzingens vor sich ging. Er hatte eine magische Kraft, das zu erahnen, was er nicht mit absoluter Sicherheit erfahren konnte, aus einzelnen Fäden, die ihm in die Hände gerieten, kombinierte er dann zusammen ein ganzes lückenlose Gewebe. Staunend fragten sich Knöllchens Kollegen oft, wie er zu all den Ereignissen komme, denn da er zu knauserig war, um irgendein Wirtshaus zu betreten, war es einfach unerfindlich, wer ihn mit all den Nachrichten versehe. Knöllchen führte den Spitznamen „Der Nachtwächter", denn nach seinen eigenen Angaben war er einmal mitten in der Nacht von seinem Lager aufgestanden, hatte sich vollständig angekleidet und war in die Straße heruntergestiegen, nur weil er nicht mit sich im reinen war, wem die Stimme gehöre, die eben noch vor seinem Hause etwas laut getönt hatte.

Aus der Erinnerung an seine früheren Jahre war in Knöllchen etwas wie ein Minderwertigkeitskomplex emporgeschossen, und so zertrampelte Knöllchen rücksichtslos alles, was an geistigen Ereignissen sich in Lützelburg ans Licht wagte. Nur das Ausland fand Gnade vor seinen Augen, da er hier über das rein Persönliche nicht so gut Bescheid wußte, wie über die Autoren seiner Heimat. Und doch war es manchmal eine Lust, sich mit ihm in geistigem Streite zu messen! Knöllchen war von rascher Auffassungsgabe und seine Studienjahre besonders in der Schweiz waren nicht spurlos an ihm vorübergegangen.

Aber der Betrieb von Herrn Willmer faßte an die fünfzig Beamte, und nun täusche man sich nicht. Wenn auch viele von ihnen das eine oder andre Steckenpferd ritten, so war doch bei weitem die Mehrzahl von einer solchen Geradheit und Offenheit, daß manchmal ein Gefühl der Wärme Robert ankam, wenn er mit ihnen zusammenarbeitete. Ihr Intellekt war viel aufgeschlossener, als es ihm bis jetzt mit Kollegen vorgekommen war, und wenn es auch manchmal zu erhitzten Diskussionen kam, so hielten sie doch selber stets darauf, ihre gute Erziehung ins Fenster zu stellen.

Schon allein der Vorgesetzte, Herr Willmer, hätte es nicht anders geduldet. Er selber hatte sich aus ganz kleinen Anfängen zu einer der ersten Stellen in der Industrie emporgearbeitet und nie hatte man bei ihm das Gefühl, mit einem Vorgesetzten, sondern stets mit einem Kollegen zu sprechen. Er kannte die persönlichen Angelegenheiten eines jeden und in Unstimmigkeiten zwischen Direktion und Beamten vermittelte er immer auf die Art, daß beide Seiten zu ihrem Recht kamen.]

Der Sommer war vorübergerauscht, der Herbst hatte von den Bäumen am Marktplatz die Blätter herabgerissen, Regenschauer waren niedergeprasselt und hatten die Blätter in eine dreckige braune Masse verwandelt. Und so war allmählich der Winter ins Land gekommen.

Im Grunde genommen gab es für Robert zweierlei Winter: Das eine war der von Echterhausen, das andre der von Elzingen.

Ein Winter in Echterhausen, das waren unendliche Spaziergänge durch Wälder, die vor Frost klirrten. Um drei Uhr des Nachmittags begann der Himmel schon sich im Westen zu röten, die Tannen an der Landstraße standen starr wie Mönche, die in ihre Andacht dermaßen verzückt sind, daß sie nur mehr nach innen lauschen, die Einwohner des Städtchens verstauen sich in ihre wohlgewärmten Stuben, und selten traf es sich, daß Robert um diese Zeit einem Mitbürger auf seinen Wandrungen begegnete. So konnte er stundenlang ausschreiten, sich ganz seinen Gedanken und seinen Gefühlen überlassen, er brauchte nicht zu fürchten, von irgendjemandem in seinem Spintisieren aufgescheucht zu werden.

Ein Winter in Elzingen aber war nichts andres als ein Waten durch Dreck und Morast ins Grubenbüro, einsames Hocken am Abend auf dem Zimmer und ein Monolog, der nie ein Ende nahm, weil er verharschte Wunden immer wieder aufriß und aufs neue zum Bluten brachte.

So war auch dieses Jahr Sylvester herangekommen, und schon am frühen Morgen war dessen ganze Schwere über Robert hereingestürzt.

Sylvester! Da dröhnte in Echterhausen jede volle Stunde die Glocke von Maximilian, die Haustüren, die vor der bitteren Kälte fest verschlossen waren, öffneten sich und aus jeder kamen Bewohner, die sich zur Basilika begaben. Gewiß, es war schon lange her, daß die Pensionatsmädchen nicht mehr sangen, die mittägliche Betstunde war eine Betstunde wie jede andre auch, aber am Abend wanderten die Glockenklänge wie sonst nie im Jahr über die Dächer, schritten einsam die Landstraße entlang und traten feierlich selbst über die Schwelle jenes kleinen Hauses, das weit aus Echterhausen heraus an die Sur gebaut war, und dessen Einsamkeit Robert jenen neidete, denen es gegönnt war, fernab von allen Menschen zu leben und zu werken. An diesem Tage brannten die Kerzen so feierlich wie nie, die Orgel brauste in all den Flimmer hinein, und dann stimmte der Priester so inbrünstig wie sonst nie das *Te Deum Laudamus* an.

Te Deum Laudamus! Lob und Dank dem Gott der Heerscharen! Doch weshalb sollte Robert Gott danken? Er ging nun schon auf die vierzig zu und sein ganzes Leben war nichts andres gewesen als eine einzige ungeheure Enttäuschung. Sein Herz war mit Liebe angefüllt gewesen bis zum Überlaufen, er hatte den Menschen seine Liebe gereicht mit derselben Andacht, mit der der Priester ihnen den Kelch mit Wein zum Trinken reicht, aber sie hatten seine Liebe nicht gewollt, sie hatten nur Hohn und Spott für ihn übrig gehabt, seine Demut hatten sie als Feigheit ausgelegt und seine Verse waren für sie nichts andres als das Gestammel eines Geisteskranken.

Es gab nur ein Wesen, das seine Art verstanden hatte, doch dieses Wesen lag auf dem Kirchhof von Echterhausen.

„Wie oft schon habe ich gewünscht, neben dir zu liegen, Mutter", flüsterte Robert, „dann wäre alle Qual zuende. Aber so muß ich weiter schreiten, und die Qual wächst zu einer Lawine, die mich zu ersticken droht."

Und vor Robert stand das Bild vom letzten Allerseelentag, da er an dem Grabe der Eltern gewesen. Sein Blick war von dem Grabe weg zu den fernen Wäldern geirrt, die ihm nun, da er sie nicht mehr durchstreifen konnte, in ihrer herbstlichen Stille doppelt verwaist vorkamen. Ach ja! hier in Echterhausen war sein Leid trotz allem noch zu ertragen gewesen, da konnte er mit jedem Baum und mit jedem Stein reden, alle kannten ihn und sobald er außer Sichtweite des Städtchens war, wurde seine Sprache, die sonst etwas ungelenk war, umgewandelt und Wörter drängten sich ihm auf die Zunge, die zu sagen er sich vor seinen Mitbürgern geschämt hätte.

Lux aeterna luceat eis![191] hatte der Chor gesungen, indessen die Dämmerung sich schon zwischen die einzelnen Hügel zu hocken begann. Tränen waren beim Anhören des alten Liedes Robert in die Augen gestiegen. Aber es war nicht der Schmerz um die verlorene

Mutter, der sie ihm entpreßte, denn die Mutter ruhte von allem Leide aus, ihr leuchtete das ewige Licht und erschüttert mußten selbst die Engel vor ihrem Dulderantlitz die Häupter neigen... aber wann endlich würde für ihn selber die Stunde der Erlösung schlagen, wann endlich würde er sein Haupt in einen Weiberschoß betten können und aus eines Weibes Munde die Worte hören: „Ich liebe dich...!" Dann hätte alle Unstäte in ihm ein Ende, der ewige Wanderer käme endlich in ihm zur Ruhe und der Schrei in seinen Gedichten würde jener Melodie weichen, die er so sehr ersehnte, die bis jetzt aber nur ganz zögernd als Vagant an die Tür seiner Seele geklopft hatte.

Robert biß die Zähne zusammen und stöhnte. Er erhob sich, schaute nach der Uhr. Noch gut zwei Stunden waren es, bis Bruder Willy eintreffen würde, um den Sylvesterabend mit Robert zu verbringen! Das war seit Jahren zwischen ihnen so eine stumme Übereinkunft. Da Robert traditionsgemäß schon immer am Nachmittage von Sylvester frei war, so kam Willy denn auch jedes Jahr schon gegen die Dämmerung in Elzingen an, um den Beginn eines neuen Jahres mit Robert zusammen zu feiern.

Doch was feierte man denn eigentlich? Ließ man all den Schmerz, den das alte Jahr zurückließ, etwa noch einmal hochleben, oder trank man schon in Voraussicht an den kommenden? Jeder neue Jahresbeginn hatte ja immer das nämliche Gesicht.

Der Lützelburger liebt es nicht, Sylvester im Kreise seiner Familie zu feiern, sondern er muß an diesem Tage raus auf die Straße, muß seinen wahren oder erheuchelten Gefühlen den Zwang des Zur-Schau-Stellens antun, er muß Leuten, denen er nie im Leben bis dahin begegnet ist, sein Prosit Neujahr! zurufen, er muß ihnen die Hände drücken, als ob sie seine allerintimsten Freunde wären, um sie dann bei Tageslicht aufs neue für ein ganzes Jahr zu ignorieren.

Robert sah jetzt schon alle Einzelheiten, wie sie sich an diesem Abend abspielen würden, vor sich, er brauchte seine Phantasie nicht zur Hilfe zu nehmen, um die kommenden Ereignisse jetzt schon sich abrollen zu sehen: Dieselben langweiligen Gesichter würden es sein, auf die man auf Schritt und Tritt stoßen würde, dieselbe gemimte Herzlichkeit und dieselbe gespielte Fröhlichkeit.

Robert ekelte. Noch eine volle Stunde, bis der Zug mit Willy einlief. Robert versuchte, zu lesen. Schon oft hatten ja die Bücher ihm über manche schwere Stunde hinweggeholfen, schließlich könnten sie ja auch heute ihm diesen Dienst erweisen. Er öffnete den Bücherschrank und unbewußt blieb seine Hand auf den Dichtungen von Georg Trakl liegen. Robert fuhr zurück. Georg Trakl! Sollte hier ein Weg der Befreiung gezeigt werden? Wollte das Schicksal ihn auffordern, denselben Weg zu beschreiten, den Trakl beschritten hatte, den Weg der Selbstvernichtung? Sollte dies ein Anruf sein, eine Aufforderung, endgültig Schluß zu machen mit dieser fragmentarischen Existenz, die doch nie sich zur Erfüllung runden würde? Erschreckt zog Robert die Hand von dem Buche weg, schloß hastig die Tür seines Zimmers hinter sich zu und floh ins Freie.

Als der Zug eingelaufen war und Robert und Willy sich begrüßt hatten, meinte Robert: „Es ist gut, Willy, daß du heute gekommen bist. Ich habe diese Tage über lang und viel über mich nachgegrübelt, und glaube mir, das Endresultat ist nicht gerade ermutigend. Ein altes Jahr geht heute zuende, ein neues hebt an. Es hat keinen Sinn, den Schleier schon jetzt lüften zu wollen... Wir wissen doch schon zur Genüge, was es uns bringen wird... denn schließlich, weshalb sollte dieses Jahr sich anders anlassen als die übrigen... Seelische Enttäuschungen in Hülle und Fülle, Mißerfolge in der Arbeit und immer das bohrende Gefühl des Alleinseins, nie das so sehr beglückende Empfinden, einmal Du sagen zu können, zu wissen, daß ein andres Wesen neben einem geht, das Teil von deinem Teil ist, das dich versteht mit deinem Wollen und Denken, das nicht bloß einen Clown und Spaßmacher in dir sieht, sondern einen Menschen mit Hirn und Herz, der sein Bestes in seine Bücher rettete... Nein, Willy, so kann es nicht mehr weitergehen, es muß zu irgendeiner Entscheidung kommen, wollen wir nicht im Schlamm und Morast der Emporkömmlinge und geistigen Habenichtse Elzingens versinken. Die Frucht ist reif zur Ernte... Es ist Zeit sie zu pflücken, soll sie nicht am Boden verfaulen."

Als Willy Robert so reden hörte, wagte er kein Wort des Widerspruches, zu gut kannte er den Bruder, um nicht zu wissen, daß alle

Argumente an dieser Stimmung abprallen würden, und daß Robert keines Trostes in dieser Minute zugänglich sei.

Sie betraten ein Wirtshaus, in dem es schon laut herging. Ein Orchester schmetterte, daß keiner mehr sein eigenes Wort verstand, die Anwesenden bewarfen sich gegenseitig mit Papierbällen und johlten dann regelmäßig wie Wilde auf, wenn gute Bekannte einander getroffen hatten, dazwischen wurde getanzt, alte Herren stülpten sich Türkenmützen auf und gaben sich auch sonst erheblich Mühe, sich recht neckisch zu gebärden. „Da siehst du", sagte Robert zu Willy, als sie an einem Tisch für sich allein saßen, „dies ist das, was man die „bessere Gesellschaft" von Elzingen nennt. Doch schau dir sie einmal ganz gründlich an! Bemerkst du auch nur einen einzigen Kopf unter ihnen, der dir einen annähernd geistigen Eindruck machen würde? Mich persönlich ekelt dieses Treiben an, ich weiß, daß es nicht Freude ist, die aus dem Herzen kommt, sondern daß man mit all diesem Lärmen und Toben nur seine geistige Armut zu verdecken sucht."

Aber trotz allem: nachdem die beiden das erste Glas geleert hatten, tranken sie ein zweites und dann ein drittes, und bald war es so weit, daß Robert seine eigene Schwere überwand, sich erhob und eine Bekannte zum Tanze aufforderte. Es lag Robert nicht gerade viel daran zu tanzen, aber der Wunsch, einen Frauenleib gegen den seinen zu pressen und sich so, wenn auch nur für eine ganz kurze Spanne, die Illusion, nicht mehr allein zu sein, zu verschaffen, drängte ihn zu dieser Gebärde.

Als es gegen Mitternacht ging, saßen Robert und Willy noch immer in derselben Gaststube. „Es ist doch sonderbar", begann Robert das Gespräch, „wie stumpf man gegen alles werden kann. Noch vor etlichen Stunden ekelte mich dieses ganze Geschiebe und leere Getue an, und nun finde ich es schon selbstverständlich, daß wir selber Mitspieler in diesem Stücke sind, das für eine Komödie zu ordinär, für eine Posse aber von allzu langer Dauer ist." Willy schaute auf die Uhr. Und er streckte Robert seine Hände entgegen. „Prost, Junge, und möge das neue Jahr es besser mit dir meinen, als es bei dem alten der Fall war!" In diesem Augenblick heulten draußen die Sirenen auf, die Lichter in der Stube erloschen, die Uhr schlug zwölf helle Schläge, auf dem Klavier begrüßte jemand das neue Jahr mit einem Tusch, Stühle wurden hin- und hergeschoben, man hörte den schmatzenden Laut von Küssen, da flammten plötzlich die Lichter wieder auf, Paare, die eben zueinander gefunden hatten, stoben auseinander, die Gesichter ganz mit Röte übergossen, Gelächter rollte über einzelne Tische, und in all das Durcheinander von erheuchelter und wirklicher Naivität sagte Robert zu Willy: „Komm, wir wollen noch irgendwo sonst ein Bier in Ruhe genießen, und dann gehen wir schlafen. Ich glaube, es wird für uns beide das beste sein, denn manche Dinge nehmen sich bei Licht am Tage besehen denn doch etwas anders aus, als es um Mitternacht gewöhnlich der Fall ist."

Irgendwo ein Bier in Ruhe genießen, hatte Robert gesagt und damit jenes kleine Café gemeint, in das er öfters seinen Dämmerschoppen trinken ging. Hier trafen sie eine Gesellschaft Elzinger Mädel, die Robert und Willy schon seit Jahren her kannten; auch sie feierten das neue Jahr und aus ihren lebhaften Gesprächen und Gebärden konnte man ersehen, daß auch sie schon längere Zeit hier sitzen mußten – und wahrhaftig, da stand ja die Flasche Champagner, zu dem eins der Mädchen eine Vorliebe hatte, auf dem Tisch. „Ach! da kommt ihr ja!", rief Antoinette, das lebhafteste der Mädels den beiden zu, als sie die Wirtsstube betraten. „Ihr fangt an, euch rar zu machen. Setzt euch mal für eine Minute hier nieder. Für dich, Robert, hab ich übrigens noch was besonderes. Hier ist eine Freundin von mir, die Claus Anker kennt, und die über diesen Schriftsteller einmal mit dir reden möchte. Darf ich also vorstellen? Robert Holzer, Fräulein Madeleine Bucher." Robert reichte die Hand und schaute in ein Gesicht, das ganz von Locken umsprudelt war, nur die Stirn lag frei und es war eine hohe blanke Stirn, die aus der Fülle des Haares einem gleichsam entgegenschritt. Madeleine Bucher saß still und ruhig da, sie schaute lebhaft geradeaus, neugierig auf das, was um sie herum vorging, ohne jedoch an der Aufgeregtheit und den Temperamentsausbrüchen der andern großen Anteil zu nehmen.

Robert riß sich zusammen. Die Nebel des Alkohols, gemischt mit jenen der Schwermut zusammen, die allmählich begonnen hatten, sich seines Hirns zu bemächtigen, gaben plötzlich seine Gedanken frei. „So, so", bemerkte er, „Sie kennen also Claus Anker, und da Antoinette Ihnen, temperamentvoll wie immer, mitgeteilt hat, daß auch ich einmal auf eine Woche zu Besuch bei Anker weilte, wollen Sie gelegentlich einen Gedankenaustausch über Anker pflegen. Ich bin selbstverständlich herzlich gerne bereit dazu... aber, Sie werden selber zugeben, daß heute Abend zu ähnlichen Dingen nicht die rechte Stimmung herrscht. Wir werden also geistige Gespräche auf ein späteres Datum verschieben müssen, Fräulein Bucher." Und damit machten Robert und Willy Anstalt, sich von der Gesellschaft zu verabschieden. Schon waren sie wieder auf der Straße angelangt, da machte Robert plötzlich kehrt und stand eine Minute später aufs neue vor der etwas verdutzten Gesellschaft... „Nichts für ungut! Aber ich hatte vergessen, euch mitzuteilen, daß ich um Mitternacht vierzig Jahre alt geworden bin",[192] und damit nahm er ein Mädel nach dem andern in den Arm und küßte es auf beide Backen. Plötzlich sah er die Augen Madeleine Buchers vor sich. Und wieder einmal hatte er das Empfinden, als träten sie aus dem Gewirr der Locken heraus auf ihn zu und standen plötzlich vor den seinen still. Da zog er sie sanft an sich heran und küßte sie voll Scheuheit auf die hohe blanke Stirn.

Etwa einen Monat später erhielt Robert einen Brief: Ob er sich noch an Sylvester erinnere und an das Gespräch über Claus Anker? Wenn ja! so sei ihm in den nächsten Tagen dazu Gelegenheit gegeben. Die Schreiberin des Briefes weile dann in Elzingen bei Bekannten auf Besuch. Wenn es ihm – wie gesagt – recht sei, so möge er den Ort und die Stunde der Zusammenkunft festsetzen.

Robert war es recht und so saßen an einem Spätnachmittag Madeleine Bucher und Robert sich in eben derselben Wirtsstube gegenüber, in der sie sich vor einem Monat zum erstenmal gesehen hatten, und sprachen über Claus Anker. Sie tauschten ihre Meinungen über diesen Schriftsteller aus, Robert gab Anekdoten über seinen Aufenthalt bei Anker zum Besten, von dort wandte sich das Gespräch dem Bodensee zu, und da zeigte es sich, daß Madeleine Bucher diese Gegend viel besser kannte als Robert, der nur kaum eine Woche an den Ufern des Sees geweilt hatte. Und Madeleine erzählte von Frankreich[193] und Italien, die sie jedes Jahr in ihren Ferien durchreiste, von ihrer Sehnsucht nach der Sonne und daß es kein größeres Glück für sie gäbe, als ganze Tage zu Fuß zu wandern, Luft um sich zu spüren, von der sie Gewißheit habe, daß seit Monaten kein Mensch sie mit seinem dummen Gerede entweiht, Berge zu erklettern, wo das Geröll einen jede Minute mit in die Tiefe ziehen kann...

Und Robert horchte und allmählich wurde er stumm. Hier saß ein Mädel vor ihm, das seine große Sehnsucht gelebt hatte, während er all die letzten Jahre über sich nur in dumpfer Schwermut verzehrt hatte, in Wirtshäusern gehockt, um diese Schwermut im Rausche zu ersticken, zu käuflichen Weibern geflohen war, um, wenn auch nur für eine Stunde, das ganze Elend seiner Einsamkeit zu vergessen...

Da begannen in Roberts Seele, Glocken zu läuten. Ganz leise und zaghaft zuerst, und wie aus weiter Ferne, und dann immer lauter, und auf einmal wußte er: Es waren die Glocken der versunkenen Stadt Ys,[194] es waren die Glocken seiner reinsten Stunden, die er schon für immer verstummt zu sein glaubte und die nun mit hundert silbernen Mündern wieder zu klingen begannen...

Robert ging mit Madeleine durch den Park der Hauptstadt. Es war im Vorfrühling, die Bäume standen noch kahl, in den Sträuchern hing noch braunes Laub vom letzten Herbste her, aber die Luft, die von den Äckern herüber kam, war schon schwer vom Ruch aufgebrochener Erde.

Plötzlich nahm Robert Madeleine in seine Arme, und da fühlte er, wie ihr Mund dem seinen entgegenkam und er wußte: Nun war alle Qual zuende, nun würde sein Schrei nicht mehr ersticken in der Einsamkeit, sondern ein Du würde ihn in mitleidsvolle Hände nehmen und in wärmender Liebe ihn formen zu strahlendem Lied...

Personen, Wort- und Sacherklärungen

1   Es ist nicht geklärt, wer Irminas Vater war. Mit der Erwähnung des „Frankenkönigs Pippin", also Pippin III. bzw. der Jüngere (um 714-768), unterlief Albert Hoefler ein Irrtum, da Irmina vor 710 gestorben ist. Vgl. Ennen, Edith: *Frauen im Mittelalter*. 6. Aufl. München: C. H. Beck 1999, S. 311 und Werner, Matthias: *Adelsfamilien im Umkreis der frühen Karolinger. Die Verwandtschaft Irminas von Oeren und Adelas von Pfalzel. Personengeschichtliche Untersuchungen zur frühmittelalterlichen Führungsschicht im Maas-Mosel-Gebiet*. Sigmaringen: Jan Thorbecke 1982, S. 37f. Werner grenzt Irminas Sterbedatum auf den Zeitraum 706-709 ein.

2   Gemeint ist das Stift Oeren bei Trier.

3   Am 13.8.1794 zogen französische Revolutionstruppen in Echternach ein. Die Mönche waren wenige Tage zuvor geflohen und die Abtei wurde geplündert. Vgl. Langini, Alex: *La fin de l'abbaye Saint-Willibrord d'Echternach*. In: *À l'Épreuve de la Révolution. L'Église en Luxembourg de 1795 à 1802*. Bastogne: Musée en Piconrue 1996, S. 136-137, hier: S. 136.

4   Unter Abt Robert von Monreal kam Kaiser Maximilian I. im Jahr 1512 nach Echternach. In Erinnerung an seinen Besuch stiftete er eine große Votivkerze zu Ehren des Heiligen Sebastian und schenkte der Abtei sowohl die Dalmatik, die er bei der Prozession zu den Reliquien des Heiligen getragen hatte, als auch die sogenannte Sebastian- oder Maximilianglocke, die im Zweiten Weltkrieg zerstört wurde. Vgl. Spang, Paul: *Kaiser Maximilian I. in Echternach*. In: an der Ucht 24 (1970), S. 109-114.

5   Veraltete Form zu Wallfahrer

6   Als Schweizer bezeichnet man einen Kirchendiener, dessen rotes Kleid dem Gewand der Schweizergarde des Papstes ähnelt und der bei liturgischen Anlässen für Ruhe und Ordnung sorgt.

7   Zu den Verboten betreffend die Echternacher Springprozession vgl. Seiler, Emile: *Springprozessionen. Prüm und Echternach*.

Zur Geschichte der Springprozession. In: LW - Die Warte 59 (2007) 10, S. 7-11, hier: S. 10f.

8   Der Begriff Kapotthut (auch Kiepenhut oder Schute) leitet sich aus der Capote des 18. Jahrhunderts, einer Art Kapuzenumhang, ab. Aus der Kapuze entwickelte sich ein großer, haubenförmiger Hut, der später mit einer gewölbten, das Gesicht rahmenden Krempe versehen wurde. Gemein ist den vielen Varianten die verspielte Dekoration mit Band-, Rüschen- und Spitzenschmuck.

9   Einen Überblick über die in Echternach ansässigen Tabakmanufakturen bietet die Seite www.industrie.lu/de → Industriekategorien → Zigaretten- und Tabakfabriken in Luxemburg [12.11.2012].

10 Auf seinen Großvater mütterlicherseits Mathias Bisenius und dessen fehlgeschlagenen Auswanderungsversuch nahm Albert Hoefler auch in seiner Lyrik Bezug. Vgl. Hoefler, Albert: *Herbstliches Fühlen. Dem ungeborenen Kinde*. In: ders.: *Der Wandrer. Gedichte von Albert Hoefler*. Luxemburg: Verlag der Cahiers luxembourgeois 1937, S. 18.

11 Ältere Form von schlohweiß. Als Schloßen bezeichnet man Hagelkörner.

12 Viersitzige Kutsche mit zurückschlagbarem Verdeck

13 Im Manuskript steht der Vereinsname Union, der nachträglich durch Lyra ersetzt wurde.

14 Hier: Kurzform für: der Kinematograph

15 In dem der Wirtsstube angegliederten Saal von Hoeflers Onkel Ernest Bisenius gab es z. B. Vorstellungen von Vater Wendel und seinen Söhnen Hubert und Peter Marzen am 4., 5. und 6.12.1910. Die entsprechende Werbung wurde wie folgt eingeleitet: „Echternach, im Saale des H. Ernest Bisenius. Nur kurze Zeit. Nur kurze Zeit! Marzens weltberühmtes Edisons elektr. Theater. Vorführung lebender und sprechender Photographien." (Echternacher Anzeiger vom 1.12.1910, [S. 4]) Dieselbe Anzeige wurde drei Tage später noch einmal geschaltet. Vgl. Echternacher Anzeiger vom 4.12.1910, [S. 3].

Paul Lesch verdanke ich den Hinweis, dass die Marzens rund 25 Mal in Luxemburg mit ihrem Wanderkino auftraten, davon nachweislich zwei Mal in Echternach. Beim *Oberammergauerpassionsspiel* handelt es sich um einen Stummfilm aus dem Jahre 1898 von Henry C. Vincent.

16	Als Suada bezeichnet man einen Wortschwall bzw. einen großen Redefluss, der den Gesprächspartner von einem Thema bzw. einer Sache überzeugen soll.
17	Zuckergebäck in Kringelform
18	In Anlehnung an den ‚billigen Jakob', einen Händler, der auf Märkten Waren von minderer Qualität zu Niedrigpreisen feilbietet. Seinen Namen bezieht der Händler vom Heiligen Jakobus d. Ä., an dessen Gedenktag (25. Juli) im Mittelalter viele Ernte- und Kirmesfeste gefeiert wurden, die mit der Abhaltung von Märkten verbunden waren.
19	Hausmeister einer Schule
20	Léon Jean Namur (1879-1937) – das Pseudonym Verdy führte Hoefler erst im zweiten Teil ein – führte in Echternach als Nachfolger seines Vaters Léon Namur (1854-1893) sowie seines Großvaters François Pierre Joseph Namur (1823-1892) die Pharmacie du Cerf. Vgl. Massard, Jos. A.: *Der Luxemburger Liebig-Schüler Joseph Namur. Apotheker und Professor in Echternach.* In: Trauffler, Henri; Bauer, Fernand; Kauthen, Pierre et al. (Hgg.): *Festschrëft 150 Joër lechternacher Kolléisch 1841-1991.* Luxembourg: Saint-Paul 1992, S. 481-558, hier: S. 490f. und Kugener, Henri: *Die zivilen und militärischen Ärzte und Apotheker im Großherzogtum Luxemburg.* Bd. 2/3 (H-R). Luxemburg: Henri Kugener 2005, S. 1129-1130. In Kugeners Artikel zu Léon Namur (1854-1893) haben sich sachliche Fehler eingeschlichen, wenn es heißt: „Er wurde am 3.11.1875 in Luxemburg als Apotheker angenommen, übernahm beim Tode des Vaters 1875 dessen Apotheke in Echternach, wo er noch 1925 Inhaber der Apotheke war. Das ‚Annuaire officiel' von 1931 führt ihn als ‚pharmacien avec officine' in Echternach." (S. 1130) Léon Namur, der 1893 verstarb, übernahm 1876 die Leitung der Pharmacie du Cerf, die 1875 an seinen Vater François Pierre Joseph Namur (1823-1892) gefallen war, nachdem dessen Vater, also Léons Großvater, Jean-Pierre Namur (1796-1875) gestorben war. Nach dem frühen Tod Léon Namurs im Alter von 39 Jahren übernahm später sein Sohn Léon Jean Namur (1879-1937) die Apotheke.
21	Rodolphe Brimmeyr (1834-1922) erhielt am 13.6.1906 seine erste Ernennung zum Bürgermeister.
22	Jean-Pierre Brimmeyr (1799-1876) war wie sein Sohn Rodolphe Apotheker und – für nur wenige Monate – anno 1843 Bürgermeister von Echternach. Er verfasste eine Monographie zu

Echternach, die erst vom Sohn, fast ein halbes Jahrhundert nach dem Tode des Vaters, herausgebracht wurde: Brimmeyr, Johann Peter: *Geschichte der Stadt und der Abtei Echternach. Als Manuscript hg. von Dr Rudolph Brimmeyr und Dr Heinrich Schintgen.* Luxembourg: Gustave Soupert 1921 (Bd. 1) und 1923 (Bd. 2).

Zu Vater und Sohn Brimmeyr vgl. Hess, Jos: *Jean-Pierre et Rodolphe Brimmeyr.* In: Mersch, *Biographie nationale,* IVe fascicule, S. 457-478, hier: S. 472 u. S. 474.

23   *Der Kuckuck und der Esel* ist ein Kinderlied, zu dem Hoffmann von Fallersleben (1798-1874) 1835 den Text schrieb.

24   Eigtl. Ultima hora latet (Lat.): Die letzte Stunde ist verborgen, d. h. die letzte Stunde seines Lebens ist dem Menschen nicht bekannt.

25   In Hoeflers Privatbibliothek befindet sich ein Exemplar der Studie: Esch, M[athias]: *Emile Verhaeren. L'Homme – Le Poète de la vie moderne. Étude sur les tendances nouvelles dans la littérature contemporaine.* Luxembourg: Victor Bück 1917. CNL L-16; AHO 004.

26   Die zweisprachige Literaturzeitschrift *Floréal. Revue libre d'art & de littérature - Freie Rundschau für Kunst und Litteratur* wurde von Frantz Clément, Eugène Forman und Marcel Noppeney begründet. Zwischen April 1907 und April 1908 erschienen insgesamt 12 Nummern. Vgl. Goetzinger, Germaine: *Floréal. Eine Fallstudie zur literarischen Öffentlichkeit in Luxemburg.* In: *Clierwer Literaturdeeg 1985. 26. a 27. Oktober am Schlass.* Luxembourg: Ministère des Affaires culturelles 1986, S. 56-63.

27   Enger Durchgang, Durchlass

28   Die Verse „Der Mann im kleinen Hütchen / sieht sich die Truppen an" stammen aus der zum Volkslied gewordenen Ballade *Die nächtliche Heerschau* von Joseph Christian Freiherr von Zedlitz (1790-1862), die Hoefler fälschlicherweise einem Autor namens Seydlitz zuschreibt.

29   Richard Dehmel (1863-1920) lebte ab 1895 als freier Schriftsteller. Der große Erfolg stellte sich mit *Zwei Menschen, Roman in Romanzen* (1903) ein. Er galt bis in den Ersten Weltkrieg hinein als der bedeutendste Repräsentant der deutschen Lyrik. Mit seinen Versen, einerseits geprägt von seinem Blick für das Soziale in seiner Umwelt, andererseits von ekstatischem Lebensgefühl und befreiter Sinnlichkeit, nahm er eine Mittlerstellung

zwischen Naturalismus und aufkommendem Expressionismus ein. Vgl. Burger, Heinz Otto: *Dehmel, Richard Fedor Leopold*. In: NDB 3 (1957), S. 564-565 [Onlinefassung: 13.11.2012]. URL: http://www.deutsche-biographie.de/pnd118679236.html
Dehmel hatte auch unter Luxemburger Autoren seine Bewunderer, so z. B. Norbert Jacques und Albert Hoefler. Frantz Clément hatte sogar Briefkontakt zu Dehmel, um ihn als Beiträger für die literarische Zeitschrift *Floréal* zu gewinnen. Persönlich lernten sie sich während eines dreitägigen Luxemburg-Besuchs des Ehepaares Dehmel Ende April 1914 kennen. Ida Dehmel hielt einen Vortrag über *Die Aufgaben der Frau im Staatsleben* auf Einladung von Emma Weber-Brugmann und des Vereins für die Interessen der Frau, während ihr Mann einen Tag später eine öffentliche Lesung für den Volksbildungsverein abhielt. Vgl. Goetzinger, Germaine; Mannes, Gast; Wilhelm, Frank: *Kontakte – Kontexte. Deutsch-luxemburgische Literaturbegegnungen. Katalog zur Ausstellung vom 18.11.1999 bis zum 17.3.2000 im Centre national de littérature in Mersch*. Mersch: Centre national de littérature 1999, S. 44ff.

30   Johannes Schlaf (1862-1941) gilt, zusammen mit Arno Holz (1863-1929), mit dem er mehrere Werke wie z. B. den Prosaband *Papa Hamlet* (1889) zusammen verfasste, als wichtiger Vertreter des deutschen Naturalismus. Vgl. Diecks, Thomas: *Schlaf, Johannes*. In: NDB 23 (2007), S. 21-22 [Onlinefassung: 13.11.2012]. URL: http://www.deutsche-biographie.de/pnd118607871.html

31   Der *Echternacher Anzeiger* war eine zwei Mal wöchentlich, donnerstags und sonntags, erscheinende Zeitung überwiegend gewerblichen Charakters. Hergestellt wurde sie in der Druckerei der Familie Burg. Die erste Nummer stammt vom 10.5.1863, das Blatt erschien bis zum 31.12.1940. Vgl. Hilgert, Romain: *Zeitungen in Luxemburg 1704-2004*. Luxembourg: Service information et presse du gouvernement luxembourgeois 2004, S. 98f.

32   Rohrstock

33   Börries Freiherr von Münchhausen (1874-1945) wurde vor allem als Balladendichter bekannt. Aus seiner nationalkonservativen Gesinnung heraus bekämpfte er moderne Strömungen in Kunst und Literatur wie z. B. den Expressionismus und entwickelte noch vor dem Ersten Weltkrieg antisemitische Ideen wie etwa die Gründung eines Geheimbundes, um den Einfluss jüdischer Kultur in Deutschland zurückzudrängen. Ab 1925

zeichnete er verantwortlich für die Beilage *Volk im Wort* der Zeitschrift *Volk und Rasse*. Trotz seiner Autonomiebestrebungen innerhalb der gleichgeschalteten Dichtersektion der Preußischen Akademie der Künste, in die er nach der ‚Säuberung' im Mai 1933 berufen worden war, sowie wiederholter Anfeindungen vonseiten der nationalsozialistischen Presse blieb Münchhausen dem Nationalsozialismus verhaftet. Er figurierte auf der Gottbegnadeten-Liste (Führerliste) der wichtigsten NS-Schriftsteller und unterzeichnete im Oktober 1933 das Treuegelöbnis *88 deutsche Schriftsteller* für Adolf Hitler. Münchhausen nahm sich 1945 das Leben. Vgl. Mittenzwei, Werner: *Münchhausen, Börries Freiherr von*. In: NDB 18 (1997), S. 525-527 [Onlinefassung: 14.11.2012]. URL: http://www.deutsche-biographie. de/pnd118785273.html und Klee, Ernst: *Das Kulturlexikon zum Dritten Reich. Wer war was vor und nach 1945?* Frankfurt a. M.: S. Fischer 2007, S. 423-424.

Als Exponent des NS-Regimes las Münchhausen auf Einladung der Luxemburger Gesellschaft für deutsche Literatur und Kunst (Gedelit) am 18.11.1937 in Luxemburg. Vgl. Mannes, Gast: *Aus den Anfangsjahren einer Wohllöblichen Gesellschaft. Literarhistorische Anmerkungen zu einem kulturpolitischen Phänomen: Die GEDELIT 1934-1937*. In: Conter, Claude D.; Sahl, Nicole (Hgg.): *Aufbrüche und Vermittlungen. Beiträge zur Luxemburger und europäischen Literatur- und Kulturgeschichte / Nouveaux horizons et médiations. Contributions à l'histoire littéraire et culturelle au Luxembourg et en Europe.* Bielefeld: Aisthesis 2010, S. 575-603, hier: S. 579 u. S. 592ff.

34   *Das literarische Echo – Halbmonatsschrift für Literaturfreunde*. Die Zeitschrift wurde 1898 von Josef Ettlinger begründet und herausgegeben. Von 1923/1924 bis 1941/1942 wurde sie unter dem Titel *Die Literatur* fortgeführt. Ab 1942 erschien der Nachfolger, der aber schon 1944 eingestellt wurde, unter dem Titel *Europäische Literatur*. Vgl. Dietzel, Thomas; Hügel, Hans-Otto: *Deutsche literarische Zeitschriften 1880-1945. Ein Repertorium. Hg. vom Deutschen Literaturarchiv Marbach am Neckar. Mitarbeit Regina Heppeler, Birgit Kienow, Monika Seibold, Katharina von Wilucki*. München / New York / London / Paris: Saur 1988, Bd. 2, S. 394 u. Bd. 3, S. 756-757.

Bei dem erwähnten Aufsatz handelt es sich möglicherweise um den folgenden: Spiero, Heinrich: *Börries, Freiherr von Münchhausen*. In: Das literarische Echo 14 (1912) 18, Sp. 1259-1265.

35	In Hoeflers Privatbibliothek befindet sich folgende Anthologie: Benzmann, Hans (Hg.): *Moderne Deutsche Lyrik. Mit einer literargeschichtlichen Einleitung und biographischen Notizen* hg. von Hans Benzmann. Leipzig: Philipp Reclam [1904]. CNL L-16; AHO 003. Das Exemplar mit dreiseitiger Goldschnittverzierung trägt den Besitzvermerk „C. Weiwertz" sowie den Zusatz „à Albert Hoefler / Echternach".
36	Michel Rodanges *Renert* gelangte erst allmählich ins Bewusstsein einer literarisch interessierten Öffentlichkeit: „Das Werk hatte zunächst keinen Erfolg und wurde totgeschwiegen. Erst nach einer Reihe von Vorträgen von Nik Welter und C. M. Spoo zu Beginn des 20. Jahrhunderts und der aufwändig inszenierten Jahrhundertfeier 1927 wurde das Werk einer breiteren Öffentlichkeit bekannt." (Muller, Roger: *Michel Rodange*. In: www.autorenlexikon.lu [14.11.2012])
	Vgl. auch Conter, Claude D.: *Caspar Mathias Spoo*. In: www.autorenlexikon.lu [14.11.2012]. Zu Spoos Verdiensten um Rodanges *Renert* sowie den Reaktionen auf seine Vorträge vgl. Differdinger Volksbildungsverein (Hg.): *Dossier Spoo*. [s. l.] 1974, S. 77ff.
37	Das unregelmäßige Partizip gewiehen wird in der Moselgegend gebraucht und ist nicht standardsprachlich.
38	Die Schmalspurbahn Charly, die Luxemburg mit Echternach verband, wurde am 19.4.1904 feierlich eingeweiht. Vgl. Lëtzebuerger Gaarde Bunn Frënn – Berdorf (Hg.): *100 Joër „Charly"*. Lëtzebuerg: Linden 2004, S. 41. Zu den Feierlichkeiten in Echternach vgl. ebd., S. 67ff.
39	Die Echternacher Sektion des Volksbildungsvereins wurde 1909 ins Leben gerufen. Vgl. Fayot, Ben: *Fragmente zur Geschichte der Volksbildungsvereine in Luxemburg*. In: Galerie 1 (1982-83) 2, S. 146-159, hier: S. 146.
40	Der Gegensatz zwischen liberal und klerikal spiegelt sich in den politischen Lagern links und rechts, die ihre Auseinandersetzungen auch in den linksliberalen Volksbildungsvereinen und den katholischen Volksvereinen führten. Vgl. Fayot, *Fragmente*, S. 148ff.
	Die Streitigkeiten wurden ebenfalls auf kommunalpolitischer Ebene ausgetragen. Vgl. [Anonym]: *Hetze gegen den Volksverein*. In: Das Luxemburger Volk vom 3.7.1909, S. 107. Der Artikel behandelt einen Antrag des Echternacher katholischen Volksvereins. Nachdem die Gemeinde dem linksliberalen Volks-

bildungsverein Räumlichkeiten zur Einrichtung einer Bibliothek zur Verfügung gestellt hatte, wollte der Volksverein zum selben Zwecke einen Saal zugewiesen bekommen. Die Reaktion des Bürgermeisters Rodolphe Brimmeyr und sein Vorwurf, der Volksverein verbreite nur „Zank, Unfrieden und Parteihaß", führten zu tiefen Meinungsverschiedenheiten sowie einer öffentlichen Erklärung vonseiten des Volksvereins, in der man gegen die erhobenen Anschuldigungen protestierte und die Vorwürfe zurückwies. Die katholische, anti-liberale Zeitung *Das Luxemburger Volk* führte ab 1906 den Untertitel *Verbandsorgan des Lux.-kath. Volksvereins.* Vgl. Hilgert, *Zeitungen in Luxemburg 1704-2004*, S. 167.

41 Der Okkultismus erfreute sich zu Beginn des 20. Jahrhunderts eines regen öffentlichen Interesses, so dass auch in Luxemburg Vorträge über Spiritismus und Hypnotismus gehalten wurden. Vgl. z. B. H. C. [Clement, Hubert]: *Aus der Volksbildungsarbeit. Vortragstournee Erichsen.* In: VdJ (Mars 1922) 3 n. s., S. 42. Hier wird für den „bekannten Experimentalpsychologen" Leo Erichsen geworben, indem man expressis verbis darauf hinweist, dass es im Bereich Hypnotismus viele Scharlatane gebe, Leo Erichsen sich jedoch „auf wissenschaftlicher Basis" mit dem Übersinnlichen beschäftige.

42 Victor Hugos (1802-1885) Gedichtsammlung *La Légende des Siècles* wurde in drei Etappen 1859, 1877 und 1883 veröffentlicht.

43 Sudermann, Hermann: *Morituri. Drei Einakter: Teja. Drama; Fritzchen. Drama; Das Ewig-Männliche. Spiel.* Stuttgart: Cotta 1897. Sudermann (1857-1928) war Journalist und Schriftsteller. Er wurde vor allem durch seine naturalistischen Erzählungen und Dramen bekannt, in denen er meist Kritik am Verhalten und an der Moral der bürgerlichen Gesellschaft übte. Vgl. *Lexikon der Weltliteratur. Deutsche Autoren A – Z*, S. 609.

44 Hermann Bahr (1863-1934) war ein österreichischer Schriftsteller, Literaturkritiker und Essayist, der aufgrund seiner großen Offenheit Anschluss an die meisten literarischen Strömungen seiner Zeit fand und so z.T. als Vermittler zwischen der Wiener Moderne und anderen zeitgenössischen Strömungen fungierte. Vgl. Alker, Ernst: *Bahr, Hermann.* In: NDB 1 (1953), S. 540 [Onlinefassung: 14.11.2012]. URL: http://www.deutsche-biographie.de/pnd118505955.html

45 Gustav Frenssen (1863-1945) war Pastor – das Amt legte er 1902 nieder – und Schriftsteller. Der Durchbruch gelang ihm

	1901 mit dem volkstümlichen Bauernroman *Jörn Uhl*. 1912 wurde Frenssen für den Nobelpreis vorgeschlagen. Nach dem Niedergang der Weimarer Republik wandte er sich enttäuscht dem Nationalsozialismus zu. Im Mai 1933 wurde er in die gleichgeschaltete Dichtersektion der Preußischen Akademie der Künste berufen. Er figurierte auf der Gottbegnadeten-Liste (Führerliste) der wichtigsten NS-Schriftsteller und unterzeichnete im Oktober 1933 das Treuegelöbnis *88 deutsche Schriftsteller* für Adolf Hitler. Seine späteren Werke enthalten völkisches und rassistisches Gedankengut und sind von Antisemitismus geprägt. Vgl. Klose, Olaf: *Frenssen, Gustav*. In: NDB 5 (1961), S. 402-403 [Onlinefassung: 14.11.2012]. URL: http://www.deutsche-biographie.de/pnd118535269.html und Klee, *Das Kulturlexikon zum Dritten Reich*, S. 162-163.
46	Wilhelm von Polenz (1861-1903) schrieb heimatbewusste und kulturkritische Romane, in denen er gesellschaftliche Umbrüche und ihre Auswirkungen für die Landbevölkerung thematisierte. Sein wichtigstes Werk *Der Büttnerbauer* (1895) handelt vom Untergang eines Bauerngeschlechts und konfrontiert die traditionsbewusste ländlich-bäuerliche Lebenswelt mit der modernen städtisch-frühkapitalistischen. Zusammen mit Peter Rosegger und Gustav Frenssen gilt Polenz als einer der wichtigsten Vertreter des konservativen Naturalismus. Da seine Werke antisemitische Passagen enthalten, wurde Polenz stark von der Heimatkunstbewegung rezipiert. Vgl. Rönisch, Siegfried: *Polenz, Wilhelm Christoph Wolf von*. In: NDB 20 (2001), S. 598 [Onlinefassung: 15.11.2012]. URL: http://www.deutsche-biographie.de/pnd118803336.html
47	Heinrich Federer (1866-1928) war ein Schweizer Pfarrer und Schriftsteller, der sich in seinen Werken als präziser Beobachter erwies und mit feinem Humor und viel Gespür die Lebenswelt der Schweizer Bergbauern thematisierte, so z. B. in seinem Roman *Berge und Menschen* (1911). Seine langen Reisen nach Italien spiegeln sich in einer Reihe von Erzählungen wie z. B. *Sisto e Sesto* (1913). Vgl. Fehr, Karl: *Federer, Heinrich*. In: NDB 5 (1961), S. 42-43 [Onlinefassung: 15.11.2012]. URL: http://www.deutsche-biographie.de/pnd118532200.html
48	Engel, Eduard: *Geschichte der deutschen Literatur von den Anfängen bis in die Gegenwart*. 2 Bde. Leipzig: G. Freytag / Wien: F. Tempsky 1906. Die Literaturgeschichte wurde mehrmals aufgelegt.
49	Vgl. Weber, Batty: *Aufruf!* In: VdJ 1 (Août 1917) 1, [S. 1].

50	Vgl. Clement, Frantz: *René Engelmann*. In: VdJ (Janvier 1922) 1 n.s., S. 3-4. Cléments Aufsatz stand nicht in der allerersten Nummer der *Voix des Jeunes*, sondern in der ersten Nummer der Nouvelle série, die ab Januar 1922 erschien.
51	Engelmann, René: *Das Mensch. Ein Fragment aus dem Nachlass von René Engelmann*. In: VdJ (Janvier 1922) 1 n.s., S. [1]-3.
52	Zu Jim Wester vermerkt das *Luxemburger Autorenlexikon*: „Die literarische Tätigkeit von J. W. beschränkt sich auf die Jahre 1917-1920. Als Gründungsmitglied der AGEL/ASSOSS schrieb er die Kolumne *Trognes polémiques* in *La Voix des Jeunes*. Unter dem Pseudonym Jim Smiley veröffentlichte er in der Rubrik *Gendelettres* Polemiken und humoristische, manchmal kränkende Pamphlete gegen Politiker und Schriftsteller und schrieb satirische und bissige Porträts bekannter Persönlichkeiten des politischen und kulturellen Lebens in Luxemburg." (Conter, Claude D.: *Jim Wester*. In: www.autorenlexikon.lu [15.11.2012])
53	Kolbach, Jos[eph]: *Der Selbstsucher*. In: Association Générale des Étudiants Luxembourgeois (Hg.): *Annuaire 1916*. Luxembourg: Victor Bück 1916, S. 7-25.
54	Kolbach veröffentlichte die Erzählung *Der Selbstsucher* nicht unter seinem Pseudonym Pogg, sondern unter seinem bürgerlichen Namen.
55	Kolbach widmete das Stück dem Maler und Schriftsteller Frantz Seimetz (1858-1934). Zur Freundschaft zwischen Kolbach und dem Maler vgl. Lech, Pierre: *Ein Dichter auf der Suche nach der Heimat. Jos Kolbachs (1889-1959) Erzählungen und nachgelassene Aufzeichnungen*. In: réCré (2001) 17, S. 141-228, hier: S. 187ff.
56	1945 erinnerte Hoefler sich wie folgt an Frantz Seimetz: „Damals wandeltest Du durch die Straßen meines Heimatstädtchens, die Künstlerpellerine (sic!) lose umgehangen, den Schlapphut auf deinem blonden gekräuselten Haar, die ewige Zigarette an die Lippen geklebt und mit Dir selber stets Zwiesprache haltend." ([Hoefler, Albert]: *Franz Seimetz*. In: OMZ vom 15.12.1945, S. 6)
57	Hoefler, Albert: *Das Opfer. Novelle von Albert Hoefler*. In: VdJ 2 (Septembre 1918) 9, S. 95-96.
58	Zu Pol Michels vermerkt das *Luxemburger Autorenlexikon*: „P. M. gehörte ab 1917 in Luxemburg zu einer aktivistischen Verbindung junger Luxemburger Intellektueller, die sich unter

der Bezeichnung Cénacle des Extrêmes zusammenfanden. Dabei erwies sich P. M. bis 1922 als Anhänger des Futurismus, des Expressionismus, was sich niederschlug in vielen Beiträgen in der linkspolitischen Studentenzeitschrift *La Voix des Jeunes* und in den Jahrbüchern der AGEL/ASSOSS". (Mannes, Gast: *Pol Michels*. In: www.autorenlexikon.lu [15.11.2012])

Der von Michels mit bürgerlichem Namen gezeichnete Beitrag *Le Réceptacle* erschien in derselben Nummer wie Hoeflers Novelle: Michels, Pol: *Le Réceptacle*. In: VdJ 2 (Septembre 1918) 9, S. 94-95. Zum programmatischen Artikel *Le Réceptacle* vgl. Mannes, Gast: *Luxemburgische Avantgarde. Zum europäischen Kulturtransfer im Spannungsfeld von Literatur, Politik und Kunst zwischen 1916 und 1922*. Esch/Alzette: Éditions Phi 2007, S. 72ff. Zum Cénacle des Extrêmes vgl. ebd., S. 33ff.

59   Franz Pfemfert (1879-1954) begründete die antiklerikale und antimilitaristische Zeitschrift *Die Aktion*, die er von 1911-1932 herausgab, sowie den gleichnamigen Verlag. Die Zeitschrift wurde schnell zum maßgeblichen Forum für oppositionelle linke Gruppierungen und versuchte, Kunst und Politik zusammenzuführen, so dass sie sich zum Sprachrohr für die Künstler und Schriftsteller des Expressionismus entwickelte. Vgl. Bruns, Karin: *Pfemfert, Franz*. In: NDB 20 (2001), S. 330 [Onlinefassung: 15.11.2012]. URL: http://www.deutsche-biographie.de/pnd118812645.html

Zu Pol Michels' Verbindungen zu Pfemfert und seiner Mitarbeit an der *Aktion* sowie zur Rezeption der Zeitschrift in Luxemburg vgl. Mannes, *Luxemburgische Avantgarde*, S. 87ff. Zur Zeitschrift *Die Aktion* vgl. auch Dietzel / Hügel, *Deutsche literarische Zeitschriften 1880-1945*, Bd. 1, S. 42-43.

60   Pol Michels schrieb in seiner *Préambule* u. a.: „Cher F. B., d'abord une constatation significative quoique mélancholique: ce livret d'acrisie devait paraître dans la collection libératrice: Der ROTE HAHN (Verlag DIE AKTION). Mais Berlin consume la langue française et en France on prohibe l'allemand. Ces temps de rapt, lucifuges des bonnes œuvres, rogneux de bonnes actions et qui vivent de mort violente !!" (Michels, *Le Réceptacle*, S. 94)

61   Bazin, René: *Pages choisies des auteurs contemporains*. Paris: Armand Colin, Calmann-Lévy 1903.

62   B. W. [Weber, Batty]: *Albert Hoefler, Rosenblust und Sonnengold, ein Büchlein Verse*. In: LZ vom 31.12.1919 (MA), [S. 2].

63	F. C. [Clément, Frantz]: *Ein junger Lyriker*. In: ET vom 7.1.1920, [S. 3].
64	In Echternach gab es in der Rue de la Montagne das Hôtel du Cerf, das während der Rundstedt-Offensive zerstört wurde. Vgl. Massard, Jos. A.: *Vom wilden Bruder des blauen Hirschs. Der Rothirsch in Luxemburg, einst und jetzt*. In: LJ vom 7.12.2007, S. 21.
65	Arnold Böcklin (1827-1901) war ein Schweizer Maler, der mit romantisch-mythischer Landschaftsmalerei begann und anschließend zur symbolhaften Darstellung des Naturreiches und mythologischer Wesen überging. Vgl. Zelger, Franz: *Böcklin, Arnold*. In: Historisches Lexikon der Schweiz [Onlinefassung: 15.11.2012]. URL: http://www.hls-dhs-dss.ch/textes/d/D21878.php
66	Hugo Wolf (1860-1903) war ein österreichischer Komponist, der insbesondere mit seinen Mörike-Vertonungen als Schöpfer des neudeutschen Liedes und Wegbereiter der Moderne galt. Vgl. Rode, Susanne: *Wolf, Hugo*. In: *Metzler Komponisten-Lexikon*, S. 876-878.
67	Es gab eine Buchreihe mit dem Titel *Die Welt der Fahrten und Abenteuer*, die vom Verleger Friedrich Ernst Fehsenfeld (1853-1933) herausgegeben wurde. Nach dessen Tod verkaufte die Witwe den Verlag an den Paul-List-Verlag in Leipzig, wo weitere Bände in veränderter Ausstattung erschienen.
68	Gréchen (Lux.): der heurige, diesjährige Wein
69	Ein internationaler Feuerwehrkongress fand 1901 in Berlin-Wedding statt.
70	Franz Werfel (1890-1945) war ein österreichischer Schriftsteller jüdischer Herkunft und Exponent des literarischen Expressionismus, der zeitlebens Freundschaften zu Willy Haas, Max Brod und Franz Kafka unterhielt. Ab 1917 war er mit Alma Mahler liiert, die er 1929 heiratete. Werfel wurde trotz der Unterzeichnung einer Loyalitätserklärung der Dichtersektion der Preußischen Akademie der Künste für die neue Reichsregierung im Mai 1933 aus der Akademie ausgeschlossen. Nach der Besetzung Österreichs flüchtete er zuerst nach Frankreich, dann ging er, zusammen mit Golo und Heinrich Mann, in die USA ins Exil. Vgl. Klee, *Das Kulturlexikon zum Dritten Reich*, S. 657-658.
71	Walter Hasenclever (1890-1940) schuf mit dem Stück *Der Sohn* (1914), das den Protest gegen die Vätergeneration radikalisierte, ein expressionistisches Drama, das zu einer Art Manifest

der jungen Generation avancierte. Hasenclever, der sich 1914 freiwillig zum Kriegsdienst gemeldet hatte, wandelte sich rasch zum dezidierten Pazifisten. 1933 wurde er ausgebürgert, seine Werke wurden verbrannt. Es begann ein unruhiges Leben als Emigrant, das ihn in mehrere Länder führte. Nach Kriegsausbruch wurde Hasenclever wiederholt interniert, er nahm sich im Lager Les Milles bei Aix-en-Provence das Leben, als die deutschen Truppen im Anmarsch waren. Vgl. Zeller, Bernhard: *Hasenclever, Walter Georg Alexander*. In: NDB 8 (1969), S. 29-30 [Onlinefassung: 16.11.2012]. URL: http://www.deutsche-biographie.de/pnd118546619.html

72 Kasimir Edschmid, eigtl. Eduard Schmid (1890-1966), galt als einer der Wortführer des literarischen Expressionismus und bezog mit seinen frühen Schriften wie z. B. der Novelle *Die sechs Mündungen* (1915) Stellung gegen den Ersten Weltkrieg. Schon während seines Studiums veröffentlichte er Gedichte in Franz Pfemferts *Die Aktion*. Anfang der 1920er Jahre war er Mitarbeiter der Zeitschriften *Der Sturm* und *Die Weißen Blätter* und gab, zusammen mit Henri Barbusse, die programmatische *Tribüne der Kunst und Zeit* heraus. Dann wandte er sich zusehends vom Expressionismus ab und schrieb vor allem Reiseliteratur. Edschmid war ein engagiertes Mitglied des Bundes rheinischer Dichter, auf dessen Zusammenkünften er Freundschaft mit Norbert Jacques schloss, mit dem ihn das Interesse fürs Reisen verband. Während des Nationalsozialismus hatte Edschmid Rede- und Schreibverbot, so dass er sich weitgehend zurückzog. Vgl. Cepl-Kaufmann, Gertrude: *Der Bund rheinischer Dichter 1926-1933. In Verbindung mit Dietmar Lieser. Unter Mitarbeit von Sabine Brenner, Carola Spies und Franz Steinfort*. Paderborn / München / Wien / Zürich: Ferdinand Schöningh Verlag 2003, S. 436 und Klee, *Das Kulturlexikon zum Dritten Reich*, S. 127.

73 René Schickele (1883-1940) war ein deutsch-französischer Schriftsteller, der aus dem Elsass stammte. Schickele gab ab 1914 die Zeitschrift *Die weißen Blätter* heraus, die er zusammen mit anderen Autoren wie z. B. Franz Werfel zu einem pazifistischen Forum des Expressionismus entwickelte. 1932 ging der Humanist Schickele nach Südfrankreich ins Exil, von wo aus er mehrere Reisen unternahm. Das Hauptthema von Schickeles Dichtungen war seine elsässische Identität und die innere Zerrissenheit einer zwischen den Kulturnationen Deutschland und Frankreich lebenden Volksgruppe. Aus der elsässischen Sonderstellung ergab sich für Schickele eine

politische Notwendigkeit: die Mittlerrolle des ‚Grenzländers' bei der deutsch-französischen Aussöhnung und der Schaffung einer europäischen Staatengemeinschaft. Dieses politische Anliegen bildet auch den Kern von Schickeles Romantrilogie *Das Erbe am Rhein* (1926-1931), die das Schicksal des Elsass und die deutsch-französische Antinomie vermittels zweier verfeindeter Brüder thematisiert. Schickele war zudem eine der Hauptfiguren des Bundes rheinischer Dichter, in dem er seine pazifistischen Visionen durch die länderübergreifende Zusammenarbeit von Schriftstellern praktisch umzusetzen versuchte. Vgl. Wagener, Hans: *Schickele, Marie Armand Maurice René*. In: NDB 22 (2005), S. 729-731 [Onlinefassung: 16.11.2012]. URL: http://www.deutsche-biographie.de/pnd11860743X.html und Cepl-Kaufmann, *Der Bund rheinischer Dichter 1926-1933*, S. 458.

74 Fritz von Unruh (1885-1970) meldete sich 1914 als Kriegsfreiwilliger, wandelte sich jedoch durch die bei Verdun gemachten Erfahrungen zum überzeugten Pazifisten. Er wurde vor allem durch seine expressionistischen Dramen wie z. B. die Tragödie *Ein Geschlecht* (1917) bekannt. Schon früh warnte er vor dem aufkommenden Nationalsozialismus. Im Mai 1933 wurde er aus der Dichtersektion der Preußischen Akademie der Künste ausgeschlossen. Unruh ging zuerst nach Italien und Frankreich, dann in die USA ins Exil und kehrte 1962 nach Deutschland zurück. Vgl. Cepl-Kaufmann, *Der Bund rheinischer Dichter 1926-1933*, S. 465 und Klee, *Das Kulturlexikon zum Dritten Reich*, S. 626.

75 Georg Kaiser (1878-1945) galt mit seinen Stücken *Die Bürger von Calais* (1917) und *Gas I* (1918), in denen er sich gegen Krieg und Gewalt aussprach und den ‚neuen Menschen' forderte, als einer der bedeutendsten und erfolgreichsten Dramatiker des Expressionismus. Im Mai 1933 wurde er aus der Dichtersektion der Preußischen Akademie der Künste ausgeschlossen, seine Bücher wurden verbrannt. Kaiser emigrierte 1938 über die Niederlande in die Schweiz. Vgl. Wilhelm, Gertraude: *Kaiser, Georg*. In: NDB 11 (1977), S. 38-39 [Onlinefassung: 20.11.2012]. URL: http://www.deutsche-biographie.de/pnd118559427.html und Klee, *Das Kulturlexikon zum Dritten Reich*, S. 292.

76 Bernhard Diebold (1886-1945) war ein Schweizer Dramaturg und Theaterkritiker. Von 1917 bis 1934 war er Redakteur der *Frankfurter Zeitung*, für die er viel beachtete Kritiken schrieb. Sein Werk *Anarchie im Drama* (1921) gilt heute noch

als grundlegende Dramaturgie des Expressionismus. Bei der Studie *Der Denkspieler Georg Kaiser* (1924) handelt es sich um die Bearbeitung eines Kapitels aus *Anarchie im Drama*. 1935 kehrte Diebold nach Zürich zurück. Vgl. Stadler, Edmund: *Diebold, Bernhard Ludwig*. In: NDB 3 (1957), S. 635-636 [Onlinefassung: 20.11.2012]. URL: http://www.deutsche-biographie.de/pnd116098678.html

77 Peter Altenberg, eigtl. Richard Engländer (1859-1919), lebte als Bohemien und Schriftsteller in Wien. Er schrieb ausschließlich Prosaskizzen, bei denen es sich um impressionistische Studien und Momentaufnahmen vom Wien der Jahrhundertwende handelt. Vgl. Thurnher, Eugen: *Altenberg, Peter*. In: NDB 1 (1953), S. 213-214 [Onlinefassung: 20.11.2012]. URL: http://www.deutsche-biographie.de/pnd118502255.html

78 Arthur Schnitzler (1862-1931) war ein österreichischer Arzt und Schriftsteller, dessen Rückgriff auf die Erzähltechnik des inneren Monologs ihn zum literarischen Pendant zu Sigmund Freud, dem Begründer der Psychoanalyse, werden ließ. Vgl. Fliedl, Konstanze: *Schnitzler, Arthur*. In: NDB 23 (2007), S. 335-337 [Onlinefassung: 20.11.2012]. URL: http://www.deutsche-biographie.de/pnd118609807.html

79 Jakob Wassermann (1873-1934) war zuerst Redakteur bei der Satirezeitschrift *Simplicissimus* in München, wo er mit Thomas Mann und Rainer Maria Rilke befreundet war. Anschließend ließ er sich als freier Schriftsteller in Wien nieder, wo er Freundschaft mit Arthur Schnitzler schloss. Erste Erfolge feierte er mit von der Psychoanalyse beeinflussten psychologischen Romanen. 1919 siedelte Wassermann ins steiermärkische Altaussee über. Im Mai 1933 wurde er aus der Dichtersektion der Preußischen Akademie der Künste ausgeschlossen, seine Bücher wurden verboten. Vgl. Klee, *Das Kulturlexikon zum Dritten Reich*, S. 645.

80 Dehmel, Richard: *Hundert ausgewählte Gedichte*. Berlin: S. Fischer 1908.

81 Emil Marx studierte Schauspiel in München und in Berlin, brach das Studium jedoch vorzeitig ab. Vgl. Marson, Pierre: *Emil Marx*. In: www.autorenlexikon.lu [20.11.2012] und Friedrich, Evy: *Emil Marx (1899-1964)*. In: Revue 21 (1965) 29, S. 22-23, hier: S. 22.

82 Theodor Fontanes Ballade *Archibald Douglas* (1854) erzählt vom gealterten Grafen Douglas, der seine Verbannung aus Schottland nicht länger ertragen kann. Trotz der ihm als

Personen, Wort- und Sacherklärungen 275

Rebellen drohenden Todesstrafe wagt er sich zurück und trifft seinen König Jakob auf der Jagd, der ihn zwar nicht tötet, ihn aber auch nicht anhören will. Doch Douglas erinnert den König an seine Jugend, als er ihn fischen und jagen lehrte. Jakob reitet davon, doch Douglas hält Schritt und fleht, ihn lieber zu töten als ihm die Rückkehr zu verweigern. Da erbarmt sich der König seiner und nimmt den Grafen wieder auf.

83 In Echternach gibt es die in der Rue Rabatt gelegene Muttergotteskapelle, die der Abt Petrus Fisch 1654 hatte errichten lassen und die 1658 geweiht wurde. Vgl. Kauthen, Pierre: *Vor 350 Jahren entstand die Echternacher Muttergotteskapelle.* In: LW - Die Warte 56 (2004) 17, S. 1-2, hier: S. 1.

84 Die kleine Oranier-Orgel war ein Geschenk von König Wilhelm II. an die Garnison in Echternach. Sie wurde 1845 in der Muttergotteskapelle, die zeitweilig als Garnisonskirche fungierte, aufgestellt. Zur Geschichte der Orgel vgl. Thill, Norbert: *Orgeln und Orgelbau in Luxemburg.* Luxemburg: Borschette 1993, S. 177ff.

85 Arthur Hary gab ab 1912 die Schülerzeitung *Noch sind die Tage der Rosen* heraus, die 1914 in *Zeitung für kleine Leute* umbenannt wurde. Vgl. Sahl, Nicole: *Arthur Hary.* In: www.autorenlexikon.lu [20.11.2012] und Hermes, Monique: *100 Jahre Luxemburger Kinderzeitungen (1884-1984). 2. Arthur Hary: „Die Tage der Rosen" und „Zeitung für kleine Leute".* In: LW - Die Warte 37 (1984) 31, S. 3-4.

86 Von 1903 bis 1940 erschien die Zeitung *Das Luxemburger Volk*, die 1906 ihren Untertitel *Christlich-soziales Blatt* in *Verbandsorgan des Lux.-kath. Volksvereins* abgeändert hatte. Vgl. Hilgert, *Zeitungen in Luxemburg 1704-2004*, S. 167f.

87 Auch Emil Marx erwähnte Albert Hoefler als Mitarbeiter der *Zeitung für kleine Leute.* Vgl. E. M. [Marx, Emil]: *Albert Hoefler.* In: CL 4 (1927) 8, S. 687-689, hier: S. 688.

88 Hoefler, Albert: *Peter Rosegger †.* In: Zeitung für kleine Leute 6 (1918) 10, S. 156-157.

89 Peter Rosegger (1843-1918) war ein österreichischer Schriftsteller, der populäre Dorfgeschichten, Reiseskizzen, Romane und Erzählungen wie z. B. *Als ich noch der Waldbauernbub war* (1900-1902) schrieb, die größtenteils in seiner bergbäuerlich geprägten Heimat, der Steiermark, angesiedelt sind. 1876 gründete er die Monatsschrift *Heimgarten*, die er bis zur Übernahme durch seinen Sohn 1910 herausgab. In seinen

eigenen journalistischen Beiträgen nahm Rosegger Stellung zu tagespolitischen Themen wie z. B. der Agrarfrage, dem Antisemitismus oder der Kirchenpolitik. Seine zivilisationskritische und antimodernistische Haltung sorgte für seine ideologische Nähe zur Heimatkunstbewegung um 1900 sowie seine spätere Vereinnahmung durch den Nationalsozialismus. Vgl. Wagner, Karl: *Rosegger, Peter*. In: NDB 22 (2005), S. 45-47 [Onlinefassung: 21.11.2012]. URL: http://www.deutsche-biographie.de/pnd118602667.html

90   Arthur Hary sammelte seine eigenen Beiträge und die anderer Autoren aus der *Zeitung für kleine Leute* und brachte sie anschließend als Jahrbücher heraus: *Dem Kind der Heimat* (1915), *Unser Land* (1916) und *Erzland* (1917). Vgl. Sahl, Nicole: *Arthur Hary*. In: www.autorenlexikon.lu [21.11.2012].

91   Hofmannsthals Gedicht *Vorfrühling* wurde erstmals 1892 in der von Stefan George begründeten literarischen Zeitschrift *Blätter für die Kunst* gedruckt. Vgl. Volke, Werner: *Hofmannsthal, Hugo von*. In: NDB 9 (1972), S. 464-467 [Onlinefassung: 21.11.2012]. URL: http://www.deutsche-biographie.de/pnd118552759.html

92   Der Hof von Emil Marx' Eltern befand sich in Sprinkingen. Vgl. Marson, Pierre: *Emil Marx*. In: www.autorenlexikon.lu [21.11.2012].

93   Jacques, Norbert: *Der Hafen. Roman.* Berlin: S. Fischer 1910.

94   Jacques, Norbert: *Piraths Insel. Roman.* Berlin: S. Fischer 1917.

95   Jacques, Norbert: *Landmann Hal. Roman.* Berlin: S. Fischer 1919.

96   Zum Leben und Werk Norbert Jacques' im Allgemeinen vgl. Mannes, Gast: *Norbert Jacques*. In: www.autorenlexikon.lu [21.11.2012].

97   Jacques, Norbert: *Auf dem chinesischen Fluss. Reisebuch.* Berlin: S. Fischer [1921].

98   Zu Batty Webers feuilletonistischem *Abreißkalender*, der von 1913 bis 1940 in der *Luxemburger Zeitung* erschien, vgl. Marson, Pierre: *Batty Weber*. In: www.autorenlexikon.lu [21.11.2012].

Batty Webers Urteil über Norbert Jacques fiel 1917 in seiner positiven Rezension zum Roman *Piraths Insel* recht gemäßigt aus: „Wir haben hier [in Luxemburg] unter den Landsmann Norbert Jacques aus bekannten Gründen einen Strich gemacht. Das ist kein Grund, den Werken des Schriftstellers Jacques unsere Häuser zu verschließen. Wer zwischen den Zeilen lesen kann, wird auch in diesem Buch finden, daß Jacques dem Boden, aus dem er wächst, mehr verdankt, als allen Vaterländern, die er sich in der Folge zulegen mag." ([Weber, Batty]: *Abreißkalender*. In: LZ vom 18.3.1917 (MA), [S. 2-3], hier: [S. 3])

Ein weitaus härteres Urteil fällte Batty Weber hingegen 1923 im Anschluss an die von Albert Hoefler und Pol Michels unternommene Rehabilitierung Jacques' in der *Voix des Jeunes*: „Norbert Jacques hat es längst mit sozusagen allen seinen luxemburger Freunden verschüttet. Jenem Ehrenrettungsversuch der *Voix des Jeunes* gegenüber lohnt es sich nun zu sagen, warum, und daß man nicht gerade ein Spießbürger zu sein braucht, um mit diesem Landsmann gebrochen zu haben." Und Weber listete auf, welche Verfehlungen man Jacques verzeihen könne, kam dann aber auf die ‚Pass-Affäre' zu sprechen, die er ihm, wie viele Luxemburger, aufgrund der negativen Auswirkungen für Luxemburg in seinen Beziehungen zu Frankreich und England unmöglich nachsehen könne. Weber schlussfolgerte: „Dies sind harte Worte, aber sie waren nötig, damit man uns mit ferneren Versuchen in der Art des eingangs erwähnten verschont." ([Weber, Batty]: *Abreißkalender*. In: LZ vom 31.3.1923 (MA), [S. 3])

99 Zum zwiespältigen Verhältnis Norbert Jacques' zu Luxemburg vgl. Scholdt, Günter: *Der Fall Norbert Jacques. Über Rang und Niedergang eines Erzählers (1880-1954)*. Stuttgart: Akademischer Verlag Hans-Dieter Heinz 1976, S. 421ff. und Goetzinger et al., *Kontakte – Kontexte*, S. 141ff.

100 Von Norbert Jacques stammen die Kriegsbücher *London und Paris im Krieg* (1915), *Die Flüchtlinge* (1915) und *In der Schwarmlinie des österreichisch-ungarischen Bundesgenossen* (1916). Vgl. Scholdt, *Der Fall Norbert Jacques*, S. 196ff. u. S. 210ff.

101 In der *Obermoselzeitung* rezensierte Hoefler Anfang der 1920er Jahre einige Neuerscheinungen Jacques': Hoefler, Alb[ert]: *Norbert Jacques: Die Frau von Afrika*. In: OMZ vom 18.7.1921, [S. 3]; Hoefler, Albert: *Norbert Jacques: Auf dem chinesischen Fluß*. In: OMZ vom 22.8.1921, [S. 3] und ders.: *Norbert Jacques: Siebenschmerz*. In: OMZ vom 27.9.1922, [S. 3].

102 Hoefler, Albert: *Ueber den Kämpfen. Gedichte von Nik. Welter*. In: VdJ (Mai 1922) 5 n. s., S. 75-76.

103 Michels, Pol: *Norbert Jacques*. In: VdJ (Mars 1923) 7 n. s., S. 104-105 und Hoefler, Albert: *Das literarische Werk Norbert Jacques'*. In: VdJ (Mars 1923) 7 n. s., S. 102-104.

104	Jacques, Norbert: *Die Limburger Flöte.* In: VdJ (Mars 1923) 7 n. s., S. 97-101 und ders.: *Der Knabe.* In: VdJ (Mars 1923) 7 n. s., S. 101-102.
105	Zur Wortschöpfung Intellektuaille vgl. Mannes, *Luxemburgische Avantgarde,* S. 360 (Anm. 245).
106	In der unregelmäßig erscheinenden Rubrik *Anrempelungen und Abstempelungen* veröffentlichte Pol Michels in der *Voix des Jeunes* eine Reihe satirischer Miniaturen.
107	Zu den Polemiken beim Erscheinen des Norbert-Jacques-Heftes der *Voix des Jeunes* sowie den nachfolgenden, sich bis Ende 1927 ziehenden Wortgefechten zwischen Batty Weber und Nicolas Ries vgl. Scholdt, *Der Fall Norbert Jacques,* S. 433ff.
	Zu Nicolas Ries vermerkt das *Luxemburger Autorenlexikon*: „N. R. war einer der bekanntesten frankophilen luxemburgischen Intellektuellen und Kritiker der ersten Hälfte des 20. Jahrhunderts. […] N. R. schrieb […] unter dem Pseudonym Philinte Chroniken sowie Kommentare und Bemerkungen über die Kultur und das Zeitgeschehen in *Landwirt* und *Escher Tageblatt,* die er in den Sammelbänden *Die Luxemburger Sprichwörter* und *Le sourire de Philinte* versammelte." (Conter, Claude D.: *Nicolas Ries.* In: www.autorenlexikon.lu [27.11.2012])
108	Zu diesen Episoden aus Jacques' Leben vgl. Jacques, Norbert: *Mit Lust gelebt. Roman meines Lebens. Kommentierte, illustrierte und wesentlich erweiterte Neuausgabe.* Hg. von Hermann Gätje, Germaine Goetzinger, Gast Mannes und Günter Scholdt. Sankt Ingbert: Röhrig Universitätsverlag 2004, S. 10ff. und Scholdt, *Der Fall Norbert Jacques,* S. 19ff. u. S. 33ff.
109	Rommé (auch: Rommee) ist ein Kartenspiel. Rammie ist die im Luxemburgischen gebräuchliche phonetische Form zum Englischen rummy.
110	Das Volkslied beginnt mit der Zeile *Ich kam von fern gezogen, zum Rhein, zum Rhein.*
111	Die von Albert Langen und Thomas Theodor Heine begründete politisch-satirische Wochenschrift *Simplicissimus* erschien von 1896 bis 1944. Vgl. Dietzel / Hügel, *Deutsche literarische Zeitschriften 1880-1945,* Bd. 4, S. 1118-1121. Die Zeitschrift kritisierte sowohl die Innen- und Außenpolitik des Kaiserreichs und der Weimarer Republik als auch die kleinbürgerliche Mentalität vieler Deutscher.

	Unter dem Pseudonym Peter Schlemihl veröffentlichte Ludwig Thoma (1867-1921) satirische Gedichte im *Simplicissimus*. Vgl. Durot, Nicole: *Ludwig Thoma et Munich. Une contribution à la vie sociale, politique et culturelle à Munich autour de 1900*. Bern / Berlin / Bruxelles et al.: Peter Lang 2007, S. 163ff.
112	Christian Morgenstern (1871-1914) war Schriftsteller und Übersetzer. Bekannt wurde er vor allem durch seine komische, sprachspielerische und humoristisch-ironische Lyrik, mit der er eine scharfsinnige Zeit- und Gesellschaftskritik übte. Das Gedicht *Das Knie* stammt aus der Sammlung *Galgenlieder* (1905). Vgl. Habel, Reinhardt: *Morgenstern, Christian*. In: NDB 18 (1997), S. 104-108 [Onlinefassung: 27.11.2012]. URL: http://www.deutsche-biographie.de/pnd11881169X.html
	Hanns Heinz Ewers (1871-1943) war ein Schriftsteller und Kabarettist, der in seinen z.T. erotisch-sadistischen und exzentrischen Werken die Welt des Phantastischen und Unbewussten realistisch darstellte. Trotz seines Beitritts zur NSDAP 1932 und seines in Hitlers Auftrag geschriebenen Buches *Horst Wessel* wurden Ewers' Bücher 1934 verboten. Die Erzählung *Die Wasserleiche* stammt aus dem Band *Das Grauen. Seltsame Geschichten* (1907) und spielt in Bonn. Vgl. Richter, Karl: *Ewers, Hanns Heinz*. In: NDB 4 (1959), S. 697-698 [Onlinefassung: 27.11.2012]. URL: http://www.deutsche-biographie.de/pnd118685570.html und Klee, *Das Kulturlexikon zum Dritten Reich*, S. 143.
113	Eigtl. Brettllyrik. Das Brettl ist die Bühne der Bänkelsänger, bei der Brettllyrik handelt es sich um Lyrik für den Bühnenvortrag bzw. fürs Kabarett. Vgl. Wilpert, Gero von: *Sachwörterbuch der Literatur*. 8., verb. und erw. Aufl. Stuttgart: Kröner 2001, S. 857 (Art. *Überbrettl*).
114	Ernst Barlach (1870-1938) war Bildhauer, Grafiker und Dichter. In seinen schlichten, aber ausdrucksstarken Skulpturen, die er überwiegend in Holz schnitzte, gestaltete er, von der äußeren Realität abstrahierend, das Seelenleben des einsamen Menschen. Seine Figuren nehmen oftmals, von Schmerz, Leid und Trauer beladen, eine gebeugte, bodennahe Körperhaltung ein. Vgl. Wilckens, Leonie von: *Barlach, Ernst Heinrich*. In: NDB 1 (1953), S. 591-593 [Onlinefassung: 27.11.2012]. URL: http://www.deutsche-biographie.de/pnd118506617.html
115	Der an Depressionen leidende Wilhelm Lehmbruck nahm sich am 25.3.1919 in Berlin das Leben. Vgl. Schubert, Dietrich: *Lehmbruck, Wilhelm*. In: NDB 14 (1985), S. 101-103 [Online-

fassung: 27.11.2012]. URL: http://www.deutsche-biographie. de/pnd118571117.html

Georg Trakl (1887-1914) war ein österreichischer Dichter, der vor allem expressionistische Lyrik schrieb. 1914 meldete Trakl sich als Kriegsfreiwilliger und kam an die Ostfront ins galizische Grodek. Infolge der erlebten Kriegsgräuel erlitt er einen Nervenzusammenbruch und wurde zur Beobachtung seines Geisteszustands in ein Krakauer Militärhospital eingeliefert, in dem er am 3.11.1914 an einer Überdosis Kokain verstarb (evtl. Selbstmord). Vgl. *Lexikon der Weltliteratur. Deutsche Autoren A – Z*, S. 621-622.

116 Anfang der 1920er Jahre hatte die junge Weimarer Republik mit immensen wirtschaftlichen Problemen zu kämpfen. Eine hohe Inflation sowie die im Versailler Vertrag festgesetzten und von Deutschland an die Siegermächte zu leistenden Reparationszahlungen verhinderten eine freie Entfaltung der deutschen Wirtschaft. Vgl. Janssen, Wilhelm: *Kleine rheinische Geschichte*. Düsseldorf: Patmos 1997, S. 382ff.

117 Nach Studien in Luxemburg, Louvain und Paris hospitierte Welter in Bonn und Berlin, bevor er das Referendariat in Luxemburg antrat. Vgl. Goetzinger, Germaine: *Nik Welter*. In: www.autorenlexikon.lu [27.11.2012].

118 Nik Welter war von 1918 bis zu seiner Demission am 15.4.1921 parteiloser Minister für öffentliche Erziehung. Vgl. Goetzinger, Germaine: *Nik Welter*. In: www.autorenlexikon.lu [27.11.2012].

Nach dem Erwerb der verschiedenen Lehrerbrevets studierte Arthur Hary in den Jahren 1918 bis 1920 im Auftrag der Regierung Pädagogik an den Universitäten Leipzig, Paris und Bonn. Vgl. Sahl, Nicole: *Arthur Hary*. In: www.autorenlexikon. lu [27.11.2012].

119 Oskar Walzel (1864-1944) war ein österreichischer Literaturwissenschaftler, der an den Universitäten in Wien, Bern, Dresden und Bonn unterrichtete. Mit seiner Schrift *Wechselseitige Erhellung der Künste* (1917) versuchte er, einen interdisziplinären Ansatz in den Geisteswissenschaften zu begründen. Vgl. Gossens, Peter: *Walzel, Oskar Franz*. In: *Internationales Germanistenlexikon 1800-1950*, Bd. 3, S. 1980-1983.

Paul Clemen (1866-1947) war Kunsthistoriker und unterrichtete von 1902 bis 1936 an der Universität Bonn. Der bedeutende Redner gilt überdies als Begründer der rheinischen Denkmalpflege. Mit seinen zahlreichen Veröffentlichungen gab er der rheinischen Kunstgeschichte eine wissenschaftliche Basis. Nebst seiner akademischen Tätigkeit engagierte Paul Clemen sich ebenfalls in der Volksbildung. Schon Norbert Jacques erinnerte sich in seiner Autobiographie an die großen Publice-Vorlesungen von Clemen. Vgl. Lützeler, Heinrich: *Clemen, Paul*. In: NDB 3 (1957), S. 281 [Onlinefassung: 27.11.2012]. URL: http://www.deutsche-biographie.de/pnd118521187.html und Jacques, *Mit Lust gelebt*, S. 27.

120   Am 15.11.1862 im niederschlesischen Bad Salzbrunn geboren, feierte Gerhart Hauptmann 1922 seinen 60. Geburtstag. Vgl. Hass, Hans-Egon: *Hauptmann, Gerhart Johann Robert*. In: NDB 8 (1969), S. 103-107 [Onlinefassung: 28.11.2012]. URL: http://www.deutsche-biographie.de/pnd118546937.html

121   Hauptmann, Gerhart: *Des großen Kampffliegers, Landfahrers, Gauklers und Magiers Till Eulenspiegel Abenteuer, Streiche, Gaukeleien, Gesichte und Träume. Hexameter-Epos in 18 Abenteuern*. Berlin: S. Fischer 1928. Das Werk entstand in den Jahren 1920 bis 1927.

122   Die Besetzung der Rheinlande wurde im Versailler Vertrag geregelt, der im Juni 1919 unterzeichnet wurde und im Januar 1920 in Kraft trat. Nach dem Rückzug der Amerikaner und Briten aus der Besatzungspolitik verblieben nur noch die Siegermächte Frankreich und Belgien. Das harte und z. T. willkürliche Vorgehen der Besatzer führte wiederholt zu deutsch-französischen Spannungen und offenen Zusammenstößen, die sich Anfang 1923 drastisch verschärften, nachdem Deutschland Ende 1922 seine Reparationszahlungen und Sachlieferungen eingestellt hatte. Daraufhin dehnten Frankreich und Belgien die militärische Besetzung an Rhein und Ruhr aus. Vgl. Janssen, *Kleine rheinische Geschichte*, S. 375ff.

123   Laut Sterbeurkunde vom 3.4.1925 verstarb Lorenz Goerg Hoefler um elf Uhr vormittags. Vgl. Lech, Pierre: *Orpheus in Echternach. Zur Hundertjahrfeier des Dichters Albert Hoefler (1899-1950)*. In: réCré (1999) 15, S. 167-253, hier: S. 176.

124   Tony Kellen lebte ab 1917 in Stuttgart, wo er als Mitarbeiter von Verlagen tätig war. Vgl. Mannes, Gast: *Tony Kellen*. In: www.autorenlexikon.lu [28.11.2012].

125   Der am 17.6.1841 im preußischen Friesenrath geborene Heinrich Joseph Kratzenberg verstarb am 20.6.1924 in Clerf, wo er ebenfalls bestattet wurde. Vgl. ACClervaux Zivilstandsregister. Sterbeurkunde Nr. 12 vom 20.6.1924.

126	Squibbles, Joe [Tockert, Joseph]: *"We' mir eso' zefridde sin."* *Luxemburgisches Goldbuch. Zum fünfzigjährigen Jubiläum unserer Neutralität. Gesammelt und hg. von Joe Squibbles.* Luxemburg: Gustave Soupert 1917 und ders.: *"We' mir eso' zefridde sin." Luxemburgisches Goldbuch. Weitere Beiträge. Gesammelt und hg. von Joe Squibbles.* Trier: J. Klein 1921. Das *Luxemburger Autorenlexikon* vermerkt zu Joseph Tockert: „Seine *Goldbücher* weisen ihn als Essayisten, Humoristen und Satiriker aus. Ziel dieser parodistisch-ironischen Texte zur Luxemburger Gesellschaft der Jahre 1880 bis 1915 war es, freie kulturelle und demokratische Einrichtungen zu ermöglichen." (Mannes, Gast: *Joseph Tockert.* In: www.autorenlexikon.lu [28.11.2012])
127	Hier wird vermutlich auf die Gradenexamen (collation des grades) angespielt, deren Bestehen Voraussetzung für eine Laufbahn als Gymnasiallehrer war. Joseph Tockert war für das Jahr 1922-1923 stellvertretendes Mitglied (membre suppléant) der Examenskommission zur Erlangung der Grade (jury d'examen pour la collation des grades: pour la philosophie et les lettres). Zu den Mitgliedern (membre effectif) zählte u. a. Nik Welter. Vgl. Memorial des Großherzogtums, Nr. 59 vom 18.8.1922, S. 873. Die Zusammensetzung der Kommission für die Jahre 1923-1924 und 1924-1925 konnte nicht ermittelt werden. 1925-1926 war Tockert hingegen Mitglied der Kommission. Vgl. Memorial des Großherzogtums, Nr. 40 vom 18.8.1925, S. 509.
128	Den im Echternacher Stadtpark gelegenen Rokoko-Pavillon ließ Abt Michael Hormann 1765 durch Baumeister Paul Mungenast erbauen. Vgl. Schmitt, Michel: *Der Echternacher Rokoko-Pavillon.* In: *Abteistadt Echternach cité abbatiale.* Hg. von Pierre Schritz und Alexis Hoffmann. Luxembourg: Éditions Saint-Paul 1981, S. 283-286, hier: S. 283.
129	Eine Folge von sich steigernden Ausbrüchen
130	Der Text des Kinderliedes *Das Lauerkätzchen* (oder: *Wer sitzt auf unsrer Mauer?*) stammt von Hoffmann von Fallersleben.
131	Albert Hoefler trat seinen Dienst bei der ARBED in der Schreibstube des Grubenhauses Lallingerberg an. Vgl. Hess, Jos: *Albert Hoefler.* In: CL 4 (1927) 8, S. 685-687, hier: S. 685.
132	Ein im Bergbau Beschäftigter, der als Aufsichtsperson unter Tage arbeitet
133	Ein überheblich-wissendes Lächeln

134	Speiseraum in einem Betrieb. Auch die ARBED verfügte in Esch/Alzette über ein Kasino, das man zusätzlich für kulturelle Veranstaltungen und gesellschaftliche Anlässe nutzte. Vgl. Stoldt, Jürgen: *Spurensuche. Industrietourismus im Süden Luxemburgs*. Luxembourg: Fondation Bassin Minier [2009], S. 30.
135	Hoefler, Albert: *Das Ende der Voix des Jeunes*. In: OMZ vom 6.4.1923, [S. 3].
136	Lautes, heftiges, auf Streit zielendes Geschrei und Geschimpfe
137	Frantz Clément war mit Unterbrechungen von Ende September 1913 bis 1924 hauptberuflicher Chefredakteur des *Escher Tageblatt*. Vgl. Schmit, Sandra: *Frantz Clément*. In: www.autorenlexikon.lu [29.11.2012] und Hilgert, *Zeitungen in Luxemburg 1704-2004*, S. 163.
138	Frantz Clément war Begründer bzw. Mitbegründer einer Reihe von literarischen Zeitschriften. Zu der Zeitschrift *Der Morgen* schreibt das *Luxemburger Autorenlexikon*: „Um einen größeren Leserkreis zu erreichen, gab F. C. 1903 in München die Zeitschrift *Der Morgen* heraus, von der jedoch nur drei Nummern erschienen. Neben Gedichten enthielt die Schrift vor allem Buchrezensionen und Artikel zu literarischen und weltanschaulichen Themen." (Schmit, Sandra: *Frantz Clément*. In: www.autorenlexikon.lu [29.11.2012])
139	Frantz Clément sah in der Sonderstellung Luxemburgs zwischen germanischem und romanischem Kulturkreis die Möglichkeit einer herausgehobenen Mittlerstellung zwischen Deutschland und Frankreich mit dem Ziel, Annäherung und kulturellen Austausch zu fördern: „In dieser Perspektive gründete er 1907 mit Marcel Noppeney und Eugène Forman die kurzlebige, zweisprachige Literaturzeitschrift *Floréal*, zu der er literaturkritische Essays, Buchrezensionen und Lyrik beisteuerte. Er setzte sich auch später für den geistigen Brückenbau zwischen Deutschland und Frankreich ein und veröffentlichte zwischen 1919 und 1924 im *Tageblatt* die Artikelserie *Reflexionen über Deutsche und Franzosen*." (Schmit, Sandra: *Frantz Clément*. In: www.autorenlexikon.lu [29.11.2012])
140	Der Drucker und Verleger Paul Schroell, der das *Escher Tageblatt* 1913 begründete, war sowohl Herausgeber als auch Direktor der Tageszeitung. Vgl. Hilgert, *Zeitungen in Luxemburg 1704-2004*, S. 163 und Mersch, Jules: *Paul Schroell*. In: Mersch, *Biographie nationale*, XVIe fascicule, S. 479-495, hier: S. 481f.

141	Über das besondere Verhältnis Paul Schroells zu den *Cahiers luxembourgeois*, die er 1923 mitbegründete und bis zu seinem Tode 1939 verlegte, schreibt Jules Mersch: „Parmi toutes les publications lancées par Paul Schroell, aucune ne lui tenait tant à coeur que les « *Cahiers Luxembourgeois* » [...]. La « Société Coopérative d'Editions Littéraires », créée le 30.11.1923, devait être l'épine dorsale de la revue, mais c'est Paul Schroell qui, seul, assuma la gestion commerciale de l'entreprise, plus que hasardeuse." (Mersch, Jules: *Paul Schroell*. In: Mersch, *Biographie nationale*, XVIe fascicule, S. 479-495, hier: S. 493f.)
142	Vgl. Lech, Pierre: *Albert Hoefler (1899-1950). Mitarbeiter der Cahiers luxembourgeois 1923-1950. Eine Einführung in Leben und Werk. Mit Texten und mit Zeugnissen*. In: CL (2000) 4, S. 5-24, hier: S. 6.
143	Die Beiträger der ersten Nummer der *Cahiers luxembourgeois* vom Oktober 1923 waren Mathias Esch, Frantz Clément, Nicolas Ries (Philinte), Pogg (Joseph Kolbach), Paul Palgen, Neck (Nicolas Konert), Hubert Clement und Albert Hoefler, der mit den Gedichten *Läuterung* (S. 16), *Mein Herz rauscht reich und schwer gleich einem Erntefeld* (S. 24), *So ward nun aller Fluch von mir genommen* (S. 24) und *Allerseelen* (S. 38) vertreten war.
144	Rosenkranzabschnitt. Die fünf Gesätze eines Rosenkranzes bestehen jeweils aus einem *Vater unser* und zehn *Gegrüßet seist du Maria*.
145	Das Gedicht *Wie unsre Väter flehten* stammt von Nik Welter. Es entwickelte sich ab 1903 zu einem beliebten Oktavlied und nach der Vertonung durch Jean-Pierre Beicht auch zum Volkslied. Vgl. http://www.nik-welter.lu/musik.html [29.11.2012] und Goetzinger, Germaine: *Nik Welter*. In: www.autorenlexikon.lu [29.11.2012].
146	„Une école pour la formation des porions et chefs-porions fut également créée à Esch. Les ouvriers qui y étaient délégués par les mines continuaient à toucher leur salaire." (ARBED. Aciéries réunies de Burbach-Eich-Dudelange (Hg.): *Un démi-siècle d'histoire industrielle 1911-1964. Documents réunis, classés et commentés par Félix Chomé*. [Luxembourg]: ARBED [s. d.], S. 259)
147	In der Art und Weise eines Epheben = wehrdienstfähiger Jüngling im alten Griechenland
148	Die Waldschule in Esch/Alzette wurde am 21.5.1928 eröffnet und bot Platz für 72 Kinder. Vgl. [Anonym]: *Die Sozialein-*

richtungen der Vereinigte (sic!) Hüttenwerke Burbach-Eich-Düdelingen AG. „ARBED" in Luxemburg. Stand vom 1. Januar 1942. [s. l.] [s. d.], S. 5. ANL AES-U1-310.

149 Josef Thorak (1889-1952) war Bildhauer. Früh bekannte er sich zum Nationalsozialismus und avancierte wie Arno Breker im Dritten Reich zum Staatskünstler. Er figurierte auf der Sonderliste der zwölf wichtigsten bildenden Künstler der Gottbegnadeten-Liste (Führerliste) und wurde von Albert Speer, mit dem er eng befreundet war, gefördert. Das Monumentale seiner Werke entsprach der NS-Kunstideologie. Vgl. Klee, *Das Kulturlexikon zum Dritten Reich*, S. 613-614.

150 Nach Studien sowie Aufenthalten in Genf, Paris, London, Moskau und Berlin engagierte sich Andrée Viénot, geb. Mayrisch (1901-1976), die Tochter von Emil Mayrisch und Aline de Saint-Hubert, schon früh für sozial benachteiligte Menschen. Ab 1926 leitete sie die sozialen Einrichtungen der ARBED. Von 1926 bis 1930 lebte sie überwiegend in Berlin, wo zeitgleich Pierre Viénot dem Berliner Büro des 1926 gegründeten Comité franco-allemand de documentation et d'information vorstand. 1929 heiratete sie den französischen Intellektuellen, den sie bereits 1923 kennengelernt hatte. 1930 zog das Paar zuerst nach Paris, dann in die französischen Ardennen. Dem sozialistischen Gerechtigkeitsgedanken verpflichtet engagierte sich Andrée Viénot vielfältig auf politischer Ebene. Vgl. Barbe, Marie-France; Déroche, Gilles: *Andrée Vienot (1901-1976). Une femme au service des autres.* Numéro hors série de la revue Terres Ardennaises. Charleville-Mézières 1998, insb. S. 4-10.

Im Fonds Albert Hoefler befindet sich eine Ansichtskarte des Colpacher Schlosses mit Widmung von Andrée Viénot an Albert Hoefler, datiert auf den 3.5.1948. CNL L-16; III.3.6-4.

Pierre Viénot (1897-1944) entstammte einer Notarsfamilie. Von 1925 bis 1930 setzte sich der Weltkriegsteilnehmer für die deutsch-französische Annäherung und Aussöhnung ein, nachdem er zuvor in Marokko erste Erfahrungen bezüglich des Zusammenlebens zweier grundsätzlich verschiedener Kulturen gesammelt hatte. Auf seine Initiative hin entstand 1926 in Luxemburg das Comité franco-allemand de documentation et d'information, dessen Vorsitz Emil Mayrisch übernahm. Von 1926 bis Ende 1929 leitete Viénot das Berliner Büro des Komitees, das er wegen Querelen verließ. Zurück in Frankreich betrieb Viénot verstärkt seine politische Karriere. Nach der

Kapitulation Frankreichs Mitte 1940 sowie einer Verhaftung und Verurteilung durch das Vichy-Regime wegen angeblicher Desertion engagierte sich Viénot im Widerstand. Er ging schließlich nach London ins Exil und war bis zu seinem frühen Tode 1944 Diplomat im Auftrag Charles de Gaulles sowie Vertreter der France libre. Vgl. Sonnabend, Gaby: *Pierre Viénot (1897-1944). Ein Intellektueller in der Politik.* München: R. Oldenbourg Verlag 2005.

Zum Ehepaar Viénot-Mayrisch und seiner Rolle als Vermittler zwischen Frankreich und Deutschland vgl. Müller, Guido: *Europäische Gesellschaftsbeziehungen nach dem Ersten Weltkrieg. Das Deutsch-Französische Studienkomitee und der Europäische Kulturbund.* München: R. Oldenbourg 2005, insb. S. 81-211; ders.: *Andrée Mayrisch und Pierre Viénot – ein politisches Paar zwischen Berlin und Paris (1923-1940).* In: *Les années trente. Base de l'évolution économique, politique et sociale du Luxembourg d'après-guerre? Actes du colloque de l'ALEH du 27 au 28 octobre 1995.* Luxembourg: Saint-Paul 1996, S. 131-148 und Sonnabend, Gaby: *Andrée Mayrisch et Pierre Viénot – un couple médiateur dans les relations franco-allemandes.* In: Galerie 19 (2001) 1, S. 65-75.

151 Solche Schulen hatte Andrée Mayrisch 1929 selbst in Augenschein genommen, wie aus einem Brief an ihre Mutter Aline Mayrisch vom 23.10.1929 hervorgeht: „Dès la semaine prochaine, je commencerai les visites de Volkshochschulen, de cercle d'études, de la Sozialistische Arbeiterbildung, d'usines, etc. Du 3 au 8, j'irai à Leipzig chez Gertrud Hermes, du 11 au 15 avec Pierre à Hambourg où il fera une conférence. Je me réjouis beaucoup de voir ces 2 villes, et d'y voir la Arbeiterbildung qui y est spécialement développée." (Zit. nach: Müller, *Andrée Mayrisch und Pierre Viénot*, S. 138)

152 Vgl. Brief von Andrée Viénot-Mayrisch an Aloys Meyer vom 20.2.1930. ANL AES-U1-282: Andrée Viénot-Mayrisch berichtete dem Generaldirektor der ARBED von dem von ihr begründeten Studienkreis für Arbeiterjungen, dessen Schüler sich in dem Escher Café Carrario treffen sollten. Von zehn geplanten Versammlungen waren drei für den Literaturunterricht vorgesehen: „Pour la littérature nous avons trouvé la collaboration de Monsieur Albert Hoefler". (Ebd., [S. 2])

153 Zum Verkauf des *Escher Tageblatt* vermerkt Hilgert: „Ende 1927 verkaufte Paul Schroell sein ‚Escher Tageblatt' und dessen Druckerei für eine Million Franken zu gleichen Teilen dem Luxemburgischen Berg- und Metallarbeiter-Verband und dem

Landesverband der Luxemburger Eisenbahner, deren Genossenschaftsdruckerei ab dem 14. Dezember 1927 das Blatt herausgab. Die Sozialistische Partei verzichtete daraufhin auf ein eigenes Parteiorgan." (Hilgert, *Zeitungen in Luxemburg 1704-2004*, S. 174) Vgl. auch Mersch, Jules: *Paul Schroell*. In: Mersch, *Biographie nationale*, XVIe fascicule, S. 479-495, hier: S. 492.

154   Vgl. Conter, Claude D.: *Hubert Clement*. In: www.autorenlexikon.lu [29.11.2012]. Zur Geschichte der Volksbildungsvereine vgl. Fayot, *Fragmente*, S. 146-159; ders.: *Fragmente zur Geschichte der Volksbildungsvereine in Luxemburg (2)*. In: Galerie 1 (1982-83) 4, S. 660-666 und ders.: *Vor 75 Jahren: Texte zur Gründung der Volksbildungsvereine in Luxemburg*. In: Galerie 2 (1983-84) 2, S. 283-290.

155   Nachdem Paul Schroell Ende 1927 die Zeitung an die Gewerkschaften verkauft hatte, wurde Hubert Clement zum Direktor sowohl des *Escher Tageblatt* als auch der Genossenschaftsdruckerei berufen und blieb bis zu seinem Tode 1953 im Amt. Vgl. Hilgert, *Zeitungen in Luxemburg 1704-2004*, S. 174 und Leick, Maurice: *Le conseil d'administration de l'imprimerie coopérative et du „Tageblatt" à son directeur Hubert Clément*. In: *Hubert Clément. Directeur du journal d'Esch*. Esch/Alzette: Éditions de l'imprimerie coopérative luxembourgeoise 1955, S. 24-30, hier: S. 24.

156   Die erste Nummer von *Literatur und Kunst* ist nach derzeitigen Erkenntnissen weder in öffentlichen Bibliotheken noch Archiven nachweisbar.

157   Upton Sinclair (1878-1968) war ein sozialkritischer US-amerikanischer Schriftsteller, der sich als Enthüllungsjournalist verstand. Er prangerte in seinen Werken gesellschaftliche Missstände und den amerikanischen Kapitalismus in der ersten Hälfte des 20. Jahrhunderts an. In *The Jungle* (1906) schilderte er die harten Arbeitsbedingungen und Lebensumstände der Arbeiter in der amerikanischen Fleischkonserven-Industrie. Vgl. *Lexikon der Weltliteratur. Fremdsprachige Autoren L – Z*, S. 1673.

158   Es handelt sich vermutlich um Alfons Petzold (1882-1923), einen aus ärmlichen Verhältnissen stammenden österreichischen Arbeiterschriftsteller, der seine Lyrik und Prosa vor allem in der *Arbeiter-Zeitung* (Wien) veröffentlichte. Charakteristisch für sein Werk ist die religiöse, vom Erlösungsgedanken durchdrungene Behandlung sozialer Themen, wobei er sich am Pantheismus und an der frühen Mystik ausrichtete.

Vgl. Noltenius, Rainer: *Petzold, Alfons*. In: NDB 20 (2001), S. 275-276 [Onlinefassung: 30.11.2012]. URL: http://www.deutsche-biographie.de/pnd118740601.html

159 Die *Junge Welt* wurde kurz nach ihrer Gründung 1928 von Eugen Ewert übernommen, der die Zeitschrift in unregelmäßigen Abständen bis 1932 herausgab. Zu den Beiträgern zählten u. a. Peter Faber, Joseph Funck, Pierre Grégoire, Emil Marx, Joseph-Émile Muller, Pol Michels, Marie Henriette Steil, Gust van Werveke und Batty Weber. Vgl. Marson, Pierre: *Eugen Ewert*. In: www.autorenlexikon.lu [30.11.2012].

160 Verfasser einer Streit- oder Schmähschrift

161 Vgl. Peffer, Reinhold [Marx, Emil]: *Pfefferkörnchen. Waffengang mit Albert Höfler*. In: JW (Dez. 1931-Jan. 1932) 17, S. 362-363.

162 Emil Marx war ab Anfang 1932, zunächst als freier Mitarbeiter, dann als Redakteur beim *Escher Tageblatt* tätig. Vgl. [Anonym]: *Mutationen im Personal*. In: *Tageblatt und Genossenschaftsdruckerei. 25 Jahre*. Esch/Alzette: Luxemburger Genossenschaftsdruckerei [1953], S. 166.

163 Carl Gebhardts Verbindungen zu Luxemburg kamen über die Volksbildungsarbeit und das Theater zustande. Die von ihm begründete Wanderbühne des Frankfurter Künstlertheaters für Rhein und Main gab auch einige Gastspiele in Luxemburg. Vgl. Goetzinger, Germaine; Mannes, Gast; Wilhelm, Frank: *Hôtes de Colpach – Colpacher Gäste. Katalog zur Ausstellung vom 12.11.1997 bis zum 20.2.1998 im Centre national de littérature in Mersch*. Mersch: Centre national de littérature 1997, S. 100.

164 Bruno Frank (1887-1945) studierte Jura und promovierte in Germanistik. Im Ersten Weltkrieg war Frank Soldat in Flandern und Polen. Erste große Erfolge feierte er mit der Erzählung *Tage des Königs* (1924), dem Drama *Zwölftausend* (1927) und der Humoreske *Sturm im Wasserglas* (1930). In München, wo er ab 1924 wohnte, schloss er Freundschaft mit Thomas Mann, der, wie auch später in Kalifornien, sein Nachbar war und der Frank verteidigte, als man ihn 1930 wegen seiner *Politischen Novelle* (1928) heftig angriff. Frank emigrierte unmittelbar nach dem Reichstagsbrand 1933 in die Schweiz, bevor er 1937 in die USA ging. In dem Roman *Closed frontiers* (Dt. *Der Reisepaß*) setzte Frank sich kritisch mit den Verhältnissen im Dritten Reich auseinander. Vgl. Ackerknecht, Erwin H.: *Frank, Bruno Sebald*. In: NDB 5 (1961), S. 339-340 [Onlinefassung: 3.12.2012]. URL: http://www.deutsche-biographie.de/pnd118702866.html und Klee, *Das Kulturlexikon zum Dritten Reich*, S. 161.

165	Vgl. Rubrik *Volkbildungsvereine* (sic!). In: ET vom 29.11.1932, [S. 4] und Rubrik *Volksbildungsvereine*. In: ET vom 30.11.1932, [S. 4.].
166	Alfons Paquet las im November 1926 in Luxemburg. Vgl. [Weber, Batty]: *Abreißkalender*. In: LZ vom 10.11.1926 (MA), [S. 2]. und Conter, Claude D.: *Vom Kulturtransfer zum Kulturexport. Der Bund Rheinischer Dichter und die Gesellschaft für deutsche Literatur und Kunst. Anmerkungen zur Literaturpolitik in Luxemburg zwischen 1933 und 1945*. In: Breuer, Dieter; Cepl-Kaufmann, Gertrude (Hgg.): *Das Rheinland und die europäische Moderne. Kulturelle Austauschprozesse in Westeuropa 1900-1950*. Essen: Klartext 2008, S. 395-420, hier: S. 402.
167	Vermutlich handelt es sich um folgende Arbeit: A. H. [Hoefler, Albert]: *Echternacher Brief*. In: LZ vom 10.11.1926 (MA), [S. 2].
168	Vgl. Bernet, Claus: *Paquet, Alfons Hermann*. In: *Biographisch-bibliographisches Kirchenlexikon*, Bd. XXVI, Ergänzungen XIII, Sp. 1049-1114, hier: Sp. 1049. Vgl. auch Conter, *Vom Kulturtransfer zum Kulturexport*, S. 403 u. S. 413 (Anm. 53).
169	Hölderlin trat Anfang 1796 eine Stelle als Hofmeister bei der Bankiersfamilie Gontard in Frankfurt an und verliebte sich in Susette, die Ehefrau von Jakob Gontard und die Mutter seines Zöglings, die ihm zur Muse wurde. In der kultivierten und klugen Susette Gontard fand Hölderlin sein Frauenideal verwirklicht, so dass er ihr in seiner Lyrik huldigte und sie im *Hyperion*-Roman zur Figur der Diotima stilisierte. Vgl. Glaubrecht, Martin: *Hölderlin, Friedrich*. In: NDB 9 (1972), S. 322-332 [Onlinefassung: 3.12.2012]. URL: http://www.deutsche-biographie.de/pnd118551981.html
170	Ein dem Cembalo ähnliches Musikinstrument, das sich als Hausinstrument eignet
171	Batty Weber prägte von 1893 bis zu seinem Tode 1940 die *Luxemburger Zeitung* als Chef- und Feuilletonredakteur. In ihr veröffentlichte er von 1913 bis 1940 über 7000 *Abreißkalender*-Glossen, in denen er das gesellschaftliche, kulturelle und politische Alltagsgeschehen kommentierte. Vgl. Hilgert, *Zeitungen in Luxemburg 1704-2004*, S. 107 und Marson, Pierre: *Batty Weber*. In: www.autorenlexikon.lu [3.12.2012].
172	Zwischen Batty Weber und Norbert Jacques kam es zu heftigen Divergenzen, die infolge der von Hoefler und Michels initiierten Norbert-Jacques-Sondernummer der *Voix des Jeunes* offen zutage traten. Weber konnte, eigenen Aussagen nach, Jacques

vieles verzeihen, nicht jedoch die ‚Pass-Affäre'. Vgl. [Weber, Batty]: *Abreißkalender*. In: LZ vom 31.3.1923 (MA), [S. 3].

173 Auf der Tagesordnung für Samstag, den 3.10.1931 ist der folgende Programmpunkt vermerkt: „10.30 – 12.45: Daselbst: öffentliche Sitzung, Univ.-Lektor Prof. F. K. Roedemeyer, Frankfurt a. M.: „Gesprochene Landschaft" mit Demonstrationen, Aussprache". (Cepl-Kaufmann, *Der Bund rheinischer Dichter 1926-1933*, S. 127)

174 Im südlichen Schwarzwald und südöstlich von Freiburg i. Br. gelegener Berg (1284 m), der dank der 1930 in Betrieb genommenen Schwebeseilbahn sich zu einem beliebten Ausflugsziel entwickelte

175 Jakob Kneip (1881-1958) stammte aus dem Hunsrück. Er war bis zu seiner Pensionierung 1929 Lehrer und anschließend freier Schriftsteller. Seine Werke sind geprägt von der bäuerlichen Landschaft und den Menschen des Hunsrück sowie dem Katholizismus. Kneip war zusammen mit Alfons Paquet die treibende Kraft bei der Gründung des Bundes rheinischer Dichter. In der Folge verlor seine Person im Bund jedoch an Bedeutung, da seine harschen Stellungnahmen oftmals jegliche konstruktive Kritik vermissen ließen. Vgl. Cepl-Kaufmann, *Der Bund rheinischer Dichter 1926-1933*, S. 444f. und Menges, Franz: *Kneip, Jakob*. In: NDB 12 (1979), S. 173-174 [Onlinefassung: 3.12.2012]. URL: http://www.deutsche-biographie.de/pnd118563653.html

176 Leo Sternberg (1876-1937) war Jurist und Schriftsteller jüdischer Herkunft. Trotz seiner Abwendung vom Judentum hin zum Christentum, die ihm 1910 die Heirat mit einer Katholikin ermöglicht hatte, wurde Sternberg 1934 aus dem Richteramt entlassen. Die Zeitgenossen schätzten Sternberg vor allem als Kultur- und Literaturhistoriker, der mit Blick auf ein zukünftiges, grenzenloses Europa die rheinische Kulturlandschaft als prägend für die europäische Literatur erachtete. Dem Juristen Sternberg kam dank Alfons Paquet eine wichtige Rolle bei der Gründung des Bundes rheinischer Dichter zu. Vgl. Cepl-Kaufmann, *Der Bund rheinischer Dichter 1926-1933*, S. 463.

177 Rudolf Georg Binding (1867-1938) studierte Jura und Medizin. Nach Abbruch des Studiums verdiente er seinen Lebensunterhalt als Pferdezüchter und Rennreiter. Ab 1910 lebte er als freier Schriftsteller. Am Ersten Weltkrieg, der ihn in seiner Annahme bestätigte, dass der Mensch sich allein in Ausnahmesituationen bewähren könne, nahm er als Rittmeister teil.

Bindings konservativ-aristokratische Gesinnung sorgte für hohe Popularität beim großbürgerlichen, national gesinnten Publikum. Diese Geisteshaltung zeigte sich ebenfalls in seiner Einstellung zum Nationalsozialismus, den er z. B. in einem offenen Brief an Romain Rolland (*Antwort eines Deutschen an die Welt*, 1933) gegenüber Angriffen von außen verteidigte, während er sich zugleich von der faschistischen Masse distanzierte. Binding verblieb 1933 in der ‚gesäuberten' Dichtersektion der Preußischen Akademie der Künste und rückte in den Vorstand auf. Auch Bindings Engagement im Bund rheinischer Dichter verriet seine elitäre Einstellung, die ihn, wie seinen Freund Adolf von Hatzfeld, zum Gegenspieler von Alfons Paquet werden ließ. Vgl. Cepl-Kaufmann, *Der Bund rheinischer Dichter 1926-1933*, S. 431 und Klee, *Das Kulturlexikon zum Dritten Reich*, S. 52-53.

178   Jacques, Norbert: *Kleine Rede über Luxemburg auf der Tagung des Bundes rheinischer Dichter*. In: JH 6 (1932) 4, S. 118-119 und ders.: *Kleine Rede über Luxemburg*. In: Vogedes, Alois (Hg.): *Festschrift zur Tagung des Bundes Rheinischer Dichter in Trier am 18., 19. und 20. Juni 1932*. Trier: Paulinus-Druckerei [1932], S. 51-54.

179   René Schickele zog Anfang der 1920er Jahre nach Badenweiler im baden-württembergischen Landkreis Breisgau-Hochschwarzwald. Schon 1932 emigrierte der gebürtige Elsässer dann an die französische Riviera nach Sanary-sur-Mer, das in der Folgezeit vielen deutschen Emigranten Zuflucht bot. Vgl. Wagener, Hans: *Schickele, Marie Armand Maurice René*. In: NDB 22 (2005), S. 729-731 [Onlinefassung: 3.12.2012]. URL: http://www.deutsche-biographie.de/pnd11860743X.html

180   René Schickele heiratete 1904 die aus Barmen stammende Anna Schickele, geb. Brandenburg (1882-1973). Vgl. ebd.

181   Der Rheinfall ist mit ca. 150 m Breite und rund 23 m Fallhöhe der größte Wasserfall Mitteleuropas. Im Fonds Albert Hoefler befinden sich Fotografien, die den Dichter höchstwahrscheinlich auf einer der Aussichtsplattformen entlang des Rheinfalls zeigen. Vgl. CNL L-16; III.2 (10-13).

182   Norbert Jacques hatte sich 1923 auf dem Adelinenhof in Sigmarszell bei Lindau am Bodensee niedergelassen. Vgl. Mannes, Gast: *Norbert Jacques*. In: www.autorenlexikon.lu [3.12.2012] und Jacques, *Mit Lust gelebt*, S. 289.

183   Jacques, Norbert: *Neue Brasilienreise*. München: Drei Masken 1925, S. 283-299: Kapitel *Uruguaystrom*.

184	Vermutlich eine Anspielung auf Waldemar Bonsels' *Der Wanderer zwischen Staub und Sternen*. Berlin: Deutsche Buch-Gemeinschaft 1926.
185	Franz Jacob von Defregger (1835-1921) war ein österreichischer Genre- und Historienmaler, der als sogenannter Bauernmaler Bekanntheit erlangte. In seinen Gemälden gestaltete er u. a. Alltagsszenen aus dem Leben der Landbevölkerung Tirols und Ereignisse der Tiroler Geschichte. Vgl. Uhde-Bernays, Hermann: *Defregger, Franz Jacob von*. In: NDB 3 (1957), S. 557 [Onlinefassung: 4.12.2012]. URL: http://www.deutsche-biographie.de/pnd118524283.html
186	Charles François Gounod (1818-1893) war ein französischer Kirchenmusiker, Chorleiter und Komponist, der mit seiner Melodik von lyrischem Grundcharakter als Wegbereiter der modernen französischen Musik gilt. Mit den Opern *Faust* (1859) und *Roméo et Juliette* (1867) feierte er große Erfolge. Das *Ave Maria* komponierte Gounod 1852 als *Méditation sur le premier prélude de Bach*, basierend auf dem Präludium Nr. 1 in C-Dur aus Johann Sebastian Bachs *Wohltemperiertem Clavier*, und unterlegte es 1859 mit dem lateinischen Gebetstext. Vgl. Groth, Renate: *Gounod, Charles François*. In: *Metzler Komponisten-Lexikon*, S. 291-293.
187	*Ases Tod* aus der *Peer Gynt-Suite*, Nr. 1 Opus 46 von Edvard Grieg (1843-1907), romantisches Orchesterstück nach dem gleichnamigen Drama von Henrik Ibsen (1828-1906)
188	Hoefler wechselte innerhalb der ARBED von Terres Rouges-Mines zur Usine d'Esch mit Wirkung zum 18.4.1935. Vgl. Personalakte Albert Hoefler. Avis de mutation. ANL AES-U1-350/1.
189	Emil Mayrisch (1862-1928) stammte aus Eich, das eine eigenständige Kommune war, bis es 1920 zur Stadt Luxemburg kam. Vgl. Toncourt, Manfred: *Mayrisch, Emil*. In: NDB 16 (1990), S. 575-576 [Onlinefassung: 4.12.2012]. URL: http://www.deutsche-biographie.de/pnd122680553.html
190	Eigtl. Giovanni Pico della Mirandola (1463-1494), ein italienischer Humanist und einflussreicher Philosoph der Renaissance, den die Zeitgenossen als ‚Phönix der Geister' priesen. In seinen Werken betonte er die Würde des Menschen, die in der von Gott zugestandenen Freiheit zur Selbstbildung besteht. Die naturphilosophischen Voraussetzungen der Astrologie und Magie lehnte er ab. Mit seinen theologisch fundierten Überlegungen zu Toleranz, Würde und Freiheit galt er als

fortschrittlicher Denker. Vgl. Lauster, Jörg: *Pico della Mirandola, Giovanni*. In: *Metzler Lexikon christlicher Denker*, S. 560-561.

191 Lat. Das ewige Licht leuchte ihnen!

192 Albert Hoefler wurde am 2.1.1899 geboren, feierte also 1939, wenn auch nicht an Sylvester, seinen 40. Geburtstag.

193 Julie Benner hatte einen französischen Vater. Vgl. Lech, *Orpheus in Echternach*, S. 230.

194 Ys ist der Mythos einer einst reichen, nun aber versunkenen Stadt in der Bretagne. Höhepunkt der verschiedenen Erzählungen ist jeweils die Sturmnacht, in der die Stadt im Meer versinkt und die Königstochter in den Fluten stirbt. Der Legende nach soll die Prinzessin in Mondnächten Fischern als Sirene erscheinen. An klaren und windstillen Tagen sollen die Fischer die Glocken der versunkenen Stadt hören.

Kommentar

Editionsbericht

Entstehung und Beschreibung des Manuskripts

Das Manuskript besteht aus zwei Kladden, die ihren Aufschriften zufolge der Aufbewahrung von Geschäftspapieren dienten, was vermuten lässt, dass sie aus Hoeflers Zeit bei der ARBED stammen.[1] Die erste Kladde misst ca. 35,6 x 25,2 cm, während die zweite die Abmessungen ca. 35 x 24 cm aufweist. Die erste Kladde trägt eine von Hand und mit rotem Bleistift geschriebene römische I, die zweite eine römische II. Einen Titel gab Hoefler seinem Werk nicht. Das für den ersten Teil verwendete, einseitig beschriebene, nicht linierte Briefpapier besitzt für die Seiten 1 bis 119 die Abmessungen 28 x 21,8 cm; das für die Seiten 120 bis 149 benutzte karierte Schreibblockpapier misst 27 x 22,2 cm; beim letzten Blatt, der Seite 150, handelt es sich um mit einem Wasserzeichen versehenes Briefpapier mit den Abmessungen 26 x 21,3 cm. Am oberen Rand sind die vorgedruckten Vermerke „Téléphone 29-85 et 29-86" und „Boulevard Royal, 33" lesbar. Das gleiche Briefpapier verwendete Hoefler im zweiten Teil für die eingeschobenen Seiten 9a, 9b und 9c sowie für die Seiten 139 bis 149. Für die restlichen Seiten des zweiten Teiles gebrauchte er jeweils kariertes Schreibblockpapier: für die Seiten 1 bis 24 in den Abmessungen 27 x 22,3 cm, für die Seiten 25 bis 106 in den Abmessungen 24,6 x 20,7 cm und für die Seiten 107 bis 138 in den Abmessungen 27,6 x 21,6 cm.

Die Seiten sind jeweils von Hand durchnummeriert: in Teil 1 von 1 bis 150, in Teil 2 von 1 bis 149. Beide Teile sind ebenfalls in Kapitel strukturiert: Teil 1 gliederte Hoefler in sechzehn Kapitel, Teil 2 in nur sieben Kapitel, wobei Kapitel VII die Seiten 67 bis 149 umfasst, so dass davon ausgegangen werden kann, dass er während des Schreibprozesses die weitere Gliederung in Kapitel einfach ‚vergaß'. Teil 1 behandelt inhaltlich die Jahre 1899 (Geburt Albert Hoeflers) bis 1925 (Tod des Vaters Lorenz Georg Hoefler). Niedergeschrieben wurde Teil 1 in der Zeit von Oktober bis Dezember 1939. Hoefler notierte die Angabe dieses Zeitraums am Schluss von Teil 1, also auf Seite 150 des Manuskripts. Teil 2 setzt inhaltlich etwa ein Jahr nach dem Tode des Vaters ein und behandelt die Jahre 1926 bis 1939. Ein Datum, das Aufschluss über den Zeitraum der Niederschrift geben könnte, vermerkte Hoefler am Ende von Teil 2 nicht.

Hinsichtlich der Entstehungsetappen des Manuskripts können vier Phasen, die alle der gleichen Handschrift zuzuordnen sind, unterschieden werden:

1. Phase: Die erste Niederschrift mit zeitgleichen Korrekturen, Ergänzungen und Streichungen, die in schwarzer Tinte vorgenommen wurden.
2. Phase: Die erste Durchsicht mit Korrekturen, Ergänzungen und Streichungen in blauer Tinte. An vielen Stellen kann aufgrund der fortgeschrittenen Vergilbung des Papiers nicht eindeutig entschieden werden, ob es sich um schwarze oder blaue Tinte handelt, so dass nicht mit letzter Sicherheit festzustellen ist, ob der Eingriff in den Text unmittelbar nach der ersten Niederschrift oder zeitlich später erfolgte.
3. Phase: Die zweite Durchsicht mit Korrekturen, Ergänzungen und Streichungen mit rotem Bleistift.
4. Phase: Die dritte Durchsicht mit Korrekturen, Ergänzungen und Streichungen mit einfachem Bleistift.

Teil 1 wurde laut Autor zwischen Oktober und Dezember 1939 niedergeschrieben. Teil 2 verfasste Hoefler wohl wenig später, vermutlich noch vor seiner Flucht nach Frankreich infolge des Einmarsches der Wehrmacht am 10. Mai 1940 in Luxemburg.[2] Es gibt Hinweise auf Vorarbeiten zu dem autobiographischen Roman, die ins Jahr 1938 zurückreichen. So veröffentlichte Hoefler in der *Voix des Jeunes* seinen Aufsatz *Erinnerung an Deutschland*, den er selbst in einer Vorbemerkung als Fragment bezeichnete und in dem er u. a. eine Begegnung mit Norbert Jacques am Bodensee schildert.[3] Diese Textpassage ist in Inhalt und Wortlaut nahezu identisch mit der Beschreibung dieser Begegnung in der fiktionalen Autobiographie. (Vgl. ReL 216ff.) Und in der Zeitschrift *Die neue Zeit* erschien 1938 in der August-Ausgabe Hoeflers Beitrag *Dichtendes Oesterreich*, der wie folgt eingeleitet wird:

> Albert Hoefler hat einen Roman in Arbeit, in dem es manche autobiographische Züge gibt. Wir veröffentlichen nachstehend einen Auszug daraus, der heute, wo die österreichische Sonderkultur – und seine Kultur überhaupt – der allgemeinen deutschen Einebnung verfiel, besonders aktuell ist.[4]

Warum kam es nicht zur Veröffentlichung des fertiggestellten autobiographischen Romans? Die wahrscheinlichste Erklärung liefert Hoefler in der Novelle *Der Ruf*. Während der Protagonist Robert über sein Werk sinniert, überkommen ihn starke Zweifel, ob er es der unverständigen Öffentlichkeit überantworten und so zu „eine[r] Beute schnuppernder Spießer"[5] werden lassen solle. Die Bedenken weichen schließlich der Überzeugung, dass es durchaus Menschen gebe, denen man aufgrund ihrer empfindsamen Veranlagung und Empathie das Werk nicht vorenthalten dürfe.[6] Doch in der Nacht hat Robert einen Traum. Ein junges, weibliches Geschöpf ersteht in einer romantischen Vision vor seinem inneren Auge und erscheint ihm als zeitloses Sinnbild der Seele seiner Heimatstadt: „Willst du alles, was in meinen Adern und in meinem Blute raunt, Bild und Gestalt werden lassen? – So wisse: In mir atmet die ganze Seele deines Städtchens."[7] Als das Mädchen sich auf Robert zubewegt, braust ein Kraftwagen heran und fährt es zu Tode, worauf er aus seinem Traum aufschrickt. Der gellende Schrei des sterbenden Mädchens hallt noch lange in Roberts Seele nach, und so schlussfolgert er, dass „dieser Ruf des aus dem Traum geborenen Geschöpfs [...] ihm gegolten [habe] und [...] nichts anderes gewesen [sei] als ein Gebot, es vor der nahenden Vernichtung zu retten!"[8] Robert interpretiert seinen Traum dahingehend, dass er den Tod des Mädchens, und somit den seiner Heimatstadt, nur verhindern könne, indem er die Profanierung ihres Mysteriums durch unzulängliche dichterische Gestaltungsmittel nicht zulasse.

Nebst Zweifeln, dem Gegenstand künstlerisch nicht gerecht zu werden, war der zeitpolitische Kontext ungünstig. Der Ausbruch des Krieges ließ alles andere in den Hintergrund rücken. Hoefler floh mit seiner Frau Julie, geborene Benner, nach Frankreich, wo sie Zuflucht bei Tournus an der Saône fanden.[9] Aber schon wenige Monate später kehrten sie ins besetzte Luxemburg zurück. Ob Hoefler nach Kriegsende eine Publikation in Erwägung zog, ist ungewiss. Ab 1945 hatten materielle Sorgen die Menschen fest im Griff. In Hoeflers fiktionaler Autobiographie befinden sich zudem viele germanophile Passagen und Lobeshymnen auf den deutschen Geist (vgl. z. B. ReL 128f.),[10] die eine Veröffentlichung nach 1945 auf unabsehbare Zeit erschwerten. Schließlich ließ das frühe Ableben Hoeflers eine Publikation in weite Ferne rücken.

Die Fassung der vorliegenden Edition

Es handelt sich bei der vorliegenden Ausgabe des Quellentextes nicht um eine vom Autor autorisierte Fassung letzter Hand, sondern um eine Art Urfassung unter Berücksichtigung und Wiederherstellung der Passagen, die während einer der Entstehungs- bzw. Korrekturphasen ganz offensichtlich ihrer inhaltlichen Aussage wegen vom Autor gestrichen wurden und nicht zur Veröffentlichung bestimmt waren. Die zeitgenössische Brisanz mancher dieser Stellen macht Hoeflers Entscheidung nachvollziehbar. Doch dem heutigen Leser gewähren sie rückblickend interessante Einblicke in Zusammenhänge verschiedenster Art, so dass sich, eingedenk der gegebenen zeitlichen Distanz, für eine Rekonstruktion und Veröffentlichung dieser Stellen entschieden wurde. Ebenfalls wiederhergestellt wurden Passagen, die Hoefler aufgrund schreibtechnischer Überlegungen als überflüssig, weil zu detailliert und den eigentlichen Fortgang der Handlung hemmend, erachtete, die aber aus heutiger Sicht wertvolle kulturhistorische Informationen liefern, wie z. B. die Auseinandersetzung zwischen klerikalem und liberalem Lager in Echternach oder die Beschreibung von Norbert Jacques' Arbeitszimmer im Adelinenhof in Schlachters am Bodensee. Die von Hoefler vorgenommenen Auslassungen und nachträglichen Streichungen wurden im rekonstruierten Text durchgängig und ausnahmslos durch die Verwendung eckiger Klammern kenntlich gemacht, so dass der Leser selbst Rückschlüsse auf die Relevanz der wiederhergestellten Passagen ziehen kann. Veränderungen, die Hoefler hingegen klar erkennbar aus rein stilistischen Erwägungen vornahm, wurden berücksichtigt.

Offensichtliche Rechtschreib- und Grammatikfehler wurden stillschweigend korrigiert. Zeitgebundene orthographische Erscheinungen und Hoefler'sche Eigenarten bei der Groß- und Kleinschreibung (z. B. Dienstags) sowie der Getrennt- und Zusammenschreibung (z. B. nachhause, zuende, das erstemal) wurden weitgehend, von vereinzelten, der Vereinheitlichung dienenden Eingriffen abgesehen, beibehalten. Das gilt auch für syntaktische Eigenwilligkeiten wie z. B. die Missachtung der Endstellung des Verbs im Nebensatz oder die Stellung des Dativobjekts vor dem Akkusativobjekt bei Pronomina. Die Interpunktion wurde, vor allem bei direkter Rede, zwecks einer verbesserten Lesbarkeit des Textes behutsam angepasst. Dasselbe gilt für die von Hoefler vorgenommene Gliederung des Textes in Absätze. Werk-, Gedicht- und Liedtitel sowie Namen von Zeitungen und Zeitschriften, die Hoefler überwiegend zwischen Anführungszeichen setzte, wurden durchgängig kursiv gesetzt. Die doppelten Anführungszeichen blieben den Passagen der direkten Rede und der von Hoefler vorgenommenen Hervorhebung einzelner Wörter vorbehalten.

Für den Kommentarteil gelten zusätzlich die folgenden Hinweise: Titel von Kolumnen und Rubriken sowie Namen von Feuilletons sind kursiv gesetzt. Einfache Anführungszeichen kennzeichnen die Hervorhebung einzelner Wörter durch den Herausgeber. Die Hervorhebungen in Quellenzitaten anderer Autoren wurden in ihrer ursprünglichen Form beibehalten; allein Hervorhebungen im Fettdruck wurden durch solche in einfachen Anführungszeichen ersetzt.

Der Autobiograph Albert Hoefler und sein literarisches Konzept

Narratives autobiographisches Schreiben folgt bestimmten Mustern.[11] Zu den maßgeblichen Faktoren, die dieses Schreiben beeinflussen bzw. bestimmen und auf die Rezipienten autobiographischer Schriften besonders achten sollen, gehören Erzähl- und Zeitperspektive. Zum einen stellt sich die Frage, ob es sich um einen auktorialen Erzähler im herkömmlichen Sinne handelt bzw. inwiefern Verfremdungseffekte und literarische Stilisierung eventuell zu einer Veränderung bzw. Verschiebung der Erzählperspektive führen. Zum anderen sollen das Verhältnis zwischen realer und erzählter Zeit sowie der zeitliche Abstand zu den erzählten Ereignissen thematisiert werden. Hoefler respektiert zwar weitgehend die lineare Chronologie der Ereignisse, erlaubt sich aber die dichterische Gestaltungsfreiheit, leichte Veränderungen und Umstellungen sprich Glättungen vorzunehmen. Mögliche Ursachen für solche chronologischen Abänderungen sollen aufgezeigt werden. Einen weiteren wichtigen Aspekt bilden die verwendeten Namen und Pseudonyme. Hoeflers uneinheitliche Verfahrensweise bei der Pseudonymisierung wird eingehend betrachtet werden, um festzustellen, ob bzw. welcher Logik der Autor hierbei folgt.

Der näheren Beschäftigung mit der Erzählsituation sei die folgende Bemerkung zum Romananfang vorangestellt. Das Werk beginnt mit der Schilderung eines kirchlichen Ereignisses, dessen Ursprünge weit ins Mittelalter zurückreichen: die Echternacher Springprozession zu Ehren des Heiligen Willibrord. Ursprünglich widmete Hoefler der Springprozession, die er wiederholt literarisch bearbeitete,[12] mehr als die Hälfte des ersten Kapitels. Ihre Erwähnung gleich zu Beginn unterstreicht zum einen die hohe Faktizität der nachfolgenden Romanhandlung, zum anderen die herausgehobene kulturelle und spirituelle Stellung Echternachs im Gefüge der Autobiographie. Dass Hoefler bei der letzten Durchsicht des Manuskripts die detaillierte Beschreibung des Prozessionsablaufs strich, mag damit zusammenhängen, dass er die Bedeutung der Stadt nicht auf das Ereignis der Springprozession reduzieren wollte.

Hinsichtlich der Erzählperspektive handelt es sich um eine auktoriale Erzählsituation. Kennzeichnend für den auktorialen Erzähler ist, dass er scheinbar allwissend außerhalb des erzählten Geschehens steht. Er spricht vom Protagonisten Robert ausschließlich in der dritten Person, was nicht dazu verleiten soll, Erzähler und Protagonist als zwei unterschiedliche Figuren aufzufassen. Dieser schreibtechnische Kniff ist vielmehr ein Indiz für die Kluft zwischen erzählter Zeit und Erzählzeitpunkt und somit ein Hinweis darauf, dass der Erzähler aufgrund des durchlebten Faktors Zeit nicht mehr mit dem Protagonisten von damals identisch ist. Für die Identität von Erzähler und Protagonist spricht die Tatsache, dass die auktoriale Erzählsituation oftmals mit der Perspektive eines personalen Erzählers zusammenfällt. Dies geschieht etwa, wenn Bewusstseinsprozesse Roberts in der Form innerer Monologe wiedergegeben werden oder wenn bei Schlüsselerlebnissen Roberts die szenische Darstellung in Verbindung mit direkter Rede die narrative Darstellung ablöst.

Des Weiteren kommentiert der auktoriale Erzähler retrospektiv die Ereignisse mitunter kritisch. Das ist z. B. der Fall, wenn die familiären Verhältnisse in Roberts Elternhause in einer objektivierenden Perspektive, die allein aus der zeitlichen Distanz heraus möglich ist, dargelegt werden (vgl. ReL 141), wenn der Erzähler rückblickend Roberts jugendliche Naivität hinsichtlich des Journalistenbetriebs in der Weimarer Republik überdenkt (vgl. ReL 143) oder dessen allzu große Zuversicht bezüglich seiner Aufgabe als Redakteur des Feuilletons *Literatur und Kunst* und der damit verbundenen Werbung von Mitarbeitern reflektiert. (Vgl. ReL 189) Im Zusammenhang mit seiner Tätigkeit beim *Escher Tageblatt* ist es bemerkenswert, dass Hoefler, der ein Leben lang kaum Stellung zu innenpolitischen Fragen bezog, in der fiktionalen Autobiographie rückblickend mittels Erzähler z. B. Kritik an der sozialistischen Arbeiterpartei übte. (Vgl. ReL 188) Das reflexive Moment zeigt sich auch, wenn der auktoriale Erzähler Roberts unerwiderte Liebe zu Lena, ein singuläres und einseitiges Liebeserlebnis, nachträglich korrigierend in Roberts Biographie einordnet, indem er sie als Projektionsfläche für einen allgemeinen Mangel qualifiziert: „Lena? Es war nur ein Name für einen Begriff, und dieser Begriff, behangen mit allen irdischen und unirdischen Kleinodien, geboren aus sexueller Not, er hieß: Das Weib...!" (ReL 150) Die Einschätzungen des auktorialen Erzählers können durchaus mit Humor gepaart sein, so z. B. wenn Max Hubers alias Tony Kellens Geltungssucht, die aus einem Brief desselben hervorzugehen scheint, charakterisiert wird: „In jedem seiner Sätze schwang er das Weihrauchfaß so hart an seinem Gesicht vorbei, daß er stets Gefahr lief, es auf der eigenen Nase zu zertrümmern." (ReL 144)

In Bezug auf die Zeitperspektive ist festzustellen, dass Hoefler sich über weite Strecken an die reale Chronologie der Ereignisse hält. Dennoch gibt es einige Veränderungen, die eine nähere Betrachtung rechtfertigen, wie z. B. die glättenden Eingriffe zu Hoeflers Bonner Studentenzeit, die in Wirklichkeit nicht geradlinig verlief, sondern von längeren Unterbrechungen und Aufenthalten in der Heimat geprägt war. Ein Festhalten am wirklichen zeitlichen Ablauf hätte den Leser verwirren können, so dass diese Eingriffe eher einer kohärenten Darstellung und somit einer besseren Lesbarkeit des Textes geschuldet sind als dass sie auf die Verschleierung eines wenig erfolgreichen Studiums zielten. So schildert Hoefler etwa die Entstehung der Norbert-Jacques-Nummer der *Voix des Jeunes* (März 1923) und schließt dann folgendermaßen an: „Das Jahr, das Robert an den Oberkursen verbringen mußte, ging seinem Ende entgegen". (ReL 111) Doch Hoefler studierte nur von Anfang bis Mitte 1922 an den Cours supérieurs, zum Wintersemester 1922-1923 meldete er sich an der Bonner Universität zurück. Eine weitere Glättung nimmt Hoefler vor, als er den definitiven Studienabbruch (Juni 1923) mit dem Tod des Vaters (April 1925) zusammenfallen lässt und sogar darauf zurückführt (vgl. ReL 135ff.), was so nicht stimmt und einer Dramatisierung der realen Verhältnisse gleichkommt.

Desgleichen rafft Hoefler die Zeit, wenn es ihm opportun erscheint. Die ereignisarme Zeit von Mitte 1923 bis Ende 1926 wird grob ‚zusammengestrichen', indem der Autor auf eine Begegnung mit Professor Teckling (Joseph Tockert), die sich im Sommer 1924 zugetragen hat, unmittelbar Roberts Anstellungsexamen bei der Hüttengesellschaft folgen lässt. Dieser Prüfung stellt Robert sich, nachdem Teckling, Mitglied der Examenskommission, ihn auf die Examina, deren Bestehen die Voraussetzung für eine Anstellung ist, hingewiesen hat. Hoefler legte die Prüfung jedoch nicht 1924, sondern erst zwei Jahre später ab und trat Ende des Jahres 1926 in den Dienst der Grubenverwaltung des Stahlproduzenten. Auch wenn beide Ereignisse, die Begegnung mit Tockert und das Anstellungsexamen bei der ARBED, zeitlich voneinander getrennt sind, so rechtfertigt das Bindeglied in der Person Tockerts eine derartige Raffung im Sinne der künstlerischen Gestaltungsfreiheit.

Ähnlich verfährt Hoefler, indem er die 1923 erfolgte Gründung der *Cahiers luxembourgeois* in die Zeit seiner Anstellung bei der ARBED verlegt. (Vgl. ReL 161ff.) Dadurch offenbart sich eine weitere zeitliche Diskrepanz, wenn Hoeflers Erzähler bei Roberts Zusammentreffen mit Betriebsführer Bartholdy, das frühestens Ende 1926 stattgefunden haben kann, diesen sagen lässt, er „habe vor einigen Tagen das erste Heft der *Cahiers* erhalten und darin [Roberts] Gedichte gelesen" (ReL 170), obschon dieses Heft bereits 1923 erschien. Diese Straffung ist die logische Folge der vorangegangenen, die auf ein ‚Überbrücken' der Zeit von Mitte 1923 bis Ende 1926 zielt.

Zudem fällt auf, dass Hoefler die bedeutsamen Jahre 1933 bis 1939 stark strafft, was z. T. sicherlich auf die mangelnde zeitliche Distanz des zurückblickenden Autobiographen zum Zeitpunkt der Niederschrift zurückzuführen ist. Jüngere Ereignisse, die sich verhältnismäßig nah an der Gegenwart des Autobiographen situieren, können kaum einem Gesamtkontext zugeordnet werden und entziehen sich als singuläre Erscheinungen einer zusammenhängenden literarischen Darstellung. Hinzu kommt der zeitpolitische Entstehungskontext, der unmittelbar nach Ausbruch des Zweiten Weltkrieges zu besonderer Vorsicht rät. Für den besagten Zeitraum rückt bei Hoefler überwiegend Privates in den Vordergrund. Breiten Raum gewährt er dem Tod der Mutter sowie den in geselliger Runde verbrachten Stammtisch-Abenden in einem Escher Café, in das es Robert seiner Einsamkeit und der Wirtstochter wegen zieht und in dem die Protagonisten, zur Erheiterung der übrigen Gäste, literarische Debatten führen; auch berichtet er von Anekdoten aus dem Alltag mit den ARBED-Kollegen.

Schließlich können auch Streichungen ganzer Passagen, wie z. B. die von Roberts Zusammentreffen mit Rudolf Reuter (Arthur Hary) in Bonn (vgl. ReL 129ff.), die Funktion erfüllen, den zeitlichen Ablauf der geschilderten Ereignisse so zu glätten bzw. zurechtzurücken, dass Unstimmigkeiten mit der realen Chronologie behoben werden. Die Begegnung mit Reuter alias Hary, der in den Jahren 1918 bis 1920 Pädagogik in Leipzig, Paris und Bonn studierte[13] und der von Heinrich Dorner alias Nik Welter als dem „Minister des Unterrichts" (ReL 130) spricht, muss sich 1920, in Roberts erstem Studiensemester, zugetragen haben, da Welter von seinem Posten als Unterrichtsminister am 15. April 1921 demissionierte[14] – eine Episode, die im autobiographischen Roman unmöglich auf das Erscheinen der Norbert-Jacques-Nummer im März 1923 folgen kann. Nebeneffekt der Streichung ist, dass zugleich die herbe Kritik an Arthur Harys Charakter getilgt wird.[15]

Gelegentlich lässt die Erinnerung den Dichter bei Details im Stich. Ein Beispiel hierfür ist Roberts Zusammentreffen mit Dr. Badloff alias Carl Gebhardt. Letzterer teilt Robert im Anschluss an seinen vom Volksbildungsverein initiierten Spinoza-Vortrag mit, dass ihm demnächst von Alfons Paquet eine Einladung zur Freiburger Tagung des Bundes rheinischer Dichter zugehen werde. (Vgl. ReL 201) Gebhardts Vorträge zu dem Philosophen sind jedoch erst für 1932 belegt,[16] während die Freiburger Tagung im Oktober 1931 stattfand.

Nebst Erzähl- und Zeitperspektive bilden die verwendeten Namen und Pseudonyme einen weiteren wichtigen Aspekt von Hoeflers autobiographischem Schreiben. Die Umbenennung Echternachs in Echterhausen erfüllt nicht den Zweck einer verschleiernden Delokalisierung, vielmehr folgt diese Namensgebung dem Muster, dass alle Orts- und Flussnamen eine leichte Abwandlung erfahren. So stehen z. B. Elzingen für Esch/Alzette und der Flussname Sur, vielleicht in Anlehnung an das französische Sûre, für die Sauer. Trotz der abgewandelten Namen bleibt eine räumliche Verortung zu jedem Zeitpunkt möglich. Bezüglich der Namensgebung bei den Figuren sind drei Kategorien zu unterscheiden: erstens die Pseudonyme, die Hoefler von Anfang an verwendet und die, bis auf einige Ausnahmen, erst durch die Kontextualisierung aufgeschlüsselt werden können, zweitens die nachträglich gewählten Pseudonyme, die Hoefler nach der Streichung der bürgerlichen Namen benutzt, und drittens den Zeitgenossen Hoeflers geläufige Pseudonyme und Kosenamen, deren Ursprung nicht auf Hoefler zurückgeht. Im Folgenden wird dargelegt, bei welchen Figuren welcher Fall vorliegt und welche möglichen Motivationen Hoeflers jeweiligen Entscheidungen zugrunde lagen.

Fall 1

Bei der ersten Niederschrift tragen bereits Hoefler und die Familienmitglieder Phantasienamen. Das Gleiche gilt für einige wenige Personen des öffentlichen Lebens wie z. B. Damian Kratzenberg, der durchweg als Professor Guthardt in Erscheinung tritt. Kratzenberg, der 1934 der Luxemburger Gesellschaft für deutsche Literatur und Kunst, kurz Gedelit, beitrat und 1940 zum Landesleiter der Volksdeutschen Bewegung avancierte, entwickelte sich ab 1935 zum Nationalsozialisten, so dass Hoefler seinen Namen gleich bei der Niederschrift Ende 1939 durch ein Pseudonym ersetzte. Interessant sind der gewählte germanische Phantasiename und die Assoziationen, die er weckt: Guthardt. Zerlegt man den Namen in seine Bestandteile Gut- und -hardt, so fällt die Antinomie der beiden Partikel auf. Es scheint, als solle das Pseudonym den widerstreitenden Charakter bzw. die 180°-Wende Kratzenbergs bezüglich seiner politischen Gesinnung versinnbildlichen.

Auch Emil Marx, Hoeflers Jugendfreund, wird nicht mit bürgerlichem Namen erwähnt, sondern heißt durchgängig Fritz Mangen. Eine Reihe von biographischen Details verraten jedoch die wahre Identität der Figur Fritz Mangen. Dabei scheint Emil Marx' missglückter Versuch, als Schauspieler in Berlin Fuß zu fassen, womit ein Traum des jungen Marx sich zerschlug, nicht der hauptsächliche Beweggrund gewesen zu sein, um Marx von Anfang an umzubenennen. Es sind eher die vielen Zwistigkeiten in Bezug auf Sinn und Zweck der Literatur, die Hoefler veranlasst haben, Emil Marx mit einem Pseudonym zu versehen.

Das Gleiche gilt für Joseph Funck, der sicherlich nicht zufällig den Namen Christian Weise trägt. Wie Funck prangerte der Schriftsteller Christian Weise (1642-1708) in seinen Werken vor allem soziale Missstände seiner Zeit an. Die Erwähnung von Funcks Protagonisten, dem „Lumpensammler Jim Steller" (ReL 232), verdeutlicht, dass es sich um den Autor der Erzählung *Kleines Schicksal* handelt. Erstaunlicherweise strich Hoefler bei der letzten Durchsicht des Manuskripts sämtliche Passagen, die von Funck handeln. Hoeflers Anerkennung von Funcks Werk hatte nämlich keine Veränderung erfahren, er lobte auch noch 1940, zum Zeitpunkt der Niederschrift der fiktionalen Autobiographie, Funcks Erzählung in höchsten Tönen.[17]

Fall 2

Norbert Jacques trägt bei der ersten Niederschrift seinen richtigen Namen, der in einer zweiten Phase durch Claus Anker ersetzt wird, wodurch jedoch keine Anonymisierung erfolgt. Hoeflers Wertschätzung für den Menschen Norbert Jacques und sein Werk wurde durch die Wahl eines Pseudonyms nicht im Geringsten beeinträchtigt. Dennoch erschien es Hoefler 1939 wenig opportun, die Reizfigur Norbert Jacques beim Namen zu nennen. Jacques hatte es sich mit vielen in der alten Heimat verscherzt: zum einen durch seine Haltung im Ersten Weltkrieg,[18] zum anderen durch seine wiederholt literarisch geäußerte Kritik an Luxemburg, am sinnfälligsten in den Werken *Der Hafen* (1910) und *Die Limmburger Flöte* (1927). Jacques' ohnehin problematisches Verhältnis zur Heimat belasteten dann nach Kriegsausbruch sowohl seine als Kollaboration gewerteten Lesungen, die er auf Einladung der gleichgeschalteten Gedelit bzw. des Kunstkreises Luxemburg während Vortragstourneen im besetzten Luxemburg hielt,[19] als auch sein Aufruf an die Luxemburger Jugend, Deutschland als das wahre Vaterland anzuerkennen.[20] Durch die Hoefler'sche Nennung wichtiger Werke Jacques' bleibt jederzeit ersichtlich, um wen es sich handelt. Claus Anker verweist zudem im Nachnamen auf Jacques' ersten großen Erfolg *Der Hafen* (1910), in dem er mit dem als provinziell und kleingeistig empfundenen Luxemburg abrechnet. Der Nachname Anker ist ein ‚sprechender Name' und besitzt Verweischarakter: Jacques' Alter Ego Battist Biwer verlässt seine Heimat und landet im ‚Hafen Deutschland', wo er dauerhaft ‚vor Anker geht'. Ein weiteres Beispiel für einen ‚sprechenden Namen' sind die Gebrüder Hubert und Peter Marzen, Wanderkinematographen aus Trier, die in Gebrüder Kleister umbenannt werden. Bei der ersten Niederschrift benutzte Hoefler die Schreibung Martzen, strich dann den richtigen Namen und ersetzte ihn durch Kleister, was sich vermutlich dadurch erklärt, dass die Zelluloidstreifen in der Frühzeit des Kinos häufig während der Vorführungen rissen und wieder zusammengeklebt bzw. -gekleistert werden mussten.

Als Hoeflers Protagonist sich an die Begegnung mit dem Jugendfreund Geller erinnert, erwähnt er die Studie *Verhaeren* von Mathias Esch. Den bürgerlichen Namen ersetzte Hoefler bei der ersten Durchsicht durch Michel Ernz. (Vgl. ReL 44) Da durch die Erwähnung des Werktitels der Autor präsent bleibt, kann diese Ersetzung, wie im Falle der nachfolgenden Beispiele, als Bestreben einer durchgehenden Harmonisierung bei der Namensgebung gewertet werden. Erwähnenswert ist bei Mathias Esch, dass er im zweiten Teil des Romans und analog zur Namensbildung Elzingen = Esch/Alzette das Pseudonym Eltz trägt. Auch Frantz Clément trägt bei der ersten Niederschrift seinen bürgerlichen Namen, der nachträglich durch Peter Schütz ersetzt wird. Doch durch den Rückgriff auf Cléments Kosenamen Fruzzelchen[21] (vgl. ReL 163) bleibt für den eingeweihten Zeitgenossen erkennbar, um wen es sich handelt. Im Nachhinein werden auch die folgenden Personen umbenannt: Batty Weber wird zu Johannes Müller, Frantz Seimetz zu Thomas Seiwerts, René Engelmann zu Arthur Hofmann, Nikolaus Welter zu Heinrich Dorner, Sepp Hansen zu Fred François, Marie Henriette Steil zu Juliette Frührot, Arthur Hary zu Rudolf Reuter und Tony Kellen zu Max Huber. Während bei Clément, Weber, Seimetz, Engelmann, Welter, Hansen und Steil die Umbenennung im Zuge einer verallgemeinernden Stilisierung erfolgt, liegen bei Hary und Kellen handfeste Gründe vor, die sich aus den betreffenden Passagen in der fiktionalen Autobiografie erschließen lassen.

Seite 68 des Manuskripts mit handschriftlichen Korrekturen und der Ersetzung der bürgerlichen Namen durch Pseudonyme

Robert, der in brieflichem Kontakt mit Rudolf Reuter steht, muss beim realen Zusammentreffen und im Gespräch mit dem Menschen Reuter seine anfänglich positive Einstellung demselben gegenüber revidieren. (Vgl. ReL 92ff.) Und auch bei Tony Kellen gibt es einen konkreten Anlass für die Umbenennung in Max Huber. Als Robert sich vertrauensvoll an Huber wendet, in der Hoffnung, dass dieser ihn an eine Zeitung oder einen Verlag in Deutschland vermitteln könne, erhält er einen Antwortbrief, in dem Hubers Selbstlob so weit geht, dass Robert sich fühlt, „als habe man seinen ganzen innern Menschen besudelt". (ReL 144) Dass im Mikrokosmos der Luxemburger Literaturszene ein Pseudonym selten ausreicht, um eine reale Existenz wirksam zu verschleiern, ahnte Hoefler, so dass er sich zumindest bei Hary dazu entschloss, die betreffenden Passagen, die hinreichend reale Bezüge zu einer Identifizierung enthielten, im Nachhinein vollständig zu streichen. Die Beispiele Hary und Kellen zeigen, dass die nachträgliche Umbenennung durchaus das konkrete Ziel verfolgt, Einzelne aus der Schusslinie der Hoefler'schen Kritik zu nehmen und ihre Privatsphäre besser zu schützen. Solche Umbenennungen könnten eine Erklärung dafür sein, dass Hoefler auch die übrigen Handlungsträger, bei denen keine Notwendigkeit vorlag, im Sinne einer Vereinheitlichung durchgehend mit Pseudonymen versah.

Ein letztes Beispiel illustriert, dass Hoefler bürgerliche Namen nicht nur ersetzte, sondern auch ersatzlos strich. Als Robert seine Leseerfahrungen mit der ersten Nummer des *Floréal* schildert, heißt es im Manuskript:

Nollès
„Wer hatte Robert bis heute erzählt von Verlaine und ~~Noppeney~~, von Richard Dehmel,
Peter Schütz?
Hugo von Hofmannsthal und ~~Franz Clément? Wer von Paul Palgen und Nikolaus Welter?~~"[22]

Bei der ersten Durchsicht ersetzt Hoefler die Namen von Marcel Noppeney und Frantz Clément, während er die Autoren Paul Palgen und Nikolaus Welter einfach streicht. Ob diese Streichung ein Werturteil beinhaltet, bleibt offen.

Fall 3

Daneben verwendet Hoefler echte zeitgenössische Pseudonyme wie z. B. Pogg (Joseph Kolbach) oder Pier Vanaiken (Pol Michels), vor allem dann, wenn er sich an seinen ersten Kontakt mit den Werken dieser Literaten erinnert, die in den 1920er Jahren teils unter ihrem Pseudonym veröffentlichten. Auf den jungen Hoefler, der erst allmählich mit den Akteuren der Luxemburger Literaturszene vertraut wurde, übten diese Pseudonyme einen großen Reiz aus, da er noch nicht wusste, wer sich hinter welchem Namen verbarg. Der literarisch interessierten Öffentlichkeit waren die betreffenden Autoren oftmals besser unter ihren jeweiligen Pseudonymen als unter ihrem bürgerlichen Namen bekannt, so dass Hoeflers Entscheidung, einige zeitgenössische Pseudonyme beizubehalten, nicht nur keine Verschleierung, sondern eine größere Authentizität bewirkte.

Hoefler benennt seine Figuren nicht nur um. Auffällig sind auch Streichungen, die in direktem Zusammenhang mit Personen stehen. So gibt es Details, wie z. B. die ungefähre Altersangabe des befreundeten Arztes, der beim Tode von Roberts Vater anwesend ist (vgl. ReL 139), bzw. ganze Passagen, wie z. B. die Textstellen über den Latein- und Deutschlehrer Schmitt (vgl. ReL 46) oder über Roberts Kritik an der Unterrichtspraxis seiner Lehrer an den Oberkursen (vgl. ReL 103ff.), die Hoefler nachträglich integral strich. Das Gleiche gilt für Abschnitte, in denen er die Arbeitskollegen bei der ARBED charakterisierte und z. T. stark karikierte. In diesen Fällen ist es größtenteils so, dass die dargestellten Figuren nicht sonderlich positiv gezeichnet werden. Mit der Streichung wollte Hoefler verhindern, dass der zeitgenössische Leser die lebende Person in der literarischen Figur wiedererkannte. Hier geht es eindeutig um die Wahrung von Persönlichkeitsrechten.

Darüber hinaus streicht Hoefler allzu eindeutige selbstreferenzielle Bezüge. Roberts Eingeständnis, dass er einen Rundfunkvortrag in Frankfurt auch hält, um der Mutter zu beweisen, dass er mehr als der „Narr[ ] oder Tagedieb" (ReL 202) sei, den die Echterhausener in ihm sehen,[23] ist ein Detail, das einerseits die Identifizierung des Protagonisten vereinfacht und andererseits dessen verinnerlichten Druck, sich bewähren zu müssen, offenlegt. Hoefler tilgt ebenfalls Passagen, die das intime Mutter-Sohn-Verhältnis belegen, um so teilweise die gegenseitige Verherrlichung abzuschwächen und der innigen Beziehung zur Mutter weniger literarischen Raum zu gewähren. (Vgl. ReL 202)

Schließlich streicht Hoefler Passagen, die ihm in ihrer Aussage zu heikel erscheinen. Als Robert sich kritisch zur gymnasialen Sprachenpolitik des Unterrichtsministeriums äußert, mutmaßt er, dass man der sprachlichen „Verhedderung systematisch Vorschub leiste" (ReL 196) – eine gewagte Unterstellung, die Hoefler im Nachhinein nicht mehr verantworten mochte und folglich, vielleicht auch aus Rücksicht auf die Entscheidungsträger, strich.

Albert Hoefler (1899-1950)

Albert Hoefler – Stationen und Episoden seines Lebens [24]

Der autobiographische Charakter des Romans führt zur Annahme einer Gleichsetzung von Autor und Protagonist. Dies ist jedoch eine Gratwanderung, bei der die Frage nach der Legitimation einer solchen Identifikation permanent neu verhandelt werden muss. Im Hinblick darauf, aus der fiktionalen Autobiographie neue Erkenntnisse zu Hoeflers Leben und Werk zu gewinnen, scheint die Annahme einer solchen Engführung dennoch gerechtfertigt: 1. Die Vielzahl der faktisch überprüfbaren und durch Quellenmaterial belegbaren Ereignisse schafft eine hohe, unbestreitbare Authentizität. 2. Dafür sorgt zusätzlich das Repertoire der Figuren, die, soweit ihre Pseudonyme aufgeschlüsselt werden konnten, ausnahmslos auf historisch verbürgte Personen zurückgeführt werden können. 3. Der Protagonist Robert trägt auch an anderen Stellen des Hoefler'schen Werkes ausgeprägte autobiographische Züge.[25] Auf eine kategorische Unterscheidung von Autor und Erzähler / Robert wird deshalb bewusst verzichtet, immer eingedenk dessen, dass es sich beim Erzählten um fiktionalisierte und literarisch stilisierte ‚Fakten' und somit um ‚brüchige' Wahrheiten handelt.

Kindheit und Jugend in Echternach

Mathias Albert Hoefler wurde am 2. Januar 1899 zuhause in der Haalergaass Nr. 26 geboren.[26] Er war das mittlere von drei Geschwistern der Eheleute Lorenz Georg Hoefler (1872-1925) und Maria Anna Bisenius (1872-1932): Seine Schwester Anna Maria Justine wurde 1897, sein Bruder Peter Victor 1902 geboren.[27] Zwei frühe Kindheitserlebnisse prägten sich ihm derart ein, dass er sie einer detaillierten Beschreibung im autobiographischen Roman für würdig befand: die Vorstellung eines Zirkus (vgl. ReL 28ff.) und die Vorführung eines Stummfilms durch die Gebrüder Marzen.[28] (Vgl. ReL 33ff.) Der Film wurde an drei Tagen im Saale des Gastwirts Ernest Bisenius, Hoeflers Onkel mütterlicherseits, gezeigt.

Über die Zeit in der Grundschule und im Gymnasium, das Hoefler ab 1912 besuchte, erfährt man in der fiktionalen Autobiographie wenig. Robert Holzer wird aufs Gymnasium geschickt, um mindestens den Beamtenstatus des Vaters zu erreichen. (Vgl. ReL 42) Es fällt auf, dass Robert schüchtern und bemüht ist, nicht die Aufmerksamkeit seiner Lehrer auf sich zu lenken. Schon früh zeigt sich eine Begabung in den Sprachen, vor allem der deutschen, während die Leistungen in den naturwissenschaftlichen Fächern durchschnittlich sind.[29] Der Schüler Robert verbringt viel Zeit in der freien Natur und unternimmt regelmäßig Spaziergänge in die nähere Umgebung. Häufig begegnet er dem Maler Thomas Seiwerts alias Frantz Seimetz.[30] (Vgl. ReL 73)

Am wichtigsten wird für Robert während seiner Schulzeit die Freundschaft zu Fritz Mangen (Emil Marx), mit dem ihn die Liebe zur Literatur verbindet (vgl. ReL 58f.),[31] selbst wenn die Auffassungen der beiden über Sinn und Aufgabe der Dichtung kaum gegensätzlicher sein können. (Vgl. ReL 96ff.) Die Bande der beiden Jugendfreunde überdauern die Jahre, werden aber mehrfach wegen Spannungen auf die Probe gestellt. Mangens Vorhaben, das Gymnasium zu verlassen, um Schauspieler in Deutschland zu werden (vgl. ReL 87f.), beeindruckt Robert, auch wenn der Ausgang des Wagnisses ernüchternd ist. (Vgl. ReL 90) Für Robert stellt sich nach bestandenem Abitur die Frage: Was nun?

Er hatte den Wunsch geäußert, Deutschlehrer zu werden.[32] (Vgl. ReL 84) Sein Lehrer und Mentor Professor Guthardt (Damian Kratzenberg) warnt den naiven Primaner vor den Schattenseiten des Berufs sowie vor dem Lernpensum, das sich auch auf Fächer erstrecke, die nicht zu Roberts Vorlieben zählten. Lech liegt demnach mit seiner Vermutung, dass der Lernstoff an den Oberkursen Hoefler widerstrebte, nicht falsch.[33] Doch es gab noch andere Gründe dafür, dass der Abiturient sich nicht an den Oberkursen einschrieb und so den regulären Weg zum Lehramt einschlug, sondern sich zum Wintersemester 1920-1921 an der Rheinischen-Friedrich-Wilhelms-Universität in Bonn immatrikulierte. Allerdings schien selbst die Aussicht auf das Studium an einer deutschen Universität den jungen Hoefler nicht völlig zufriedenzustellen. Hoeflers Alter Ego Robert trägt sich nämlich schon länger mit dem Gedanken, freier Schriftsteller zu werden bzw. im deutschen Journalismus Fuß zu fassen. Als Professor Guthardt ihn fragt, wie er sich seine nähere Zukunft denke, äußert Robert zwar den Wunsch, Gymnasiallehrer zu werden, doch des Lehrers vorangegangene Bemerkung, „[e]r wisse doch selber, daß ein freier Schriftsteller in Lützelburg unmöglich sei und daß er deshalb einen festen Beruf ergreifen müsse, wenn er sein Leben fristen wolle" (ReL 84), weist darauf hin, dass der Abiturient Hoefler andere, von Vorbildern genährte Ambitionen hegte, die ihm den Weg ins Ausland wiesen.

Studium in Bonn und Luxemburg

Norbert Jacques war das Vorbild für einige der jungen Wilden, unter ihnen Albert Hoefler und Pol Michels, und wurde mit seinem Roman *Der Hafen* zum Wegbereiter. Jacques hatte Luxemburg hinter sich gelassen und sich eine neue Heimat gewählt. Hoefler erinnerte sich um 1940:

> können jetzt ungefähr 25 Jahre her sein. Da fiel eines Tages einem
> en Gymnasiasten ein Buch in die Hände, das den Titel *Der Hafen*
> und auf dem Deckel als Autor: Norbert Jacques. Norbert Jacques!
> war der Dichter, dessen Name wie ein Märchen damals in die Öde
> er luxemburger Kleinstadt drang, dieser Name war damals der
> ntasie das „Sesam öffne dich!", er war die magische Formel, um
> Türen unsers Blutes zu sprengen und unsre gefangene Seele, von
> nsucht befeuert, hinausfliegen zu lassen in die schöne wilde Welt.[34]

Hoeflers Privatexemplar von Norbert Jacques' *Der Hafen* mit dem handschriftlichen Besitzvermerk „Don du „Volksbildungsverein"[.] Albert Hoefler. Echternach. 21.12.15"

Eine ähnliche Signalwirkung wie Jacques hatte vermutlich ein anderer Luxemburger Schriftsteller, der Luxemburg dezidiert den Rücken gekehrt hatte und ab 1915 sein Glück in München suchte: Alexander Weicker, der mit seinem Roman *Fetzen* (1921), den Hoefler belobigend in der *Obermosel-Zeitung* besprach,[35] einen beachtlichen Erfolg feierte. Hoefler tat es seinen Vorbildern gleich und ging nach Deutschland. Über den Verlauf des Wintersemesters 1920-1921 an der Bonner Rheinischen-Friedrich-Wilhelms-Universität ist wenig bekannt, als Wohnsitz gab er die Meckenheimerstraße Nr. 2 an.[36] In der rheinischen Kleinstadt fand er allerdings nicht dieselben Voraussetzungen vor wie der Weltenbummler Jacques bzw. Weicker in München, die sich Anfang der 1920er Jahre in etablierten Literatenszenen bewegten. Hinzu kamen Probleme finanzieller Natur,[37] so dass Hoefler sein Studium zeitweise unterbrechen musste. In der fiktionalen Autobiographie heißt es dazu:

> In dieser Zeit der aufwallenden Gefühle, des Kreisens und Sich-Verbohrens in psychologische Probleme aber gingen Dinge in Roberts Umwelt vor sich, die ihn zwangen, wieder festen Boden unter die Füße zu nehmen. Seine Großeltern waren in kurzer Zeit nacheinander gestorben, und nun stellte es sich heraus, daß das ganze Fabrikanwesen durch die Untätigkeit des alten Herrn Bode arg verschuldet war und unter den Hammer kommen mußte. Das war ein schwerer Schlag für die Familie Bode und auch die Holzerschen Finanzen wurden hierbei einer starken Bedrängnis ausgesetzt. (ReL 102f.; vgl. auch ebd. 136 u. 141f.)

Hier wird suggeriert, dass der Bankrott der Großeltern Bisenius direkte Auswirkungen auf die finanzielle Lage der Familie Hoefler hatte. Zum Sommersemester 1921, das Hoefler vermutlich zu großen Teilen in Echternach verbrachte, hatte er sich dennoch rückgemeldet, da er am 30. September 1921 ein erstes Mal exmatrikuliert wurde.[38] Über seine *Fetzen*-Rezension kam der Kontakt zu Alexander Weicker zustande, wie aus dem Schriftverkehr der beiden hervorgeht.[39] Der Grundtenor von Weickers Briefen vom Sommer 1921[40] war, dass die bayrische Landeshauptstadt und das viele Reisen seinen Schaffensdrang förderten. Auch machte er, wie Jacques, kein Hehl aus seiner Antipathie Luxemburg gegenüber. Im Zusammenhang mit einem geplanten Luxemburg-Roman, der wie seine *Fetzen* beim Münchner Georg Müller Verlag erscheinen sollte, schrieb er an Hoefler:

> Denn es liegt mir sehr wenig daran etwas für Luxemburg zu tun. Denn diese Apathie, dieser A-Intellektualismus ist mir tatsächlich verhasst. Ich habe einen Plan ausgeheckt, wie ich mich für die totale und verknöcherte Heruntermurksung meiner Fetzen im Luxemburger Wort rächen kann. Ich werde die besten Sätze aus den deutschen Zeitungen mit einem entsprechenden von mir entworfenen Plakat drucken lassen und ankleben. Als Titel schreibe ich darüber: „Für Wahrheit und Recht" und einen entsprechenden Text. Ich werde Ihnen ein Plakat schicken.[41]

Studium in Bonn und Luxemburg

Norbert Jacques war das Vorbild für einige der jungen Wilden, unter ihnen Albert Hoefler und Pol Michels, und wurde mit seinem Roman *Der Hafen* zum Wegbereiter. Jacques hatte Luxemburg hinter sich gelassen und sich eine neue Heimat gewählt. Hoefler erinnerte sich um 1940:

> Das können jetzt ungefähr 25 Jahre her sein. Da fiel eines Tages einem jungen Gymnasiasten ein Buch in die Hände, das den Titel *Der Hafen* trug und auf dem Deckel als Autor: Norbert Jacques. Norbert Jacques! das war der Dichter, dessen Name wie ein Märchen damals in die Öde einer luxemburger Kleinstadt drang, dieser Name war damals der Phantasie das „Sesam öffne dich!", er war die magische Formel, um die Türen unsers Blutes zu sprengen und unsre gefangene Seele, von Sehnsucht befeuert, hinausfliegen zu lassen in die schöne wilde Welt.[34]

Hoeflers Privatexemplar von Norbert Jacques' *Der Hafen* mit dem handschriftlichen Besitzvermerk „Don du „Volksbildungsverein"[.] Albert Hoefler. Echternach. 21.12.15"

Eine ähnliche Signalwirkung wie Jacques hatte vermutlich ein anderer Luxemburger Schriftsteller, der Luxemburg dezidiert den Rücken gekehrt hatte und ab 1915 sein Glück in München suchte: Alexander Weicker, der mit seinem Roman *Fetzen* (1921), den Hoefler belobigend in der *Obermosel-Zeitung* besprach,[35] einen beachtlichen Erfolg feierte. Hoefler tat es seinen Vorbildern gleich und ging nach Deutschland. Über den Verlauf des Wintersemesters 1920-1921 an der Bonner Rheinischen-Friedrich-Wilhelms-Universität ist wenig bekannt, als Wohnsitz gab er die Meckenheimerstraße Nr. 2 an.[36] In der rheinischen Kleinstadt fand er allerdings nicht dieselben Voraussetzungen vor wie der Weltenbummler Jacques bzw. Weicker in München, die sich Anfang der 1920er Jahre in etablierten Literatenszenen bewegten. Hinzu kamen Probleme finanzieller Natur,[37] so dass Hoefler sein Studium zeitweise unterbrechen musste. In der fiktionalen Autobiographie heißt es dazu:

> In dieser Zeit der aufwallenden Gefühle, des Kreisens und Sich-Verbohrens in psychologische Probleme aber gingen Dinge in Roberts Umwelt vor sich, die ihn zwangen, wieder festen Boden unter die Füße zu nehmen. Seine Großeltern waren in kurzer Zeit nacheinander gestorben, und nun stellte es sich heraus, daß das ganze Fabrikanwesen durch die Untätigkeit des alten Herrn Bode arg verschuldet war und unter den Hammer kommen mußte. Das war ein schwerer Schlag für die Familie Bode und auch die Holzerschen Finanzen wurden hierbei einer starken Bedrängnis ausgesetzt. (ReL 102f.; vgl. auch ebd. 136 u. 141f.)

Hier wird suggeriert, dass der Bankrott der Großeltern Bisenius direkte Auswirkungen auf die finanzielle Lage der Familie Hoefler hatte. Zum Sommersemester 1921, das Hoefler vermutlich zu großen Teilen in Echternach verbrachte, hatte er sich dennoch rückgemeldet, da er am 30. September 1921 ein erstes Mal exmatrikuliert wurde.[38] Über seine *Fetzen*-Rezension kam der Kontakt zu Alexander Weicker zustande, wie aus dem Schriftverkehr der beiden hervorgeht.[39] Der Grundtenor von Weickers Briefen vom Sommer 1921[40] war, dass die bayrische Landeshauptstadt und das viele Reisen seinen Schaffensdrang förderten. Auch machte er, wie Jacques, kein Hehl aus seiner Antipathie Luxemburg gegenüber. Im Zusammenhang mit einem geplanten Luxemburg-Roman, der wie seine *Fetzen* beim Münchner Georg Müller Verlag erscheinen sollte, schrieb er an Hoefler:

> Denn es liegt mir sehr wenig daran etwas für Luxemburg zu tun. Denn diese Apathie, dieser A-Intellektualismus ist mir tatsächlich verhasst. Ich habe einen Plan ausgeheckt, wie ich mich für die totale und verknöcherte Heruntermurksung meiner Fetzen im Luxemburger Wort rächen kann. Ich werde die besten Sätze aus den deutschen Zeitungen mit einem entsprechenden von mir entworfenen Plakat drucken lassen und ankleben. Als Titel schreibe ich darüber: „Für Wahrheit und Recht" und einen entsprechenden Text. Ich werde Ihnen ein Plakat schicken.[41]

Der Austausch mit Weicker, der, wie Jacques, ein glänzendes Beispiel für einen Luxemburger Literaten war, der im Ausland reüssierte, muss in Hoefler, der sich zu diesem Zeitpunkt über den Fortgang seines Studiums im Unklaren war, zwiespältige Gefühle genährt haben. Wie es weiterging, darüber gibt die fiktionale Autobiographie Aufschluss. Guthardt, der von Roberts schriftstellerischen Ambitionen weiß, wendet sich in dieser für den Studenten schwierigen, weil ungewissen Zeit an Claus Anker, dessen beruflichem Werdegang der junge Robert offensichtlich nacheifern will, und bittet um ein Urteil über Roberts erstes Gedichtbändchen. (Vgl. ReL 99) Anker antwortet, und es folgt ein brieflicher Austausch zwischen Anker und Robert. (Vgl. ReL 102) Erhalten ist aus dieser Zeit ein Brief von Jacques an Hoefler vom 21. September 1921, aus dem hervorgeht, dass Kratzenberg Jacques von Hoeflers Ambitionen unterrichtet hatte.[42] Für Hoefler war die Ernüchterung groß: Jacques riet ihm unmissverständlich zu einem Brotberuf. Er schilderte eingehend die beengenden Lebensverhältnisse freischaffender Autoren im Berlin Anfang der 1920er Jahre sowie den harten Konkurrenzkampf in den Zeitungsredaktionen. Zum Schluss seiner Darlegungen schlug er vor, Hoefler solle sich z. B. eine Stellung bei der ARBED verschaffen, um so auf materiell gesicherter Lebensgrundlage seinem schriftstellerischen Tatendrang weiter frönen zu können.

Die klaren Worte Jacques', die prekäre finanzielle Lage der Familie und, laut fiktionaler Autobiographie, das gute Zureden Guthardts (vgl. ReL 103), also Kratzenbergs, bewirkten, dass Hoefler sich im Januar 1922 an den Oberkursen einschrieb, die er bis Ende Juli 1922 besuchte. Doch zum ersten Gradenexamen[43] stellte er sich vorläufig nicht, sondern immatrikulierte sich für das Wintersemester 1922-1923 erneut an der Bonner Universität.[44] Es gab wohl mehrere Gründe dafür, dass er den eingeschlagenen Weg an den Oberkursen nicht fortsetzte. Mehr noch als der zu bewältigende Lernstoff, wie Lech zutreffend vermutet, war Hoefler das rigide System an sich zuwider, wie eine Kritik im autobiographischen Roman verrät:

> Der erste Eindruck, den Robert hier empfing, war durchaus peinlich. [Man mußte seine Aufgaben vorbereiten, wie auf dem Gymnasium in Echterhausen, manche Lehrer schienen der Meinung zu sein, der Unterschied zwischen einem Septimaner und einem Zwanzigjährigen sei nicht so groß, daß es sich der Mühe lohne, darüber Worte zu verlieren, geschweige, seine professorale Tätigkeit umzustellen]. (ReL 103)

In guter Erinnerung behält Robert einzig seine Lehrer in den Fächern Deutsch und Französisch, Heinrich Dorner (Nik Welter) und Fred François (Sepp Hansen). Hoefler schätzte Welter in mancher Hinsicht, sah in ihm aber keinen Lyriker, wie seine Rezension zur Neuauflage von einem Welter'schen Gedichtband belegt: „Welter ist ein Dichter – das steht fest. Man kann auch gegen ihn einwenden, was man will: Ein Künstler ist er jedenfalls. [...] Aber er ist etwas nicht: Lyriker."[45] Zudem war das wirkmächtige Vorbild Norbert

Jacques, zu dem Hoefler inzwischen ein freundschaftliches Verhältnis pflegte, nach wie vor präsent. In Bezug auf eine persönliche Begegnung mit Jacques, die sich der fiktionalen Autobiographie zufolge Mitte 1922 in Echterhausen zutrug (vgl. ReL 112f.), heißt es dortselbst: „Und Anker erzählte aus seinem Leben: wie er auf den Oberkursen gewesen und dort die Flucht ergriffen hatte, wie er nach Bonn übersiedelte und dann ein Herzenserlebnis ihn nach Ostpreußen verschlug".[46] (ReL 113) Jacques' Erfolgsgeschichte wird dazu beigetragen haben, dass Hoefler das Abenteuer Bonn ein zweites Mal wagte. Zurück in der rheinischen Kleinstadt gab es auch diesmal keinen regelmäßigen Besuch der Lehrveranstaltungen. Hoefler weilte wiederum öfter in Echternach als in Bonn, wie Emil Marx 1927 anlässlich Hoeflers Übersiedlung nach Esch/Alzette feststellte: „Gegenwärtig macht er in Eisenerz. [...] Aber er kommt nicht von Echternach los. Auch seine Studienjahre in Bonn verbrachte er grösstenteils in Echternach. Wie auch jetzt noch jede Minute seiner freien Zeit."[47]

Anfang 1923 beantragte Hoefler dann doch noch in Luxemburg die Zulassung zum Examen für die erste Kandidatur in Philosophie und Literatur und war für den 24. März 1923 zur schriftlichen und für den 9. April 1923 zur mündlichen Prüfung zugelassen.[48] Und am 4. Juni 1923 wurde er von der Universität Bonn wegen nicht belegter Vorlesungen und ausstehender Studiengebühren exmatrikuliert.[49] Ob er zu den beiden Prüfungen antrat und, falls ja, mit welchem Resultat ist nicht bekannt. Die im autobiographischen Roman geschilderte Begegnung mit Teckling anlässlich des Begräbnisses von Guthardts Vater Mitte 1924 und Tecklings Frage, wann man denn Robert „ins Examen bekomme[ ]" (ReL 147), lassen vermuten, dass Hoefler sich im März-April 1923 entweder überhaupt nicht zum Examen gestellt oder nach bestandener Kandidatur die zweite Prüfung vor sich hergeschoben hatte. Lech argumentiert, dass Hoefler das erste Examen, die Kandidaturprüfung, irgendwann bestanden, doch nie das zweite Examen zur Erlangung des sogenannten Doktordiploms abgelegt habe.[50] Überdies mutmaßt er, die Tatsache, dass Nik Welter, dessen Gedichtband *Über den Kämpfen* Hoefler rund ein Jahr zuvor verrissen hatte, ihm in verschiedenen Funktionen (Deutschlehrer an den Oberkursen, Korrektor in den Gradenexamen, Unterrichtsminister) mehrfach auf dem Weg zum Gymnasiallehrer begegnet sei, habe sich als wenig günstig für Hoeflers Aussichten bei den Gradenexamen erwiesen.[51] Ein in der fiktionalen Autobiographie geschildertes zufälliges Zusammentreffen Roberts mit Rudolf Reuter (Arthur Hary) in Bonn offenbart tatsächlich Hoeflers Misstrauen gegenüber Nik Welter. Denn auf Reuters Hinweis, dass der Unterrichtsminister ihn und andere Luxemburger zu pädagogischen Studien an ausländische Universitäten entsandt habe, um sie auf ihre spätere Laufbahn vorzubereiten, heißt es lapidar: „Da riß mit einemmale der Schleier, der bis dahin Roberts Licht verhängt hatte, und er schaute in Zusammenhänge, die für ihn nicht gerade eine Ursache der Lust waren." (ReL 131) Hoefler glaubte, erkannt zu haben, dass nur den von Welter Privilegierten der Zugang zum Lehramt möglich war.

Im autobiographischen Roman fällt auf, dass Hoefler den Studienverlauf seines Protagonisten ‚begradigte' und, ohne verwirrendes Hin und Her, den für die Laufbahn eines Gymnasiallehrers gesetzlich festgesetzten Weg wählte, der bestimmte, dass man zuerst ein Jahr an den Cours supérieurs absolvierte, bevor man seine Studien im Ausland fortsetzte. Bei der Wahl des Studienortes schwankt Robert zwischen Frankfurt und Bonn. Schließlich geben die Bedenken der Mutter den Ausschlag: Sie findet das gemächliche Bonn für ihren Sohn geeigneter als das große und hektische Frankfurt. (Vgl. ReL 114) Roberts Studien enden jäh mit dem Tod des Vaters. (Vgl. ReL 135f.) Hoeflers Exmatrikulation erfolgte realiter im Juni 1923, Vater Lorenz Georg Hoefler verstarb hingegen im April 1925, als Hoefler längst zurück in Echternach war. Trotz der durch die Verknüpfung beider Ereignisse erzielten literarischen Dramatisierung lässt sich festhalten, dass die fortwährende, angespannte finanzielle Lage der Familie Hoeflers Studium wesentlich beeinflusste und letztlich zum Scheitern beitrug.

Private Enttäuschungen spielten vermutlich ebenfalls eine Rolle bei Hoeflers jeweiligen Entscheidungen hinsichtlich seiner Studien in Bonn bzw. in Luxemburg. Eine Episode in der fiktionalen Autobiographie legt z. B. nahe, dass eine gescheiterte Beziehung ihm den Alltag in der Heimat derart verleidete, dass er Mitte 1922 sich nicht zum ersten Gradenexamen stellte, sondern zurück nach Bonn floh. Robert lernt während seiner Zeit an den Oberkursen die Abiturientin Thekla Lang[52] kennen. Doch eines Tages beendet die junge Frau die Beziehung abrupt mit dem Hinweis auf ein Gelübde, das ihre Mutter für sie getan habe. (Vgl. ReL 178ff.) Vielleicht sollte Thekla ins Kloster gehen. Auf die Trennung reagiert Robert mit provokativem Verhalten, was seine Erfolgschancen an den Oberkursen beeinträchtigt: „[D]as Alleinsein wurde ihm zur Qual und so sah man ihn denn jede freie Stunde des Tages im Caféhaus sitzen und vor sich hinstarren; im Umgang mit den Kameraden war er streitsüchtig und selbst in der Klasse suchte er Händel mit den Professoren." (ReL 181) Weitaus schwerer als das momentane Liebesleid wiegt, dass Robert diese Enttäuschung sehr wohl verdrängen, doch nie wirklich verarbeiten kann. (Vgl. ReL 181) Auch eine ‚rheinische' Enttäuschung in der Liebe könnte Hoeflers Studienverlauf beeinflusst haben. Seinem Alter Ego Robert wird von Rita, die er in einer Bonner Nachtbar kennengelernt und die sich als Medizinstudentin ausgegeben hat, übel mitgespielt. (Vgl. ReL 120ff.) Und in der Kurzgeschichte *Die Frau der sieben Schmerzen* begegnet der Maler Ernst Friedrich „in einer Stadt am Rhein, in einer Nachtbar"[53] der Tänzerin und Medizinstudentin Lu, die ihn später in Liebesqualen stürzt, als sie ihn verlässt.

Es folgten ab Mitte 1923 Jahre des Müßiggangs in Echternach.[54] Wenn schon der Traum vom freien Schriftsteller sowie der Berufswunsch vom

Gymnasiallehrer geplatzt waren, so hegte Hoefler vorläufig weiterhin die Hoffnung, im journalistischen Metier Fuß fassen zu können. Sein Protagonist Robert schreibt diesbezüglich einen Brief an Max Huber alias Tony Kellen (vgl. ReL 143f.), der sich im deutschen Verlagswesen etabliert hatte. Die Antwort ist enttäuschend, so dass Robert eine journalistische Karriere vorerst nicht weiter in Betracht zieht. Es setzten für den fünfundzwanzigjährigen Hoefler Jahre des Treibens ein, die er mit Gelegenheitsarbeiten für verschiedene Zeitungen und Zeitschriften wie z. B. die *Cahiers luxembourgeois* füllte. Vor den „Scherben eines Traums" (ReL 153) siedelte er schließlich nach Esch/Alzette über und trat am 22. November 1926 als Employé de bureau seinen Dienst bei der ARBED an,[55] nachdem er das Einstellungsexamen bestanden hatte.[56] Laut autobiographischem Roman hatte Teckling, also Joseph Tockert, Mitglied der Prüfungskommission, ihn dazu bewogen, sich diesem Examen zu stellen. (Vgl. ReL 148)

Beruflicher Alltag in Esch/Alzette

Hoefler kannte große Akklimatisierungsschwierigkeiten in der Minette. Es waren sowohl die Mentalität und Spontaneität der ‚Minettsdäpp' als auch das spezifische Landschaftsbild, die ihm Anpassungsprobleme bereiteten, so dass er sie wiederholt literarisch thematisierte wie z. B. in dem Gedicht *Weihnacht I*:

> Heiliges Land Du des roten Gesteins, dem ich fluchte und das ich hasste
> (Erinnerung an Mönche in frommem Tal, Schönheit, die meine Jugend verprasste)
> Mein Herz hebt den Hammer und klopft an das Erz –
> Und erschrickt vor den Menschen, taumelnd vor Nöten,
> Die vorwärtsschreiten im Winterabend, die Augen gebohrt in Weihnachtsröten.[57]

In Esch/Alzette verwirklichte sich nachträglich Hoeflers Wunsch vom ‚Professoren-Dasein', wenn auch in einer abgewandelten und gänzlich unerwarteten Form. Eine Episode im autobiographischen Roman gibt hierüber Aufschluss: Robert wird von seiner Bekannten Gaby Werner[58] in die Aktivitäten der Sozialeinrichtungen der Hüttengesellschaft eingespannt. Sie gewinnt ihn als ‚Literatur-Lehrer' für junge, mittellose Grubenarbeiter, die in einem von Frau Villancourt (Andrée Viénot-Mayrisch) initiierten Studienzirkel auf weiterführende Studien im Ausland vorbereitet werden sollen.[59] (Vgl. ReL 186ff.) Robert nimmt die neue Aufgabe dankbar an, auch aus Sympathie für die jungen, proletarischen Arbeiter, denen er sich aufgrund seiner eigenen bescheidenen Herkunft verbunden fühlt. Er sieht sich z. T. selbst als Proletarier, „wenn auch einer des Hirns". (ReL

186) Aus einer anderen Herausforderung, der Hoefler sich zu stellen bereit war, wurde nichts. Er muss sich für den freien Posten des Escher Stadtbibliothekars beworben haben, wie aus einer Notiz in der *Jungen Welt* hervorgeht, die Hoeflers Nicht-Berücksichtigung meldete:

> Nein, der Geist siegt nicht immer!
> Das zu beweisen hat letzthin der escher Gemeinderat sich angelegen sein lassen. Es ist ihm glänzend gelungen. Man sagt, Albert Hoefler sei nicht Stadtbibliothekar geworden, weil er Kandidat der Arbeiterpartei war. Und Parteirücksichten gehen bekanntlich über jedwede andere Interessen.
> Wir leben herrliche Zeiten.[60]

In den Escher Tagen kam es zu einem Wiedersehen mit alten Bekannten aus Echternach: Jos Hess und Emil Marx. Der Kontakt zu ihnen wie zu Pol Michels sorgte für Hoeflers soziale Einbindung.[61] Die nun rege Mitarbeit an den *Cahiers luxembourgeois* sowie die Übernahme der Redaktion des Feuilletons *Literatur und Kunst* wurden zu Lichtblicken für Hoefler in der für ihn trostlosen Minette und ließen ihn intensiver am gesellschaftlichen und literarischen Leben teilhaben, was nicht verhinderte, dass er weiterhin Probleme mit seiner Stellung als Dichter im ‚Land der roten Erde' hatte.[62] Höhepunkt seiner Partizipation am literarischen Leben jener Zeit war die Teilnahme an der Freiburger Tagung des Bundes rheinischer Dichter vom 2. bis zum 4. Oktober 1931. Die Begegnung und der Austausch mit Gleichgesinnten wie den ‚Rheindeutschen' René Schickele und Alfons Paquet sowie deren Vision einer völkerübergreifenden Schriftstellervereinigung mit kultureller, gesellschaftlicher und politischer Strahlkraft wirkten bereichernd und teilweise euphorisierend auf Hoefler. Nachdem die Aussichten auf eine vertiefte Zusammenarbeit mit dem Bund rheinischer Dichter aufgrund des Niedergangs desselben sich 1932 frühzeitig zerschlagen hatten, hoffte Hoefler, zumindest die Schaffung eines Luxemburger Schriftstellerverbandes verwirklichen zu können. Seine bis 1939 nachzuweisenden unterschiedlichen Bestrebungen blieben jedoch allesamt fruchtlos, so dass er sie im autobiographischen Roman nicht einmal erwähnte. Die Freiburger Tagung bewirkte zudem eine persönliche Ernüchterung. Hoefler verfiel in quälerische Selbstzweifel, die an ihm, der an seinem Anspruch, ein freischaffender Autor zu werden, gescheitert war, nagten. Die Folge war eine tiefe Melancholie, die in eindeutige Suizidgedanken mündete, die er literarisch gestaltete und die wie die Vorwegnahme seines eigenen Ablebens anmuten:

> Die Bäume standen kahl, der Springbrunnen im Bahnhofsgarten klang nackt und metallen, auf der Sauer schwammen vom gegenüberliegenden Ufer einige Lichter. „Jetzt hierbleiben können", dachte Robert, „in die Dunkelheit hineinmarschieren, sich vom Regen das Gesicht peitschen lassen und die ganze Melancholie dieser Landschaft in das Herz schließen und ihr zu Wort verhelfen." [...]

> Robert starrte durch die Fensterscheiben. Tiefschwarz standen die Wälder. Jetzt aussteigen, in die undurchdringliche Finsternis hineingehen, nicht umschauen, immer weiter und weiter, nicht achtend auf Weg und Steg, der Nebel schlägt die Pforten hinter einem zu, und am Morgen finden sie einen mit zerbrochenen Gliedern, abgestürzt, und aller Schmerz hat ein Ende... (ReL 221f.)

Beruflicher Alltagstrott und private Enttäuschungen gingen Hand in Hand, so dass es nicht verwundert, dass der alleinstehende, knapp Vierzigjährige zum Jahreswechsel 1938/1939 sein Leben als ein Scheitern empfand. Hoeflers Erzähler sinniert:

> Er ging nun schon auf die vierzig zu und sein ganzes Leben war nichts andres gewesen als eine einzige ungeheure Enttäuschung. Sein Herz war mit Liebe angefüllt gewesen bis zum Überlaufen, er hatte den Menschen seine Liebe gereicht [...], aber sie hatten seine Liebe nicht gewollt, sie hatten nur Hohn und Spott für ihn übrig gehabt, [...] und seine Verse waren für sie nichts andres als das Gestammel eines Geisteskranken.[63] (ReL 253; vgl. ebd. 255)

Hoeflers Stellung zu seiner Arbeit bei der ARBED, zuerst als Beamter im Büro der Grube Lallingerberg,[64] dann – laut autobiographischem Roman – als Leiter eines neu eingerichteten Büros (vgl. ReL 175), spiegelt sich in seinem Protagonisten. Robert empfindet die Arbeit als Frondienst (vgl. ReL 153, 166, 194f. u. 230), so dass er Anfang der 1930er Jahre einmal mit dem Wunsch einer hauptberuflichen Anstellung als Redakteur an den Direktor des *Escher Tageblatt* herantritt, der ihn jedoch auf die schwierige finanzielle Lage des Blattes verweist und auf später vertröstet. Die literarisch interessierte Öffentlichkeit jener Jahre nahm Hoefler bis zum Erscheinen seines Lyrikbandes *Der Wandrer* (1937) in erster Linie als Feuilletonist der *Escher Tageblatt*-Beilage *Literatur und Kunst* sowie als Beiträger von Artikeln und Gedichten in diversen anderen Publikationsorganen wahr. Der Tod der Mutter im Mai 1932 bedeutete für Hoefler einen herben Verlust, der ihn in seiner schriftstellerischen Produktivität lähmte. Er erholte sich nur allmählich und war in der Folgezeit bemüht, den monotonen Berufsalltag eines Verwaltungsbeamten mit seiner ambitionierten schriftstellerischen Nebentätigkeit in Einklang zu bringen. Gelegentlich machte Hoefler die Bekanntschaft von Frauen, die ihn interessierten. Doch eine feste Verbindung kam nicht zustande, bis er schließlich an Sylvester 1938 Julie Benner kennenlernte, die er wenig später Ende April 1939 heiratete. Wie bereits erwähnt, flüchtete das Ehepaar zu Beginn der Okkupation Luxemburgs nach Frankreich, kehrte aber schon bald zurück. Die Jahre des nationalsozialistischen Terrors verlebte Hoefler in der ‚inneren Emigration' in Esch/Alzette.

Ende 1945 vollzog Hoefler den endgültigen Wechsel vom nebenberuflichen Dichter zum hauptberuflichen Journalisten – eine späte Verwirklichung des Berufswunsches, den er rund zwanzig Jahre zuvor umzusetzen versucht hatte – und trat zuerst als Chefredakteur der *Obermosel-Zeitung*, dann ab April 1948 als Chefredakteur des *Lëtzebuerger Journal* sowie als *Kaleidoskop*-Kolumnist und Feuilletonist in Erscheinung.[65] Albert Hoefler starb am 24./25. September 1950, als er nach dem Besuch eines Weinfestes in Grevenmacher und später in Remich in die Mosel geriet und ertrank.[66]

Hoeflers Journalistenausweis, ausgestellt am 2.1.1950

Der Privatmensch Albert Hoefler

Der Mensch Albert Hoefler zeigt sich vor allem im Beziehungsgeflecht zu seinen Mitmenschen. Das Verhältnis zu den Eltern konnte unterschiedlicher nicht sein. Während Hoefler zur Mutter, nicht nur als Kind, sondern auch als junger Mann, ein sehr inniges Verhältnis pflegte, war das zum Vater distanziert. Im Gedicht *Nächtliches Gesicht* wird eine gewalttätige Vaterfigur lyrisch gezeichnet:

> Die Tür sprang auf...
> Da stand
> in prallgespannter Nacktheit
> breit
> und schwer,

um knochigharte Lenden nur ein Schurzgewand,
der Schmerz vor mir.
Ein Schlagring wand
sich um die blutbefleckte Hand
und alle Flüche,
die die Menschheit ihm in sturmzerkrachten Nächten
                grell ins Angesicht gebrannt,
die schwelten phosphorn ihm um seiner Stirn
narbenzerfetztem Rand.....
Er trat zu mir.....
Schrill pfiff die Hand,
die Kniee schnellten hoch
und schon wollt auf ich schrein:
„Halt ein, halt ein",
da hörte fröstelnd ich, wie meine Lippen beteten:
„Schlag zu, schlag zu!
Es ist das Einzige, das ich von ihr empfangen."[67]

Eine solche Schilderung evoziert einen physisch überlegenen, gewaltbereiten und schwer zugänglichen Vater, der eine Erklärung dafür sein könnte, dass aus dem jungen Hoefler ein introvertierter Charakter wurde, dessen Gemüt sich auch im autobiographischen Roman spiegelt. Roberts seelische Zustände reichen von Anfällen von Melancholie (vgl. ReL 56, 115, 124, 150, 153, 169, 219, 242 u. 258), über Lebensmüdigkeit und Depression (vgl. ReL 245) bis hin zu unverhüllten Selbstmordgedanken (vgl. ReL 222, 244f. u. 255) und verweisen auf existentielle Krisen. Die Vaterfigur, welche die schwierige Vater-Sohn-Beziehung zu erklären vermag, gestaltete Hoefler auch in der Novelle *Kleinbürgerliche Tragödie*[68] und in der fiktionalen Autobiographie. Der Vater erscheint überwiegend als der Ehemann, der seiner Frau das Leben erschwert. (Vgl. ReL 65, 149 u. 201f.) Unter den Zwistigkeiten, die im Elternhause wegen der finanziellen Nöte herrschen, die sich durch des Vaters sorglosen Umgang mit Geld zusehends verschärfen, leidet der junge Robert sehr (vgl. ReL 142 u. 149), wovon auch Träume des erwachsenen Robert zeugen, in denen Szenen häuslicher Streitigkeiten vorkommen und die belegen, wie lange familiäre Auseinandersetzungen nachwirken können. (Vgl. ReL 142) Der mürrische, abweisende Charakter des Vaters verschlimmert sich durch die Trinksucht und wirkt auf den Sohn einschüchternd.

Folglich flüchtet sich das scheue Kind schon früh zur Mutter, die von großer Sanftmut ist. (Vgl. ReL 65) Im Gedicht *Meiner Mutter I* wird sie zur „Mutter der Barmherzigkeit" stilisiert:

> Du warst mir mehr als Mutter auf Erden
> (Warst du nicht Symbol für Güte und Geist?)
> Du wirst einst zur Mutter der Barmherzigkeit werden
> All jenen, die Qual oder Not hat vereist.[69]

Ihre Güte bietet ihm Schutz und Geborgenheit und Zuflucht. Hiervon zeugt z. B. die Episode, als der kleine Robert das bei der Aufführung eines Stummfilms Gesehene und Erlebte emotional nicht verarbeiten kann: „Als er dann etwas später wieder unter der Petroleumlampe in der Geborgenheit seiner Eltern saß, da erst wieder wich der Bann von ihm und er weinte haltlos in den Schoß seiner Mutter." (ReL 36) Der Gedanke der Zuflucht bleibt für Hoeflers Protagonisten über Kindheit und Jugend hinaus bestimmend (vgl. ReL 221),[70] der Dichter gestaltete das Motiv auch in den Gedichten *An meine Mutter* und *Die Hände*.[71]

Als Hoefler ab 1912 das Gymnasium besuchte, war es – folgt man der fiktionalen Autobiographie – u. a. die Liebe zur Literatur, welche die Bande zwischen Mutter und Sohn noch enger knüpfte. Robert schreibt es dem Einfluss und der Lesebeflissenheit der Mutter zu, dass er die Literatur moderner deutschsprachiger Autoren kennenlernt. (Vgl. ReL 67f.) Wenn weitreichende Entscheidungen anstehen, so behält Robert, im Wissen um ihr kummervolles und entbehrungsreiches Leben (vgl. ReL 136 u. 139),[72] immer das Wohl der Mutter im Auge, deren finanzielle Situation besonders nach dem Tode des Vaters prekär bleibt. Der Gedanke, ihr auf der Tasche zu liegen, schmerzt ihn. So fühlt er sich trotz der persönlichen Enttäuschung erleichtert, als er mittels der Anstellung bei der Hüttengesellschaft endlich dauerhaft für sich selber sorgen kann. (Vgl. ReL 151) Es ist auch die Mutter, die nach bestandenem Abitur den Studienwunsch des Sohnes unterstützt (vgl. ReL 103 u. 142), und zwar gegen den Willen des Vaters, der es vorziehen würde, wenn sein ältester Sohn, wie der Bruder, sein eigenes Geld verdiente. (Vgl. ReL 142)

Zudem versucht Robert, der Mutter zu gefallen, ihr Stolz zu sein. Momente der Zufriedenheit und des Glücks teilt er mit ihr. Dies illustrieren z. B. folgende Episoden: Als Robert als Schüler einen Buchpreis entgegennimmt und dabei in das glücklich strahlende Gesicht der Mutter blickt, da freut er sich auf die Stunde, die er mit ihr allein zuhause sein wird. (Vgl. ReL 42) Und als die *Voix des Jeunes* eine Novelle Roberts publiziert, da rennt er „in seiner überschäumenden Freude" (ReL 76) zur Mutter. Als Robert schließlich als junger Mann im Frankfurter Sender einen Vortrag über Luxemburger Literatur halten soll, denkt er zuerst an die leidgeprüfte Mutter, an die Freude, die sein Auftritt ihr bereiten, und an den Stolz, den sie für ihren von vielen als Taugenichts verschrienen Sohn empfinden würde. (Vgl. ReL 202) Trotz der Einschränkung, dass die Mutter nicht der einzige Beweggrund ist, sondern die Angebetete Gaby Werner einen weitaus größeren Impetus darstellt, zeigt das Beispiel eindrucksvoll, inwiefern Denken und Handeln des Protagonisten auf die Mutter fixiert sind.[73] Die engen Bande zwischen Mutter und Sohn hatten auch während der Zeit in Esch/Alzette Bestand, worauf Roberts regelmäßige Besuche an hohen Festtagen wie z. B. zu Weihnachten (vgl. ReL 174) schließen lassen.

Die Liebe, die Hoefler zeitlebens für seine Mutter empfand, die er als Märtyrerin und Heilige sah,[74] floss in die fiktionalisierte, ausführliche Schilderung ihres Todes ein. An ihrem Totenbette stehend sinniert Robert über das Leben der Mutter, wertet es „als ein[en] einzige[n] Opfergang" (ReL 224) und bekennt: „So liebe ich dich in diesem Augenblick wie nie zuvor, so flutet meine ganze Inbrunst über dich hin, als müßtest du in ihrer Wärme wieder zu Leben kommen." (ReL 225) Die Tragweite ihres Todes zeigt sich darin, dass Hoeflers Protagonist vorerst vollständig sein Interesse an Literatur verliert (vgl. ReL 230), was sicherlich des Dichters eigene Situation spiegelt.

Nebst der omnipräsenten Mutter übten Frauen eine wichtige Rolle im Leben und Werk des Dichters aus. Hoeflers Konzeption von Weiblichkeit ist vielschichtig und komplex. Sein diffiziles Verhältnis zum anderen Geschlecht thematisierte Hoefler sowohl in der fiktionalen Autobiographie als auch in seiner Kurzprosa und Lyrik. Eine Schüchternheit, die auch Hoefler zu eigen war, charakterisiert von Anfang an seinen Protagonisten Robert, der bei der Anbahnung zwischenmenschlicher Beziehungen nie besonders „taktisch und diplomatenhaft" (ReL 181) agieren wird und der schon früh seinen Freund Fritz und dessen lockeren, aber gekonnt sicheren Umgang mit dem anderen Geschlecht bewundert. (Vgl. ReL 60f.) Robert erstarrt hingegen in Ehrfurcht und bleibt auf Distanz zu jungen Mädchen, die er als unnahbar empfindet. Unsicherheit kennzeichnet sein Verhalten auch späterhin, sobald eine Frau, von der er sich angezogen fühlt, zugegen ist. (Vgl. ReL 176f.) Bei reiferen Frauen fällt es ihm schwer, ihr wahres Wesen, das er meist irgendwo zwischen Männer mordender Femme fatale und gütiger Muttergottes ansiedelt, zu erfassen. Ihre Körperlichkeit schüchtert ihn ein.[75]

Eine frühe negative Liebeserfahrung macht Hoeflers Protagonist während seiner Zeit an den Oberkursen. Ohne ersichtliches eigenes Verschulden wird Robert verlassen – eine prägende Erfahrung, die Jahre später mit aller Vehemenz ihm wieder ins Bewusstsein dringt, ausgelöst durch das Zusammentreffen mit Gaby Werner. (Vgl. ReL 177ff.) Aus Hoeflers Bonner Studentenzeit stammte eine Bekanntschaft, deren Reminiszenzen ihren literarischen Niederschlag in der verführerischen Frauenfigur Lu finden. Sie ist die weibliche Hauptfigur der expressionistischen, autobiographisch gefärbten Kurzgeschichte *Die Frau der sieben Schmerzen*, in welcher der Maler Ernst Friedrich ebenfalls die bittere Erfahrung macht, dass er ohne eigenes Zutun verlassen wird.[76] Die Figur der Lu beschäftigte Hoefler intensiv. Um sie kreist der Zyklus *Die Gedichte um Lu*, in denen das lyrische Ich seine gescheiterte Beziehung zur Geliebten reflektiert.[77] Selbst in der fiktionalen Autobiographie gibt es Anklänge an die Figur der Lu. In einer Bonner Episode treten die Figuren der Rita und einer Tänzerin in Erscheinung, die beide mehrere Charakteristika aufweisen, welche die Figur der Lu aus *Die Frau der sieben Schmerzen* in sich vereint. Rita aber handelt wie eine Prostituierte. Sie nutzt Roberts überhöhten Alkoholkonsum und sein Alleinsein in der Fremde aus und hat es auf das Geld ihres Partners der letzten Nacht abgesehen. (Vgl. ReL 125) Eine schmerzliche Liebeserfahrung, möglicherweise dieselbe wie diejenige, die Eingang in die literarische Stilisierung der Figuren Lu, Rita sowie der Tänzerin fand, wurde auch in einer Reihe von Gedichten des *Nächte*-Bandes gestaltet, in denen sämtliche Phasen vom stillen übers heiße Begehren, hin zu Erfüllung, Abweisung, Verbitterung, Aggressivität,[78] Einsicht, Reue und Überwindung im Sinne von Befreiung in expressionistischen Bildern durchlebt und durchlitten werden. In dem Gedicht *Du strafst zu hart!* beschreibt das lyrische Ich z. B. eindringlich seine Liebesqualen.[79] Doch zum Schluss dankt es dem lyrischen Du, da es die Erfahrung tiefster Liebesschmerzen als Voraussetzung für den genuinen künstlerischen Schaffensprozess sieht.[80]

Eine weitere prägende Bekanntschaft, die vermutlich in die Echternacher Zeit von Mitte 1923 bis Ende 1926 fiel, muss die Vorlage für die Figur der Lena[81] im autobiographischen Roman gewesen sein. Obwohl Robert ihr in seinen Gedichten seine Liebe gesteht, will sie nichts von ihm wissen. (Vgl. ReL 149f.) Rückblickend wertet Hoeflers Erzähler diese Begegnung als Projektionsfläche[82] für Roberts seelische Not und Verlassenheit jener Jahre: „[I]n dieser Zeit hätte ein frauliches Wesen Robert müssen entgegentreten und ihm Geliebte sein. Dann hätte sich sein schweifendes Gefühl gebunden gespürt und er hätte seine ganze Sehnsucht ihrer Güte anvertraut."[83] (ReL 150)

Aus Hoeflers Zeit bei der ARBED stammte eine Begegnung, die sich in der Figur der Gaby Werner spiegelt. Doch ähnlich wie bei Lena projiziert Robert auch hier seine „riesenhafte Sehnsucht, sich zu einem Weiberschoß flüchten zu können, um von ihm neue Stärke und den Mut zur Bejahung der Umwelt zu empfangen" (ReL 185; vgl. auch ebd. 254), auf die Frau. Dies geht weit über den simplen Wunsch nach Zweisamkeit hinaus. Robert stilisiert, einem Inferioritätskomplex folgend (vgl. ReL 202), die mögliche Partnerin zu einer Erretterin und erhofft von ihr die nötige Kraft, um sich wieder in der Gesellschaft zurechtzufinden, gerade so als könne er nur durch sie seine Isolation durchbrechen und ins eigentliche Leben zurückfinden. Solche übergroßen Anforderungen sind denkbar schlechte Voraussetzungen für eine gelingende Partnerschaft, was nicht verhindert, dass Robert sich heftig in sie verliebt und sie regelrecht anbetet: „Kein Zweifel war mehr möglich, er liebte Gaby Werner, wenn er abends auf seiner Kammer ihren Namen sprach, so faltete er die Hände, wie er es als Knabe vor Madonnenbildern getan". (ReL 193) Doch eine intime Beziehung entwickelt sich aus den gelegentlichen Zusammentreffen am Arbeitsplatz nicht, was u. U. auf Roberts abweisendes Verhalten nach dem Tode seiner Mutter zurückzuführen ist. Gaby Werner findet ihre letzte Erwähnung, als sie Robert ihr Beileid ausspricht und er ihr die leere Formelhaftigkeit ihrer „in Konventionen erstarrt[en]" (ReL 228) Worte vorhält.

Ende 1938 begegnete der in mancher Hinsicht enttäuschte Hoefler Julie Benner, die für ihn endlich das ersehnte Ideal von Ergänzung und Zweisamkeit verkörperte. Im autobiographischen Roman gestaltete er ihre Begegnung im geselligen Sylvestertreiben und das rasche Wiedersehen. (Vgl. ReL 257ff.) Denn kaum einen Monat später trafen sich die beiden in Esch/Alzette wieder[84] und schon Ende April 1939 wurde Hochzeit gefeiert,[85] so dass Hoeflers Junggesellendasein ein Ende fand.

Wie bereits angeklungen, rückte der Dichter seine Mutter- und Frauenfiguren wiederholt in die Nähe der Muttergottes, was Rückschlüsse auf Hoeflers Religiosität erlaubt, die sich fast ausnahmslos auf den Marienkult konzentrierte. Hoeflers religiöses Empfinden spiegelt sich in seinem Protagonisten Robert, der zwar schon früh den regelmäßigen Kirchgang eingestellt hat (vgl. ReL 92), aber dennoch die Muttergottes über Maßen verehrt. Eine Erinnerung an seine abendlichen Spaziergänge hinauf auf den Trooßkneppchen und vorbei an der Muttergotteskapelle zeigt, dass beim Anblick der Heiligenstatue immer wieder „ein Gefühl der Sehnsucht zu dieser Statue, das beinah an Liebe grenzte, sich seiner bemächtigt[e]." (ReL 75) Das Bildnis der Muttergottes übt eine mystische Anziehungskraft auf den jungen Robert aus; es wirkt inspirierend und regt ihn zur geistigen Schöpfung an, ein Mysterium, das Robert sich nicht zu erklären vermag: „Doch wie kam es, daß er noch am selben Abend die Feder in die Hand nahm und daß sich das Geschick irgendeines Menschen mit dem Tag der Toten und der Immaculata der Kapelle auf dem Trooßkneppchen verwob? – " (ReL 76) Es entsteht eine Novelle Roberts, die in der *Voix des Jeunes* veröffentlicht wird und die aufgrund eindeutiger Parallelen auf Hoeflers Novelle *Das Opfer* verweist. In ihr entwarf Hoefler das Porträt der alten, geizigen Misanthropin Marianne, die der Muttergottes als Dank dafür, dass sie ihren kranken und ihr zur Last fallenden Mann hat sterben lassen, eine Kapelle auf dem Trooßkneppchen schenkt. Als sie an Allerheiligen der Muttergottes Kerzen verehrt, die sie von anderen Gräbern gestohlen hat, fängt die Marienstatue Feuer, und Marianne bezahlt ihren Rettungsversuch mit dem eigenen Flammentod.[86]

Die Annäherung der Frau an das Bild der Muttergottes bzw. der Jungfrau Maria setzte Hoefler sowohl im autobiographischen Roman (vgl. ReL 92) als auch in anderen Dichtungen um. In der Novelle *Das Lächeln des Tobias Pilger* wird dem Protagonisten diese Vermengung schmerzlich bewusst. Aus einer enttäuschten Liebe heraus flüchtet Tobias sich in die Liebe zur Muttergottes, in deren Dienst bzw. Verehrung er fortan sein ganzes Leben stellt. Doch eines Tages melden sich innere Stimmen zu Wort, die ihm mittels suggestiver Fragen die wahren Beweggründe seiner Liebe zur Muttergottes vor Augen führen.[87] In der Kurzgeschichte

Die Frau der sieben Schmerzen trägt das vom Maler entworfene Madonnenbild die Züge der Protagonistin Lu, die beim Anblick der Madonna, die auf sie „sehr irdisch, und doch sehr heilig zugleich"[88] wirkt, erschrickt. Des Öfteren stilisierte Hoefler die Frau im Allgemeinen ob ihrer Naturverbundenheit zur Mittlerin zwischen dem Mann und Gott: „Das Weib ist Kosmos, das Weib ist heilig; es schlägt die klingende Brücke zwischen Sonne und Erde, zwischen Dir und Gott."[89] Daneben werden Mädchen immer wieder Madonnen ähnlich (vgl. ReL 56 u. 61) oder verschmelzen sogar mit der Muttergottes „zu einer mystischen Einheit." (ReL 92) Aus psychoanalytischer Sicht handelt es sich bei der ausgeprägten Beschäftigung mit Mutterfiguren laut Paul Rauchs um eine Luxemburger Eigenart, einen „culte idolâtre que les Luxembourgeois vouent à la mère et qui jalonne, en véritable leitmotiv, leur parcours identificatoire."[90] Und Rauchs ergänzt: „Mais la diva des grandes figures identificatoires des Luxembourgeois reste, sans aucun conteste, la Vierge Marie. Notre Luxembourgeois, en effet, se méfie autant de la femme qu'il vénère la mère."[91] Diese Feststellung mag auch auf Hoefler, dessen Beziehungen zum anderen Geschlecht sich lange Zeit schwierig gestalteten, zutreffen. Nebst der Muttergottes beschäftigte Hoefler die Figur des Märtyrers. So bezeichnet auch Robert seine Mutter, die in aller Bescheidenheit ein gottgefälliges Leben führt und dennoch zeitlebens leidet, mehrfach als Märtyrerin.[92]

Hoeflers Interesse für Märtyrer, seine intensive Rezeption der Mutterfiguren und seine besondere Vorliebe für die Echternacher Springprozession lassen jedoch nicht auf den Grad seiner Religiosität schließen. Denn das liberale Elternhaus, das sich in der fiktionalen Autobiographie in der Geisteshaltung von Roberts Vater spiegelt, der in „liberale[ ] Blätter" (ReL 64) schreibt, der Mutter verbietet, sich weiter mit „Pfaffenlektüre" (ReL 65) zu versorgen, und ihr stattdessen aufträgt, Bücher aus dem Volksbildungsverein zu entleihen, verfehlt seinen Einfluss auf den Sohn nicht. Nach seiner Mitarbeit beim linksliberalen *Escher Tageblatt* in den 1930er Jahren wurde Hoefler, der ab 1946 Freimaurer war und der Grande Loge de Luxembourg angehörte,[93] nach dem Zweiten Weltkrieg Chefredakteur der liberalen Blätter *Obermosel-Zeitung* und *Lëtzebuerger Journal*. Hoeflers Religiosität ist folglich gekennzeichnet durch einen sehr subjektiven Zugang zum Göttlichen, das sich z. B. in der Natur in Momenten innerer Einkehr offenbart. (Vgl. ReL 47f. u. 63) Hoeflers Erzähler bringt es auf den Punkt: „Für Robert bedeuteten diese Wanderungen stets etwas wie Gottesdienst". (ReL 112) Es gibt demnach eine substantielle Verbindung zwischen Natur und Gott; und das Einssein mit Gottes Schöpfung war für Hoefler auch eine Art Dienst an Gott.

Hoeflers zwei Welten: das Echternach der Springprozession und die Stadt des Erzes [94]

„Wie gut und wie schade, dass Albert Hoefler aus Echternach kommt",[95] befand schon 1927 Emil Marx, der damit überaus zutreffend die Bedeutung Echternachs für den Jugendfreund umriss, indem er den Bann der Abteistadt zugleich als Segen und als Fluch bezeichnete – eine Einschätzung, die Hoefler in späteren Jahren teilte.[96] Hoefler selbst war sich der Rolle seiner Heimatstadt für jeden gebürtigen Echternacher vollauf bewusst. In der Novelle *Der Ruf* stilisiert er die Stadt an der Sauer gar zum initialen Impetus von Roberts dichterischem Schaffen.[97] In der fiktionalen Autobiographie folgert Hoeflers Erzähler, dass nach der Französischen Revolution zwar die neue Zeit in Echterhausen Einzug gehalten habe, „aber ganz [habe] sie das Erbe des Mittelalters nicht scheuchen [können], zu schwer laste[ ] dieses auf den Bewohnern des Städtchens, [sei] in ihrem Blut und in ihrem Gehabe, in ihrem Denken und Fühlen." (ReL 18f.) Folgerichtig begann Hoefler sein Werk mit einer Hommage an seine Vaterstadt. Das ganze erste Kapitel ist Echterhausen und der Springprozession gewidmet.

Die Geltung Echternachs für seine eigene Person transponierte Hoefler auf seinen Protagonisten Robert, dem Echterhausen von klein auf zum Kokon wird, zum Schutz vor der (zu) großen weiten Welt, wenn er die Wirklichkeit um sich herum nicht mehr aushält und in den Schoß der Mutter flüchtet. Die Abtei und die Kirchen Echterhausens sowie die nähere Umgebung und insbesondere die Natur rund um den Trooßkneppchen (vgl. ReL 47f., 95, 111f. u 233f.) sind dann Balsam für seine Seele und wirken darüber hinaus identitätsstiftend. Diese ambivalente Natur, die „nicht ohne Einfluß auf den Charakter der Menschen ihrer Umgebung"[98] bleibt und die er auf langen Wanderungen zumeist allein erkundet, kann sowohl zur dichterischen Schöpfung inspirierender Genius Loci (vgl. ReL 63f., 97f., 168f. u. 253) als auch der Quell einer tiefen, „überwuchernden Melancholie" (ReL 56) sein, wie sie den jungen Robert etwa zur Zeit der Lindenblüte überfällt: „Das waren die Tage, wo Robert am liebsten den Kopf an einen Baum gelehnt und grenzenlos sich ausgeweint hätte, so weh und zugleich so süß war es ihm zumute." (ReL 56) Diese Natur vermisst er schmerzlich, als er zum Studium in Richtung Bonn aufbricht. (Vgl. ReL 114f.)

Echternach war für Hoefler ein Hort der Geschichte, der Kultur, der Kunst und der Literatur, der sein Schreiben maßgeblich beeinflusste.[99] Umso schlimmer war für ihn Ende 1926 der Umzug nach Esch/Alzette. Hoefler empfand die Übersiedlung als eine gewaltsame Entwurzelung, bei der die damals gängigen Vorurteile in Bezug auf die Minette sowie die damit einhergehenden unzulässigen Verallgemeinerungen auch den Echternacher beeinflussten. Als Hoeflers Alter Ego Robert an seinem ersten Arbeitstag den Anblick eines neuen Kollegen gewärtigt, denkt er, nicht ohne ein gewisses Pathos, das sich in Selbstmitleid ergeht: „Stefan George und Hugo von Hofmannsthal, und Dehmel und Werfel, lebt wohl! Die Welt, in die ich nun eintrete, sie hat mit der Euren nichts mehr gemeinsam. Vielleicht treffen wir uns wieder an einer andern Wegscheide!" (ReL 155) Die angebliche Kunst- und Literaturfeindlichkeit des Südens glaubt Robert schon zuvor bei seinem Vorstellungsgespräch festgestellt zu haben, als der Direktor ihn darauf ansprach, dass er Beiträger von Zeitungen sei, und „das in einem Tone [äußerte], der keinen Zweifel daran aufkommen ließ, daß Verse machen und Wettervorhersagungen in der Zeitung auf denselben Nenner zu bringen waren."[100] (ReL 154) Esch/Alzette bildete aus Hoeflers Sicht das kulturelle Antonym, das diametral entgegengesetzte Pendant zu Echternach, das durch die bewusste Kontrastierung mit der Stadt im Süden noch stärkere Konturen gewann. Die Gegensätzlichkeit der beiden Städte pointiert Hoeflers Erzähler in einer Gegenüberstellung der kalten Jahreszeit in Echterhausen und in Elzingen:

> Ein Winter in Echterhausen, das waren unendliche Spaziergänge durch Wälder, die vor Frost klirrten. [...] So konnte er stundenlang ausschreiten, sich ganz seinen Gedanken und seinen Gefühlen überlassen, er brauchte nicht zu fürchten, von irgendjemandem in seinem Spintisieren aufgescheucht zu werden.
>
> Ein Winter in Elzingen aber war nichts andres als ein Waten durch Dreck und Morast ins Grubenbüro, einsames Hocken am Abend auf dem Zimmer und ein Monolog, der nie ein Ende nahm, weil er verharschte Wunden immer wieder aufriß und aufs neue zum Bluten brachte. (ReL 252)

Es sind die ‚Minettsdäpp' „mit ihrer unergründlichen Sprache, ihren heftigen Gebärden und ihrem verwegenen Aussehen" (ReL 160), die schwierigen und z. T. lebensgefährlichen Arbeitsbedingungen (vgl. ReL 161 u. 168) sowie die Derbheit manchen Grubenarbeiters, die Robert immer wieder irritieren und schockieren. So weckt z. B. die Szene, in der ein Grubenarbeiter fürchterlich flucht und sein Pferd misshandelt, bei Robert ein Déjà-vu-Erlebnis:

> Diese Landschaft, den Mann mit dem Pferd auf der Kuppe des Berges, diese Flüche, diese Reden... Und plötzlich wußte er es: Aus seinen Kindheitsbüchern beschwor ihm die Erinnerung diese Szene... und diese Szene wurde zusammengefaßt in dem einen Worte: Wildwest! (ReL 156)

„Geradheit und Offenheit" (ReL 251) der ‚Minettsdäpp' lernt Robert erst spät schätzen. Seine Arbeit in der Grubenverwaltung, Robert errechnet die Löhne der Arbeiter und ist zugleich Magazinverwalter, empfindet er als Galeerensklaverei und die Natur rund um Echterhausen fehlt ihm über Maßen. Die Landschaft der Minette sieht er als „wirkliche[ ] Tragödie" ebenso wie die Hügel in ihrer „grauenhaften Nacktheit. Wunden waren ihnen in die Leiber gerissen, ganze Fetzen Fleisch hatte man aus ihnen herausgetrennt und die rötliche Tönung der Farbe unterstrich noch die Brutalität des Geschehens." (ReL 160) Um der Trostlosigkeit zu entkommen, nutzt Robert die wenigen Gelegenheiten, sein Büro zu verlassen. Er freut sich ungemein, wenn er z. B. zur Inventur eines Holzmagazins sich einmal allein in die Winterlandschaft, die ihn neu beseelt, aufmachen darf. (Vgl. ReL 172ff.) So kann selbst er der winterlichen Umgegend Eschs/Alzette etwas Positives abgewinnen. Angesichts der als überwiegend ‚lebensfeindlich' eingestuften Umgebung begibt Robert sich gleich zu Beginn seiner Zeit als Grubenbeamter in die ‚innere Emigration', die sich mit wehmütigen Erinnerungen an Echterhausen verbindet (vgl. ReL 168f.) und die er erst allmählich wieder durchbricht.

Der Marktplatz in Echternach. Ansichtskarte aus Hoeflers Privatbesitz

Der Dichter Albert Hoefler und seine Partizipation am Literaturbetrieb (1919-1939)

Die Entstehung und Entwicklung des eigenen Kunstideals

Hoeflers erste Begegnung mit Literatur im weitesten Sinne erfolgte im Elternhaus. Der Vater Lorenz Georg Hoefler war Sekretär des Bürgerhospitals in Echternach und Gemeindeschreiber im benachbarten Consdorf.[101] Sein reges Interesse an Literarischem manifestiert sich im autobiographischen Roman. Robert erinnert sich an die Freude seines Vaters über einen Vortrag von C. M. Spoo über Michel Rodanges *Renert*. Besonders überzeugt hat den Vater, der in seiner Freizeit Prosa und Lyrik schreibt, Rodanges ‚Pfaffenschelte', die er in einer Besprechung des Vortrags hervorheben möchte. (Vgl. ReL 64)

Albert Hoefler schien vom Vater nicht nur die Lust am Schreiben, sondern auch einen Teil von dessen politischer Gesinnung geerbt zu haben. Wenn man ihn auch nicht als antiklerikal bezeichnen konnte, so war er doch zeitlebens liberaler Prägung. Das literarische Interesse der Mutter spiegelt sich ebenfalls im autobiographischen Roman. Roberts Mutter ist eine beflissene Leserin, die eine Vorliebe für Bauernromane erkennen lässt und offen für Werke anderer Stilrichtungen ist. (Vgl. ReL 65 u. 67f.) Der junge Robert besucht häufig die Bücherei des Volksbildungsvereins[102] und liest sowohl die klassischen Autoren als auch die modernen wie z. B. Thomas Mann, Gerhart Hauptmann, Arthur Schnitzler und Hermann Bahr: „Es war wohl selbstverständlich, daß all diese Bücher nicht ins Haus kamen, ohne auch in Robert ihre Spuren zu hinterlassen." (ReL 68) Um sich über Leben und Werk der Autoren zu informieren, leiht er sich eine Literaturgeschichte aus. (Vgl. ReL 68)

Im Gymnasium sind es die Freunde Geller[103] und Fritz Mangen, die mit Robert die Leidenschaft für die Literatur teilen. Die von Geller empfangenen Eindrücke werden „bestimmend für sein ganzes Leben" (ReL 43),[104] da er Robert mit Luxemburger Autoren bekanntmacht. Er zeigt ihm u. a. die Studie *Verhaeren* von Michel Ernz (Mathias Esch) und leiht ihm eine Nummer des *Floréal*.[105] In der zweisprachigen literarischen Zeitschrift, die es nur auf einen Jahrgang brachte, beeindrucken Robert die Skizzen *Der Stille Ozean* von Johannes Schlaf und *Wandern* von Johannes Müller (Batty

Weber).[106] Nach der Lektüre dieser Texte keimt in Robert der Gedanke, Schriftsteller zu werden.

Fritz Mangen diskutiert mit Robert über Lyrik und borgt ihm *Hundert ausgewählte Gedichte* von Richard Dehmel, während Robert Fritz mit Börries von Münchhausen bekanntmacht.[107] Als Robert in den Ferien Fritz besucht, werden die beiden Tertianer in der Hauptstadt auf eine Werbung für die neu gegründete Zeitschrift *Voix des Jeunes* aufmerksam, das Organ der linksliberalen Studentenvereinigung AGEL/ASSOSS, das in der Folgezeit zur Programmzeitschrift der luxemburgischen Avantgarde avancieren sollte[108] und dessen Niedergang Robert Jahre später scharf kritisieren wird.[109] (Vgl. ReL 161f.) Für Hoefler bedeutete das literarische Umfeld der *Voix des Jeunes* mit seinen im aktivistischen, linkspolitischen Cénacle des extrêmes zusammengeschlossenen Exponenten Pol Michels und Gust van Werveke eine prägende Generationenerfahrung, die er Anfang der 1930er Jahre in einer Reihe von Artikeln im *Escher Tageblatt*-Feuilleton *Literatur und Kunst* verhandelte, was ihm zur Positionierung zwischen der vorangegangenen und vor allem der nachrückenden Schriftstellergeneration diente.[110] Fritz kauft für beide ein Exemplar der neuen Zeitschrift. Roberts Erinnerungen an bestimmte Beiträge haben konkrete Entsprechungen in der Realität: so z. B. der einleitende Aufruf Batty Webers, der dafür warb, eine Brücke zwischen den Jungen und den Alten zu schlagen,[111] Frantz Cléments Aufsatz über den 1915 freiwillig aus dem Leben geschiedenen René Engelmann[112] sowie die unter dem Pseudonym Jim Smiley veröffentlichte Kolumne *Gens de lettres* von Jim Wester.[113] In der neunten Nummer der *Voix des Jeunes*, die Hoeflers Novelle *Das Opfer* druckte, befand sich Pol Michels' programmatischer Artikel *Le Réceptacle*,[114] geschrieben in einer für jene Zeit neuartigen Sprache, die Hoeflers Protagonist Robert, selbst wenn er zugibt, nicht alles von dem Gelesenen zu verstehen, bewundert und die ihn in ihren Bann zieht. Robert ist „der Meinung, daß dieser Pier Vanaiken etwas zu sagen habe, etwas, das imstande sei, einen aufzurütteln aus der gewohnten Lethargie, nur daß der Weg, den er eingeschlagen habe, ein bißchen ungewöhnlich sei."[115] (ReL 77) Dasselbe gilt für Vanaikens Gedichte, deren Ursprung Robert auf ein intensiveres Erleben als das seinem eigenen Schaffen zugrundeliegende zurückführt.

Hoeflers Kunstauffassung wird besonders deutlich in seinem Verhältnis zu Emil Marx. Dieses spiegelt sich in der fiktionalen Autobiographie in der Freundschaft zwischen Robert und Fritz, die unter den wiederholten Verstimmungen leidet, zu denen es zwischen den beiden wegen unterschiedlicher Auffassungen über Ursprung, Sinn und Zweck der Dichtung kommt. Während Fritz eindeutig einer Littérature engagée das Wort redet, erweist Robert sich – in schroffem Kontrast zu seiner bewundernden Anerkennung für die neue, linksradikale Literatur in der *Voix des Jeunes* – schon früh als ein Anhänger des L'art pour l'art.[116] Insbesondere der dem Ästhetizismus verpflichtete Stefan George[117] und der junge Hugo von Hofmannsthal beeinflussten Hoefler. Seine kunsttheoretische Nähe zu George wird z. B. deutlich, als sein Protagonist Robert Heinrich Dorner (Nik Welter) kritisiert: „[A]ber sein Werk kommt nicht aus jenen geheimnisvollen Gründen, die den Dichter dem Seher gleichstellen. Für ihn gilt nicht die Gleichung der Römer: Vates = Dichter, Seher." (ReL 131) Impressionen und Stimmungen, die vielfach auf einem intensiven, mystischen Naturerleben gründen und sich durch den Genius Loci der Natur zum Symbol, das auf George rückverweist, verdichten, standen bei der von Hoefler favorisierten Dichtung im Mittelpunkt, nicht eine wie auch immer geartete, dahinter versteckte Intention des Dichters. Hoeflers Erzähler schildert diesen dichterischen Schöpfungsprozess wie folgt:

> Und da geschah es, daß ein Wort aus verschüttetem Innern sich ängstlich an die Oberfläche tastete, das nächste an seiner Hand führend; ein Bild entstand, und geheimnisvoll fügte sich wieder Wort zu Bild; es war, als ob die Worte nicht ihm gehörten, denn ein jedes trug auf seinen Schwingen neben der natürlichen Bedeutung noch eine andre, höhere, und allen war eine Musik eigen, deren Schwingungen Robert bis dahin noch nie berührt hatten.[118] (ReL 63f.)

Völlig konträr zu Hoeflers Auffassung von Dichtung war das Kunstverständnis seines Freundes Emil Marx, der die soziale Verantwortung des Dichters, der sein Rohmaterial in der Realität vorfindet, hervorhob. Als z. B. Robert einmal Fritz besucht, reicht der ihm eine Zeitungsnachricht über Hungersnöte in China und beklagt, dass solche Meldungen Robert, der sich anscheinend von der Außenwelt isoliert habe und „taub gegen die Schreie ganzer vergewaltigter Völker" (ReL 96) sei, nicht berührten. Die Vorhaltungen treffen Robert in seinem Innersten; er zweifelt an seiner Einstellung zur Dichtung und setzt sich erstmals ernsthaft mit seinem Dichtertum auseinander: „Ich soll also kein Dichter sein, sinnierte er, weil mich eine glutende Rose stärker in ihren Bann zieht, als das Leid von Tausenden von Menschen, die ich nie gesehen habe?"[119] (ReL 97) Zugleich versucht er, sich zu rechtfertigen, indem er trotzig sein Verständnis vom Dichter als einem „Priester des Wortes" deutlich von gemeinen „Zeitungsredakteure[n]" (ReL 98) absetzt, die ohne jegliches persönliches Erleben ihr Tagespensum leisten. Doch der Stachel des Zweifels sitzt tief. Ähnliche Bedenken, die den inneren Zwiespalt zwischen L'art pour l'art und Littérature engagée offenlegen, hegt Robert Jahre später in Elzingen, als er nach einer längeren Pause wieder eine literarische Arbeit verfasst hat:

> Der Gedanke aber war eine Frage und die lautete: Wie lange willst du noch abgestorben sein, dich an die Vergangenheit verschwenden, während die Gegenwart dich ruft, nein, dich anschreit, mit Sirenen, Menschen mit zerquetschten Händen, mit dem Krachen der Minen und dem Donner stürzender Blöcke? – (ReL 169)

Derartige Selbstzweifel erhalten zusätzliche Nahrung durch Vorhaltungen wie z. B. die des Betriebsführers Bartholdy, der zwar Roberts Gedichte ausdrücklich lobt, sich dennoch wünscht, dass die neue Umgebung dem Dichter neue Impulse und „ungeahnte Ausdrucksmöglichkeiten" (ReL 171) verschaffe. Solche Brüche, wie sie in Roberts künstlerischem Selbstverständnis auftauchen und wie Hoefler sie in dem Gedicht *Selbstbildnis* thematisierte, mögen am Ursprung der wenigen ‚sozialkritischen' Gedichte Hoeflers stehen, wie z. B. *Gang zur Arbeit*[120] oder *Stadt des Erzes*.

Nebst den Schulkameraden waren es Hoeflers Gymnasiallehrer, die maßgeblich zu seiner literarischen Bildung beitrugen, wie aus mehreren Textstellen im autobiographischen Roman hervorgeht. So lernt Robert im Deutschunterricht die Balladen von Börries von Münchhausen kennen, die den Sextaner derart beeindrucken, dass er sich von seinem geringen Taschengeld die Sammlung *Ausgabe fürs Feld. Die ritterlichen Balladen und Lieder des Börries von Münchhausen* kauft. Am meisten prägt ihn sein Deutschlehrer in den höheren Klassen, Professor Guthardt, der seine Schüler zu literarischen Vorträgen einlädt (vgl. ReL 69ff.) und den jungen Robert mit dem Impressionismus und Expressionismus bekanntmacht. (Vgl. ReL 86f.) Die Lektüre der Impressionisten sollte „bestimmend auf [Roberts] spätere Entwicklung einwirken".[121] (ReL 86) Zwischen Lehrer und Schüler entwickelt sich eine tiefe Freundschaft: Auf langen Spaziergängen erörtern sie kontrovers literarische Themen, wobei das herkömmliche Lehrer-Schüler-Verhältnis keineswegs aufgebrochen wird. (Vgl. ReL 85f.) Die Guthardt-Figur trägt eindeutige Züge Damian Kratzenbergs, der zu Hoeflers Mentor wurde und dem der junge Dichter seinen ersten Gedichtband *Rosenblust und Sonnengold* widmete.[122] Die Guthardt-Passagen zeigen, dass Kratzenberg noch in anderer Hinsicht für Hoefler wichtig wurde. Er stellte sowohl den brieflichen als auch den persönlichen Kontakt zu Norbert Jacques her. Jacques' *Der Hafen*, Hoeflers Briefverkehr mit Jacques ab 1920/1921, die daraus folgende tiefe Sympathie für den Menschen Jacques sowie persönliche Treffen[123] der beiden prägten Hoefler dergestalt, dass er zusammen mit Pol Michels eine Norbert-Jacques-Sondernummer in der *Voix des Jeunes* initiierte. Trotz Hoeflers Begeisterung für das Jacques'sche Werk und eines ähnlichen dichterischen Selbstbildes war der Einfluss Jacques' auf Hoefler eher persönlicher als künstlerischer Natur. So stimmten die beiden in ihren Vorwürfen an die ‚daheimgebliebenen' Luxemburger Literaten überein, wie ein Gespräch Roberts mit Claus Anker nahelegt. Anker wirft den Luxemburger Autoren mit Ausnahme von Johannes Müller (Batty Weber) vor, dass ihre Werke nicht auf unmittelbarem Erleben fußen: „Wer führt heute bei euch die Feder? Schulmeister und wieder Schulmeister, die nichts anders tun, als das wiederkotzen, was ihnen Verdauungsbeschwerden macht. [Sie selber haben es ja schon hundertmal geschrieben, ich brauche somit keine Namen zu nennen.]" (ReL 218) Denselben Vorwurf formulierte Hoefler in einem Artikel, dessen Gegenstand eine Begegnung mit Jacques ist:

Wir glauben [...] der Hauptgrund ist dieser: Es geht unsern Dichtern das Erlebnis ab; nicht in dem Sinne eines vehementen äusseren Geschehens, wohl aber an der Kraft der innern Verarbeitung des empfangenen Rohmaterials. [...] Ihr Gehirn ist mit dem Intellekt allzusehr überlastet. Worauf es ankommt: Auf das Triebhafte, das Unkontrollierbare in der Schöpfung. Die Produkte unsrer Schriftsteller sind jedoch alle zu ausgeklügelt, als dass man ihnen das Irrationale, das Dämonische (ohne dass (sic!) ein wirkliches Kunstwerk – nur (sic!) einmal nicht bestehen kann) glauben könnte.[124]

> An Norbert Jacques
> in Erinnerung an die schönen Tage
> in Adelinenhof.
>
> Esch/Alzette, 20. 10. 37.
>
> Albert Hoefler

Im Herbst 1937 besuchte Hoefler Jacques am Bodensee. Er dankte seinem Gastgeber mit einem Exemplar seines im selben Jahr erschienenen Gedichtbandes *Der Wandrer*.

Jacques war der Provokateur, der dem aus seiner Sicht provinziellen und kleingeistigen Luxemburg den Rücken gekehrt hatte und für den man entweder kämpfte oder den man bekämpfte. Das Geheimnis, das diese Reizfigur umgab, lockte auch Hoefler, und Roberts Aussagen verdeutlichen, dass Anfeindungen von Jacques-Gegnern Hoeflers Wertschätzung nicht minderten, sondern das Gegenteil bewirkten. (Vgl. ReL 101f.)

Stilistische oder thematische Übereinstimmungen wie Jacques' Exotismus sucht man, wenn man vom Motiv der Sehnsucht absieht,[125] vergebens im Hoefler'schen Werk; dazu sind die beiden – Hoefler, der Lyriker und Jacques, der Romancier – zu verschieden.

Auch die kurze Zeit an der Bonner Universität wirkte auf Hoeflers Kunstverständnis, wie Passagen in der autobiographischen Prosa zeigen. So schätzt Robert die Vorlesungen von Oskar Walzel, die aus rhetorischer Sicht einen „tief aesthetische[n] Eindruck" (ReL 132) hinterlassen, sowie ein Kolleg von Paul Clemen zur deutschen Kunstgeschichte. In Bonn kommt Robert, wenn auch ziemlich spät, nochmals mit dem Expressionismus in Berührung, wie eine Erinnerung an den Besuch einer Lehmbruck-Ausstellung zeigt. Der Bildhauer, Maler und Grafiker Wilhelm Lehmbruck wurde durch überdimensionierte Büsten, Torsi und Aktfiguren mit melancholischen Ausdruckshaltungen bekannt. In seinem Stil richtete er sich nach dem Expressionismus, dem wilhelminischen Naturalismus, der Neoklassik und der Abstraktion.[126] Über die Begegnung mit der Kunst Lehmbrucks berichtete Hoefler auch im Essay *Bekenntnis zur neuen Kunst*: „Da ward es mir klar: Der Mensch, der dieses geschaffen, hat zeitlebens in der Nähe Gottes gesessen; [...] und wenn der ihn zertrümmerte, so war es nicht aus Bosheit, sondern weil der Unendliche sich vor der Schönheit seiner eigenen Vollendung fürchtete."[127] Im selben Essay erinnerte sich Hoefler an eine Lesung des Dichters Hanns Johst[128] und dessen für den Expressionismus typischen „Forderung nach dem neuen Menschen"[129] in völlig neuartig klingenden Versen: „Er gab der Sprache, die man (mit wenigen Ausnahmen: Rilke, Stefan George) zur Hure gemacht hatte, wieder wundersame Bedeutung. Auch er half mit, wie alle seiner Generation, ein neues Weltbild schaffen, das weit ab lag von allem Photographentum eines Naturalismus und Impressionismus."[130] Hoefler beschloss seine Darlegungen wie folgt:

> Es reicht eine Linie von den Schriftstellern dieser Generation zu den Malern und Bildhauern; allen ist das Eine gemeinsam: Die Negierung des Realismus; die Verneinung der Wirklichkeit; und als positiver Grundzug: Die Inthronisation des Geistes, der Seele. Der Künstler, wie ihn das 19. Jahrhundert kannte, hatte Bankrott gemacht, [...] man musste ihn wieder als das betrachten, wofür auch Rudolf Borchardt augenblicklich kämpft: Als einen Mythos-Nahen, als einen vom Dämon Gezeichneten.[131]

Es wird ersichtlich, dass Hoefler den unbedingten Schöpfungswillen der Kunst als ihr ureigenstes geistiges Prinzip erkannte, sie somit, ähnlich wie Stefan George, als eine Form von ursprünglicher Religiosität auffasste und mit der Gleichung Kunst = Geist = Seele als eine sittliche Adelung des Menschen begriff. Dass er den Künstler in die Nähe des Mythos rückte, erhebt diesen über den gewöhnlichen Menschen und enthebt ihn in gewisser Weise seiner irdischen Verantwortung. Am deutlichsten wird der formale Einfluss der Bonner Zeit in der Kurzgeschichte *Nacht am Rhein*[132] (1921) und in einer Reihe von Gedichten des *Nächte*-Bandes (1923). Hoefler selbst verwies auf die Stilmittel des Expressionismus, betonte jedoch vor allem die fortwährende Gültigkeit des Inhalts: „Mag sein, daß die Sprache unter dem Einfluß der Expressionisten, denen meine Generation sich damals verschrieben hatte, in etwa stand [...]: Zu dem Inhalt jedoch stehe ich noch wie zu jener Zeit, da ich den Zyklus schrieb."[133]

Im Anschluss an die im autobiographischen Roman geschilderte Lehmbruck-Ausstellung erwähnt Robert einen Brief, den er an Fritz Mangen schreibt und in dem er sein kulturelles Erlebnis mit dem „[k]alte[n] geschniegelte[n] Akademikertum" (ReL 129) seiner Heimat konfrontiert sowie seine Reflexionen zur Kunst in Luxemburg Anfang der 1920er Jahre darlegt. Robert kritisiert sowohl das Verharren seiner Landsleute in ausgedienten und festgefahrenen Schemata als auch ihren mangelnden seelisch-geistigen Gestaltungswillen, ohne den es keinen genuinen künstlerischen Schöpfungsprozess gebe. Im gleichen Atemzug wirft er den in der Kunstszene führenden Köpfen vor, allein auf die Festigung ihrer Position fixiert zu sein und ihren Adressaten bewusst ‚wahre Kunst' vorzuenthalten, um das Erreichen „geistiger Reife" (ReL 129) zu verhindern. Mit der von Robert formulierten Kritik an den Luxemburger Verhältnissen skizzierte Hoefler zugleich seine Überzeugung, dass Kunst immer nur Ausdruck des ‚inneren' Menschen sei, der subjektiv erlebte Wirklichkeit nicht einfach abbilde, sondern schöpferisch umforme und zum allgemeingültigen, bedeutungsvollen Symbol verdichte, das so zu einem Bestandteil des kollektiven Bewusstseins werde – eine Überzeugung, der er treu blieb und die er 1948 auf folgende Formel brachte:

> Alle wahre und wirkliche Kunst ist nichts andres als Symbol. Oder, vielleicht verständlicher ausgedrückt: Das persönliche Erleben, aus dem das Werk hervorgegangen, darf nur mehr der Grund und Boden sein, in den der Baum, in dessen Krone die Sterne drehen, seine Wurzeln gesenkt.
>
> In der wahren und künstlerischen Schöpfung muß ein jeder sich wiedererkennen. Er muß spüren: Hier wurde auf sublimste Art und Weise zum Ausdruck gebracht, was wir alle schon in leid- und freudvollen Stunden empfunden haben, hier gelang es, Persönliches so zu kristallisieren, bis in seinem Glanze das Allgemeine aufgefangen wurde.[134]

Der besondere Stellenwert des Symbols für die Kunst im Allgemeinen und die Literatur im Besonderen vermag zu erklären, weshalb Robert nach einer Phase der Inaktivität plötzlich wieder zu schreiben beginnt. Sein melancholisches Schwelgen in Erinnerungen an die Echterhausener Zeit bewirkt, dass er „zu Feder und Papier [greift], um diese Träume zu beschwören: Denn er glaubt[ ] durch die Gewalt des Wortes sie veräußern, sie also Wirklichkeit werden zu lassen und sie damit zu bannen." (ReL 169) Schreiben wird zur künstlerischen Selbstvergewisserung und zu einem Akt spezifisch poetischer Weltaneignung.

Eine weitere Strömung, die Hoeflers Schreiben beeinflusste, war der Vitalismus, der eng mit dem Expressionismus verbunden ist.[135] Der Vitalismus fußt auf der irrationalen Metaphysik des Lebenskults, der in die Zeit der Jahrhundertwende zurückreicht, so dass Hoefler noch vor seiner Begegnung mit dem Expressionismus mit vitalistischem Gedankengut in Berührung kam.[136] Den frühesten Kontakt stellen laut fiktionaler Autobiographie die Heimat- und Bauernromane von Gustav Frenssen, Wilhelm von Polenz und Heinrich Federer her, die Robert für seine Mutter im Volksbildungsverein entleiht und z. T. auch selbst liest. (Vgl. ReL 67f.) Im Gedicht *Herbstliches Fühlen*[137] findet sich der Gedanke, dass Generationen nicht voneinander losgelöst sind, sondern aufgrund vitalistischer Blutsbande ein Ganzes bilden.[138] Das lyrische Ich spricht zu einem noch ungeborenen Nachfahren und schlägt einen Bogen vom Großvater zum Enkel, wodurch die kommende Generation an ihre Ahnen gekoppelt wird. Und in der Kurzgeschichte *In Morte sumus* heißt es: „An unsern Sohlen klebt noch der Lehm der Scholle, und wenn wir über die Felder gehen, so spüren wir bis weit in die Knöchel hinauf den drängenden Saft unsrer gesegneten Erde. Viele alte Bauerngeschlechter behausen mein Blut".[139] Hoeflers vitalistische Sichtweise von Familie und Erdboden bewirkt, dass manche Verse, aber auch epische Passagen in seinem Werk, wie schon Lech betont,[140] in stilistischer und begrifflicher Hinsicht einen Drahtseilakt zwischen archaisch anmutendem Ahnenkult und nationalsozialistisch verbrämter Blut-und-Boden-Mystik vollführen. Dadurch rückt Hoefler bisweilen gefährlich in die Nähe der Heimatkunstbewegung, deren späte Vertreter nach der Machtergreifung 1933 der Blut-und-Boden-Literatur den Weg ebneten.[141] Allerdings paktierte Hoefler nie mit dieser Strömung und durchschaute ihre rassenfeindliche Ideologie von Anfang an. Früh und mutig positionierte er sich zu den Ereignissen in Deutschland. Im Mai 1933 äußerte er in einem mit vollem Namen gezeichneten Artikel zur Gleichschaltung der Presse:

> Wir wollen in diesem Augenblick sehr offen sprechen; derjenige, der diese Zeilen schreibt, war bis heute ein Freund Deutschlands; [...] er hat sich nie gescheut zu bekennen, daß wir Luxemburger deutschen Stammes sind, und daß unser Bluterbe uns an Quellen führte, aus denen wir trinken mußten, wenn wir uns selber treu bleiben wollten. [...]

> Aber heute habe ich auch den Mut zu bekennen: Daß ich als Neutraler manches von dem, was heute in Deutschland geschieht, nicht mehr begreife; daß dort Dinge vor sich gehen, die man als geistiger Luxemburger durchaus nicht anerkennen darf, vor denen man einfach fassungslos steht.[142]

Hoefler beklagte, dass „alles Chthonische, alles Mythische"[143] via Gleichschaltung politisch instrumentalisiert werde, um mit der Beschwörung dunkler Mächte das Volk hörig zu machen: „Aber wir warnen davor, die Merseburger

Zaubersprüche als das Urtum Deutschlands anzusehen; denn es gibt Mächte, über die, so man sie aufruft, man nicht so leicht wieder Herr wird."[144] Hoefler betonte von Anfang an die notwendige Unterscheidung deutschen Geistes und deutscher Kultur von vor und nach 1933. Im Fragment *Erinnerung an Deutschland* (1938) schilderte er seine Liebe zur deutschen Kultur, wohlwissend dass die zeitpolitische Aktualität eine Klarstellung verlangte:

> Kurze Vorbemerkung des Verfassers: Der Autor möchte die Veröffentlichung dieses Fragmentes nicht mißverstanden wissen. Es geht darin die Rede von Deutschland, doch nicht von dem politischen Deutschland unsrer Tage, sondern von jenem, dessen Dome und Dichtung wir liebten und ehrten und dessen Musik stärkster Ausdruck seiner tiefen, doch zerklüfteten Seele war.[145]

Hoeflers Kunstideal wurde in beträchtlichem Maße von seinen inneren Konflikten bezüglich der Mischkultur bestimmt. Wie andere Luxemburger Autoren litt er unter dem beständigen, widerstreitenden Einfluss von Romania und Germania: „Inmitten zweier großer Völker zog es uns bald hierhin, bald dorthin; und daß es dabei oft nicht ohne innere Risse und Schrammen abging – brauche ich das noch zu sagen?"[146] Folglich wurde der sprachliche und „psychische[ ] Dualismus"[147] der Luxemburger selbst zum Gegenstand der Literatur. Hoefler behandelte das Spezifikum eines literarisch schreibenden Luxemburgers nicht nur in der fiktionalen Autobiographie. (Vgl. z. B. ReL 218) In der Kurzgeschichte *In Morte sumus* schreibt der Ich-Erzähler, ein Maler, über seinen Freund, den Dichter Frank Helmer:

> Du trugest im bürgerlichen Leben den Namen eines französischen Vaters und einer deutschen Mutter. Und schon diese Synthese war Symbol. Aber auch Dein Fluch. Hart prallten in Dir die beiden feindlichen Rassen zusammen. In Deinem Hirn kreuzten sie die Waffen [...]. Wie oft hast Du mir auf unsern Spaziergängen davon gesprochen! Dass Du in Deinen Büchern die französische Starrheit der Form mit deutschem Geiste durchdringen möchtest [...]. Aber nach jedem neuen Werke warst Du bedrückter und mutloser denn je, denn in keinem war Dir die Synthese in dem Grade gelungen, wie Du sie Dir geträumt, wie sie Dir vorgeschwebt hatte.
>
> Was dich am meisten folterte? Die Sprache.[148]

Der Dichter scheitert an der unbewältigten Künstlerproblematik, die im ‚Sprachenzwiespalt' seines luxemburgischen Wesens wurzelt und ihn zum Mörder werden lässt. Er tötet Esther, eine Tänzerin und zugleich Symbol für die Insuffizienz des intellektuellen Künstlers, da sie, laut Erzähler, das Irrationale und damit das Gegenteil des Dichters verkörpere: „das ungebändigte Prinzip [sei], der Trieb, der noch imstande [sei], zu Gott empor zu tanzen – [Er] aber der mit allen Zweifeln, allem Skeptizismus und allem Intellekt durchsetzte Mensch [S]einer Rasse."[149]

Auch im Feuilleton *Literatur und Kunst* thematisierte Hoefler die sprachliche Sondersituation des Luxemburger Schriftstellers. In einem Beitrag erörterte er die Sprachenproblematik z. B. in der Form eines fiktiven Dialogs zwischen Dichter und Kritiker. Interessant ist, dass der Dichter, der die Stellung zwischen den großen Kultursprachen Deutsch und Französisch als „Verdammnis und Benedeiung"[150] zugleich begreift, des Kritikers Einwand, dass man etwa in der Schweiz oder im Elsass sich in derselben Situation befinde, nicht gelten lässt:

> Sie [Dichter wie Gottfried Keller, Otto Flake, René Schickele] fassen einen Gedanken und drücken ihn auf natürlichstem Wege aus, wir aber müssen ihn zuerst übersetzen, müssen ihn in etwas uns Fremdes verwandeln. Ist es somit verwunderlich, wenn dabei das ganze Aroma, der Duft, jenes Unfaßbare, das gerade die Wurzel unserer Denktätigkeit ausmacht, zum Henker geht und unsere lautliche Assoziation stirbt, noch ehe sie richtig geboren ward. So schweben die meisten unserer Dichter und Schriftsteller in der Luft.[151]

Hoefler erkannte sich am besten wieder in Schriftstellern wie z. B. René Schickele, dessen geographische Heimat ebenfalls eine Grenzregion war. Demnach erscheint Hoeflers großes Interesse am Bund rheinischer Dichter verständlich. Der Gedanke einer grenzüberschreitenden Zusammenarbeit deutschschreibender Schriftsteller übte auf ihn, wie auf andere seiner Zeitgenossen, eine starke Anziehungskraft aus.

Das literarische Schaffen und seine Implikationen

Der Gedanke, schriftstellerisch tätig zu werden, muss sich früh in Hoefler geregt haben. Passagen im Zusammenhang mit seinem Protagonisten Robert, dessen erste Schreibversuche in die Gymnasialzeit fallen, legen diesen Schluss nahe. (Vgl. ReL 49 u. 74f.) So erinnert Robert sich an ein Märchen, das er seinem Bruder zum Einschlafen erzählt hat. Er schreibt es nieder und es wird unter seinen Initialen im *Anzeiger* veröffentlicht.[152] (Vgl. ReL 49ff.) Ein früher, nicht überlieferter, aber durch andere Quellen belegter Text ist ein Drama zum Klöppelkrieg, über das Emil Marx zu berichten wusste: „Er konnte auch nicht umhin, ein Klöppelkrieg-Drama zu schreiben und aufführen zu lassen, in dem zweimal geschossen wurde. Da aber der zweite Schuss, der tragische, nicht losging, wurde die Dramatik für unabsehbare Zeit an den bewussten Nagel gehängt."[153] Eine frühe Anerkennung wurde Hoefler mit dem Gedicht *Meiner Mutter* zuteil, das 1917 von Thomas Müller vertont und dessen Partitur bei Worré-Mertens verlegt wurde.[154] Als Primaner veröffentlichte er 1919 den Lyrikband *Rosenblust und Sonnengold*, den er seinem Deutschlehrer

Damian Kratzenberg zueignete[155] und bei Linden & Hansen verlegte.[156] Die Kritiken fielen, bis auf die harsche, aber nuancierte Besprechung von Frantz Clément,[157] recht wohlwollend aus. Rezensenten wie Nikolaus Hein[158] benannten zwar die Mängel, waren sich aber einig, dass ein starkes Talent mit Zukunftspotential an die Öffentlichkeit getreten sei. Anerkennend fiel Batty Webers Votum aus: „Es ist einmal wirkliche Lyrik, unmittelbare, glühende Ausstrahlung selbsterlebter Gefühlswerte, keine Buchreminiszenz, die mühsam zum Klingen gebracht wird".[159]

Titelblatt der Partitur von Thomas Müller zu Hoeflers Gedicht *Meiner Mutter*

Hinzu kamen Artikel in verschiedenen Presseorganen, die Hoefler mehr oder minder regelmäßig belieferte: z. B. die *Zeitung für kleine Leute*, die *Obermosel-Zeitung*, für die er u. a. Neuerscheinungen von Norbert Jacques rezensierte, und die *Voix des Jeunes*. Hoeflers Mitarbeit an der linksradikalen Studentenzeitschrift ist ebenfalls Gegenstand der fiktionalen Autobiographie. Darin wird an seine Novelle *Das Opfer* erinnert, welche die *Voix des Jeunes* 1918 seinem Protagonisten Robert zufolge auf Vermittlung Professor Guthardts und Poggs, also Damian Kratzenbergs und Jos Kolbachs, veröffentlicht hat. Hoeflers Alter Ego Robert zeigt nachträglich eine gehörige Portion Selbstkritik. Die erste Freude über das gedruckte Werk wird von grundsätzlichen und stilistischen Zweifeln überschattet. (Vgl. ReL 76)

Paul Weber war voll des Lobes für den Autor der Novelle *Das Opfer*: „Il faut admirer votre forme, vraiment moderne, votre langue, mélange original et hardi de l'exacitude (sic!) naturaliste de Gorki et de l'audace expressioniste (permettez les ismes) de René Schickele!"

Bei der *Voix des Jeunes* kam es zu einer regen Zusammenarbeit mit Pier Vanaiken alias Pol Michels. Eine Anekdote im autobiographischen Roman legt z. B. Hoeflers Autorschaft zumindest einiger satirischer Miniaturen in der von Michels besorgten Rubrik *Anrempelungen und Abstempelungen* nahe. (Vgl. ReL 109f.) Die Kooperation verlief nicht immer reibungslos. So gab es Differenzen bei der Konzeption der Sondernummer, die den Menschen und Schriftsteller Norbert Jacques dem Luxemburger Publikum wieder näherbringen sollte.[160] Hoefler gestaltete die Entstehungsbedingungen des Heftes in seinen Erinnerungen und lässt Anker zwei Manuskripte an Robert übersenden, die Vanaiken geradezu begeistern, während Robert

Voix des Jeunes

Journal de l'Association Générale des Étudiants Luxembourgeois.

Le journal paraîtra mensuellement et sera adressé gratuitement aux membres de l'A. G. E. L. Les non-sociétaires s'abonnent à la poste au prix de 10,00 fr. l'an.

Nouvelle série.

Prix du numéro: 75 cts.

Publicité: Prix à débattre.
Pour tout renseignement s'adresser à M. **Emile Kintgen**, avocat, Boulevard du Prince Luxembourg.

Numéro 7   Mars 1923

SOMMAIRE.

Die Limburger Flöte . . . . *Norbert Jacques*	Der Fremdling . . . . *Pogg*
Der Knabe . . . . *Norbert Jacques*	Mixed Pickles . . . . *Franz Lorth*
Das literarische Werk Norbert Jacques' *Albert Hoefler*	*Pierre Velin*
Norbert Jacques . . . . . . *Pol Michels*	Interna. . . . . *Les sept Comitards*
La crise religieuse d'Ernest Renan . . *O. St.*	

Die Limburger Flöte.

Das traurige Lebensende von Bauch aus dem Herzogtum Limburg ist noch zu erzählen, der dort eine Zeit lang berühmt war, weil er auf einer Flöte blasen konnte, die nicht künstlich aus Ebenholz geschnitzt, sondern viel natürlicherer Art war. Er trug sie natürlich immer bei sich, von früh bis spät, in der Nacht und erst recht dort, wohin selbst der Herzog zu Fuss ging.

Nach dem Zivilregister hiess er Isidor Nockee und betrieb eine kleine Zichorienfabrik. Aber bei seinen Freunden war er nur „Nockees Bauch." Er zeigte nämlich beim Essen besondere Fähigkeiten, ohne die er sich nicht besonders hervorgetan hätte. Man muss sich ihn vorstellen als einen ziemlich grossen Mann von 30 Jahren, mit dünnen Beinen, einem dicken Bauch und einem dicken Kopf. Zwei fast farblose, ganz runde Augen in diesem Kopf, eine kleine verzogene Nase und das Werkzeug seiner Berühmtheit unter einem nach allen Seiten zauseligen blonden Bart, halb verborgen. Ueber allem eine Glatze.

Da steht er nun, der Iss oder Nockees Bauch so auf seinen Beinchen, schön satt nach einem duftigen Mittagessen, bei dem es geeignete Sachen für das, was kommt, gegeben hatte. Er erleichtert sich, ihr wisst ja, wo. Ha, er merkt was! Das ging nicht gewöhnlich, gar nicht gewöhnlich. Ohne Blasebalg und Treter und ohne Register noch Taster, hatte er eine ausgesprochene klare Triole von sich gegeben.

Er horcht ihr nach und ist sehr erstaunt. Er versucht noch einmal. Wieder dieselbe Triole. Da zog sich sein Bart rund um den Mund auf und stand wie ein Kranz um die von einem Lächeln geschürzten entblössten Lippen.

Bei Gott, sagte er, das hab ich nicht gewusst. Eine Triole wie auf einer Flöte! Das gibt es! Das hab ich früher nicht gekonnt!

Er versuchte nochmals. Mit Glück. Da schallte ein Lachen aus seinem breiten Mund, das meckernd um die Wände fuhr und seine Mutter ins Zimmer rief. Iss wurde rot und erdrückte seine Freude in einem Hüsteln. Er ging in sein kleines Büro und schaute zum Fenster hinaus. Fast vergass er, als sich die Flöte wieder von selber meldete und es genau so ging wie das erste Mal.

Da nahm er seinen Hut und begab sich zu seinem Freund, dem Notar, und sagte: „Horch mal zu, Fritz!" und liess die Note spielen. "Ohne Blasebalg und Tasten", sagte er und lachte. Und der Notar lachte noch lauter. „Wir müssen damit ins Café gehn!"

Aber im Café war niemand. Darüber war Bauch betrübt; denn er hätte sich gern von seiner neuen Seite gezeigt. Abends ging Bauch frühzeitig zum Heurigen. Er trank, noch allein, denn die Ungeduld hatte ihn eine Stunde zu früh hingebracht, zwei Pöttchen. Die Kellnerin Nanni stand neben ihm. Auf einmal hörte sie eine prachtvolle Triole. Sie spitzte die Ohren, und es folgte eine zweite, kräftiger und volltönender.

Schon hatte sie gesagt: „Wie Ihr auf einmal so schön singen"... als sie zugleich sah, wie der Herr Nockee lachte und nun auch die nachträgliche Begleitung wahrnahm, zwar nicht mit dem Ohr, aber dafür nicht weniger wirksam. Das belehrte sie eines Besseren. Sie war erstaunt. Nach einer Weile jedoch, in der sie sich auf das, was sich schickte, besonnen

Titelseite der Norbert Jacques gewidmeten Nummer der *Voix des Jeunes* vom März 1923 eines davon seiner Vulgarität wegen nicht gedruckt sehen möchte. (Vgl. ReL 107f.) Es handelt sich dabei um *Die Limburger Flöte*, einen Auszug aus dem gleichnamigen, 1927 im Privatdruck erschienenen Roman;[161] Jacques' zweiter, ebenfalls der *Limmburger Flöte* entnommener Beitrag heißt *Der Knabe*.[162] Die Norbert-Jacques-Nummer zeitigte heftige Reaktionen in der literarisch interessierten Öffentlichkeit,[163] wovon etliche Rezensionen zeugen. Batty Weber erläuterte in einem *Abreißkalender*, dass man Jacques manches, nicht aber die ‚Pass-Affäre' verzeihen könne.[164] Aus diesem Grunde bat er die Jacques-Verteidiger Hoefler und Michels, ihn zukünftig mit dergleichen Ehrenrettungsversuchen zu verschonen. Seine harsche Kritik hinderte Weber nicht daran, 1929 ein Exemplar des Romans zu erwerben.[165] Ein unter dem Pseudonym Fridolin schreibender Autor urteilte in seinem Beitrag nuancierter, indem er den Schriftsteller vom Menschen Jacques trennte, jedoch ausdrücklich auf Distanz zu der unternommenen Rehabilitierung ging, da er nicht zu beurteilen vermochte, wie Jacques 1923 über seine Verfehlungen und sein Verhältnis zur Heimat dachte. Überdies bemängelte er die „üble Taktlosigkeit"[166] sowohl Jacques' als auch der Redakteure der *Voix des Jeunes*, welche die Ehrenrettung gerade mit dem Abdruck von Auszügen aus der *Limmburger Flöte* betreiben wollten. Aufgrund der Resonanz sowie der teils ausufernden Polemik und trotz der persönlichen Anfeindungen, denen Robert und Vanaiken sich ausgesetzt sehen, werten die beiden die Claus-Anker-Nummer als Erfolg: „Sie hatten erreicht, was sie beabsichtigten. Sie hatten die Intellektuellen Lützelburgs aus ihrem Schlaf aufgerüttelt. Und das war viel." (ReL 111)

Anfang Mai 1923 erschien, laut Ankündigung in der Norbert-Jacques-Nummer[167] und nach größeren Schwierigkeiten, einen Verleger zu finden,[168] bei Paul Faber in Grevenmacher Hoeflers zweiter Gedichtband: *Nächte*. Der Band, ab dem Hoefler sein lyrisches Schaffen datierte,[169] erntete eine einhellig positive Kritik, die lediglich auf leichte Mängel verwies. Auch Frantz Clément war restlos überzeugt und qualifizierte Hoeflers *Nächte*, obwohl er in ihnen noch „zu viel Blut- und Leidensathletik" ausmachte, „bei weitem [als] die besten deutschen Verse, die in diesem Land gedichtet wurden."[170] Ähnlich äußert sich in der fiktionalen Autobiographie Professor Teckling (Joseph Tockert): „Manches hat mich darin gepackt, aber auch vieles mich abgestoßen. Vor allem müssen Sie ruhiger werden und diese hemmungslosen Gefühlsausbrüche zu bändigen versuchen. Sie sind noch jung und ich glaube an Ihre Zukunft." (ReL 148)

Im selben Jahr war Hoefler bei der Gründung der *Cahiers luxembourgeois* dabei, an deren Entstehung und Entwicklung er maßgeblichen Anteil hatte.[171] In den Jahren 1923 bis 1940 wurde er zu einem intensiven Beiträger, dem die Zeitschrift eine Bühne vor allem für seine Lyrik bot. Nach Hoeflers Übersiedlung nach Esch/Alzette wurde seine Mitarbeit zunehmend wichtig für seine soziokulturelle Einbindung in das neue Umfeld. In einem

Kaleidoskop von 1945 umriss Hoefler die Entstehungsumstände anno 1923 und begrüßte die ‚Wiedergeburt' der Zeitschrift, deren Erscheinen kriegsbedingt eingestellt worden war.[172] Im selben Feuilleton nahm er Bezug auf seinen 1923 erschienenen Artikel *Das Ende der Voix des Jeunes*, in dem er die Schuld am Niedergang der „Edelfaulheit und Talentlosigkeit der „Intellektuellen" luxemburgischer Observanz" sowie der „kanaillenhafte[n] Spießerlichkeit" und der „Borniertheit des Luxemburgers"[173] zugeschrieben hatte.

Hoeflers Gedichtband *Nächte* (1923) mit dem von Joseph Funck gestalteten Schriftzug

Dieser Artikel war für Hoefler der Ausgangspunkt für die Gestaltung der Entstehungsepisode der *Cahiers luxembourgeois* in der fiktionalen Autobiographie. Zuerst erinnert Robert sich an seinen forschen Artikel *Das Ende der Voix des Jeunes* und an die Reaktion, die dieser in den *Blättern für das Lützelburger Volk* gezeigt hat. Der Autor des betreffenden, bislang nicht ermittelten Artikels bezieht sich ausdrücklich auf

Roberts Beitrag und bestätigt seine schonungslosen Aussagen. Beide Artikel stehen laut Robert unmittelbar am Ursprung eines Telefongesprächs zwischen Friedrich Schall (Paul Schroell) und Peter Schütz (Frantz Clément), in dem als kampfeslustige Antwort die Gründung einer neuen Zeitschrift beschlossen wird. (Vgl. ReL 162f.) Hoeflers als offene Provokation empfundener Artikel wäre somit der eigentliche Auslöser für das Unternehmen *Les Cahiers luxembourgeois* gewesen.[174]

Anschließend schildert Robert den Ablauf der in einem Café am hauptstädtischen Place d'Armes stattfindenden Gründungsversammlung, zu der er eingeladen ist. (Vgl. ReL 163ff.) Aus seiner Erinnerung gibt er sinngemäß die Reden von Friedrich Schall, dem Drucker und Verleger, sowie Peter Schütz, den man zum Chefredakteur bestimmt, wieder. Letzterer betont, die Zwistigkeiten im Lager der politischen Linken müssten aufhören, da sie dem Gegner in die Hände spielten, und die neue Zeitschrift solle das „geistige Sammelbecken" (ReL 165) der Linken werden. „[D]a die Zeitschrift unbedingt einen französischen Titel tragen mußte" (ReL 165), wie Robert kritisch anmerkt, ist es der frankophile Professor Eltz (Mathias Esch), der sich als Namensgeber durchsetzt. Die *Cahiers luxembourgeois* sind aus der Taufe gehoben, und es stellt sich die Frage nach den Beiträgern für die erste Nummer. Die anwesenden Autoren legen dabei eine Einstellung an den Tag, die Robert als ‚typisch' für Luxemburger Verhältnisse abqualifiziert und die Hoefler z. T. schon sowohl auf Seiten der schreibenden Zunft als auch seitens der Leserschaft für den Niedergang der *Voix des Jeunes* verantwortlich gemacht hatte: eine kleinkarierte Spießbürgerlichkeit, die sich für größere geistige und kulturelle Unternehmungen als Hemmschuh erweise.

Anlässlich des Concours littéraire zum zehnjährigen Bestehen der *Cahiers luxembourgeois* lässt Robert, in einer von Hoefler nachträglich gestrichenen Passage, den Werdegang der Zeitschrift Revue passieren und rechnet es ihr als Verdienst an, sich im Gegensatz zu anderen literarischen Vorgängern etabliert zu haben. Zugleich bedauert er die programmatische Schwerpunktverlagerung von literarisch-künstlerischen Beiträgen hin zu volkskundlichen Artikeln. Auch wenn er die Gründe hierfür klar erkennt und benennt, einerseits das Erstarken eines nationalen Bewusstseins infolge des Ersten Weltkrieges, andererseits die luxemburgische Abwehrhaltung angesichts der aggressiven Heim-ins-Reich-Propaganda des nationalsozialistischen Deutschlands, so kann er seine Enttäuschung über diese Entwicklung nur schlecht verhehlen. Robert gibt zwar vor, die Entscheidung des Redaktionsstabs gutzuheißen, doch in Wirklichkeit bedauert er das Primat der nationalen Gesinnung und heimatkundlichen Ausrichtung gegenüber dem in seinen Augen weitaus höher zu veranschlagenden Eigenwert des Schöpferischen in der Kunst. (Vgl. ReL 229f.) In der Öffentlichkeit zeigte sich Hoefler hinsichtlich unterschiedlicher ‚esererwar-

tungen versöhnlicher, wenn er z. B. die *Cahiers luxembourgeois* mit den *Rheinischen Blättern* verglich, in beiden Zeitschriften „dieselbe Mischung aus Volkskunde und Belletristik"[175] feststellte und für gut befand.
1927 folgte der dritte, im Verlag der *Cahiers luxembourgeois* herausgegebene Gedichtband: *Der Dom*. Die Kritik nahm Hoeflers Verse, wenngleich weniger überschwänglich als die *Nächte*, überwiegend positiv auf. Bemängelt wurden die Überakzentuierung subjektiven Erlebens und, als unmittelbare Folge davon, eine weltfremde Verinnerlichung. Überaus kritisch, doch wohlwollend und voller Hoffnung bezüglich Hoeflers Zukunft urteilten Pol Michels[176] und Frantz Clément, auch wenn letzterer Hoeflers Lyrik jede „Durchschlagskraft"[177] absprach und dem Dichter zur Prosa riet. Am anderen Ende der Kritikerskala fand sich Nic Molling, der in einer zweiteiligen Rezension Hoeflers neuen Band ausführlich besprach und feststellte, der Dichter brauche den Vergleich mit dem Ausland keineswegs zu scheuen.[178] Seine Wünsche für die Zukunft des Lyrikers Hoefler teilte er diesem brieflich mit:

> Meine Wünsche an Dich lauten nunmehr nach Veröffentlichung des „Dom": Lass die gotischen Kathedralen, den Kirchendämmer, die Mystik, die um Deine Jugend standen und schwebten. Höre mit tanzfrohen Schenkeln auf das süsse Flötenspiel des Heidentums. [...] Nicht zu einer Abkehr und Umwendung rate ich Dir (ich bin doch kein Proselytenmacher) sondern zum Suchen nach der „Spur des ewigen Lebens der tiefsten Natur". Mache einen Besuch bei Herrn Goethe und hole Dir dort einige Ratschläge, die er besser zu erteilen versteht als ich.[179]

Überdies betonte die zeitgenössische Kritik den Einfluss Rainer Maria Rilkes, dem das Schlussgedicht *Und als der Engel Gottes trat in seine Klause*, das als einziges unter der Kapitelüberschrift *In memoriam Rainer Maria Rilke* fungiert, gewidmet ist. Hoefler selbst war nur z. T. dieser Ansicht: „Man hat Rilke zitiert, wenn man über diese Gedichtfolge sprach, aber wenn ich mich recht entsinne, dann stand damals ein andrer Großer mir näher in Tonfall und Gebärde: Stefan George. Ich habe mir redlich Mühe gegeben, dinglich darin bis zum letzten Ausdruck vorzustoßen".[180] Einen möglichen Hinweis auf den äußeren Anlass für die Gedichte des *Dom*-Bandes, die sich mit der Frau befassen, findet man im autobiographischen Roman. Laut Roberts Bekenntnis ist die Begegnung mit Lena, die seine Liebe nicht erwidert hat, sein Inspirationsquell. In rhetorischen Fragen suggeriert er allerdings, dass es ihm nicht um Lena als Individuum gehe, sondern dass er seine Einsamkeit und Sehnsucht jener Jahre auf sie, die „nichts anders als ein einziger wortgewordener Ausbruch seiner Verlassenheit" sei, projiziere: „Dieser ganze Zyklus war er etwa nichts andres als ein einziger Schrei, der nicht einem einzelnen Weibe galt, sondern dem ganzen Geschlecht?" (ReL 150)

Nach dem Umzug nach Esch/Alzette und dem Arbeitsantritt bei der ARBED schrieb Hoefler ab 1926/1927 auch für das *Escher Tageblatt*. Zu einer regen Mitarbeit, die für eine verstärkte und sichtbare Einbindung Hoeflers in den Literaturbetrieb sorgte, kam es ab Dezember 1929, als er die Zeitung um die wöchentliche Beilage *Literatur und Kunst* bereicherte, deren erste Nummer am 24. Dezember 1929 erschien.[181] Hoefler entwickelte sich in der Folge zum engagierten Feuilletonisten, der in seinen Beiträgen vor allem kulturpolitische sowie literaturtheoretische und -ästhetische Themen verhandelte, die oft angeregte, teils hitzige, publizistisch geführte Debatten nach sich zogen.[182] In der fiktionalen Autobiographie schilderte Hoefler, wie es zu der nebenberuflichen redaktionellen Tätigkeit kam und welchen Schwierigkeiten er begegnete. Es ist Roberts Bekannter Hyppolite Poiré (Hubert Clement), der *Escher Tageblatt*-Direktor, der ihm die Verantwortung für das Feuilleton anträgt. Robert nimmt begeistert an und hofft, eine Breitenwirkung entfalten sowie jungen Talenten eine Bühne bieten zu können. Die Ernüchterung folgt auf dem Fuße. Aufrufe zur aktiven Mitarbeit verhallen unerwidert, so dass Robert sich gezwungen sieht, selbst viele Artikel beizusteuern. Zu seinen wenigen Mitarbeitern zählen Pier Vanaiken (Pol Michels) und Juliette Frührot (Marie Henriette Steil).[183] Zeitgenossen beanstanden die allgemeine literarische Orientierung der Beilage, deren Inhalt Robert gemäß seinen literaturästhetischen Vorlieben ausrichtet, und dass die vermittelte Literatur folglich „aber so gar keinen proletarischen Charakter trage". (ReL 190) Robert scheint jedenfalls, die Tragweite der anhaltenden Kritik am Feuilleton zu unterschätzen, so dass schließlich „die Bombe, die schon seit langer Zeit vorbereitet war, platzen" (ReL 190) sollte. In einem Artikel in der *Jungen Welt* greift Fritz Mangen den sensiblen Jugendfreund in einer überaus verletzenden Polemik an. Doch die Attacke bedeutet für Mangen keinesfalls eine Beeinträchtigung der Freundschaft, wie das geschilderte Wiedersehen mit Robert in der Redaktion des *Escher Tageblatt* belegt. (Vgl. ReL 195) Der nicht näher bestimmte Artikel von Mangen hat eine handfeste Entsprechung in der Realität. Es handelt sich um Marxens Artikel *Pfefferkörnchen. Waffengang mit Albert Höfler*,[184] den er unter dem Pseudonym Reinhold Peffer in der *Jungen Welt* veröffentlichte, deren Redaktion schon Anfang 1930 den Umstand, dass unzählige Beiträge in *Literatur und Kunst* aus Hoeflers Feder stammten, gegeißelt hatte.[185]

Die Mitarbeit an der von Joseph-Émile Muller 1930 geplanten literarischen Zeitschrift *Der Ferge*, die sich als Totgeburt erwies, schien Hoefler abzulehnen.[186] Zwei Gründe mochten ihn zu dieser Entscheidung bewogen haben: Zum einen zeichnete Hoefler verantwortlich für das Feuilleton *Literatur und Kunst*, so dass er als Herausgeber selbst genügend Arbeit hatte und, wie bereits erwähnt, Probleme kannte, um Beiträger zu gewinnen. Zum anderen kann nicht ausgeschlossen werden, dass Hoefler nicht darauf erpicht war, seinem eigenen Blatt auf dem hart umkämpften

Markt Konkurrenz zu machen. Warum er Joseph-Émile Muller überhaupt nicht antwortete, nicht einmal auf dessen an ihn persönlich gerichteten, aber unveröffentlicht gebliebenen offenen Brief von Ende Januar 1930, bleibt ungeklärt.[187]

1933 nahm Hoefler am Concours littéraire der *Cahiers luxembourgeois* anlässlich des zehnjährigen Bestehens der Zeitschrift teil. Folgt man der betreffenden, nachträglich gestrichenen Episode in der fiktionalen Autobiographie, so geschieht dies auf Drängen von Fritz Mangen (Emil Marx), der zusammen mit Christian Weise (Joseph Funck) Robert einen Besuch abstattet. Mangens Idee erzeugt bei Robert, der nach dem Tode seiner Mutter kaum mehr Interesse an der Literatur bekundet, nur Widerwillen. So wählt Mangen bei der Durchsicht alter Manuskripte ein Gedicht aus und beschließt, es einzusenden. (Vgl. ReL 232) In der Tat bescherte das Gedicht *Einem Kinde* Hoefler den zweiten Preis in der Kategorie ‚Deutsche Gedichte' – die Jury hatte keine ersten, jedoch zehn zweite Preise vergeben.[188] Beim selben Zusammentreffen bittet Christian Weise, den beiden Dichterkollegen ein Stück vortragen zu dürfen. Sein Fragment über den „Lumpensammler Jim Steller" (ReL 232) gefällt auf Anhieb, so dass Robert und Fritz ihn ermutigen, seine Prosa ebenfalls einzureichen. Funck gewann den zweiten Preis in der Kategorie ‚Deutsche Novellen'[189] und erntete viel Beifall, der sich anlässlich der in den *Cahiers luxembourgeois* veröffentlichten Fortsetzungen sowie der 1934 erfolgten Buchveröffentlichung wiederholte. Hoefler und Marx hatten somit gewissermaßen Pate bei Funcks Eintritt in die Luxemburger Literaturszene gestanden. Hoeflers Erzähler wertet die Publikation von *Kleines Schicksal* im autobiographischen Roman als „Wende in der lützelburger Epik"[190] (ReL 233) und Hoefler lobte Funck auch in seinem Kommentar zum Preisausschreiben im *Escher Tageblatt*.[191]

Es mag auf den ersten Blick verwundern, dass der dem Ästhetizismus verpflichtete Hoefler Funcks soziale Dichtung derart hoch schätzte. Es gab z. B. nachweislich Differenzen in den Auffassungen beider Dichter zum Verhältnis bzw. zur Gewichtung von Epik und Lyrik oder zur Sprachenproblematik.[192] Doch die Tatsache, dass die Epik, die sich, wie auch die Dramatik, am ehesten zur Behandlung von sozialen Themen eignet, nicht das Kernfeld von Hoeflers literarischer Betätigung war, muss nicht bedeuten, dass er den Stellenwert der sozialen Dichtung in den 1930er Jahren nicht anerkannte. Die im Zuge der Weltwirtschaftskrise von 1929 sich dramatisch verschlechternden ökonomischen Verhältnisse erforderten auch von der Literatur adäquate Antworten auf die gesellschaftlichen Probleme der Zeit. Und Hoefler versuchte, dem Rechnung zu tragen, indem er selbst sich mit sozialer Literatur auseinandersetzte[193] bzw. Artikel, deren Gegenstand soziale Literatur war, ins Feuilleton aufnahm,[194] wohl auch eingedenk seines Versprechens zum ersten Geburtstag von *Literatur und Kunst*:

Daß unsere Beilage in der Folge – noch mehr als in der Vergangenheit – nicht rein formalistisch sein wird, sondern aufgetan allen Problemen, die den gesamten Kulturkomplex unsers Landes sowie den der umgebenden Völker betreffen; daß wir vor allem unser Ohr allem Neuen und Jungen leihen werden; daß wir objektiv darüber berichten, oder Ja und Nein! dazu sagen wollen.[195]

Ende 1935 beschloss Radio Luxemburg eine Sendereihe über luxemburgische Literatur. Hinsichtlich einer dem Hoefler'schen Werk gewidmeten Lesung kontaktierte Nikolaus Hein den Dichter, um ihn für das Projekt zu gewinnen, wie ein Briefwechsel offenbart.[196] Hein war von den Rundfunk-Verantwortlichen gebeten worden, die in Frage kommenden deutschschreibenden Schriftsteller, die über keine Organisation verfügten, die als Ansprechpartner hätte fungieren können, zu kontaktieren.[197] Nach dem Krieg bekam Hoefler gar eine eigene Sendung bei Radio Luxemburg. 1946 bis 1947 stellte er in einer Sendereihe die luxemburgischen Schriftsteller Félix Thyes, Michel Lentz, Dicks, Michel Rodange, Batty Weber und Nik Welter vor.[198]

Ab 1936 gab es eine auf rund ein Dutzend Artikel begrenzte Mitarbeit Hoeflers an der von Emil Marx ins Leben gerufenen Zeitschrift *Die neue Zeit*. Es handelt sich zumeist um Rezensionen und um allgemeine Betrachtungen zum literarischen und kulturellen Leben, wobei Hoefler, wie noch zu zeigen sein wird, sich nicht scheute, gelegentlich und en passant seine Haltung zum politischen Zeitgeschehen und zur nationalsozialistischen Bedrohung einfließen zu lassen.

1937 erschien im Verlag der *Cahiers luxembourgeois* Hoeflers vierter Band Lyrik: *Der Wandrer*. Quelle der Inspiration waren melancholische Erinnerungen an das heimatliche Echternach, eine für Hoefler symptomatische Rückwärtsgewandtheit, die auch seinem Alter Ego Robert schmerzlich bewusst wird (vgl. ReL 168f.), sowie einige Bekanntschaften mit Frauen. Der Entstehungszeitraum erstreckt sich über ein ganzes Jahrzehnt. Einige Gedichte reichen gar in die Zeit von 1925 bis 1930 zurück. Im *Junge Welt*-Heft vom Januar-Februar 1930 war Hoefler mit drei Gedichten, darunter *Der Clown*, vertreten, an deren Schluss in Klammern steht: „Aus dem Buche: *Der Wandrer*".[199] 1931 erschien in den *Cahiers luxembourgeois* das Gedicht *Gott an den Dichter*, das als „Prolog aus dem Buche *Der Wanderer*"[200] bezeichnet wurde. Es folgten drei Gedichte, denen man die Ankündigung „Aus dem Zyklus: *Die Gedichte um Lu*"[201] voranstellte. In den erst 1937 erschienenen, aber schon im Januar 1930[202] und erneut im Februar 1932[203] angekündigten Band übernahm Hoefler das Gedicht *Der Clown*, das Gedicht *Gott an den Dichter*, das in *Prolog* umbenannt wurde, sowie die drei Gedichte um Lu, die nun zum Zyklus *Die Gedichte des Sommers und der Liebe* gehörten. Der Tenor der Rezensionen war größtenteils positiv. Doch während Albert Elsen sogar einige neuartige „soziale[ ] Gedichte"[204] ausmachte, monierte Joseph-Émile Muller, dass der „Mensch als Gesellschaftswesen"[205] nach wie vor keine hinreichende Berücksichtigung finde – ein Umstand, auf den auch Pol Michels in seiner gedichteten Kritik hinwies: „Ich hätte dich gerner etwas mehr terre à terre, Tust ja auch trinken, kleine Mädchen lieben".[206]

Die Novellen aus dem Zyklus *Geschichten um Echternach* entstanden mit hoher Wahrscheinlichkeit nach 1935. Ende der 1930er Jahre schrieb Hoefler an seinem autobiographischen Schlüsselroman. 1945 erschien die Anthologie *Dichter unseres Landes 1900-1945*. Mit Ausnahme von Pierre Grégoire[207] nahm die zeitgenössische Kritik das Werk, das keine herkömmliche Literaturgeschichte sein wollte, wohlwollend auf und betonte Hoeflers eigenwilligen, weil dichterischen Zugang zu den dargestellten deutschschreibenden Schriftstellern. In der Folgezeit und bis zu seinem Tode 1950 wirkte Hoefler vor allem als *Kaleidoskop*-Kolumnist in der *Obermosel-Zeitung* bzw. im *Lëtzebuerger Journal*.

Der Bund rheinischer Dichter und Hoeflers Versuche zur Schaffung einer Luxemburger Schriftstellervereinigung

Zu Beginn der 1930er Jahre initiierte Hoefler den Zusammenschluss der Luxemburger Schriftsteller deutscher Sprache mit dem Bund rheinischer Dichter.[208] Seine Motive, die unternommenen Schritte sowie die geknüpften Kontakte gestaltete er teilweise im autobiographischen Roman. Unter dem Eindruck der Vortragsabende des Frankfurter Lektors für Sprechkunde und Vortragskunst John Friedrich Radelheimer alias Friedrichkarl Roedemeyer[209], den Hoeflers Erzähler als „nicht zu unterschätzende[n] Faktor im geistigen Wachsen Roberts" (ReL 197) bezeichnet, fasst Hoeflers Protagonist den Entschluss, die deutschschreibenden Luxemburger in einem Zirkel zu vereinen und sie dem Bund rheinischer Dichter anzugliedern. Robert erachtet dessen Mitglieder als den Luxemburgern wesensverwandt und will letztere zugleich aus ihrer Isolierung befreien.[210] (Vgl. ReL 198) Aus dieser Absicht ergab sich für Hoefler eine doppelte Notwendigkeit: Einerseits musste er die nötigen Verbindungen zu den rheinischen Dichtern herstellen, andererseits musste er bei den einheimischen Schriftstellern für seine Idee werben, was sich aufgrund der Hoefler durchaus bewussten Germanophobie vieler seiner Zeitgenossen als schwieriges Unterfangen erwies.

Ausdrücklich von Hoefler zum rheinischen Bindeglied bestimmt wurde der Frankfurter Lektor Friedrichkarl Roedemeyer, der Ende der 1920er und Anfang der 1930er Jahre mehrere Male in Luxemburg weilte und auf Einladung der Volksbildungsvereine und der ASSOSS Vorträge über deutsche Dichtung hielt, denen auch Hoefler beiwohnte.[211] Nach einer ersten Begegnung mit Roedemeyer in Esch/Alzette traf Hoefler ihn erneut an

Pfingsten 1930 in Echternach.[212] Nach dem Besuch eines solchen Vortragsabends beschloss Hoefler, einen Brief, den Robert in der fiktionalen Autobiographie sinngemäß wiedergibt (vgl. ReL 198), an Roedemeyer zu schreiben. In dem Brief, dessen reelles Pendant allem Anschein nach nicht erhalten ist, ersucht Robert Radelheimer, den Kontakt zu Alfons Paquet, dem Präsidenten des Bundes rheinischer Dichter, herzustellen. Aus einem Brief von Roedemeyer an Paquet vom 18. Mai 1931 geht hervor, dass Roedemeyer diesem Ansinnen nachkam. In dem maschinenschriftlichen Schreiben, das von Vorträgen sowie der Freiburger Tagung des Bundes handelt, vermerkte er per Hand zum Schluss: „N. B. Die Luxemburger Dichter baten mich, Ihren Anschluß a. d. Rhein. Dichter doch gelegentl. auch mal bei Ihnen in Erinnrung zu bringen."[213] In diesem Sinne intervenierte auch Carl Gebhardt bei Alfons Paquet. Gebhardt wusste durch Roedemeyer von Hoeflers Idee, die seinen vollen Zuspruch fand. Zudem war Gebhardt, der Verfechter des Volksbildungsgedankens in Deutschland, in Luxemburg kein Unbekannter mehr, da auch er Vorträge in Luxemburg hielt.[214] Anlässlich eines solchen Vortrags lernen im autobiographischen Roman Dr. Badloff (Carl Gebhardt) und Robert sich persönlich kennen, was einen Privatbesuch Roberts bei Badloff (vgl. ReL 203ff.) in Verbindung mit der Einladung zu einem Vortrag Roberts im Frankfurter Rundfunk nach sich zieht.[215] In einer anonymen, eventuell von Hoefler stammenden Notiz zu einem Spinoza-Vortrag wird Gebhardt als kultureller Mittler zwischen Deutschland und Luxemburg gepriesen.[216]

Hoefler wandte sich jedoch schon einige Tage vor Roedemeyers Schreiben vom 18. Mai 1931 selbst an Paquet, nachdem er von Jacques erfahren hatte, dass dieser Paquet Hoeflers Artikel *Zusammenschluß!*[217] zugesandt und Paquet positiv darauf reagiert hatte. Hoefler schrieb am 15. Mai 1931 an Paquet:

> Die Verwirklichung dieses Traumes bedeutete für etwa 6-8 Luxemburger sehr viel; vor allem: Sie würden sich wieder einer Gesamtheit verhaftet fühlen, wieder spüren, daß es noch Menschen gibt, die es der Mühe wert finden, für geistige Dinge einzutreten und darüber zu beraten. Die Dichter der rheinischen Gruppe sind Deutsche und vor allem doch stolz auf ihr Rheinländertum; so denke ich mir, daß auch wir einbezogen werden könnten in den großen germanischen Kulturkreis, ohne deshalb unsre spezifisch-luxemburgische Eigenart aufgeben zu müssen.
>
> Wie Sie von Ihren Reisen in unser Land wissen, sind wir ein zweisprachiges Volk; wir sind uns des Segens, aber auch der Gefahr dieser Doppelkultur durchaus bewußt und ich glaube, gerade durch den Anschluß an Ihre Gruppe diesen Fluch teilweise beschwören zu können; ich bin der Meinung, daß diese Gebärde nur befruchtend auf uns alle wirken kann.[218]

In seinem Antwortschreiben vom 21. Mai 1931 erwähnte Paquet noch einmal belobigend Hoeflers Artikel, der ihm von Jacques zugestellt worden war, und sprach zugleich eine Einladung an die deutschschreibenden Luxemburger für die Freiburger Tagung aus, nicht ohne Hoefler zu versichern: „Keiner wird seine spezifische landschaftliche Eigenart aufgeben, aber wir haben doch in der Grosslandschaft des Rheinlandes viele uns gemeinsam am Herzen liegende Dinge. [...] Wir wollen [...] mit dieser Tagung gerade über das heimatlich allzu enge (sic!) hinauskommen."[219] Des Weiteren bat Paquet Hoefler um die Namen derjenigen Luxemburger, die für die Freiburger Tagung in Betracht kämen. In seiner Antwort vom 30. Mai 1931 listete Hoefler folgende Schriftsteller auf: Nikolaus Welter, Batty Weber, Paul Henkes, Pol Michels und Jean-Pierre Erpelding.[220]

21. Mai 1931

Herrn
Albert Hoefler
Esch b/ Alzette

Sehr geehrter Herr Hoefler,

Norbert Jacques sandte mir Ihren Artikel im Escher Tageblatt der mich wirklich freute. Brauche ich besonders zu sagen, wie sehr ich es begrüsse, daß deutsch schreibende Luxemburger den Anschluss an den Bund Rheinischer Dichter ernsthaft erwägen? Heute schon möchte ich Sie alle einladen an der nächsten Tagung unseres Bundes teilzunehmen, die um den 3. Oktober herum, in Freiburg i/ Breisgau stattfindet. Schon das vorige Mal in Duisburg nahmen ein paar Elsässer an unserer Tagung teil, und diesmal werden es noch mehr sein, dazu eine grössere Anzahl Schweizer, Holländer und Flamen. Keiner wird seine spezifische landschaftliche Eigenart aufgeben, aber wir haben doch in der Grosslandschaft des Rheinlandes viele uns gemeinsam am Herzen liegende Dinge. Das Thema unserer vorigen Tagung war " Dichtung und Industrie ", das Thema der Freiburger Tagung wird " Landschaft und Dichtung " sein. Wir wollen aber mit dieser Tagung gerade über das heimatlich allzu enge hinauskommen.

Wollen Sie mir bitte diejenigen Ihrer Freunde nennen, die bereit sein werden nach Freiburg zu kommen. Ich hoffe, dass es Ihnen allen möglich sein wird, sowohl zeitlich, als auch wegen der Ausgabe. Diese wird in Freiburg selbst nicht gross sein, denn die Stadt stellt uns eine weitgehende Gastfreundschaft in Aussicht.

Das Nächste wird also sein, dass wir im Kreis des Bundes miteinander persönlich Fühlung bekommen. Dann werden wir auch zum formalen Zusammenschluss gern die Hand bieten.

Mit den besten Grüssen
Ihr ergebener

Im Mai 1931 lud Alfons Paquet die Luxemburger Autoren zur Freiburger Tagung des Bundes rheinischer Dichter ein.

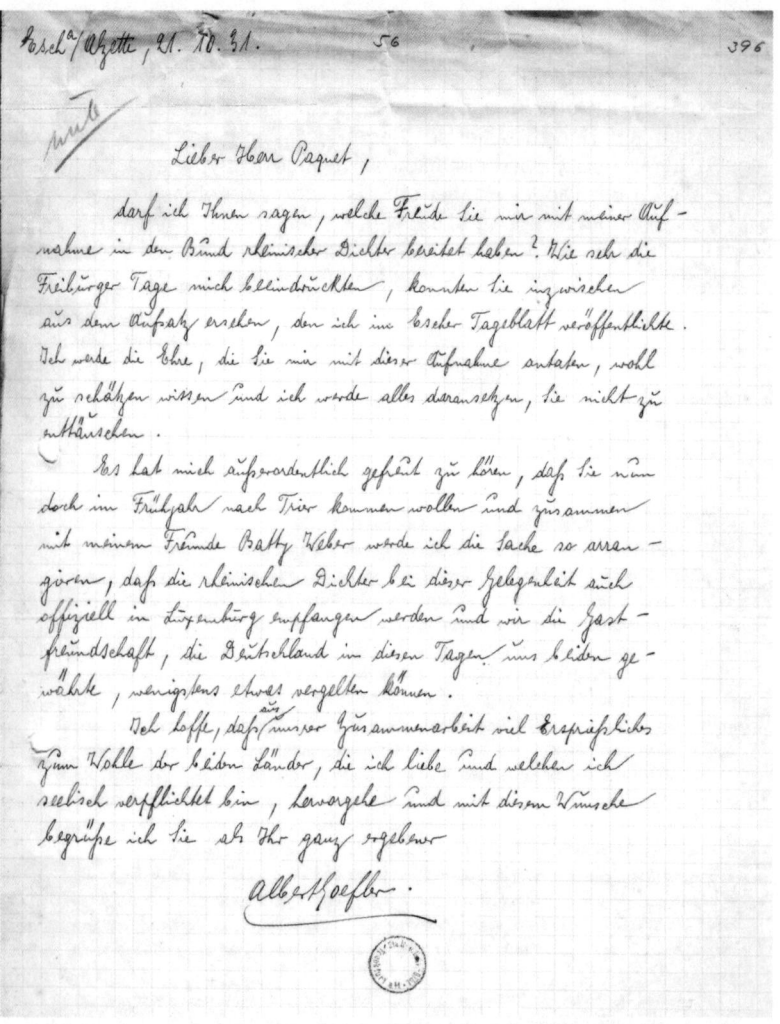

Hoeflers Brief an Alfons Paquet, den Vorsitzenden des Bundes rheinischer Dichter, vom 21.10.1931

Nach der Dichtertagung im Breisgau bot Paquet Hoefler die Mitgliedschaft im Bund rheinischer Dichter an: „Ich glaube es entspricht Ihrem Wunsch, dass Sie mit Batty Weber und Norbert Jacques der dritte im Bund unserer Luxemburger Mitglieder sind. Darf ich Sie also herzlich als unser neues Mitglied begrüssen."[221] Hoefler dankte Paquet für die große

Ehre, die ihm durch die Aufnahme zuteilwerde, verwies auf seinen Artikel zum Freiburger Dichtertreffen im *Escher Tageblatt*[222] und schaute auf die kommende Tagung in Trier voraus:

> [Z]usammen mit meinem Freunde Batty Weber werde ich die Sache so arrangieren, daß die rheinischen Dichter bei dieser Gelegenheit auch offiziell in Luxemburg empfangen werden und wir die Gastfreundschaft, die Deutschland in diesen Tagen uns beiden gewährte, wenigstens etwas vergelten können.

Und er schloss seinen Brief mit dem Wunsch:

> Ich hoffe, daß aus unsrer Zusammenarbeit viel Erspießliches zum Wohle der beiden Länder, die ich liebe und welchen ich seelisch verpflichtet bin, hervorgehe […].[223]

Um seiner Idee in der Heimat Auftrieb zu geben und sie in den öffentlichen Raum zu tragen, nutzte Hoefler die Tribüne, die sich ihm als Redakteur von *Literatur und Kunst* bot. Im Artikel *Zusammenschluß!* vom 2. Mai 1931 nahm er das Erscheinen von Paul Reboux' *Annuaire général des lettres* (Paris 1931), für den Mathias Tresch das Luxemburg-Kapitel verfasst hatte, sowie die Einladung, an einer deutschen Anthologie für moderne Lyrik mitzuwirken, zum Anlass, seinen Plan in Worte zu fassen: „Ein Gedanke, der uns schon längere Zeit verfolgte, dann aber ins Unterbewußtsein hinabgesunken war, stieg auf einmal wieder ans Licht und ließ uns nicht mehr los: Der Anschluß unsrer deutschschreibenden Schriftsteller an die rheinische Dichtergruppe."[224] Hoefler argumentierte, dass Mathias Tresch, Joseph Hansen, Nicolas Ries u. a. sich den Écrivains ardennais angeschlossen hätten, so dass es nun an den deutschschreibenden Luxemburger Autoren sei, ihre Isolierung aufzugeben und „eine Gemeinschaft herzustellen mit jenem Denken und Fühlen, wie es sich in den Besten der deutschen Rasse verkörper[e]".[225] Vorausschauend wies Hoefler mögliche Kritiker darauf hin, dass man ein „Entwurzelt-Werden"[226] durch diese Angliederung nicht zu fürchten brauche.

Hoefler versuchte demnach schon früh, wie sein Protagonist Robert es in seinem Brief an Radelheimer vermerkt (vgl. ReL 198), in Luxemburg Anhänger für seine Idee zu werben. Und er fand sie, wie ein Schreiben von Gregor Stein (Pierre Grégoire) vom 12. Mai 1931 zeigt:

> Muss ich Ihnen noch sagen, dass ich ganz von Ihrem Vorschlage durchdrungen bin? Sie haben meine wahren Gefühle richtig aus meiner Antwort herausdestilliert: Ich bin dabei. Ich habe H. Godefroid[227], Ihrem Sekundanten im Streite, eben geschrieben, dass ich schon lange innerlich zu den Rheindeutschen gestossen bin, weil in einem intimen Anschluss an jenen Volksschlag mit der stärkeren Wurzelkraft und der tieferen und reineren Gedankenwucht nur unser Heil liegen kann. Persönliche Fühlungnahme aber intensifiert. Deshalb vorallem werde ich mit Ihnen sein.[228]

Dieses Schreiben war Grégoires Reaktion auf die im publizistischen Raum geführte Debatte. Grégoire hatte nämlich im *Luxemburger Wort* Hoeflers Artikel *Zusammenschluß!* in seinem gleichnamigen, jedoch mit Fragezeichen versehenen Beitrag kommentiert und die Risiken in Bezug auf das von Hoefler intendierte Zusammengehen dargelegt. Grégoire war nicht prinzipiell gegen einen Zusammenschluss, wertete ihn gar als ‚naturgemäß' aufgrund der „Wesensverwandtschaft"[229], bemängelte aber, dass Hoefler etwaige Bedenken zu leichtfertig von der Hand weise. Zudem vertrat Grégoire die Ansicht, dass man zuerst die deutschschreibenden Luxemburger Schriftsteller zusammenschließen müsse, bevor man an ein erfolgreiches Zusammengehen mit dem Bund rheinischer Dichter denken könne. Und gerade hierin sah er infolge bestehender Gegensätze in einer „Sphäre kleinlicher Mentalitäten"[230] ein schier unüberwindbares Hindernis. Hoefler antwortete prompt. In dem Artikel *Nochmals: Zusammenschluß! Offener Brief an Gregor Stein* widerlegte er Grégoires Einwände einzeln, begegnete er dessen Skeptizismus mit konkreten Beispielen, welche die Nähe in der „seelischen Struktur"[231] zwischen ‚Rheinischen' und Luxemburgern belegen sollten, und bekannte zuversichtlich: „Ich weiß: Es gibt auch Verschiedenheiten; unsere Blutmischung ist trotz allem nicht dieselbe als jene dieser rheinischen Dichter; aber ich bin auch der Ueberzeugung, daß gerade diese Vielfalt befruchtend wirken kann: So hüben wie drüben."[232] Umso erfreulicher muss es für Hoefler gewesen sein, als Grégoire nur drei Tage später ihn persönlich seiner Unterstützung versicherte. Kritik an Hoeflers Plan kam hingegen aus der *Jungen Welt*.[233]

Die Tagung in Freiburg war das sechste Dichtertreffen, es stand unter dem Motto ‚Landschaft und Dichtung' und fand vom 2. bis 4. Oktober 1931 statt. Hoefler kam von Frankfurt her, wo er auf Einladung von Carl Gebhardt einen Rundfunk-Vortrag gehalten hatte.[234] Gemäß der Ausweitung der Aktivitäten des Bundes in Richtung Oberrhein und der angestrebten paneuropäischen Ausrichtung nahmen nebst den Luxemburger auch Elsässer und Schweizer Autoren teil. Hoefler, der mit großen Erwartungen hinsichtlich eines ‚Zusammenschlusses' nach Freiburg reiste, wurde in seiner positiven Grundhaltung wohl durch andere ‚Brückenbauer' beeinflusst. Da waren zum einen die zwei Leitfiguren des Bundes, die mit der Freiburger Tagung „eine besondere europäische Erwartung genährt"[235] hatten: Alfons Paquet und René Schickele, die beide das Verbindende der Rhein-Landschaft als geistig-kulturelles Strahlungs- und Gestaltungsprinzip begriffen,[236] die sich für eine Verständigung und Aussöhnung mit Frankeich engagierten und von deren Bestrebungen internationaler Zusammenarbeit Hoefler beeindruckt war. Da war zum anderen, in der Heimat, Frantz Clément, der Weggefährte aus der Redaktion des *Escher Tageblatt*, der sich ebenfalls mit Nachdruck für einen Ausgleich der Erbfeinde einsetzte. Und schließlich hatte der an der Tagung teilnehmende Norbert Jacques, nachdem sich die Gemüter nach der Veröffentlichung seiner Humoreske *Die Limmburger Flöte* (1929) wieder beruhigt hatten, inzwischen ein neues Verhältnis zu Luxemburg entwickelt, das sich in Aufsätzen wie *Luxemburg und der Rhein* (1931) äußerte und eine Aussöhnung der Persona non grata mit seiner Heimat möglich erscheinen ließ.[237]

Am 2.10.1931 schrieb Hoefler seiner Mutter aus Frankfurt a. M.: „Liebstes Mutterchen, ich will dir nur in aller Eile mitteilen, daß ich gestern glücklich um 6.03 Uhr in Frankfurt ankam [...]." Er berichtete ihr von seiner Stadtbesichtigung und schloss: „Augenblicklich bin ich daran, mich umzukleiden, da ich für 3 Uhr bei Gebhardt zum Tee geladen bin und wir dann zusammen nach der Rundfunkstation gehen."

Doch das, was für den Neuling Hoefler ein großes Ereignis war und eine Grundsteinlegung in Richtung grenzüberschreitender Zusammenarbeit von Dichtern unterschiedlicher Nationalität werden sollte, war in Wirklichkeit eine Tagung, die bereits den Keim des Niedergangs des Bundes in sich trug. Unter der Oberfläche brodelte es kräftig. Es gab Differenzen sowohl hinsichtlich des als provinziell empfundenen Veranstaltungsortes und der Thematik der Tagung als auch bezüglich der strukturellen, konzeptionellen und politischen Ausrichtung des Bundes, der zusehends von nationalsozialistischen Kräften, die sich schon in Freiburg bemerkbar machten und der Idee der Völkerverständigung zuwiderliefen, unterwandert wurde.[238] Zudem ließen die konkrete Organisation sowie die Rahmenprogrammgestaltung auf eine Instrumentalisierung der Tagung als touristisches Event schließen, so dass Cepl-Kaufmann zu dem Befund kommt, es habe sich bei der Freiburger Tagung um

> ein geschäftsmäßig abgespultes werbeträchtiges Stadtereignis in Kaiserstuhlromantik [gehandelt], der sich die Dichter ohne Widerspruch unterwarfen. Die Akte im Stadtarchiv Freiburg ließe sich, mit

entsprechend veränderten Namen, auch als Nachweis einer routiniert angelegten Jahrestagung eines Männergesangvereins lesen, bei der so manches Element aus einem bewährten Repertoire eingebaut wurde, von der Besteigung des Schauinsland bis zur Fahrt in die Weingüter des Kaiserstuhls. Die Akte ist denn auch bezeichnenderweise heute dort unter „Fremdenverkehr" und nicht unter „Kultur" zu finden.[239]

Hoefler nahm nicht am Begrüßungsabend am 2. Oktober 1931 teil,[240] sondern stieß laut fiktionaler Autobiographie erst am Samstagvormittag, den 3. Oktober zur Tagung.[241] (Vgl. ReL 207) Das Ende des Vortrags von Radelheimer nutzt Robert, um die verfeindeten Claus Anker und Johannes Müller, also Norbert Jacques und Batty Weber, einander wieder anzunähern und ihre Versöhnung in die Wege zu leiten. (Vgl. ReL 208f.) Während der gesellschaftlichen Anlässe, wie z. B. der Exkursion auf den Schauinsland, lernt Robert einige der von ihm verehrten Schriftsteller persönlich kennen, so etwa René Schickele, der aus dem elsässischen Oberehnheim (Franz. Obernai) stammte und der mit dem Sprachendualismus einer an der deutsch-französischen Grenze lebenden Volksgruppe vertraut war. Eine Ansichtskarte, die Hoefler aus Freiburg an seine Mutter schickte, wurde sowohl von Norbert Jacques und Batty Weber als auch vom ‚Haus Schickele', von Alfons Paquet, Kasimir Edschmid, Rudolf G. Binding und Jakob Kneip unterzeichnet, so dass es Kontakte zu diesen Autoren gab.[242]

Hoeflers Freiburger Grüße an seine Mutter mit den Unterschriften von Norbert Jacques und Batty Weber sowie einigen ‚rheinischen' Dichtern

Nach der Abendvorstellung von Carl Zuckmayers *Hauptmann von Köpenick*[243] im Stadttheater sucht man ein Weinlokal auf, und Robert verbringt den weiteren Abend in geselliger Runde zusammen mit Johannes Müller, Claus Anker, John Friedrich Radelheimer und René Schickele. (Vgl. ReL 210ff.) Am Sonntag wohnt Robert Lesungen von u. a. Alfons Paquet und Rudolf G. Binding sowie Claus Ankers Vortrag *Kleine Rede über Luxemburg* bei. (Vgl. ReL 212f.) Jacques beschrieb in seiner Rede[244] die Charakteristika des Luxemburgischen sowie den sprachlichen Dualismus der Luxemburger, was ihn mit einem Teil seiner Landsleute versöhnte.[245] Anderntags – die Tagung endete offiziell am Sonntagabend – fährt Robert mit Anker rheinabwärts; sie folgen einer Einladung Schickeles und besuchen ihn in Badenweiler. Anschließend ist Robert bei Anker am Bodensee zu Gast.[246] (Vgl. ReL 213ff.)

Das Foto zeigt Hoefler vermutlich auf einer der Aussichtsplattformen am Rheinfall während seiner Fahrt mit Norbert Jacques von Freiburg i. Br. in Richtung Bodensee.

Außer der „[p]ersönliche[n] Fühlungnahme"[247], wie sie Pierre Grégoire befürwortet hatte, gab es in Freiburg kaum nennenswerte Ergebnisse hinsichtlich eines formalen Zusammengehens. Darüber vermochte auch nicht hinwegzutäuschen, dass Paquet Hoefler und Weber die Mitgliedschaft im Bund antrug und zugleich wünschte, „dass die Zusammenarbeit eine rege und fruchtbare sein"[248] werde, oder dass Jacques und Weber die Trierer Tagung mitorganisieren sollten. Von den Luxemburger Autoren Nikolaus Welter, Batty Weber, Paul Henkes, Pol Michels und Jean-Pierre Erpelding, die Hoefler Paquet auf dessen Nachfrage hin vorgeschlagen hatte, an die aber nicht notwendigerweise eine Einladung ergangen war, war nachweislich nur Batty Weber in Freiburg zugegen.[249] Die Resonanz der Schriftsteller aus den Nachbarländern war insgesamt eher gering und mit ein Grund für das Scheitern der Tagung. Cepl-Kaufmann stellt fest,

> daß die Schriftsteller aus den Anrainerstaaten eher zögerlich auf das Teilnahmeangebot reagierten. Ihre Rolle reduzierte sich auch nur auf eine öffentliche Grußadresse bei der Eröffnungsveranstaltung vom 2. Oktober 1931 im Zähringer-Hof. Sie haben weder die Morgenfeier am 4. Oktober im Stadttheater noch die vom Freiburger Sender am gleichen Tag ausgestrahlte Reportage *Landschaft und Dichtung* mitgestaltet. Im übrigen war weder ihre poetische noch politische Potenz so stark, daß sich hier über eine Goodwill-Erklärung hinaus ein Impuls für die von Schickele und Paquet erhoffte paneuropäische Bewegung hätte ergeben können.[250]

Trotz bescheidener Resultate im Hinblick auf eine grenzüberschreitende Kooperation stellte Freiburg für Weber[251] und Hoefler, der die Tagung als „das stärkste Erlebnis [s]einer 30 Jahre"[252] wertete, eine Art Startschuss dar. Im Dezember 1931 hielt Hoefler auf Einladung des Volksbildungsvereins den Vortrag *Von Luxemburg nach Freiburg i. Br., eine kulturelle Angelegenheit*.[253] Die Hoefler'schen Grundgedanken erfährt man indirekt aus einer Besprechung des Vortrags von Jean-Pierre Winter.[254] Winter schrieb, Hoefler plädiere für den Anschluss der deutschschreibenden Luxemburger an den Bund rheinischer Dichter und leite die Notwendigkeit dazu aus der „kulturellen Gestaltung und Bestimmung" der Luxemburger sowie aus der „Berufung des Dichters in seiner Verbundenheit mit der Landschaft"[255] ab. Hoefler negiere zudem entschieden die positiven Einflüsse einer Doppelkultur, die von vielen als vorteilhaft aufgefasst werde:

> Für ihn heisst es nicht Osten und Westen, sondern einzig und allein *Osten* oder *Westen*. Er zwingt uns durch diese gewagte Formel die Wahl auf, zu der die Vergangenheit uns nicht berechtigt und das Jetzt auch nicht befähigt.

Doch Winters Kritik war nur halbherzig, denn er schlussfolgerte:

> Aber wahr ist, dass die Erstrebung einer Doppelkultur in ihren Ausflüssen verflachend wirkt, dass sie einer kulturellen Vertiefung des Daseins hinderlich ist und eine eigene Kultur unmöglich macht.[256]

Winter stimmte also mit Hoefler überein, dass die kulturelle und sprachliche Hybridität der Luxemburger der schöpferischen Gestaltung einer eigenen Identität im Wege stehe, und befürwortete folglich den von Hoefler geforderten Anschluss an den Bund. Der positiven Besprechung stellte die Redaktion der *Luxemburger Zeitung* ihre Anmerkungen bei: Sie versah die Zuschrift Winters mit Vorbehalten und kommentierte ihrerseits, dass sie bei der eminenten „Frage nach der Berechtigung und Bedeutung unserer Doppelkultur als unserer geistigen Substanz"[257] vor einer übertriebenen Einseitigkeit warne. Denn Doppelkultur und schöpferische Tätigkeit schlössen einander keineswegs aus, wie das Beispiel René Schickele zeige. Während Hoeflers Vortrag belegt, dass er auch nach der Freiburger Tagung mit unvermindertem Engagement für den Zusammenschluss warb, sind Winters Besprechung und der Kommentar der *Luxemburger Zeitung* Indizien für die fortbestehenden Stimmen des Für und Wider.

Als eine logische Fortsetzung von Hoeflers Bestrebungen ist die Konkretisierung des Einigungsgedankens in Bezug auf die luxemburgischen Schriftsteller zu werten, deren Zusammenschluss in der Heimat schon von Pierre Grégoire als unabdingbare Voraussetzung für eine eventuelle Eingliederung in einen größeren, transnationalen Verband gesehen wurde. Hoefler bemühte sich deshalb zeitgleich um die Gründung einer Luxemburger Sektion deutsch- und französischschreibender Schriftsteller und um deren Aufnahme in den 1921 gegründeten internationalen P.E.N.-Klub. Den Anstoß zu dieser Idee gab Hans Friedrich Blunck[258], den Hoefler während der Freiburger Tagung kennengelernt hatte.[259] Hoefler wandte sich Anfang 1932 brieflich an Blunck, der Ende 1933 zum ersten Präsidenten der Reichsschrifttumskammer bestellt wurde und dessen „völkisch besetzte[r] Landschaftsbegriff"[260] schon in Freiburg die neue ideologische Richtung mitbestimmte und das Ziel von der Internationalität des Bundes unterminierte. Hoefler erinnerte daran, dass Blunck ihn gefragt habe, „ob Luxemburg schon eine Sektion des PEN-Klub besitze?"[261] Und er fuhr Blunck gegenüber fort:

> Die Luxemburger Schriftsteller – jene, welche sich der deutschen und jene, welche sich der französischen Sprache bedienen – tragen sich augenblicklich mit dem Gedanken, sich dem Pen-Klub, der ja international eingestellt ist, anzuschließen: Es würde unter der Form einer luxemburger Gruppe geschehen.
>
> Ich wäre Ihnen nun, sehr geehrter Herr Blunck, äußerst zu Dank verpflichtet, wenn Sie mir mitteilen wollten, ob die Aufnahme unsrer Dichter und Schriftsteller in den Pen-Klub unter dieser Form möglich ist, ev. welche Bedingungen man erfüllen muß, um Mitglied des PEN zu werden.[262]

Blunck antwortete Hoefler, indem er ihn an den Generalsekretär des P.E.N.-Klubs, Hermon Ould, in London verwies, und bemerkte, dass er diesem schon von Hoeflers Initiative geschrieben habe und dass er wünsche, „dass später zwischen dem Rheinland, Niederdeutschland und Luxemburg die besten freundnachbarlichen Beziehungen bestehen werden".²⁶³ Noch im August 1932 stellte Hoefler in *Literatur und Kunst* die Aufnahme einer Luxemburger Gruppe in den P.E.N.-Klub, den er als Friedensinstrument begriff, zur Debatte und suchte, etwaige Bedenken zu zerstreuen, indem er betonte: „Wir würden als unabhängige Luxemburger dort unsern Platz einnehmen und nicht als Deutsche und nicht als Franzosen. Führende Ausländer gaben mir ihr Wort und ich glaube, mich darauf verlassen zu können."²⁶⁴ Zur Gründung einer Luxemburger P.E.N.-Sektion kam es trotzdem nicht.

Die Trierer Tagung des Bundes, die in Hoeflers autobiographischem Roman erstaunlicherweise mit keinem Wort erwähnt wird, fand vom 18. bis 19. Juni 1932 statt. Trier war auf Jacques' Initiative hin zum Veranstaltungsort bestimmt worden.²⁶⁵ Die Zusammenkunft stand unter dem Motto ‚Begegnung mit dem Nachbar'; wie schon in Freiburg sollte auch hier die grenzüberschreitende Zusammenarbeit, vorrangig mit den Luxemburgern, im Vordergrund stehen. Außerhalb des offiziellen Programmteils war für Montag, den 20. Juni 1932 ein Ausflug ins Großherzogtum geplant.²⁶⁶ Für das festliche Abendprogramm am Samstag, den 18. Juni 1932 war auch ein Vortrag Hoeflers mit dem Titel *Deutsche Dichtung in Luxemburg* vorgesehen.²⁶⁷ Hoeflers Beitrag, von einem deutschen Korrespondenten als „summarische[r] Überblick" und „ohne Gefühl für innere Wertung"²⁶⁸ bezeichnet, blieb in der Heimat nicht unbeachtet. Während die *Jonghémecht* Paquets einleitenden Vortrag lobte und die Grundideen zusammenfasste, ging sie mit Hoeflers Referat hart ins Gericht: „Hoeflers Vortrag [...] zeichnete sich leider durch die bekannte Einseitigkeit und Voreingenommenheit aus. Befremdend wirkte, dass der in Deutschland bekannte Dichter Nikolaus Welter mit einem banalen, nichtssagenden Satze abgetan wurde."²⁶⁹ Man kritisierte also Hoeflers starre Haltung in der Frage, ob man sich nach Frankreich oder nach Deutschland hin zu orientieren habe. Was den Unmut der *Jonghémecht* jedoch weitaus mehr erregte, war die Tatsache, dass manche Mitglieder der schreibenden Zunft die Tagung ganz offensichtlich dazu nutzten, ihre persönlichen Anfeindungen in den öffentlichen Raum zu tragen:

> Den Skandal um und über die offiziellen Einladungen an die Luxemburger Dichter wollen wir stillschweigend übergehen. Beschämender war es, dass einzelne luxemburger Teilnehmer auf dieser Tagung ihre persönlichen Zwistigkeiten untereinander recht auffällig zur Schau trugen.
>
> Noch peinlicher wirkte die Tatsache, dass sogar in der Heimat die Leute der Feder, insoweit sie nicht im Journalismus tätig sind, bei passenden Gelegenheiten einfach beiseite geschoben werden. Wir hatten zumindest damit gerechnet, der hiesige Journalistenverein werde *sämtliche* luxemburger Dichter und Schriftsteller, ohne Rücksicht auf Weltanschauung und Parteizugehörigkeit, ohne Unterschied

ob deutsch-, französisch- oder dialektschreibend, zu der Begrüssungsfeier im Casino einladen. Statt dessen mussten wir die betrübende Feststellung machen, dass auch hier, wie überhaupt in unserm sogenannten «Geistesleben», nur das Cliquentum üppig grassiert.[270]
Bei der geschlossenen Mitgliederversammlung am 19. Juni 1932 wurden u. a. Neuaufnahmen besprochen. Wie aus dem Sitzungsprotokoll hervorgeht, standen aus Luxemburg Nikolaus Hein und Nik Welter zur Debatte: „Bei Nennung des Namens Welter entspinnt sich zwischen Batty Weber und Norbert Jacques eine Diskussion über die Zweckmässigkeit dieser Aufnahme, die dazu führt die ganze Frage des Aufnahmesystems im Plenum zu erörtern."[271] Das Protokoll verrät nicht, wer von beiden Welters Mitgliedschaft ablehnte, doch darf man aufgrund früherer Animositäten[272] vermuten, dass es sich um Batty Weber handelte.[273] Die Frage der Aufnahme wurde schließlich vertagt und dem Ausschuss überantwortet.[274]
Übergeht man die Unstimmigkeiten um die Person Nik Welters und die Luxemburger Reibereien, so war die, wenngleich aus inhaltlicher Sicht moderate, luxemburgische Mitwirkung an der Trierer Tagung, im Sinne Hoeflers, sicherlich als Erfolg zu werten. Mit sechs Teilnehmern war das Großherzogtum gut vertreten.[275] Zudem erschien im April 1933 in der Schriftenreihe der *Rheinischen Blätter* das *Sonderheft Luxemburg*,[276] dessen Beiträge dem großen östlichen Nachbarn das kleine Luxemburg näherbringen sollten. Und auch in Trier konnte Hoefler Kontakte knüpfen, wie etwa zu Hermann Eris Busse.[277] Im Hintergrund schwelten jedoch seit geraumer Zeit Divergenzen hinsichtlich der politischen, konzeptionellen und literaturästhetischen Ausrichtung des Bundes, so dass die Zerfallstendenzen sich fortsetzten. Vor allem Paquet wurde aufgrund seiner laschen Aufnahmepolitik zur Zielscheibe. Er „hatte zwar zuweilen vorsichtig [...] Bedenken gegen die literarische Qualität einzelner Autoren geäußert, doch faktisch hatte er jeden Aufnahmeantrag unterstützt. Die hieraus entstehende Heterogenität des *Bundes* trug letztlich zu dessen existentieller Krise bei."[278] Diese schleichende Gefahr hatte Batty Weber trotz der großen Hoffnungen, die er bezüglich eines Kulturaustauschs mit dem Bund hegte, erkannt.[279] Die Querelen zwischen den verschiedenen Interessengruppen führten zu einer Verhärtung der Fronten und ließen die einzelnen Gruppierungen zusehends auseinanderdriften, so dass das vollständige Auseinanderbrechen und somit das Ende des Bundes nur noch eine Frage der Zeit waren.[280] Im Dezember 1932 gab es eine Mitgliederversammlung in Bad Godesberg. Das ebenfalls für 1932 anberaumte Basler Treffen fiel aus und die für Mai 1933 geplante Tagung in Düsseldorf wurde abgesagt, wodurch der Bund kurz nach der Machtergreifung de facto im Stillen aufgelöst wurde und seine Autoren neue Wege gingen.[281]
Eine Reihe von Bund-Mitgliedern, die sich in der Folge mal mehr, mal weniger offensichtlich auf den nationalsozialistischen Irrweg begaben,

nahm in den kommenden Jahren auf Einladung der Luxemburger Gesellschaft für deutsche Literatur und Kunst (Gedelit) an Lesungen in Luxemburg teil. Die Gründung der Gedelit durch in Luxemburg ansässige Auslands- oder Reichsdeutsche erfolgte im Kontext der schwierigen, seit dem Ende des Ersten Weltkrieges belasteten deutsch-luxemburgischen Beziehungen der 1920er und 1930er Jahre: Die Gedelit wollte ein kulturpolitisches Gegengewicht zur frankophonen Alliance française schaffen, die aufgrund zunehmender nationalistischer Parolen aus Deutschland immer mehr Anhänger in der sozialen Oberschicht Luxemburgs fand.[282] Ihre erste Sitzung fand am 7. März 1934 statt. Ab Herbst 1935 entwickelte sie sich unter der Leitung Damian Kratzenbergs zum kulturpolitischen Handlanger des NS-Regimes in Luxemburg. Ihre Einladungspolitik verdeutlichte, dass man im Hinblick auf einen gemeinsamen geopolitischen Kulturraum, der durch nationalsozialistischen Literatur- und Kulturexport geschaffen werden sollte, den rheinländisch-luxemburgischen Beziehungen einen herausragenden Stellenwert beimaß. Dieselben völkisch verbrämten Tendenzen, die sich schon 1931 bei der Freiburger Tagung des Bundes gezeigt und zu seinem Untergang beigetragen hatten, stellten nun eine ideologische Nähe mancher Bund-Mitglieder zur neu gegründeten Gedelit her. Eingeladen wurden Autoren, deren Werke sich den literaturästhetischen Konzepten der Heimatkunstbewegung verpflichtet sahen und die so thematische und formal-sprachliche Anknüpfungspunkte für luxemburgische Heimatdichter boten.

Auch Norbert Jacques las auf Einladung der Gedelit in Luxemburg.

So scheint es erklärlich, dass analog auch Luxemburger Autoren, die Mitglied im Bund waren bzw. demselben nahestanden, nun in der Gedelit ein neues literarisches und kulturpolitisches Betätigungsfeld sahen. Nikolaus Hein[283] und Norbert Jacques[284] waren beispielsweise Mitglieder in der Gedelit und wurden später zu Ehrenmitgliedern ernannt.[285] Hoefler war hingegen nie Mitglied der Gedelit,[286] was auch auf Batty Weber zutrifft, der zwar für die Gedelit las,[287] sich aber konsequent zur Luxemburger Mischkultur bekannte und von Anfang an vehement gegen eine Vereinnahmung der Gesellschaft durch die nationalsozialistische Propagandamaschinerie verwahrte.[288] Dass Hoefler an öffentlichen Leseabenden der Gedelit als Zuhörer teilnahm, kann nicht ausgeschlossen werden.

Von den Autoren des Bundes, deren Bekanntschaft Hoefler in Freiburg und Trier gemacht hatte, lasen in Luxemburg etwa Rudolf G. Binding, Jakob Kneip[289] und Alfons Paquet[290], dessen Ideen eines kulturellen Austauschs und friedlichen Zusammenlebens der Völker in der Gedelit pervertiert wurden. Des Weiteren traten in Luxemburg auf Hans Friedrich Blunck, der ursprünglich für die erste öffentliche Dichterlesung am 4. September 1934 vorgesehen war[291] und der schon 1932 Hoefler gegenüber die Hoffnung auf ein gutes nachbarliches Verhältnis geäußert hatte, sowie Hermann Eris Busse, dem Hoefler einen panegyrischen Artikel im Feuilleton des *Escher Tageblatt* gewidmet hatte.[292] Blunck und Busse lasen auch noch für die Gedelit nach ihrer Umbenennung in Kunstkreis Luxemburg, der nach der Besetzung des Großherzogtums zum kulturpolitischen Machtinstrument der Nationalsozialisten avancierte.[293]

Aufgrund seiner literaturästhetischen Position der 1930er Jahre sowie seiner fast uneingeschränkten und wenig reflektierten Bewunderung für viele der Autoren des Bundes rheinischer Dichter hätte Hoefler für das kulturpolitische Konzept der Gedelit empfänglich sein können.[294] Doch er, der publizistisch bislang nicht durch politische Stellungnahmen aufgefallen war, zeigte das nötige Feingespür. Schon 1933 hatte er anlässlich der Gleichschaltung der deutschen Presse in dem Artikel *Sätze gesprochen zu einer Umwälzung* eindeutig Stellung zur Machtverschiebung in Deutschland bezogen und die nationalsozialistischen Umtriebe angeprangert und verurteilt.[295] Auch in der Folgezeit machte er kein Hehl aus seiner Antipathie gegen das NS-Regime. 1935 charakterisierte er in einer Rezension Klaus Mann als mutigen Emigranten, der lieber seiner Heimat den Rücken gekehrt habe, „als vor der Dummheit und Roheit in die Knie zu sinken".[296] In Klammern ergänzte Hoefler: „[W]ie hätte sich Göbbels gefreut, wenn er den Namen der Familie Mann hätte als Aushängeschild benutzen können!"[297] Im selben Artikel wertete er die Haltung Hans Friedrich Bluncks, den er 1931/1932 hoch schätzte, als „Gesinnungslumperei".[298] In einem Artikel zum politischen Kabarett des Ensembles Die Pfeffermühle schrieb er in Bezug auf die Geschwister

Mann, sie seien „[i]nbrünstigst gehasst von denen, die für eine Diktatur der Dummheit und der menschlichen Erniedrigung schwärmen".[299] An selber Stelle rief Hoefler seinen Lesern in Erinnerung, dass „die Göringbande"[300] Erich Mühsam im Konzentrationslager zu Tode gefoltert habe. Nicht nur das Feuilleton, sondern das *Escher Tageblatt* insgesamt war erbitterter Widersacher der Gedelit und blieb es auch nach deren ‚Neuanfang' infolge einer Statutenänderung im Oktober 1935, welche die Gesellschaft in Luxemburg vorerst wieder tragfähig werden ließ.[301] Am deutlichsten bezog der *Escher Tageblatt*-Mitarbeiter Emil Marx Stellung, der das Feuilleton als Tribüne nutzte, um die Tarnmanöver der Gedelit zur Verschleierung ihrer nationalsozialistischen Ummäntelung aufzudecken und als Augenwischerei zu entlarven.[302]

Emil Marx bekämpfte die nationalsozialistische Unterwanderung auch in der 1936 von ihm begründeten und herausgegebenen Zeitschrift *Die neue Zeit*. Das erklärte Ziel dieses „kulturelle[n] Ergänzungsstück[s]"[303] zum *Escher Tageblatt* bestand darin, die Luxemburger über die wahren Absichten Hitler-Deutschlands aufzuklären. So warf Marx Kratzenberg 1938 Amtsmissbrauch vor: Er habe seine pädagogische Autorität zur nationalsozialistischen Indoktrination seiner Schüler missbraucht. In dem von Kratzenberg angestrebten Prozess wurde Marx wegen eines Formfehlers der Verleumdung für schuldig befunden und verurteilt.[304] Hoefler war auf menschlichem Plan tief enttäuscht über die Wandlung seines früheren Mentors Damian Kratzenberg[305], der inzwischen die Führungsposition in der Gedelit[306] innehatte und im Mai 1940 auch Vorsitzender der Volksdeutschen Bewegung wurde. Zu Marx' Zeitschrift steuerte Hoefler einige Artikel bei. Selbst wenn er nicht denselben journalistischen Biss wie Marx besaß, so schimmerte seine politische Haltung doch in einigen seiner Beiträge klar durch. In einer *Mephisto*-Rezension kritisierte Hoefler zwar den ‚Künstler' Klaus Mann, den er als Pamphletisten schätzte, nicht jedoch als Romancier gelten ließ, zollte aber gleichzeitig dem ‚Kämpfer' Klaus Mann, der sich in dessen Natur seit Hitlers Machtübernahme herausgebildet hatte, seine Hochachtung.[307] In der Präsentation von Tony Jungbluts literarischem Kalender für das Jahr 1940 hielt Hoefler zu Lucien Koenigs (Siggy vu Letzeburg) Aufsatz *Letzeburg de Letzeburger* fest: „Wenn man früher Siggy um dieses Bekenntnisses willen verlachte, heute kann man nicht anders als sich bedingungslos zu dieser Formel bekennen."[308] Schließlich schrieb Hoefler in einem Nekrolog auf den Emigranten René Schickele: „Er war der Mann, der keine Kompromisse duldete. Und dieser Mann und sein Werk werden noch Generationen nach uns den Weg erleuchten!"[309]

Durch den Niedergang des Bundes rheinischer Dichter war Hoeflers Hoffnung auf einen Zusammenschluss deutschschreibender luxemburgischer Autoren mit den ‚Rheinischen' zerstört worden. Trotzdem engagierte er sich, wenn auch nicht allein, in den folgenden Jahren weiter, die Luxemburger Schriftsteller zu einer Interessenvereinigung zusammenzuschließen.[310] Dies geht u. a. aus Briefen hervor, die Joseph Tockert an Albert Hoefler richtete. Dass Hoeflers Bemühungen um eine Schriftstellervereinigung mit der Gründung einer neuen Gesellschaft für Freunde deutscher Literatur, wie sie von Emil Marx als Antwort auf die Gedelit angeregt wurde,[311] bzw. dem Ruf nach der von Batty Weber eingeforderten Gesellschaft von Luxemburgern für deutsche Literatur und Kunst koinzidieren,[312] scheint kein Zufall zu sein. Hoeflers Bestrebungen zeigen klar, dass die Gedelit auch für ihn keine adäquate, politisch neutrale Einrichtung zur Interessenvertretung und Repräsentation der luxemburgischen Schriftsteller war. Selbst wenn davon auszugehen ist, dass es kein von Hoefler und Marx aufeinander abgestimmtes Vorgehen gab,[313] so arbeiteten beide doch in dieselbe Richtung, wenn auch mit divergierenden Zielvorstellungen. Marx attackierte offen auf publizistischem Wege die Gedelit und forderte eine neue unpolitische, von jeder Parteipropaganda freie Gesellschaft, die sich aus deutschschreibenden Schriftstellern und aus an der deutschen Sprache und Literatur Interessierten, die sich zu relevanten Themen in Schrift und Sprache äußern – Marx meinte wohl Journalisten und Literaturkritiker –, zusammensetzen sollte. Er wollte allerdings keinen zusätzlichen Verein, der sich nebst den vorhandenen der Ausrichtung von Vortragsabenden widmen sollte, sondern eine Art Denkfabrik mit Strahlungseffekt, „eine Brutstätte [...] für Belieferung der bestehenden Organisationen mit Vortrags-, Bildungsmaterial."[314] Und beiläufig erwähnte Marx, dass verschiedentliche „Gerüchte" kursierten, die für die nahe Zukunft eine Schriftstellervereinigung „offiziellen Charakters"[315] in Aussicht stellten. Dass es sich hierbei um den von Hoefler und Tockert visierten Schriftstellerverein handelt, verrät ein an Hoefler gerichtetes Schreiben, in dem Tockert zwei Tage nach dem Erscheinen von Marxens betreffendem Artikel feststellte: „Mittlerweile hat sich auch Emil Marx im Tageblatt zu der Frage geäußert. Die verfrühte Klatschnachricht von Ries in den Cahiers (Notizenteil) war schuld daran. Ich werde ihm nächstens nichts mehr anvertrauen!"[316] Nicolas Ries hatte im Zusammenhang mit einer Notiz zur Neubesetzung vakanter Sitze in der Académie belge de langue et de littérature françaises in der Tat aus dem Nähkästchen geplaudert und die baldige Schaffung einer vierten, den Sprachen gewidmeten Sektion innerhalb des nationalen Institut grand-ducal in Erwägung gezogen:

> Le Luxembourg n'a ni académie ni académiciens. Mais il a un *Institut* composé de trois sections: histoire, sciences naturelles, sciences physiques et mathématiques. Il est à prévoir cependant que notre «Société de dialectologie et d'études linguistiques» aura, dans un avenir prochain, voix au chapitre, nous voulons dire que cette docte compagnie, placée sous l'égide du professeur Joseph Tockert, pourra composer une quatrième section de l'Institut grand-ducal de Luxembourg, section à laquelle pourraient se rallier les hommes de lettres de nos trois langues nationales.[317]

In diesem Stadium der Planungen wird ersichtlich, dass die konzeptuellen Vorstellungen teils beträchtlich divergierten. Während Marx eine neue Gesellschaft propagierte, die als Ideengeber funktionieren sollte und allein auf das Deutsche ausgerichtet war, schwebte Ries eine dreisprachige Sektion innerhalb des Institut grand-ducal vor. Tockert missfiel die Ries'sche Interpretation seiner Ideen, was er Hoefler gegenüber klarstellte:

> Wenn er in die sprachlich-volkskundliche Sektion des Instituts eintreten will, so mag er das meinetwegen tun, aber er soll Forschung nicht mit Literatur verwechseln! Was wir wollen, ist ein Schriftstellerverein, mit einigen [Zugaben?], die propagandistisch wirken und auch kulturelle Lücken ausfüllen sollen.[318]

Auch Marxens ‚Denkfabrik' war nicht nach Tockerts Geschmack: „Marx möchte nur die Deutschschreibenden darin aufnehmen, aber warum eine Grenze ziehen, besonders, wo wir Leute haben, die in zwei Sprachen schreiben?"[319] Bei einem Vorbereitungstreffen schlugen Jean-Pierre Erpelding und Léon Thyes vor, man möge zunächst eine literarische Vereinigung bilden, was Tockert ebenfalls zurückwies:

> Doch konnten wir das direkt ablehnen mit dem Hinweis, daß Alliance Française, Verein für deutsche Literatur (der, wie es scheint, neu ersteht), Volksbildungsvereine u. a. diese Aufgabe haben und bei der Spannung, die zwischen Franzosenfreunden und Deutschfreundlichen besteht, nur eine Art Dachgesellschaft, die auf andrer Ebene wirken will (beruflich zunächst, dann für die gemeinsamen Interessen), sie verbinden kann. Es kam zuletzt eine Einigung auf der von mir vorgeschlagenen Grundlage.[320]

Hoefler zog hinsichtlich der intendierten Schriftstellervereinigung die Fäden eher im Hintergrund, indem er, zusammen mit Tockert und anderen, das Terrain sondierte, Namenslisten möglicher Mitglieder erstellte, Fragen der Form wie z. B. die Aufnahmeprozedur erörterte und vorbereitende Treffen arrangierte. Die Planungen gediehen immerhin so weit, dass man die Ziele des neuen Vereins, der den Namen Verband Luxemburger Schriftsteller / Société des Ecrivains luxembourgeois tragen sollte, schriftlich fixierte.[321] Die Posten des Schriftführers und des Kassenwarts wurden von Peter Faber bzw. Max Goergen übernommen.[322] Doch über dieses Planungsstadium kam die neue Schriftstellervereinigung nicht hinaus.

Auffallend ist, dass eine Reihe von Initiativen, die in ihren Zielsetzungen nicht deckungsgleich waren, jedoch manche Berührungspunkte aufwiesen, zeitlich parallel verliefen, was ein Aufdröseln der jeweiligen Aktivitäten erschwert. Die betreffenden Akteure waren, was paradox erscheinen mag, oft an verschiedenen Initiativen beteiligt, weil die Verfechter eines Ansatzes jeweils versuchten, die in der Literaturszene herausragenden Köpfe von der eigenen Idee zu überzeugen und in das eigene Lager zu lenken. So berichtet Emile Krier von dem geplanten Verein Luxemburger Literaturfreunde,[323] der sich als eindeutige Alternative zur Gedelit verstand und von einigen aus der Gedelit ausgeschiedenen Luxemburgern angeregt wurde. Am 17. Januar 1935 sprach der siebenbürgische Schriftsteller Misch Owend, der für die Gedelit vorgesehen, von ihr aber abgelehnt worden war, vor jenen Akteuren, die den neuen Verein ins Leben rufen sollten: Pierre Frieden, Joseph Tockert, Joseph Hess, Nikolaus Hein, Batty Weber.[324] Frieden, Hein und Weber erwähnte Tockert auch in seinen Briefen, die von dem zu gründenden Schriftstellerverein handeln.[325]

Ob und, falls ja, inwiefern der geplante Schriftstellerdachverband, ähnlich dem Verein Luxemburger Literaturfreunde, als Alternativangebot bzw. Gegengewicht zur Gedelit gedacht war, darüber könnten Briefwechsel zwischen den beteiligten Personen möglicherweise Aufschluss geben. Es fällt auf, dass die Bemühungen um eine Interessenvertretung für Luxemburger Schriftsteller sich zu Beginn des Jahres 1935 intensivierten, also zu einem Zeitpunkt, da die internen Positionskämpfe bei der Gedelit eine klare Verschiebung der Machtverhältnisse zugunsten einer nationalsozialistischen Vereinnahmung offenbarten. Bemerkenswert ist überdies, dass unter denjenigen, die ins Auge gefasst wurden, um den Schriftstellerverein aus der Taufe zu heben, auch solche fungierten, die Mitglied bei der Gedelit waren, wie z. B. Damian Kratzenberg, bzw. kurz zuvor ausgetreten waren, wie z. B. Robert Thill und Eugen Ewert.[326] Die Feststellung, die Emile Krier für den gescheiterten Verein Luxemburger Literaturfreunde trifft, gilt sicherlich z. T. auch für andere, ähnliche Initiativen wie den von Hoefler, Tockert und anderen initiierten Schriftstellerverein:

> Welchen Erfolg diese Gesellschaft hatte, ist nicht feststellbar; sie trat mit keiner grossen Veranstaltung an die Oeffentlichkeit. Wahrscheinlich wurde sie im Stadium der Planung schon von den Umänderungen innerhalb der GEDELIT im Oktober 1935 überholt und überflüssig gemacht.[327]

Ungeachtet des erneuten Rückschlags setzte Hoefler sein Engagement fort. Mitte 1937 nahm er das Erscheinen der *Anthologie des Écrivains Luxembourgeois de Langue Française*, eine Sondernummer der *Cahiers luxembourgeois*, zum Anlass, für seine Idee eines Schriftstellervereins der deutschschreibenden Luxemburger zu werben. In dem von Nicolas Ries und Paul Schroell gezeichneten Vorwort der Sondernummer war nämlich eine Anthologie deutschschreibender Luxemburger in Aussicht gestellt worden: „Il va sans dire aussi que nos écrivains de langue allemande [...] bénéficieront de la même faveur dès que le moment sera venu de les présenter comme groupement[ ] constitué[ ]."[328] Dasselbe galt für die in ihrer Muttersprache schreibenden Luxemburger. Hoefler sah deshalb eine Sammlung der deutschsprachigen luxemburgischen Literatur am besten gewährleistet, wenn sie „von einer gesellschaftlich zusammengefaßten

Gruppe zusammengestellt würde."[329] Nebst der größeren Handlungsfähigkeit einer statutarisch organisierten Schriftstellervereinigung in rein praktischen Fragen wie eben der Erstellung einer Anthologie führte Hoefler eine effizientere Interessenvertretung gegenüber der Presse, z. B. bezüglich der Honorare, als weiteren Vorteil ins Feld.

Hoeflers Gedanken blieben nicht ohne Resonanz. Jean Pétin bestätigte Hoefler, dass ein Zusammenschluss der deutschschreibenden Luxemburger nötig sei, jedoch nicht als Pendant zur bestehenden S.E.L.F. (Société des écrivains luxembourgeois de langue française), sondern unter der Ägide eines zu schaffenden National-Verbands Luxemburger Schriftsteller, der sich aus den Sektionen Deutsch, Französisch und Luxemburgisch zusammensetze. Nur so könne man dem luxemburgischen „Nationallaster, d[em] C l i q u e n w e s e n"[330] beikommen. Hoefler antwortete Pétin in Form eines Briefes. Er stimmte Pétins Vorschlag vollauf zu und versprach sich von einem „allgemeinen Zusammenschluss"[331] genügend geistiges Gewicht und gesellschaftliche Relevanz, um ernstgenommen zu werden. Die Tatsache, dass die Idee eines die deutsch- und die französischschreibenden Luxemburger einenden Schriftstellervereins schon 1935 von Tockert in dessen Korrespondenz mit Hoefler erwogen worden war, wodurch jener zugleich Marx, der einem Zusammenschluss der deutschschreibenden Luxemburger das Wort redete, eine Absage erteilte, mag ein Indiz dafür sein, dass auch Hoefler der Vision eines sprachenübergreifenden Dachverbandes schon früher positiv gegenüberstand. Interessant ist des Weiteren, dass Hoefler in seiner Replik an Pétin, typographisch in Klammern gesetzt, die Frage stellte, wann das nationale Institut grand-ducal seinen bestehenden Sektionen endlich eine solche für Dichtkunst hinzufüge.[332] Der Gedanke war nicht neu; Ries hatte ihn 1935 in die Diskussion eingebracht, indem er eine Idee Tockerts aufgegriffen und in eben diese Richtung, die allerdings nicht Tockerts Zustimmung fand, weitergesponnen hatte.

Noch Anfang 1939 wandte Hoefler sich mit Vorschlägen und einer Namensliste an Nikolaus Hein, um die Frage zu klären, welche Bedingung zu erfüllen wäre, um Mitglied eines künftigen Schriftstellerverbandes zu werden. Hein, der schon 1935 in Hoeflers und Tockerts Planungen einbezogen worden war, antwortete wie folgt:

> Meiner Ansicht nach sollten Sie die 12 oder 15 Leute, die <u>selbstverständlich</u> in Betracht kommen, zunächst einberufen, um feste Normen aufzustellen, an die man sich dann auch streng halten müsste. Es wird nicht gehen, ohne dass als Bedingung die Veröffentlichung mindestens eines Werkes in Buchform gesetzt wird.[333]

Der Ansatz wurde, wie es scheint, nicht weiter konkretisiert, so dass der Plan eines nationalen Schriftstellerverbandes letztlich nicht verwirklicht werden konnte.

Nachwort

Zur bevorstehenden Veröffentlichung von Hoeflers drittem Lyrikband *Der Dom* schrieb Emil Marx 1927: „Gute Lyrik werden wir lesen. Hoffentlich nicht die letzte von Albert Hoefler. Von dem Prosaschriftsteller Hoefler ist nichts zu sagen, er schreibt nämlich auch in Prosa Lyrik und das ist manchmal schwer verdaulich."[334] Marxens Urteil trifft insofern zu, als Hoefler in den 1920er Jahren vorwiegend als Lyriker in Erscheinung trat. Die Sprache seiner Kurzprosa dieser Zeit arbeitete in der Tat überwiegend mit lyrischen Ausdrucksmitteln, wobei diese Feststellung allein nicht zu einer Wertung berechtigt. Doch Ende der 1920er / Anfang der 1930er Jahre vollzog sich ein grundlegender Wechsel, der Hoeflers Leben maßgeblich beeinflusste: Der Umzug von Echternach nach Esch/Alzette und der berufliche Einstieg bei der ARBED sorgten für ein verändertes Umfeld. Die Mitarbeit beim *Escher Tageblatt* bewirkte, dass Hoefler sich zusehends dem journalistischen Schreiben widmete. Und Mitte der 1930er Jahre bis Anfang 1940 entstanden die Novellensammlung *Geschichten um Echternach* und der vorliegende autobiographische Roman, die beide Hoeflers episches Werk begründen.

Das Bild des Dichters Albert Hoefler, der sich erst nach dem Zweiten Weltkrieg von der Lyrik ab- und der Prosa zuwandte, muss somit teils revidiert werden. Hoeflers Position und das Gewicht seiner Stimme im Luxemburger Literaturbetrieb erscheinen vor diesem Hintergrund in einem neuen Licht. Insbesondere sein vielfältiges Mitwirken, bisweilen hinter den Kulissen, wie etwa bei den späten Versuchen zur Gründung eines Luxemburger Schriftstellerverbandes, ist bemerkenswert. Um Hoeflers feuilletonistisches Schaffen in den 1930er Jahren umfassend zu würdigen, bedarf es einer detaillierten Einzelstudie.[335] Dasselbe gilt für Hoeflers journalistische Arbeit nach dem Zweiten Weltkrieg, die sich vor allem in seinen mit wenigen Ausnahmen von 1945 bis zu seinem Tode im September 1950, zuerst in der *Obermosel-Zeitung*, dann im *Lëtzebuerger Journal*, täglich erscheinenden *Kaleidoskop*-Feuilletons spiegelt, zu denen Pierre Lech in seiner Studie einen ersten Überblick liefert.[336] Die Edition der fiktionalen Autobiographie ermöglichte es zudem, interessante Details in der Hoefler'schen Biographie zu erschließen und Nuancen zu ergänzen.

Anmerkungen

1 Beide Teile befinden sich im Fonds Albert Hoefler CNL L-16 und tragen die Signaturen CNL L-16; I.1.1.3-1 und CNL L-16; I.1.1.3-2.

2 In der Novelle *Der Ruf*, die entstehungsgeschichtlich unmittelbar an den autobiographischen Roman anschließt, erinnert sich der Protagonist Robert an die Entstehungsbedingungen seines Werkes. Zwar wird der Entstehungszeitpunkt nicht präzisiert, aber die Entstehungsdauer wird klar umrissen: „Und plötzlich stürzte es über Robert herein und in einer Helle, die sein inneres Auge schmerzte, sah er in den Zeitraum einer Sekunde all das zusammengepreßt, woran er sechs Monate hindurch nun Tag für Tag gearbeitet hatte. Wie war das Blut ihm in jenem Augenblick zum Herzen gerast, als er den ersten Satz seines Werkes zu Papier gebracht hatte!" (Hoefler, Albert: *Der Ruf*. Novelle aus dem Zyklus *Geschichten um Echternach*, S. 7. CNL L-16; I.1.1.4.1-1: MS)

3 Vgl. Hoefler, Albert: *Erinnerung an Deutschland*. In: VdJ 22 (Février 1938) 25 n. s., [S. 8].

4 Hoefler, Albert: *Dichtendes Oesterreich*. In: DnZ 2 (1938) 23, S. 3. Auch wenn Hoefler in der fiktionalen Autobiographie öfters die Bedeutung österreichischer Autoren im Elternhaus sowie ihren Einfluss auf seine eigene literarische Entwicklung hervorhob, so fand der in *Der neuen Zeit* veröffentlichte überblickartige Auszug zur österreichischen Literatur doch keinen direkten Eingang in sein Werk.

5 Hoefler, *Der Ruf*, S. 9. CNL L-16; I.1.1.4.1-1: MS.

6 Vgl. Hoefler, *Der Ruf*, S. 9f. CNL L-16; I.1.1.4.1-1: MS.

7 Hoefler, *Der Ruf*, S. 11f. CNL L-16; I.1.1.4.1-1: MS.

8 Hoefler, *Der Ruf*, S. 12. CNL L-16; I.1.1.4.1-1: MS.

9 Von der Zeit im französischen Exil zeugen die Gedichte *Dorf in Frankreich* und *Tournus*. In: D'Hêmecht, Nr. 11 vom 9.12.1944, [S. 5] und Hoefler, Albert: *Ausklang. Letzte Gedichte*. Luxemburg: P. Linden 1951, S. 23 u. S. 24.

10	An anderer Stelle schildert Hoefler, was sein Protagonist empfindet, als er bei der Freiburger Tagung des Bundes rheinischer Dichter im Oktober 1931 Norbert Jacques' *Kleine Rede über Luxemburg* vernimmt: „Und erschüttert fühlte Robert: Nie würde er Deutschland zu hassen vermögen, komme auch, was immer wolle, denn zu nah stand ihm dieses Land mit seiner Landschaft und seinen Menschen, seinen Dichtern und seinen Künstlern." (ReL 213)
11	Einen guten Überblick zu aktuellen und historischen Tendenzen in der Erforschung autobiographischer Texte bietet Mittermayer, dessen Abgrenzungs- und Bestimmungsversuchen ich den Begriff der fiktionalen Autobiographie entlehnt habe: Mittermayer, Manfred: *Die Autobiographie im Kontext der ‚Life-Writing'-Genres*. In: *Die Biographie – Zur Grundlegung ihrer Theorie*. Hg. von Bernhard Fetz unter Mitarbeit von Hannes Schweiger. Berlin / New York: Walter de Gruyter 2009, S. 69-101.
12	Vgl. Hoefler, Albert: *Die Springprozession*. In: CL 7 (1930) 1, S. 77-80 und ders.: *Die Springprozession*. In: D'Hêmecht, Nr. 35 vom 26.5.1945, [S. 1-2].
13	Vgl. Sahl, Nicole: *Arthur Hary*. In: www.autorenlexikon.lu [04.07.2012].
14	Vgl. Goetzinger, Germaine: *Nik Welter*. In: www.autorenlexikon.lu [04.07.2012].
15	Dass dieser Streichung auch die Kritik an Nik Welters lyrischem Schaffen zum Opfer fiel, muss als Zufall gewertet werden, da Hoefler sie an anderer Stelle stehen ließ. Vgl. ReL 104.
16	Vgl. ET vom 29.11.1932, [S. 4] und ET vom 30.11.1932, [S. 4]: In der Rubrik *Volkbildungsvereine* (sic!) bzw. *Volksbildungsvereine* wurden jeweils Vorträge Gebhardts zu Spinoza angekündigt, die einmal in Luxemburg-Stadt (30.11.) und einmal in Esch/Alzette (1.12.) im Rahmen der Feiern zu des Philosophen 300. Geburtstag gehalten wurden. Vgl. dazu Goetzinger, Germaine; Mannes, Gast; Wilhelm, Frank: *Hôtes de Colpach – Colpacher Gäste. Katalog zur Ausstellung vom 12.11.1997 bis zum 20.2.1998 im Centre national de littérature in Mersch*. Mersch: Centre national de littérature 1997, S. 100.
17	Vgl. Hoefler, Albert: *Unser Schrifttum 1939*. In: *Der neue Luxemburger Kalender 1940. Eine Publikation von Tony Jungblut*. Luxembourg: Luxemburger Nachrichten-Büro 1940, S. 135-138, hier: S. 138. Vgl. auch ders.: *Joseph Funck*. In: D'Hêmecht, Nr. 20 vom 10.2.1945, S. 4.

18	Vgl. Scholdt, Günter: *Der Fall Norbert Jacques. Über Rang und Niedergang eines Erzählers (1880-1954)*. Stuttgart: Akademischer Verlag Hans-Dieter Heinz 1976, S. 425f.
	Siehe auch Goetzinger, Germaine; Mannes, Gast; Wilhelm, Frank: *Kontakte – Kontexte. Deutsch-luxemburgische Literaturbegegnungen. Katalog zur Ausstellung vom 18.11.1999 bis zum 17.3.2000 im Centre national de littérature in Mersch*. Mersch: Centre national de littérature 1999, S. 141: „Der Hauptvorwurf im Ersten Weltkrieg: Kriegspropaganda für Deutschland und Aktivitäten als Kriegsberichterstatter mit Hilfe eines falschen luxemburgischen Passes; die Nebenvorwürfe: Nestbeschmutzerei, Germanophilie".
19	Vgl. Goetzinger et al., *Kontakte – Kontexte*, S. 142. Vgl. auch Aussenstelle Luxemburg des Reichspropagandaamtes Moselland (Hg.): *Zehn Jahre Kunstkreis Luxemburg. Gesellschaft für Literatur und Kunst 1934-1944. Zusammengestellt und bearb. von Hanns Divo u. Alex Röder; unter Verantwortung von Eugen Ewert*. Luxemburg: Verlagsanstalt Moselland [1944]. Die Festschrift enthält eine Auflistung aller Veranstaltungen. Zu Norbert Jacques vgl. ebd., S. 40 u. S. 43.
20	Vgl. Jacques, Norbert: *Norbert Jacques an die Luxemburger Jugend. An die Jugend meiner Heimat*. In: ET vom 22. u. 23.3.1941, [S. 3] und LW vom 22. u. 23.3.1941, S. 4.
21	Auch bei Pol Michels kommt Frantz Cléments Kosename in der leicht abgewandelten Form Fruzzeli vor. Vgl. Michels, Pol: *Dukaten werden beschnitten, Pfennige nicht (Fragment)*. In: *Das junge Luxemburg spricht. Dieses Heft steht im Zeichen Batty Weber. Zu seinem 70. Geburtstag*. Junge Welt Almanach auf das Jahr 1931, S. 15-17, hier: S. 16f.
22	ReL 38f. CNL L-16; I.1.1.3-1: MS.
23	Zu den lästernden Echternachern vgl. Hess, Jos: *Albert Hoefler*. In: CL 4 (1927) 8, S. 685-687, hier: S. 687 und Lech, *Orpheus in Echternach*, S. 207f. u. S. 216.
24	Für die Biographie Albert Hoeflers ist nach wie vor die Arbeit von Lech maßgeblich: Lech, Pierre: *Orpheus in Echternach. Zur Hundertjahrfeier des Dichters Albert Hoefler (1899-1950)*. In: réCré (1999) 15, S. 167-253.
25	Robert ist z.B. ebenfalls der Protagonist der Novelle *Der Ruf* aus dem Zyklus *Geschichten um Echternach*. CNL L-16; I.1.1.4.1-1: MS.

26	Vgl. AVEch Zivilstandsregister. Geburtsakte Nr. 1 vom 2.1.1899.
27	Anna Maria Justine Hoefler wurde am 26.9.1897 in Echternach geboren. Vgl. AVEch Zivilstandsregister. Geburtsakte Nr. 49 vom 27.9.1897. Sie verstarb am 3.9.1986 in Luxemburg.
	Peter Victor Hoefler wurde am 10.11.1902 in Echternach geboren. Vgl. AVEch Zivilstandsregister. Geburtsakte Nr. 72 vom 10.11.1902. Er verstarb am 24.6.1964 in Echternacherbrück.
28	Die Bedeutung des zweiten Ereignisses wird hervorgehoben durch den von Hoefler nachträglich gestrichenen Satz: „Dieser Tag war für Robert Jahrzehnte hindurch der schönste seines Lebens." (ReL 34) Rückblickend und aus der Distanz versuchte der erwachsene Hoefler, durch die Streichung die überschwängliche kindliche Begeisterung zu relativieren.
29	Zu Hoeflers schulischen Leistungen vgl. Lech, *Orpheus in Echternach*, S. 178ff.
30	Zu der Zeit als Seimetz in Echternach wohnte und in der *Voix des Jeunes* Hoeflers Novelle *Das Opfer* veröffentlicht wurde (1918), lernte der Dichter den Maler persönlich kennen und schätzen. Vgl. [Hoefler, Albert]: *Begegnungen mit Frantz Seimetz*. In: ET vom 29.4.1933, [S. 9] und Lech, *Orpheus in Echternach*, S. 207.
	In der Novelle *Der Verrat* gestaltete Hoefler, in Verflechtung mit einer unglücklichen Liebesbeziehung, die Schaffenskrise des Malers Jan Kirchhoff, einer Figur, die eindeutige Züge von Frantz Seimetz trägt: „Morgen früh werde ich abreisen. [...] Alles, was ich hier herumsehe, hier, auf dem Trooskneppchen, in der Krunn... überall – ich habe es zuoft schon gemalt, als daß es mir auf meinen Anruf jetzt noch Rede und Antwort stehen würde. Ich und alles, was mich hier umgibt, wir haben uns nichts mehr zu sagen..." (Hoefler, Albert: *Der Verrat*. Novelle aus dem Zyklus *Geschichten um Echternach*, S. 5. CNL L-16; I.1.1.4.5-1: MS) Und in einem *Kaleidoskop* erinnerte Hoefler sich an einen Spaziergang mit dem Maler: „Da sagtest Du plötzlich: „Ich werde dieser Tage fortziehen. Das Malen hier macht mir keine Freude mehr. Ich kenne jeden Stein und jeder Stein kennt mich. Ich spüre, meine Zeit hier ist um."" ([Hoefler, Albert]: *Franz Seimetz*. In: OMZ vom 15.12.1945, S. 6)
31	Vgl. E. M. [Marx, Emil]: *Albert Hoefler*. In: CL 4 (1927) 8, S. 687-689, hier: S. 688. Hoefler widmete Marx in seinem Erstling das Gedicht *Der Dichter*. Es trägt den Untertitel *Meinem Freunde Emil Marx*. Vgl. Hoefler, Albert: *Rosenblust und*

Sonnengold. Ein Büchlein Verse. Luxemburg: Linden & Hansen [1919], S. 17. Der zweite Lyrikband *Nächte* ist ganz dem Freunde zugedacht und enthält die vorangestellte Widmung „Emil Marx, Deinem harten Menschtum." Vgl. Hoefler, Albert: *Nächte. Gedichte.* Grevenmacher: Paul Faber 1923.

32 Zu Hoeflers Studienwunsch vgl. Lech, *Orpheus in Echternach,* S. 189 (Anm. 48).

33 Vgl. Lech, *Orpheus in Echternach,* S. 190.

34 Hoefler, Albert: *Norbert Jacques,* S. 1. CNL L-16; I.1.1.5-1 (2). Der unveröffentlichte Aufsatz zu Norbert Jacques war als erster Artikel in Hoeflers *Dichter unseres Landes 1900-1945* geplant. Daran lässt die im Manuskript vorgenommene Paginierung keinen Zweifel. Hoefler verzichtete allerdings 1945 bei der Veröffentlichung der Dichterporträts auf den Aufsatz zu Jacques und ließ seine Sammlung mit Nik Welter beginnen, der ursprünglich auf Jacques folgen sollte. Noch 1939 hatte Hoefler in einem Überblick zur zeitgenössischen Luxemburger Literatur Norbert Jacques bewusst an die Spitze seiner Auflistung gestellt und in wenigen Zeilen eine Ehrenrettung versucht. Vgl. Hoefler, Albert: *Das geistige Leben Luxemburgs. Dichtung der Jungen.* In: *De Student. Numéro du Centenaire de notre Indépendance. 1839-1939. Direkter: Joseph Medinger. Matarbechter: Pierre Rumé, Evry Wohlfart, Marcel Stoffel et al.* [s. l.] [1939], [S. 5-6], hier: [S. 5]. Vgl. auch Lech, Pierre: *Albert Hoefler (1899-1950). Mitarbeiter der Cahiers luxembourgeois 1923-1950. Eine Einführung in Leben und Werk. Mit Texten und mit Zeugnissen.* In: CL (2000) 4, S. 5-24, hier: S. 17: Lech bemerkt, dass Hoefler Norbert Jacques in seinem „literarhistorischen Abriss" *Dichter unseres Landes* nicht berücksichtigte, stellt jedoch nicht fest, dass Jacques' Porträt ursprünglich vorgesehen war.

Zu Hoeflers Begeisterung und Wertschätzung für Jacques vgl. z. B. ReL 99ff.

35 Vgl. Hoefler, Alb[ert]: *Aus der abenteuerlichen Chronika eines Ueberflüssigen.* In: OMZ vom 30.6.1921, [S. 3].

36 Vgl. Lech, *Orpheus in Echternach,* S. 189.

37 Vgl. Lech, *Orpheus in Echternach,* S. 174 u. S. 193f.: Lech verweist auf Anträge für Studiensubsidien.

38 Den Hinweis zur Exmatrikulation Hoeflers verdanke ich Johannes Nettekoven vom Archiv der Universität Bonn (Email-Mitteilung vom 17.9.2012).

In Hoeflers Privatbibliothek befindet sich folgendes Widmungsexemplar: Tagore, Rabindranath: *Das Heim und die Welt. Roman.* München: Kurt Wolff 1921. CNL L-16; AHO 002. Die auf den 20.6.1921 datierte und von sieben Personen unterschriebene Widmung „Dem Kommilitonen / Albert Hoefler / „Luxemburgia"- Bonn 1921" legt nahe, dass Hoefler sich zumindest zeitweise während des Sommersemesters 1921 in Bonn aufhielt.

39   Vgl. Brief von Alexander Weicker an Albert Hoefler vom 21.7.1921. BNL Rés. préc. MS 537, Nr. 69.

40   Briefe von Alexander Weicker an Albert Hoefler vom 21.7., 28.7., 7.8. u. 17.8.1921. BNL Rés. préc. MS 537, Nr. 66-69.

41   Brief von Alexander Weicker an Albert Hoefler vom 17.8.1921. BNL Rés. préc. MS 537, Nr. 66, [S. 2]. Weicker meinte u. U. folgenden Verriss: [Anonym]: *„Fetzen". Roman. Aus der abenteuerlichen Chronika eines Ueberflüssigen. Von Alexander Weicker, Schriftsteller, Roodt-Syr.* In: LW vom 31.5.1921, [S. 2]. Dort heißt es u. a.: „Alles in Allem: Dies Erstlingswerk ist kein Ganzes. Es bringt wirklich nur „Fetzen" aus der Chronika eines tatsächlich „Ueberflüssigen"; denn Menschen wie Jappes Paul und Cie. dürfen verschwinden, je eher je besser für sich und die andern. / Von Weicker selbst hoffe ich, um in seiner zarten Art zu wortwitzeln, daß dieser „Roman" auch ihm ein „Ueberflüssiges" war, dessen er sich losmachen wollte und mußte. Nur darf er sich nicht ärgern, wenn der eine und andere dies „Ueberflüssige" nicht grade als köstliche Probe eigenen Wachstums einschätzen kann."

42   Vgl. Brief von Norbert Jacques an Albert Hoefler vom 21.9.1921. BNL Rés. préc. MS 537, Nr. 26, [S. 1]. Vgl. auch Lech, *Orpheus in Echternach*, S. 191.

43   Zum System der Gradenexamen (collation des grades: candidature et doctorat) vgl. Schmit, Michel: *Regards et Propos sur l'Enseignement Supérieur et Moyen au Luxembourg. Essai documentaire.* Luxembourg: Joseph Beffort 1999, S. 40ff., S. 87ff., S. 284ff., S. 387ff. u. S. 669ff. und ders.: *Aperçu sur un siècle et demi d'enseignement supérieur et moyen.* In: *Mémorial 1989. La Société Luxembourgeoise de 1839 à 1989.* Luxembourg: Les Publications Mosellanes 1989, S. 395-407, hier: S. 403f.

44   Vgl. Lech, *Orpheus in Echternach*, S. 195.

45   Hoefler, Albert: *Ueber den Kämpfen. Gedichte von Nik. Welter.* In: VdJ (Mai 1922) 5 n. s., S. 75-76, hier: S. 76. Hoefler blieb

auch später bei seiner ablehnenden Haltung gegenüber Welters lyrischem Werk. 1936 veröffentlichte Welter den Prosaband *Freundschaft und Geleit*. Erinnerungen, der einen Kommentar zur Entstehungsgeschichte des Gedichtbandes *Segnungen der Stunde. Aus meinem Wiener Tagebuch* (1910) enthält. Diesen Kommentar unterzog Hoefler einer vernichtenden Kritik: Hoefler, Albert: *Ein schlechter Kommentar zu miserablen Versen*. In: DnZ (1936) 3, S. 3. Nuancierter fiel Hoeflers Urteil in folgenden Artikeln aus: Hoefler, Albert: *Nikolaus Welter*. In: D'Hêmecht, Nr. 9 vom 25.11.1944, [S. 2-3] und ders.: *Nikolaus Welter*. In: CL 21 (1949) 1, S. 98-99.

46 Norbert Jacques lernte in Bonn die Schauspielerin Olga Hübner kennen, die er wenig später heiratete. Als sie ein Engagement am Oberschlesischen Theater in Beuthen erhielt, folgte Jacques ihr nach Schlesien. Vgl. Jacques, Norbert: *Mit Lust gelebt. Roman meines Lebens. Kommentierte, illustrierte und wesentlich erweiterte Neuausgabe*. Hg. von Hermann Gätje, Germaine Goetzinger, Gast Mannes und Günter Scholdt. Sankt Ingbert: Röhrig Universitätsverlag 2004, S. 34ff. und Scholdt, *Der Fall Norbert Jacques*, S. 37.

47 Marx, *Albert Hoefler*, S. 689.

48 Vgl. *Memorial des Großherzogtums Luxemburg*, Nr. 11 vom 17.3.1923, S. 108: Albert Hoefler figuriert hier als „récipiendaire pour la candidature en philosophie et lettres préparatoire au doctorat en philosophie et lettres".

49 Vgl. Lech, *Orpheus in Echternach*, S. 195f.

50 Vgl. Lech, *Orpheus in Echternach*, S. 195.

51 Vgl. Lech, *Orpheus in Echternach*, S. 195.

52 Das Pseudonym konnte bis dato nicht aufgeschlüsselt werden.

53 Hoefler, Albert: *Die Frau der sieben Schmerzen*. In: ET vom 24.1.1931, [S. 6]. Die Erwähnung des Siebengebirges deutet ebenfalls auf Bonn als ein Handlungsort hin.

54 Vgl. Hess, *Albert Hoefler*, S. 687 und Lech, *Orpheus in Echternach*, S. 206ff.

55 Vgl. Personalakte Albert Hoefler. Karteikarte: Division des minières. ANL AES-U1-350/1.

56 Einstellungsexamen für verwaltungstechnische Posten gab es ab 1919. Vgl. ARBED. Aciéries réunies de Burbach-Eich-Dudelange (Hg.): *Un démi-siècle d'histoire industrielle 1911-1964*.

Documents réunis, classés et commentés par Félix Chomé. [Luxembourg]: ARBED [s. d.], S. 228.

57　Hoefler, Albert: *Weihnacht I.* In: CL 14 (1937) 5, S. 569. Vgl. auch Lech, *Orpheus in Echternach*, S. 216ff.

58　Das Pseudonym konnte bis dato nicht aufgeschlüsselt werden.

59　Vgl. Brief von Andrée Viénot-Mayrisch an Mathias Koener vom 20.2.1930. ANL AES-U1-282: Andrée Viénot-Mayrisch informierte ARBED-Direktor Mathias Koener darüber, dass sie einen „petit cercle d'études pour jeunes ouvriers" ins Leben gerufen habe, der anfangs von rein privatem Charakter sein solle. Dem Brief liegt die Kopie eines Schreibens an Aloys Meyer, Generaldirektor der ARBED, bei, in dem von der Gründung, der Zielsetzung sowie der praktischen Organisation des Studienkreises berichtet wird. Vgl. Brief von Andrée Viénot-Mayrisch an Aloys Meyer vom 20.2.1930. ANL AES-U1-282.

60　JW (Jan.-Feb. 1930) 10 N. F., S. 203.

61　Vgl. Lech, *Orpheus in Echternach*, S. 219f.

62　Vgl. Hoefler, Albert: *Selbstbildnis*. In: CL (1935) 3, S. 305-306; CL 14 (1937) 5, S. 570-571 und Hoefler, Albert: *Der Wandrer. Gedichte von Albert Hoefler.* Luxemburg: Verlag der Cahiers luxembourgeois 1937, S. 22-23.

63　In die Richtung, Hoeflers Lyrik als „Gestammel eines Geisteskranken" zu werten, ging teilweise Gregor Stein, der in seiner Reihe *Dichter der Heimat* Hoeflers Werk und literarischen Werdegang kritisch reflektierte. Vgl. [Stein, Gregor] [Grégoire, Pierre]: *Dichter der Heimat. 8. Albert Höfler.* In: LW vom 8.5.1934, [S. 7].

64　Vgl. Hess, *Albert Hoefler*, S. 687.

65　Vgl. Lech, *Orpheus in Echternach*, S. 238-248, insb. S. 241f. Das *Lëtzebuerger Journal* war der Nachfolger der Presseorgane *Unio'n* und *Obermosel-Zeitung*, die beide ihren Betrieb am 3.4.1948 einstellten. Vgl. ebd., S. 245f. Zur Geschichte der beiden Blätter vgl. Hilgert, Romain: *Zeitungen in Luxemburg 1704-2004.* Luxembourg: Service information et presse du gouvernement luxembourgeois 2004, S. 124f. u. 207ff.

66　Hoeflers Sterbeurkunde trägt das Datum 28.9.1950. Vgl. Lech, *Orpheus in Echternach*, S. 249f.

67　Hoefler, Albert: *Nächtliches Gesicht*. In: Hoefler, *Nächte*, [S. 13].

68	Hoefler, Albert: *Kleinbürgerliche Tragödie*. Novelle aus dem Zyklus *Geschichten um Echternach*. CNL L-16; I.1.1.4.2-1: MS.
69	Hoefler, Albert: *Meiner Mutter I*. In: Hoefler, *Der Wandrer*, S. 34. Vgl. auch ders.: *Mutter*. In: Hoefler, *Nächte*, [S. 44].
70	Vgl. auch Hoefler, Albert: *Die Reise zur Mutter*. Novelle aus dem Zyklus *Geschichten um Echternach*, S. 19. CNL L-16; I.1.1.4.3-1: MS.
71	Hoefler, Albert: *An meine Mutter*. In: Hoefler, *Nächte*, [S. 43] und ders.: *Die Hände*. In: Hoefler, *Der Wandrer*, S. 33.
72	Vgl. auch Hoefler, Albert: *Mutter*. In: Hoefler, *Nächte*, [S. 44].
73	Als weitere Belegstellen für das innige Mutter-Sohn-Verhältnis können folgende Passagen angeführt werden: ReL 68, 76, 103, 114, 136, 142, 151, 201f. u. 220f.
74	Vgl. z. B. Hoefler, *Die Reise zur Mutter*, S. 6 u. S. 20. CNL L-16; I.1.1.4.3-1: MS. Auch hier stilisierte Hoefler die Mutterfigur zur Märtyrerin und Heiligen.
75	Angst vor der weiblichen Sexualität offenbart auch Hoeflers Protagonist in dem folgenden, autobiographische Züge aufweisenden Kurzprosatext: Hoefler, Albert: *Aufbruch ins Ich*. In: ET vom 5.9.1931, [S. 9].
76	Vgl. Hoefler, *Die Frau der sieben Schmerzen*, [S. 6].
77	Vgl. Hoefler, Albert: *Aus dem Zyklus: Die Gedichte um Lu*. In: CL 8 (1931) 3, S. 320-322. Vgl. auch ders.: *Für Lu*. In: *Annuaire 1933. Dessins à la plume de Félix Glatz. Association générale des étudiants luxembourgeois*. Luxembourg: Victor Buck 1933, S. 97.
78	Zum Motiv der Aggressivität beim verlassenen Mann vgl. Hoefler, *Die Frau der sieben Schmerzen*, [S. 6]; Hoefler, Albert: *Die Nacht. Für Norbert Jacques*. In: LZ vom 7.1.1927 (AA), [S. 2] und Hoefler, Albert: *In Morte sumus. (Aus den Papieren eines Malers)* In: CL 14 (1937) 5, S. 547-550.
79	Vgl. Hoefler, Albert: *Du strafst zu hart!* In: Hoefler, *Nächte*, [S. 23].
80	Vgl. Hoefler, Albert: *Ich danke dir.* In: Hoefler, *Nächte*, [S. 31]. Mehrere Gedichte, in denen sich die unglückliche Liebesbeziehung spiegelt, wurden vorab in der *Voix des Jeunes* veröffentlicht. Vgl. Hoefler, Albert: *Gedichte. In Seelennot. / Ich danke dir! / Heimgang*. In: VdJ (Mars 1922) 3 n. s., S. 35-36 und ders.:

	Gedichte. Ich hab ja nie ums Glück gewusst! / Du strafst zu hart! / Marternde Nächte. In: VdJ (Avril 1922) 4 n. s., S. 53-54.
81	Das Pseudonym konnte bis dato nicht aufgeschlüsselt werden.
82	Der Gedanke, dass das Begehren einer bestimmten Frau nur Ausdruck einer tieferen Sehnsucht nach Zweisamkeit sei, findet sich auch in der Novelle *Die Heimkehr*: „Aus deinem Innern erheben sich Schreie der Sehnsucht, du glaubst in dem Weibe, dessen Bekanntschaft du vor Monatsfrist gemacht hast, schließlich all die Eigenschaften entdeckt zu haben, ohne deren Besitz dich das Leben nicht mehr lebenswert dünkt – aber besinne dich mein Freund! Wäre es nicht möglich, daß dein Blut hungrig nach dem Weibe im allgemeinen ist, du aber dich selber täuschst, indem du dir einredest, daß diese kleine Belgierin deine große und einzige Liebe sei..." (Hoefler, Albert: *Die Heimkehr*. Novelle aus dem Zyklus *Geschichten um Echternach*, S. 8. CNL L-16; I.1.1.4.4-1: MS)
83	Vgl. auch Hoefler, Albert: *Zuschütten will ich alle lauten Kreise*. In: Hoefler, Albert: *Der Dom*. Luxemburg: Verlag Les Cahiers luxembourgeois 1927, S. 12. Der eindringliche Wunsch nach Zweisamkeit wird hier ähnlich formuliert.
84	In Hoeflers Nachlass erinnert ein Widmungsexemplar der Gedichtsammlung *Der Wandrer* an das Zusammentreffen in Esch/Alzette: „Meiner lieben Freundin Julie Benner in Erinnerung an die schönen Tage vom 21. 22[.] und 23. Januar und in der Hoffnung an die kommenden. Esch/Alzette, 23.I.1939". (Hoefler, *Der Wandrer*. CNL L-16; I.2.3-7)
85	Albert Hoefler heiratete Julie Benner (1908-1988) am 29.4.1939 im Rathaus in Luxemburg-Stadt. Vgl. Notiz in der Rubrik *État civil de la ville de Luxembourg. Mariages*. In: LW vom 1.6.1939, S. 9. Vgl. auch Lech, *Orpheus in Echternach*, S. 230.
86	Vgl. Hoefler, Albert: *Das Opfer. Novelle von Albert Hoefler*. In: VdJ 2 (Septembre 1918) 9, S. 95-96.
87	Vgl. Hoefler, Albert: *Das Lächeln des Tobias Pilger*. Novelle aus dem Zyklus *Geschichten um Echternach*, S. 10f. CNL L-16; I.1.1.4.6-1: MS.
88	Hoefler, *Die Frau der sieben Schmerzen*, [S. 6].
89	[Hoefler, Albert]: *Kleine Schaubuehne*. In: ET vom 15.3.1922, [S. 7].

90	Rauchs, Paul: *Les mamelles de la géographie luxembourgeoise.* In: *Luxembourg, les Luxembourgeois. Consensus et passions bridées. Sous la direction de Corina Mersch. Textes accompagnant l'exposition.* Luxembourg: Éditions Phi 2001, S. 41-46, hier: S. 41.
91	Rauchs, *Les mamelles de la géographie luxembourgeoise*, S. 41.
92	Vgl. auch Hoefler, Albert: *Das Opfer.* Novelle aus dem Zyklus *Geschichten um Echternach.* CNL L-16; I.1.1.4.7-1: MS. In dieser Novelle, nicht zu verwechseln mit der gleichnamigen Novelle, die 1918 in der *Voix des Jeunes* erschien, gestaltete Hoefler das Schicksal eines männlichen Märtyrers während der Besetzung Echternachs durch die französischen Revolutionstruppen.
93	Albert Hoeflers Initiation fand am 22.11.1946 statt. Ab August 1948 figurierte er auf der Mitgliederliste der wieder neu gegründeten Loge Saint Jean de l'Espérance. Die Informationen verdanke ich Frau Julie Rousseau-Kerngut. Vgl. auch Conter, Claude: *Franc-maçonnerie et littérature.* In: *Les francs-maçons dans la vie culturelle. Freimaurer im kulturellen Leben Luxemburgs.* Luxembourg: Éditions de la Grande Loge de Luxembourg 1995, S. 7-13, hier: S. 12.
94	Ein Esch/Alzette gewidmetes Gedicht trägt den Titel *Stadt des Erzes.* Es gilt als eines der wenigen ‚sozialen' Gedichte Hoeflers und wurde mehrmals veröffentlicht: Hoefler, Albert: *Stadt des Erzes.* In: A-Z, Nr. 52 vom 16.12.1934, S. 7; CL 14 (1937) 6, S. 646-647 und Hoefler, *Der Wandrer*, S. 45-46.
95	Marx, *Albert Hoefler*, S. 688. Ähnlich urteilte auch Jos Hess: „Ohne Echternach wäre Hoefler unmöglich der geworden, der er ist." (Hess, *Albert Hoefler*, S. 686)
96	Hoefler bezeichnete in einem *Kaleidoskop* Echternach als „gesegnete[ ], aber auch zugleich verfluchte[ ] Erde." ([Hoefler, Albert]: *Franz Seimetz.* In: OMZ vom 15.12.1945, S. 6)
97	Vgl. Hoefler, *Der Ruf*, S. 11ff. CNL L-16; I.1.1.4.1-1: MS.
98	Hoefler, *Die Heimkehr*, S. 3. CNL L-16; I.1.1.4.4-1: MS.
99	Zur Bedeutung Echternachs für Hoeflers dichterisches Schaffen vgl. z. B. Hoefler, Albert: *Autobiographische Skizze.* In: VdJ 22 (Juillet 1938) 26 n. s., [S. 6].
100	Vgl. auch Hoefler, *Der Ruf*, S. 6. CNL L-16; I.1.1.4.1-1: MS: Hier erinnert Robert sich an ein oberflächliches Gespräch mit Arbeitskollegen, das plötzlich von einer peinlichen Stille unterbrochen wurde, was er implizit darauf zurückführt, dass seine Kollegen weder eine poetische Ader besitzen noch die Fähigkeit poetischen Sprechens beherrschen.

101	Vgl. Lech, *Orpheus in Echternach*, S. 174.
102	Während in Echternach die Pfarrbibliothek vom katholischen Volksverein geleitet wurde, war der linksliberale Volksbildungsverein Träger einer eigenen Bibliothek, was zu Streitigkeiten auf kommunaler Ebene führte. Vgl. [Anonym]: *Hetze gegen den Volksverein.* In: Das Luxemburger Volk vom 3.7.1909, S. 107. Zu den gegensätzlichen Ausrichtungen und Zielsetzungen von Volksverein und Volksbildungsverein vgl. Fayot, Ben: *Fragmente zur Geschichte der Volksbildungsvereine in Luxemburg.* In: Galerie 1 (1982-83) 2, S. 146-159.
103	Bei dem Namen handelt es sich vermutlich um ein Pseudonym, das bis dato nicht aufgeschlüsselt werden konnte.
104	Die nachträgliche Streichung des betreffenden Satzes im Manuskript lässt auf eine Relativierung schließen, was nichts daran zu ändern vermag, dass Hoefler bei der ersten Niederschrift die Begegnung Roberts mit Geller als „bestimmend" empfand.
105	In einem *Kaleidoskop* erinnerte Hoefler sich daran, wie der Jugendfreund ihn an die Luxemburger Literatur heranführte. Vgl. [Hoefler, Albert]: *Vor dreißig Jahren.* In: OMZ vom 27. u. 28.10.1945, [S. 3].
106	Schlaf, Johannes: *Der Stille Ozean.* In: Floréal 1 (1907) 3, S. 202-206 und Weber, Batty: *Wandern.* In: Floréal 1 (1908) 9, S. 151-155. Die beiden Skizzen erschienen nicht in derselben Nummer.
107	Vgl. Marx, *Albert Hoefler*, S. 688.
108	Vgl. Hoefler, *Das geistige Leben Luxemburgs*, [S. 5f.]. Vgl. auch Mannes, Gast: *Luxemburgische Avantgarde. Zum europäischen Kulturtransfer im Spannungsfeld von Literatur, Politik und Kunst zwischen 1916 und 1922.* Esch/Alzette: Éditions Phi 2007, S. 67ff.
109	Vgl. Hoefler, Albert: *Das Ende der Voix des Jeunes.* In: OMZ vom 6.4.1923, [S. 3]. Hoefler war nicht nur Beiträger der *Voix des Jeunes*, sondern veröffentlichte auch in den Jahrbüchern der ASSOSS wiederholt Gedichte.
110	Vgl. z. B. Hoefler, Albert: *Die Junge Welt und Wir.* In: ET vom 22.2.1930, [S. 7]. Vgl. auch Marson, Pierre: *Literarische Generationen um 1900 in Luxemburg. Ein Beitrag zur Luxemburger Literaturgeschichtsschreibung.* In: Conter, Claude D.; Sahl, Nicole (Hgg.): *Aufbrüche und Vermittlungen. Beiträge zur Luxemburger und europäischen Literatur- und Kulturgeschichte / Nouveaux*

horizons et médiations. Contributions à l'histoire littéraire et culturelle au Luxembourg et en Europe. Bielefeld: Aisthesis 2010, S. 345-364, hier: S. 350ff.

111 Weber forderte von den Alten: „Dreht Euch um! Befreit Euch von dem unheimlichen Gefühl, daß Ihr die Jugend als feindselig nachdrängende Schaar (sic!) im Rücken habt. Schaut ihnen ins Gesicht, den Stürmern, hört, was sie wollen, und beurteilt sie nach dem Verhältnis ihres Könnens zu ihrem Wollen." (Weber, Batty: *Aufruf!* In: VdJ 1 (Août 1917) 1, [S. 1])

112 Clement, Frantz: *René Engelmann.* In: VdJ (Janvier 1922) 1 n. s., S. 3-4.

113 Zu Hoeflers Begegnung mit Jim Wester in der *Voix des Jeunes* vgl. A. H. [Hoefler, Albert]: *Der Schriftsteller Jim Smiley.* In: LJ vom 30.3.1950, S. 4.

114 Michels, Pol: *Le Réceptacle.* In: VdJ 2 (Septembre 1918) 9, S. 94-95. Vgl. dazu Mannes, *Luxemburgische Avantgarde,* S. 72ff.

115 Rückblickend erinnerte Hoefler sich, wie stark der Eindruck war, den Pol Michels vermittelt hatte: „Von jenen, welche zum steten Mitarbeiterkreis der *Voix des Jeunes* gehörten, ist vor allem auch heute noch zu nennen: P o l M i c h e l s. Dieser Schriftsteller ist der Schrecken aller Bürger und Spiesser; ein faszinierendes Talent [...]. Noch erinnere ich mich, mit welchem Enthusiasmus wir seine ersten Verse in *Voix des Jeunes* begrüssten [...]. [H]ier [war] endlich einer, der aufräumte mit dem ewigen Singsang unserer Auch-Lyriker und frischere jugendlichere Töne anschlug, zu denen wir uns auch dann noch offen bekennen konnten, wenn auch im Hintergrunde der Zynismus und die Grimasse lauerten." (Hoefler, *Das geistige Leben Luxemburgs,* [S. 6])

116 Diesem Widerspruch in Roberts Wesen entspricht der Zwiespalt zwischen der ‚romantischen', dem Prinzip des L'art pour l'art nachempfundenen Lyrik und den antibourgeoisen Parolen des jungen Hoefler, die sicherlich auf der Begeisterung des Gymnasiasten für die linksradikale Literatur in der *Voix des Jeunes* fußen. Auskunft über Hoeflers antibürgerliche Gedanken jener Zeit gibt indirekt ein Brief von Paul Weber, der seit 1917 Mitglied des Cénacle des extrêmes und zugleich Beiträger der *Voix des Jeunes* war. Weber antwortete auf ein Schreiben Hoeflers und lobte ihn ausdrücklich für seine Haltung: „Dein Brief [...] hat alles in staunende Bewunderung gesetzt. Das Wort über unsere treue, so gar nicht lammfromme Bourgeoisie u. das

über das verkommene Menschtum des Jahrzehnts entzündete Begeisterung. / Dass das Antibourgeoise der Moderne ebenso wie Romain Rollands erschütternder Weckruf bis in Europas entlegenstes Gymnasialnest Hörer u. Jünger fand, halte ich als Zeichen des Sieges menschenneuernder (sic!) Idee. / Deine zwei Worte: Antibourgeoisie u. Menschheitsfühlen sind Grundmauer unseres Denkens u. aller Kunst." Weber stellte auch klar, dass ‚Antibourgeoisie' die Bekämpfung des L'art pour l'art erfordere: „Dies lachhafteste der Prinzipien (das [...] spleenigten Hochfinanz- u. Bürgerhirnen sich entrang) heisst es niederzuboxen, soll das Wort Waffe werden." (Brief von Paul Weber an Albert Hoefler vom 17.9.1918. BNL Rés. préc. MS 537, Nr. 65, [S. 1f.]) Vgl. auch Lech, *Orpheus in Echternach*, S. 184.

117 Zum Einfluss Stefan Georges auf Hoeflers Gedichtband *Der Dom* vgl. Hoefler, *Autobiographische Skizze*, [S. 6].

118 Hier klingt die besondere Wertigkeit an, die Hoefler dem Symbol beimisst und die er in einem späten *Kaleidoskop* wie folgt resümiert: „Alle wahre und wirkliche Kunst ist nichts andres als Symbol." ([Hoefler, Albert]: *Die andere Wirklichkeit*. In: LJ vom 15.7.1948, S. 5)

119 In einem *Kaleidoskop*, rund ein halbes Jahr vor seinem Tod, bezog Hoefler nochmals Stellung gegen die Littérature engagée und machte sich stark für eine Dichtung frei von sozialkritischen Tönen: „Wer heute noch von den Angelegenheiten des Herzens spricht, wird verschrieen als Narr und Träumer. / Die Literatur ... sie muß engagiert sein, wenn sie Widerhall bei den Massen finden soll. / „Behandelt aktuelle Probleme", ruft man den schaffenden Künstlern zu, „zeigt uns den Menschen von heute in seiner Not und seiner materiellen Misère, aber verschont uns um Gottes willen mit dem ewigen Singsang, dessen Inhalt stets der nämliche ist: Schmachtende Sehnsucht [...]." / Ich bin solchen Fanfaronaden gegenüber immer mißtrauisch gewesen. / [...] / Eine jede Zeit hat ihre besonderen Probleme. / Aber das menschliche Herz hat sich durch die Jahrtausende hindurch nicht geändert." ([Hoefler, Albert]: *Es ändert nicht das menschliche Herz...* In: LJ vom 24.3.1950, S. 3)

120 Hoefler, Albert: *Gang zur Arbeit. An einem Sommermorgen*. In: CL (1935) 7, S. 775.

121 Namentlich genannt werden Peter Altenberg, Arthur Schnitzler, Jakob Wassermann und Hugo von Hofmannsthal, von dem Hoefler etwa das Motiv von der Einsamkeit des Dichters übernahm.

122	Zum freundschaftlichen Verhältnis zwischen dem Lehrer Kratzenberg und dem Schüler Hoefler vgl. Hoefler, Albert: *Erinnerung an Deutschland*. In: VdJ 22 (Février 1938) 25 n. s., [S. 8].
123	Hoefler traf z. B. mit Jacques während der Freiburger Tagung des Bundes rheinischer Dichter im Oktober 1931 zusammen und war – laut fiktionaler Autobiographie – im Anschluss an das Treffen bei Jacques am Bodensee zu Gast. Vgl. ReL 216ff. Schon 1926 begegneten sich die beiden Schriftsteller. Vgl. [Hoefler, Albert]: *Anmerkungen*. In: ET vom 30.3.1929, [S. 9]. Und 1937 widmete Hoefler Jacques ein Exemplar seines Bandes *Der Wandrer* als Dank für einen Aufenthalt im Adelinenhof. (Vgl. Hoefler, *Der Wandrer*. Fonds Norbert Jacques. CNL L-89; V.2-6)
124	[Hoefler, Albert]: *Anmerkungen*. In: ET vom 30.3.1929, [S. 9].
125	Die Bedeutung, die Hoefler einem durchaus romantisch zu nennenden Sehnsuchtsbegriff im künstlerischen Schaffensprozess beimisst, verweist unmittelbar auf seine Wertschätzung für Jacques. Im Kurzprosatext *Aufbruch ins Ich* wird die tragende Rolle der Sehnsucht besonders deutlich: „Hatte er [der Dichter] vielleicht versucht, sie davon zu überzeugen, dass nicht alles Heil im Heute liege, sondern dass blos (sic!) die Sehnsucht die Menschen schöpferisch mache, dass man die Sehnsucht in sich tragen muss [...], unfassbar und doch bezwingend, sehr fern und uns doch nah wie Vater und Mutter. - -" (Hoefler, *Aufbruch ins Ich*, [S. 9])
126	Wilhelm Lehmbruck (1881-1919) experimentierte bei seinen Skulpturen, für die er unterschiedliche Materialien verwendete, mit den Methoden der Fragmentierung und Reduzierung, um Körper zu entmaterialisieren und so zu einer neuen künstlerischen Ausdruckssprache zu gelangen. Vgl. Klee, Ernst: *Das Kulturlexikon zum Dritten Reich. Wer war was vor und nach 1945?* Frankfurt a. M.: S. Fischer 2007, S. 358-359 und Schubert, Dietrich: *Lehmbruck, Wilhelm*. In: NDB 14 (1985), S. 101-103 [Onlinefassung: 27.11.2012]. URL: http://www.deutsche-biographie.de/pnd118571117.html
127	Hoefler, Albert: *Bekenntnis zur neuen Kunst*. In: CL (1927-1928) 6, S. 443-445, hier: S. 443f.
128	Hanns Johst (1890-1978) debütierte mit expressionistischen Theaterstücken. Dem Bühnenautor gelang 1917 der Durchbruch mit dem Drama *Der Einsame*. Ab den 1920er Jahren

avancierte Johst zum Verfechter nationalsozialistischer Kunst- und Weltanschauung und machte Karriere im neuen Staat. 1935 wurde er zum Präsidenten der Reichsschrifttumskammer. Vgl. Klee, *Das Kulturlexikon zum Dritten Reich*, S. 285-286.

129 Hoefler, *Bekenntnis zur neuen Kunst*, S. 444.

130 Hoefler, *Bekenntnis zur neuen Kunst*, S. 445.

131 Hoefler, *Bekenntnis zur neuen Kunst*, S. 445. Vgl. auch ReL 127.

132 Hoefler, Albert: *Nacht am Rhein*. In: LW vom 24.6.1921, [S. 2].

133 Hoefler, *Autobiographische Skizze*, [S. 6].

134 [Hoefler, Albert]: *Die andere Wirklichkeit*. In: LJ vom 15.7.1948, S. 5. Zum künstlerischen Schaffensprozess vgl. auch [ders.]: *Ueber die Entstehung des dichterischen Werkes*. In: ET vom 21.3.1931, [S. 8]. Die Bedeutung tiefen Erlebens als Ausgangspunkt jeder dichterischen Schöpfung skizzierte Hoefler mehrmals. Vgl. z. B. Hoefler, Albert: *Das Erlebnis*. In: ET vom 3.5.1930, [S. 6] und Hoefler, *Autobiographische Skizze*, [S. 6]. Er betonte sie auch noch als Fünfzigjähriger: „Erst mit dem Aelterwerden, erst durch das Erleben, das für einen wirklichen Dichter durchaus persönlicher Natur ist, wird die einmalige Aussage geboren." (Hoefler, Albert: *Zu einigen Gedichten unsrer Jüngsten*. In: CL 21 (1949) 6, S. 75)

135 Die grundlegende Studie zum Vitalismus stammt von Martens, Gunter: *Vitalismus und Expressionismus. Ein Beitrag zur Genese und Deutung expressionistischer Stilstrukturen und Motive*. Stuttgart / Berlin / Köln / Mainz: Kohlhammer 1971.

136 Für eine Reihe von Schriftstellern, die Hoefler im autobiographischen Roman im Zusammenhang mit Roberts ‚literarischem Werdegang' erwähnt, weist Martens vitalistische Motivik und Stilelemente in ihrem Werk nach, so z. B. für René Schickele (vgl. Martens, *Vitalismus und Expressionismus*, S. 127ff.), Richard Dehmel (vgl. ebd., S. 102ff.), Georg Kaiser (vgl. ebd., S. 182ff.) und den von Hoefler in den 1920er Jahren geachteten Hanns Johst, der die Ideen des Vitalismus zu nationalsozialistischer Blut-und-Boden-Mystik pervertierte (vgl. ebd., S. 296f.).

137 Hoefler, Albert: *Herbstliches Fühlen. Dem ungeborenen Kinde*. In: Hoefler, *Der Wandrer*, S. 18.

138	Zur vitalistischen Blutmetaphorik vgl. Martens, *Vitalismus und Expressionismus*, S. 154ff. Vgl. auch Lech, *Orpheus in Echternach*, S. 170f.
139	Hoefler, *In Morte sumus*, S. 547.
140	Lech stellt fest: „Dabei konnte es nicht ausbleiben, dass der junge Hoefler, wie fast alle unsere deutschsprachigen Autoren, anfällig wurde für den im germanischen Sprachraum tief verwurzelten irrationalen Blut-und-Boden-Kult, der sich in den volkstümlichen Mythen und Märchen der Romantik manifestierte und sich pazifistisch in der expressionistischen Menschheits-Verbrüderung sublimierte, der sich aber auch gefährlich in nationalistisches Hegemoniedenken und in völkischen Rassenwahn pervertierte. Die deutsch dichtenden Luxemburger vor und nach dem Ersten Weltkrieg waren, unbewusst oder gewollt, empfänglich für jene unterschwelligen germanischen Wesensarten". (Lech, *Albert Hoefler. Mitarbeiter der Cahiers luxembourgeois*, S. 16)
141	Vgl. [Hoefler, Albert]: *Weltoffene Landschaft oder neue Heimatkunst?* In: ET vom 16.5.1931, [S. 6]. Hoefler gebrauchte den Begriff ‚weltoffene Landschaft' nur wenig später und in Anlehnung an Hans Friedrich Blunck auch in einem Brief an Alfons Paquet. Vgl. Brief von Albert Hoefler an Alfons Paquet vom 30.5.1931. UB J. C. Senckenberg Frankfurt a. M. Nachl. A. Paquet (I) A I, Nr. 56, fol. 393r.

Im *Escher Tageblatt*-Artikel bekannte Hoefler 1931, dass er die beschränkte Heimatkunst Luxemburger Prägung ablehne, ihre deutschen Vertreter hingegen akklamiere, da ihre Kunst zwar in der Heimat wurzele, aber dank ihres schöpferischen Potentials über diese in die ‚weltoffene Landschaft' hinausweise. Auch Hoeflers Alter Ego Robert will sich unbedingt von den Luxemburger Heimatdichtern abgrenzen. Vgl. ReL 220. |
142	Hoefler, Albert: *Sätze gesprochen zu einer Umwälzung*. In: ET vom 6.5.1933, [S. 7].
143	Hoefler, Albert: *Sätze gesprochen zu einer Umwälzung*. In: ET vom 6.5.1933, [S. 7].
144	Hoefler, Albert: *Sätze gesprochen zu einer Umwälzung*. In: ET vom 6.5.1933, [S. 7].
145	Hoefler, Albert: *Erinnerung an Deutschland*. In: VdJ 22 (Février 1938) 25 n. s., [S. 8].
146	Hoefler, Albert: *Vom Geiste unseres Volkes. II*. In: Echternacher Anzeiger vom 12.7.1924, [s. p.].

147	Hoefler, *Ueber den Kämpfen. Gedichte von Nik. Welter*, S. 75.
148	Hoefler, *In Morte sumus*, S. 548.
149	Hoefler, *In Morte sumus*, S. 550.
150	Hoefler, Albert: *Das Fragmentarische der Luxemburger. II.* In: ET vom 19.4.1930, [S. 9].
151	Hoefler, Albert: *Das Fragmentarische der Luxemburger. II.* In: ET vom 19.4.1930, [S. 9].
152	Ein entsprechendes Märchen konnte bis dato nicht im *Echternacher Anzeiger* nachgewiesen werden.
153	Marx, *Albert Hoefler*, S. 688. Vgl. auch P. V. [Michels, Pol]: *Eine Ehrenrettung*. In: De Peck-Villchen, Nr. 225 vom 14.1.1950, [S. 1] und [Hoefler, Albert]: *Vor dreißig Jahren*. In: OMZ vom 27. u. 28.10.1945, [S. 3]: Hoefler erwähnte in dem *Kaleidoskop* ein „historisches Schauspiel", das er als junger Gymnasiast geschrieben habe.
154	*Meiner Mutter. Gedicht von Alb[ert] Hoefler. Musik von Th[omas] Müller*. Luxemburg: P. Worré-Mertens 1917. Erstaunlicherweise nahm Hoefler das Gedicht in keine seiner Lyriksammlungen auf.
155	Hoeflers erster Gedichtband *Rosenblust und Sonnengold* enthält die Widmung „Herrn Professor D. Kratzenberg in Verehrung."
156	Vgl. Hoefler, *Autobiographische Skizze*, [S. 6]: Hoefler erinnerte sich 1938 an die Rahmenbedingungen der Drucklegung seines Erstlings. Er gestaltete die Episode ebenfalls in der fiktionalen Autobiographie. Vgl. ReL 78f.
157	Vgl. F. C. [Clément, Frantz]: *Ein junger Lyriker*. In: ET vom 7.1.1920, [S. 3].
158	Vgl. - n. [Hein, Nikolaus]: *Albert Hoefler, Rosenblust u. Sonnengold. Ein Büchlein Verse*. In: LW vom 10.1.1920 (AA), [S. 1].
159	B. W. [Weber, Batty]: *Albert Hoefler, Rosenblust und Sonnengold, ein Büchlein Verse*. In: LZ vom 31.12.1919 (MA), [S. 2].
160	Von der jungen Generation setzten sich hauptsächlich Albert Hoefler und Pol Michels für Jacques' Rehabilitierung ein. Vgl. Scholdt, *Der Fall Norbert Jacques*, S. 430ff. und Goetzinger et al., *Kontakte – Kontexte*, S. 141.
161	Jacques, Norbert: *Die Limmburger Flöte. Bericht über Pierre Nocké den berühmten Musikus aus Limmburg der auf einer*

Flöte blasen konnte die er sich nicht erst zu kaufen brauchte. Berlin: Gebrüder Mann 1927. Anschließend: Berlin: Paul Steegemann 1929.

162 Jacques, Norbert: *Die Limburger Flöte.* In: VdJ (Mars 1923) 7 n.s., S. 97-101 und ders.: *Der Knabe.* In: VdJ (Mars 1923) 7 n.s., S. 101-102.

163 Zu der in der luxemburgischen Presse geführten Debatte um Norbert Jacques in den 1920er Jahren vgl. Scholdt, *Der Fall Norbert Jacques*, S. 430ff. und Conter, Claude D.; Schmit, Sandra; Seil, Pascal: *Satirische Literatur in Luxemburg. Vum Eilespill an anere Kregéiler. Ausstellung und Katalog.* Mersch: Centre national de littérature 2012, S. 74ff.

164 Vgl. [Weber, Batty]: *Abreißkalender.* In: LZ vom 31.3.1923 (MA), [S. 3].

165 Batty Webers Exemplar mit handschriftlichem Besitzvermerk und dem Datum 31.10.1929 befindet sich im Fonds Norbert Jacques. CNL L-89; V.1-10.

166 Fridolin: «*Voix des Jeunes*». In: Luxemburger Tageblatt vom 4.4.1923, [S. 1].

167 Vgl. VdJ (Mars 1923) 7 n.s., S. 105.

168 Vgl. Lorth, Franz: *„Propheten der Sonne, der Morgen graut!"* In: Luxemburger Tageblatt vom 12.8.1922, [S. 3]: Der Autor Franz Lorth, den Hoefler als einen gewissen Peter Pauly identifizierte (vgl. CNL L-16; IV.2.4-10), beklagte schon 1922 den Umstand, dass sich kein Verleger für „dieses längst bereit liegende Werk" finden lasse.

169 Vgl. Hoefler, *Autobiographische Skizze*, [S. 6].

170 Clément, Frantz: *Deutsche Literatur.* In: CL (1923) 1, S. 56-58, hier: S. 58.

171 Zu Hoeflers Rolle sowohl bei der Gründung als auch als Mitarbeiter vgl. Lech, *Albert Hoefler. Mitarbeiter der Cahiers luxembourgeois*, S. 5-24.

172 Vgl. A. H. [Hoefler, Albert]: *Um die Bezeichnung Cahiers.* In: OMZ vom 17.10.1945, [S. 3].

173 Hoefler, Albert: *Das Ende der Voix des Jeunes.* In: OMZ vom 6.4.1923, [S. 3].

174 Vgl. A. H. [Hoefler, Albert]: *Um die Bezeichnung Cahiers.* In: OMZ vom 17.10.1945, [S. 3].

175	[Hoefler, Albert]: *Cahiers Luxembourgeois und Rheinische Blätter.* In: ET vom 25.3.1933, [S. 7].
176	Vgl. P. M-s. [Michels, Pol]: *Der Dom.* In: VdJ 11 (Décembre 1927) 4, 3e série, S. 6-7.
177	Clément, Frantz: *Neue Lyrik. – Albert Hoefler: Der Dom.* In: LZ vom 17.10.1927 (AA), [S. 3].
178	Vgl. [Molling, Nic]: *Der Dom. Gedichte von Albert Hoefler.* In: Nationalzeitung und Landwirt vom 29.9.1927, [S. 2] und Molling, Nic: *Der Dom. Gedichte von Albert Hoefler. (Schluß.)* In: Nationalzeitung und Landwirt vom 30.9.1927, [S. 2].
179	Brief von Nic Molling an Albert Hoefler vom 30.9.1927. BNL Rés. préc. MS 537, Nr. 37, [S. 2].
180	Hoefler, *Autobiographische Skizze*, [S. 6].
181	Das Feuilleton wurde wie folgt angekündigt: „‚Literatur und Kunst'. Unter diesem Titel wird morgen die erste Nummer einer neuen Beilage des ‚Tageblatt' erscheinen. Wir werden uns bestreben, dieselbe zu einer freien Tribüne für alle Angelegenheiten der Kultur und des Geistes auszugestalten. Die Leitung haben wir Herrn Albert Hoefler anvertraut, dessen Name Gewähr bietet für die Erreichung des angestrebten Zieles." (Rubrik *Lokalneuigkeiten.* In: ET vom 23.12.1929, [S. 3]) Die erste Nummer des Feuilletons vom 24.12.1929 ist nach derzeitigen Erkenntnissen weder in öffentlichen Bibliotheken noch Archiven nachweisbar.
182	Hoeflers Wirken als Feuilletonredakteur habe ich in dem Artikel *Albert Hoefler und das Feuilleton Literatur und Kunst* behandelt, der anlässlich der Zentenarfeier des *Tageblatt* im Herbst 2013 erscheinen wird.
183	Marie Henriette Steil schätzte die Zusammenarbeit mit Hoefler, ärgerte sich aber über die knauserigen Honorare Hubert Clements, so dass sie an Hoefler schrieb, ihre Mitarbeit am Feuilleton einstellen zu wollen, falls eine angemessene Entlohnung ihrer Tiergeschichten ausbliebe. Vgl. Brief von Marie Henriette Steil an Albert Hoefler vom 24.3.1930. BNL Rés. préc. MS 537, Nr. 46, [S. 4f.].
184	Peffer, Reinhold [Marx, Emil]: *Pfefferkörnchen. Waffengang mit Albert Höfler.* In: JW (Dez. 1931-Jan. 1932) 17, S. 362-363.
185	Die *Junge Welt* notierte: „Das ‚Tageblatt' führt seit dem 1. Januar eine Literaturbeilage, für die Albert Hoefler zeichnet. Eine kümmerliche Seite, allem Anschein nach dazu geschaffen,

dem Herausgeber Gelegenheit zu geben, seine Prosa unter die Leute zu bringen. Und doch, wenn er (der Herausgeber) wollte, welche Möglichkeiten gäbe es hier! / Herr Hoefler, wir haben noch ein wenig Geduld." (JW (Jan.-Feb. 1930) 10 N. F., S. 194)

186 Vgl. Schmit, Sandra: *Der Ferge – Fehlgeburt einer luxemburgischen Literaturzeitschrift.* In: Conter / Sahl, *Aufbrüche und Vermittlungen*, S. 557-574, hier: S. 565ff.

187 Vgl. Schmit, *Der Ferge*, S. 567 (insb. Anm. 29).

188 Vgl. Funck, Joseph: *Kleines Schicksal. Erzählung. Studienausgabe. Vorgestellt und kommentiert von Pierre Marson.* Mersch: Centre national de littérature 2002, S. 196.

189 Die ausgezeichneten Arbeiten erschienen 1933 in Heft 5 der *Cahiers luxembourgeois*: Funck, Joseph: *Jim Steller (Fragment aus dem Roman „Kleines Schicksal")*. In: CL 10 (1933) 5, S. 497-505 und Hoefler, Albert: *Einem Kinde. Für Lore.* In: CL 10 (1933) 5, S. 506.

190 Ähnlich fiel die Einschätzung der literarischen Qualität von Funcks *Kleinem Schicksal* in einem Artikel aus, der aufgrund von Sprachduktus und Übereinstimmung in der Aussage Hoefler zugeordnet werden kann: „So sprechen wir schon heute das Urteil aus: Daß mit der Veröffentlichung von *Kleines Schicksal* ein neuer Abschnitt in der Luxemburger Epik beginnen wird." ([Hoefler, Albert]: *Zeitschriftenschau. Les Cahiers Luxembourgeois 5.* In: ET vom 14.7.1934, [S. 7]) Vgl. auch A. H. [Hoefler, Albert]: *Ein neuer luxemburgischer Epiker. Joseph Funck.* In: ET vom 29.9.1934, [S. 11].

191 Vgl. [Hoefler, Albert]: *Luxemburger Literatur. (Zum literarischen Wettbewerb der C. L.)* In: ET vom 8.7.1933, [S. 7].

192 Vgl. die in den folgenden Artikeln geführte Debatte: E. M. [Marx, Emil]: *Unser Interview. Junge Luxemburger schreiben. Die Ansicht Jos. Funcks.* In: A-Z, Nr. 44 vom 21.10.1934, S. 10-12; A. H. [Hoefler, Albert]: *Gedanken zu einem Interview.* In: ET vom 10.11.1934, [S. 7] und Funck, J[oseph]: *Antwort an A. H.* In: ET vom 17.11.1934, [S. 7].

193 Vgl. A. H. [Hoefler, Albert]: *Jüngste Arbeiterdichtung.* In: ET vom 15.3.1930, [S. 7]. Vgl. auch [Hoefler, Albert]: *Proletarische Dichtung.* In: ET vom 30.4.1932, [S. 7]. Der Artikel stammt aufgrund inhaltlicher Übereinstimmungen mit hoher Wahrscheinlichkeit von Hoefler.

194 Vgl. z. B. – n: *Soziale Literatur.* In: ET vom 16.7.1932, [S. 7] und R. P. [Marx, Emil]: *Soziale Literatur.* In: ET vom 24.9.1932, [S. 7].

195	[Hoefler, Albert]: *Rückschau – Vorschau*. In: ET vom 27.12.1930, [S. 7].
196	Vgl. Briefe von Nikolaus Hein an Albert Hoefler vom 2.11.1935, 8.11.193[5] u. 6.12.1935. BNL Rés. préc. MS 537, Nr. 22, 21 u. 23. Hoefler las am 23.1.1936 unveröffentlichte Gedichte aus dem Zyklus *Die Gedichte des Sommers und der Liebe*. Vgl. Rubrik *Bilder der Woche*. In: A-Z, Nr. 4 vom 26.1.1936, S. 20.
197	Vgl. Brief von Nikolaus Hein an Albert Hoefler vom 2.11.1935. BNL Rés. préc. MS 537, Nr. 22.
198	Vgl. Presseartikel zu den einzelnen Sendungen im Fonds Albert Hoefler. CNL L-16; IV.2.2 (1-8).
199	JW (Jan.-Feb. 1930) 10 N. F., S. 199.
200	CL 8 (1931) 3, S. 319.
201	CL 8 (1931) 3, S. 320.
202	Anfang 1930 schrieb Hoefler: „Darf ich hier auch meine eigenen Zyklen erwähnen? *Nächte* und *Der Dom*, denen sich in Kürze ein dritter *Der Wandrer* anreihen wird." (Hoefler, Albert: *Offener Brief an Hrn. Erich Ebermayer, Herausgeber des Deutschen Almanach*. In: ET vom 18.1.1930, [S. 5]) Zudem las Hoefler schon öffentlich aus dem Zyklus, wie aus einer Kritik hervorgeht: G. v. W. [van Werveke, Gust]: *Albert Hoefler sprach aus seinem „Wanderer"*. In: ET vom 19.4.1930, [S. 9].
203	Nic Molling erwähnte Hoeflers *Der Wandrer* im Zusammenhang mit einer in *Junge Welt* und *Escher Tageblatt* ausgetragenen Polemik zwischen Marx und Hoefler: „Auf deinen neuen Gedichtband bin ich sehr gespannt. Eigentlich solltest du Emil Marx für seinen Dolchstoss dankbar sein, denn im Grunde genommen kann eine Polemik kurz vor Erscheinen des „Wandrers" Dir nur von Nutzen sein." (Brief von Nic Molling an Albert Hoefler vom 15.2.1932. BNL Rés. préc. MS 537, Nr. 35, S. 2)
204	Bert [Elsen, Albert]: *Albert Höfler: „Der Wanderer", Gedichte*. In: Luxemburger Volksblatt vom 18. u. 19.12.1937, S. 11.
205	Joseph-Emile [Muller, Joseph-Émile]: *Albert Hoefler: Der Wandrer*. In: DnZ (1937) 15, S. 3.
206	Michels, Pol: *Albert Hoefler. Kritische Strophen statt einer Kritik*. In: VdJ 22 (Juillet 1938) 26 n. s., [S. 11].

207	Vgl. [Stein, Gregor] [Grégoire, Pierre]: *Superfizialismus als Norm der Kritik*. In: LW vom 25.9.1945, S. 2.
208	Zur ausführlichen Geschichte des Bundes vgl. Cepl-Kaufmann, Gertrude: *Der Bund rheinischer Dichter 1926-1933. In Verbindung mit Dietmar Lieser. Unter Mitarbeit von Sabine Brenner, Carola Spies und Franz Steinfort*. Paderborn / München / Wien / Zürich: Ferdinand Schöningh Verlag 2003.
209	Friedrichkarl (Friedrich Karl) Roedemeyer (1894-1947) war Lektor der Sprachkunde und Vortragskunst an der Universität Frankfurt.
210	Hoefler sprach wiederholt von der Splendid isolation der Luxemburger Dichter. Vgl. z. B. Hoefler, Albert: *Nochmals: Zusammenschluß! Offener Brief an Gregor Stein*. In: ET vom 9.5.1931, [S. 7].
211	Eine Ankündigung lautete: „A.G.E.L. – Les membres de l'Assoss et du C.L.S. sont priés de bien vouloir assister à la conférence que fera Monsieur Friedrich Karl Roedemeyer, le dimanche, 2 décembre, à 17 h. sur «Stephan George in der gesprochenen Dichtung; Vorwort und künstlerische Vorlesung aus seinen Werken». Monsieur Roedemeyer est lecteur à l'Université de Francfort et l'auteur de plusieurs ouvrages". (Rubrik *Vereine*. In: ET vom 30.11.1928, [S. 3]) Wenig später erinnerte sich Hoefler an den Vortragsabend. In dem anonymen, doch aufgrund des Duktus sowie der Übereinstimmungen im Wortlaut mit einer Roedemeyer-Skizze in den *Cahiers luxembourgeois* sicherlich Hoefler zuzuschreibenden Artikel lobte er den Redner Roedemeyer überschwänglich. Vgl. [Hoefler, Albert]: *Anmerkungen. Friedrich Karl Roedemeyer*. In: ET vom 8.12.1928, [S. 5] und Hoefler, Albert: *Friedrich Karl Roedemeyer*. In: CL 8 (1931) 5, S. 535-536.
212	Vgl. Hoefler, *Friedrich Karl Roedemeyer*, S. 535.
213	Brief von Friedrichkarl Roedemeyer an Alfons Paquet vom 18.5.1931. UB J. C. Senckenberg Frankfurt a. M. Nachl. A. Paquet (I) A I, Nr. 103, fol. 700r.
214	Vgl. [Hoefler, Albert]: *Vortrag Dr. Gebhardt in Esch-Alz.* In: ET vom 27.3.1929, [S. 3]. Vgl. auch [Anonym]: *Anmerkungen*. In: ET vom 27.4.1929, [S. 5]. In diesem Beitrag wird, innerhalb eines größeren Rahmens, auf qualitativ hochwertige Vorträge Roedemeyers und Gebhardts verwiesen. Eine Auflistung von Gebhardts Vorträgen in Luxemburg findet sich bei Goetzinger et al., *Hôtes de Colpach – Colpacher Gäste*, S. 100.

215	In einem Brief von Hans Bernt Gebhardt, dem Sohn von Carl und Lily Gebhardt-Hellmann, an Claudine Schabo-Prussen vom 23.9.1982 erinnerte sich der Sohn: „Und zwar hatte mein Vater, wohl im Rahmen der Volksbildungsarbeit und einer Art ‚Kulturaustauschs' ein Blasorchester aus Esch kommen lassen [...]. Aber es war ein beinahe rührendes Bemühen Brücken zu schlagen von Land zu Land – auch das ja im Sinne von Colpach – so sind wohl auch die Vorträge meines Vaters in Luxemburg zu verstehen, die Besuche von Luxemburgern in Frankfurt (Vorträge im Frankfurter Rundfunk z. B.)". (Zit. nach Goetzinger et al., *Hôtes de Colpach – Colpacher Gäste*, S. 102) In diesen Kontext reihte sich ebenfalls Hoeflers Vortrag im Frankfurter Sender ein.
216	Vgl. [Hoefler, Albert]: *Vortrag Dr. Carl Gebhardt*. In: ET vom 1.12.1932, [S. 3].
	Zu Gebhardts Verhältnis zu Luxemburg im Allgemeinen und zu den Mayrischs im Besonderen siehe Goetzinger et al., *Hôtes de Colpach – Colpacher Gäste*, S. 100: „Carl Gebhardts Beziehungen zu Luxemburg laufen vor allem über die Volksbildungsarbeit und über das Theater. Als Neubegründer und Leiter des Rhein-Mainischen Verbandes für Volksbildung und als Begründer der Wanderbühne des Frankfurter Künstlertheaters für Rhein und Main setzt er sich ein für eine Art Grenzlandarbeit, deren Ziel es ist, die deutsche Kultur in Belgien, im Saarland und in Luxemburg zu fördern und die zeitweise belasteten politischen Grenzziehungen zu überbrücken."
	Gebhardt lernte Aline Mayrisch, deren vielfältiges Wirken ebenfalls die deutsch-französische Aussöhnung zum Ziele hatte, beim Spinoza-Kongress in Den Haag (1932) kennen. Auch weilte er unter den Colpacher Gästen Aline Mayrischs, wie ein Eintrag im Gästebuch unter dem Datum 30.11. bis 3.12.1932 belegt. Vgl. ebd., S. 100.
217	Hoefler, Albert: *Zusammenschluß!* In: ET vom 2.5.1931, [S. 6].
218	Brief von Albert Hoefler an Alfons Paquet vom 15.5.1931. UB J. C. Senckenberg Frankfurt a. M. Nachl. A. Paquet (I) A I, Nr. 56, fol. 391r.
219	Brief von Alfons Paquet an Albert Hoefler vom 21.5.1931. UB J. C. Senckenberg Frankfurt a. M. Nachl. A. Paquet (I) A I, Nr. 56, fol. 392r. Hoefler ließ Paquets Brief integral in *Literatur und Kunst* abdrucken: Paquet, Alfons: *Um den Zusammenschluß!* In: ET vom 13.6.1931, [S. 8].

220	Vgl. Brief von Albert Hoefler an Alfons Paquet vom 30.5.1931. UB J. C. Senckenberg Frankfurt a. M. Nachl. A. Paquet (I) A I, Nr. 56, fol. 393r.
221	Brief von Alfons Paquet an Albert Hoefler vom 17.10.1931. UB J. C. Senckenberg Frankfurt a. M. Nachl. A. Paquet (I) A I, Nr. 56, fol. 395r.
222	[Hoefler, Albert]: *Tagung des Bundes rheinischer Dichter.* In: ET vom 17.10.1931, [S. 7]. Auch wenn der Artikel anonym erschien, so kann er doch nach Duktus und dem betreffenden Hinweis an Paquet Albert Hoefler zugeordnet werden.
223	Brief von Albert Hoefler an Alfons Paquet vom 21.10.1931. UB J. C. Senckenberg Frankfurt a. M. Nachl. A. Paquet (I) A I, Nr. 56, fol. 396r.
224	Hoefler, Albert: *Zusammenschluß!* In: ET vom 2.5.1931, [S. 6].
225	Hoefler, Albert: *Zusammenschluß!* In: ET vom 2.5.1931, [S. 6].
226	Hoefler, Albert: *Zusammenschluß!* In: ET vom 2.5.1931, [S. 6].
227	Vgl. Mannes, Gast: *Hary Godefroid.* In: www.autorenlexikon.lu [30.10.2012].
228	Brief von Gregor Stein [Grégoire, Pierre] an Albert Hoefler vom 12.5.1931. BNL Rés. préc. MS 537, Nr. 47.
229	Stein, Gregor [Grégoire, Pierre]: *Zusammenschluß?* In: LW vom 7.5.1931, [S. 4].
230	Stein, Gregor [Grégoire, Pierre]: *Zusammenschluß?* In: LW vom 7.5.1931, [S. 4].
231	Hoefler, Albert: *Nochmals: Zusammenschluß! Offener Brief an Gregor Stein.* In: ET vom 9.5.1931, [S. 7].
232	Hoefler, Albert: *Nochmals: Zusammenschluß! Offener Brief an Gregor Stein.* In: ET vom 9.5.1931, [S. 7].
233	Vgl. Alberto, Jim: *Vom « Skeptizismus der Jugend ».* In: JW (September [1931]) 15, 3. Folge, S. 315-316.
234	Vgl. Ansichtskarte von Albert Hoefler an Anna Maria Hoefler-Bisenius vom 2.10.1931. CNL L-16; II.1.H1-2. Laut einer Notiz in der *Jonghémecht* sprach er am Abend des 2.10.1931, um 18.40 Uhr „über die geistige Lage Luxemburgs, Dichtung der Jungen." (Rubrik *Splitter und Späne.* In: JH 6 (1931) 1, S. 31) Der Vortrag wurde in *Literatur und Kunst* mit dem Hinweis „Rundfunkvortrag, gehalten im Südwestdeutschen Sender, Frankfurt a. Main" abgedruckt: [Hoefler, Albert]: *Das geistige*

	Leben Luxemburgs: Dichtung der Jungen. I. In: ET vom 3.10.1931, [S. 6] und [ders.]: *Das geistige Leben Luxemburgs: Dichtung der Jungen. II.* In: ET vom 10.10.1931, [S. 7].
235	Cepl-Kaufmann, *Der Bund rheinischer Dichter 1926-1933*, S. 127.
236	Paquet und Schickele waren deshalb für einige Luxemburger Autoren Idealfiguren hinsichtlich eines anzustrebenden Literatur- und Kulturtransfers. Zur diesbezüglichen Rolle der Herkunftsbestimmung der beiden ‚Rheinländer' vgl. Conter, Claude D.: *Vom Kulturtransfer zum Kulturexport. Der Bund Rheinischer Dichter und die Gesellschaft für deutsche Literatur und Kunst. Anmerkungen zur Literaturpolitik in Luxemburg zwischen 1933 und 1945*. In: Breuer, Dieter; Cepl-Kaufmann, Gertrude (Hgg.): *Das Rheinland und die europäische Moderne. Kulturelle Austauschprozesse in Westeuropa 1900-1950*. Essen: Klartext 2008, S. 395-420, hier: S. 403.
237	Vgl. Scholdt, *Der Fall Norbert Jacques*, S. 436ff.
238	Zu den Differenzen innerhalb des Bundes und zu den Gründen für den als Scheitern gewerteten Ausgang der Tagung vgl. Cepl-Kaufmann, *Der Bund rheinischer Dichter 1926-1933*, S. 126ff.
239	Cepl-Kaufmann, *Der Bund rheinischer Dichter 1926-1933*, S. 128.
240	Vgl. [Hoefler, Albert]: *Tagung des Bundes rheinischer Dichter.* In: ET vom 17.10.1931, [S. 7].
241	Auf der Einladungsliste zur Freiburger Tagung figurieren Herbert (sic!) Hoefler und Batty Weber. Vgl. Cepl-Kaufmann, *Der Bund rheinischer Dichter 1926-1933*, S. 425. Auf der Anmeldeliste für die Tagung steht vermerkt: „Albert Höfler, Esch/Alzette". (Ebd., S. 426) Batty Weber fehlte hingegen auf der Anmeldeliste, was wohl darauf zurückzuführen ist, dass er, nach anfänglichem Zögern aufgrund von Jacques' Präsenz, sich kurzfristig zur Teilnahme entschloss.
242	Vgl. Ansichtskarte von Albert Hoefler an Anna Maria Hoefler-Bisenius vom 5.10.1931. CNL L-16; II.1.H1-1. Auf der Karte befinden sich drei weitere, nicht entzifferte Unterschriften.

Ende Oktober 1931 skizzierte Hoefler in *Literatur und Kunst* seine Freiburger Bekanntschaften Alfons Paquet, Leo Sternberg, René Schickele, Rudolf G. Binding und Kasimir Edschmid: [Hoefler, Albert]: *Silhouetten.* In: ET vom 24.10.1931, [S. 7] und [ders.]: *Silhouetten. II.* In: ET vom 31.10.1931, [S. 7].

243 Zuckmayers Lustspiel wurde am 5.3.1931 am Deutschen Theater in Berlin uraufgeführt und bereits 1933 von den Nationalsozialisten verboten. Zu den Kontroversen um das Abendprogramm des 3.10.1931 vgl. Cepl-Kaufmann, *Der Bund rheinischer Dichter 1926-1933*, S. 129.

244 Jacques, Norbert: *Kleine Rede über Luxemburg auf der Tagung des Bundes rheinischer Dichter*. In: JH 6 (1932) 4, S. 118-119. Jacques' Rede wurde nochmals in der Festschrift zur Trierer Tagung 1932 abgedruckt: Jacques, Norbert: *Kleine Rede über Luxemburg*. In: Vogedes, Alois (Hg.): *Festschrift zur Tagung des Bundes Rheinischer Dichter in Trier am 18., 19. und 20. Juni 1932*. Trier: Paulinus-Druckerei [1932], S. 51-54.

245 Cepl-Kaufmann hält fest: „Jacques profitierte durch das europäische Engagement des *Bundes*. Seine *Kleine Rede über Luxemburg*, die er 1931 auf der Freiburger Tagung halten konnte, ließ sein Ansehen im Heimatland wieder steigen, verteidigte er hier doch neben dem Deutschen und dem Französischen auch die dritte gesprochene und geschriebene Sprache: das Letzeburgerische. […] Mit der Freiburger Tagung im Dichterbund zu Ansehen gekommen, betraute man Jacques neben Batty Weber mit der Planung für Trier." (Cepl-Kaufmann, *Der Bund rheinischer Dichter 1926-1933*, S. 443)

246 Zu Hoeflers Besuchen bei Schickele und Jacques vgl. auch [Hoefler, Albert]: *Rheinische Dichtung. Anmerkungen zu dem Sonderheft der Monatsschrift: Der Fährmann*. In: ET vom 9.1.1932, [S. 7].

247 Brief von Gregor Stein [Grégoire, Pierre] an Albert Hoefler vom 12.5.1931. BNL Rés. préc. MS 537, Nr. 47.

248 Brief von Alfons Paquet an Albert Hoefler vom 17.10.1931. UB J. C. Senckenberg Frankfurt a. M. Nachl. A. Paquet (I) A I, Nr. 56, fol. 395r.

Es ist nicht ersichtlich, ob Batty Weber schon vor der Freiburger Tagung Mitglied war oder ob er, wie Hoefler, erst im Anschluss an die Tagung aufgenommen wurde. Auf einer zur Freiburger Tagung erstellten Mitgliederliste stand Batty Weber noch nicht, als einziger Luxemburger wurde Norbert Jacques aufgelistet. Vgl. Cepl-Kaufmann, *Der Bund rheinischer Dichter 1926-1933*, S. 426.

249 Dies geht aus Hoeflers fiktionaler Schilderung der Tagung sowie aus einem *Abreißkalender* Batty Webers hervor, in dem dieser sinngemäß seine Freiburger Ansprache wiedergibt:

[Weber, Batty]: *Abreißkalender*. In: LZ vom 15.10.1931 (MA), [S. 2]. Webers Grußwort wurde nahezu vollständig und identisch im Wortlaut erneut in einem Bericht zur Freiburger Tagung in der *Jonghémecht* abgedruckt: [Anonym]: *Tagung des Bundes rheinischer Dichter*. In: JH 6 (1932) 2, S. 57-58.

250 Cepl-Kaufmann, *Der Bund rheinischer Dichter 1926-1933*, S. 128. Und weiter heißt es: „Auch der erwartete Europaeffekt kam kaum zustande. Es reisten zwar Elsäßer, Schweizer und Luxemburger Schriftsteller an, doch eine europäische Ausstrahlung ließ sich nicht erreichen. Möglicherweise fehlte in der Vorbereitungsphase die charismatische Ausstrahlung Paquets". (Ebd., S. 128)

251 Vgl. [Weber, Batty]: *Abreißkalender*. In: LZ vom 15.10.1931 (MA), [S. 2]: Weber zog ein insgesamt positives Fazit und beschwor hoffnungsvolle Zukunftsvisionen. Zu Webers Rezeption von Paquets Europaideen vgl. Conter, *Vom Kulturtransfer zum Kulturexport*, S. 403f.

252 [Hoefler, Albert]: *Tagung des Bundes rheinischer Dichter*. In: ET vom 17.10.1931, [S. 7].

253 Zur Ankündigung des Vortrags vgl. Rubrik *Lokalneuigkeiten*. In: ET vom 22.12.1931, [S. 3].

254 Winter, Jemp: *Ein Wort zu einer kulturellen Angelegenheit*. In: LZ vom 1.1.1932 (MA), [S. 4]. Integraler Wiederabdruck: [Winter, Jemp]: *Eine kulturelle Angelegenheit*. In: JH 6 (1932) 4, S. 119-120.

255 Winter, Jemp: *Ein Wort zu einer kulturellen Angelegenheit*. In: LZ vom 1.1.1932 (MA), [S. 4].

256 Winter, Jemp: *Ein Wort zu einer kulturellen Angelegenheit*. In: LZ vom 1.1.1932 (MA), [S. 4]. Seine ablehnende Haltung gegenüber einer germanisch-romanischen Mischkultur bekräftigte Hoefler auch an anderer Stelle. Vgl. [Hoefler, Albert]: *Deutschland – Frankreich*. In: ET vom 8.8.1931, [S. 7].

257 Anmerkung der Redaktion zu: Winter, Jemp: *Ein Wort zu einer kulturellen Angelegenheit*. In: LZ vom 1.1.1932 (MA), [S. 4].

258 Hans Friedrich Blunck (1888-1961) machte nach Hitlers Machtergreifung Karriere im neuen Staat und wurde 1933 zum ersten Präsidenten der neu gegründeten Reichsschrifttumskammer. Er figurierte auf der Gottbegnadeten-Liste (Führerliste) der bedeutendsten Schriftsteller des NS-Staates und gehörte zu den Unterzeichnern des Treuegelöbnisses deutscher Schrift-

steller für Adolf Hitler. 1937 trat er der NSDAP bei. Blunck veröffentlichte zahlreiche Aufsätze im *Völkischen Beobachter* und im NS-Kampfblatt *Krakauer Zeitung*. Vgl. Klee, *Das Kulturlexikon zum Dritten Reich*, S. 59-60 und Cepl-Kaufmann, *Der Bund rheinischer Dichter 1926-1933,* S. 435.

259 Vgl. Brief von Albert Hoefler an Hans Friedrich Blunck vom 3.2.1932. Schleswig-Holsteinische LB Kiel. Teilnachl. Blunck, Hans Friedrich Cb 92:64.1:2, 12, Nr. 39. Vgl. auch Cepl-Kaufmann, *Der Bund rheinischer Dichter 1926-1933*, S. 426: Anmeldeliste für die Freiburger Tagung 1931, auf der „Dr. Hans Friedrich Blunck, Hamburg" steht.

Zu den Beziehungen des Bundes rheinischer Dichter zu anderen Schriftstellervereinigungen im Allgemeinen und zum P.E.N.-Klub im Besonderen hinsichtlich der eigenen gesellschaftspolitischen und berufsspezifischen Positionierung vgl. Cepl-Kaufmann, *Der Bund rheinischer Dichter 1926-1933*, S. 211ff. Dass der Vorschlag zur Gründung einer Luxemburger Sektion innerhalb des P.E.N.-Klubs gerade von Blunck kam, der eine nationalistische Ideologie vertrat, mag verwundern, erscheint aber im Zuge einer besseren strategisch-kulturpolitischen Vernetzung des Bundes als nachvollziehbar.

260 Cepl-Kaufmann, *Der Bund rheinischer Dichter 1926-1933*, S. 129.

261 Brief von Albert Hoefler an Hans Friedrich Blunck vom 3.2.1932. Schleswig-Holsteinische LB Kiel. Teilnachl. Blunck, Hans Friedrich Cb 92:64.1:2, 12, Nr. 39.

262 Brief von Albert Hoefler an Hans Friedrich Blunck vom 3.2.1932. Schleswig-Holsteinische LB Kiel. Teilnachl. Blunck, Hans Friedrich Cb 92:64.1:2, 12, Nr. 39.

263 Brief von Hans Friedrich Blunck an Albert Hoefler vom 9.2.1932. Schleswig-Holsteinische LB Kiel. Teilnachl. Blunck, Hans Friedrich Cb 92:64.1:1, 12, Nr. 64.

264 [Hoefler, Albert]: *Um kulturelle Belange*. In: ET vom 27.8.1932, [S. 7].

265 Vgl. Cepl-Kaufmann, *Der Bund rheinischer Dichter 1926-1933*, S. 129.

266 Auf der Einladung ist vermerkt: „9 Uhr: Ausflug nach Luxemburg. Rückkehr abends zu den Anschlusszügen." Und als Zusatz am Ende: „Der Ausflug nach Luxemburg findet statt auf Einladung des Lux. Journalisten-Verbandes. Für Hin- und Rückfahrt stehen Autobusse zur Verfügung. Deutscher

Reisepass ohne Visum genügt." (Cepl-Kaufmann, *Der Bund rheinischer Dichter 1926-1933*, S. 136) Vgl. ebd., S. 283: Abb. einer Einladungskarte des Luxemburger Journalistenvereins zu einem „Gabelfrühstück" im „Luxemburger Casino" sowie eines Gutscheins für die „Autocar-Fahrt".

Hoefler hielt also sein Versprechen eines offiziellen Empfangs, den er Paquet nach der Freiburger Tagung in Aussicht gestellt hatte. Vgl. dazu Brief von Albert Hoefler an Alfons Paquet vom 21.10.1931. UB J. C. Senckenberg Frankfurt a. M. Nachl. A. Paquet (I) A I, Nr. 56, fol. 396r.

267 Vgl. Cepl-Kaufmann, *Der Bund rheinischer Dichter 1926-1933*, S. 136: Abb. der Einladung zur Trierer Tagung. Vgl. auch Vogedes, *Festschrift zur Tagung des Bundes Rheinischer Dichter in Trier*, [dem Inhaltsverzeichnis vorangestellt]: Programm der Trierer Tagung. Interessant ist, dass in der nicht vom Bund verantworteten Festschrift das offizielle Programm sich über drei Tage erstreckt, die Exkursion nach Luxemburg somit zu einem offiziellen Programmpunkt aufgewertet wird.

268 Spael, W[ilhelm]: *Rheinische Dichtertagung in Trier. Begegnung mit dem Nachbar?* In: Kölnische Volkszeitung vom 23.6.1932, S. 10.

269 [Anonym]: *Tagung des Bundes rheinischer Dichter in Trier.* In: JH 6 (1932) 8, S. 229-230, hier: S. 230. Dass Hoefler Nik Welter lapidar mit einem nüchternen Satz abhakte, kritisierte auch die *Kölnische Volkszeitung*. Vgl. Spael, W[ilhelm]: *Rheinische Dichtertagung in Trier. Begegnung mit dem Nachbar?* In: Kölnische Volkszeitung vom 23.6.1932, S. 10.

270 [Anonym], *Tagung des Bundes rheinischer Dichter in Trier*, S. 230. Zur Kontroverse bezüglich der Einladungen zur Trierer Tagung vgl. Spael, W[ilhelm]: *Rheinische Dichtertagung in Trier. Begegnung mit dem Nachbar?* In: Kölnische Volkszeitung vom 23.6.1932, S. 10. Ähnlich lautete die Berichterstattung im *Luxemburger Volk*, das weite Passagen aus der *Kölnischen Volkszeitung* zitierte: „Zu der in Trier abgehaltenen Tagung rheinischer Dichter waren auch einige b e v o r z u g t e Luxemburger eingeladen." Der Artikel schloss mit der enttäuschten Feststellung: „Wir hatten erwartet, daß die Luxemburger Schriftsteller dem Ausland gegenüber doch mindestens alle persönlichen Rankünen bei Seite stellen würden." ([Anonym]: *Zur Tagung der rheinischen Dichter*. In: Das Luxemburger Volk vom 26.6.1932, [s. p.]) Die *Luxemburger Zeitung*, deren Mitarbeiter Batty Weber war, reagierte konsterniert und qualifizierte

in einer kurzen Notiz in der Rubrik *Lokalneuigkeiten* mehrere Stellen im Artikel der *Kölnischen Volkszeitung* als „grobe und tendenziöse Entstellungen der Tatsachen." ([Anonym]: *Luxemburg, 26. Juni.* In: LZ vom 26. u. 27.6.1932 (MA), [S. 3]) Ein Bericht in der *Frankfurter Zeitung* zog hingegen ein recht positives Fazit der Trierer Tagung, Misstöne zwischen den Luxemburger Schriftstellern wurden nicht erwähnt. Vgl. K. E.: *Rheinische Dichtertagung in Trier und Luxemburg.* In: Frankfurter Zeitung vom 28.6.1932, [s. p.].

271 Cepl-Kaufmann, *Der Bund rheinischer Dichter 1926-1933*, S. 372.

272 Vgl. Goetzinger, Germaine: *Nik Welter.* In: www.autorenlexikon.lu [31.10.2012].

273 Die *Kölnische Volkszeitung* sah eine nicht geringe Teilschuld für die verhinderte Aufnahme von Nik Welter bei Hoefler und seiner Rede, in der Welter keine adäquate Berücksichtigung fand: „Der Bund vermochte leider die Tendenzen dieses Vortrages nicht abzuwehren. Die Ausführungen des Herrn Hoefler wurden mit Beifall entgegengenommen und wirkten sich in der Mitgliederversammlung so aus, daß Nikolaus Welter nicht als Mitglied des Bundes aufgenommen wurde." (Spael, W[ilhelm]: *Rheinische Dichtertagung in Trier. Begegnung mit dem Nachbar?* In: Kölnische Volkszeitung vom 23.6.1932, S. 10)

274 Nik Welter wurde nachträglich aufgenommen. Sarnetzki forderte in einem Rundschreiben, das auch Welter zugestellt wurde, die Mitglieder auf, den säumigen Jahresbeitrag zu entrichten. Welter kam der Aufforderung nach und überwies den fälligen Betrag in Höhe von zwölf Reichsmark. Vgl. Brief von Detmar H. Sarnetzki an Nik Welter vom 8.1.1933. Fonds Nik Welter. CNL L-44; VII.02-239 und Lastschriftzettel Nr. 18 vom 27.1.1933. Fonds Nik Welter. CNL L-44; VII.02-240.

Auch Adolf von Hatzfeld hatte sich für Welters Aufnahme ausgesprochen und intervenierte in diesem Sinne bei Paquet. Von Hatzfeld schrieb an Welter: „Ich schrieb Ihnen damals, nachdem ich Sie um Ihr Einverständnis dazu gefragt hatte, ob Sie Mitglied unseres Bundes werden wollten, dass Ihre Aufnahme dadurch erledigt sei. Ich habe damals nach Trier mich auf den Standpunkt gestellt, dass uns interne Schwierigkeiten der Luxemburger (sic!) nichts angehen, und habe dann die Aufnahme durch einen Brief an Paquet geregelt. Wir freuen uns sehr, dass Sie unser Mitglied sind." (Brief von Adolf von Hatzfeld an Nik Welter vom 23.11.1933. Fonds Nik Welter. CNL L-44; VII.02-241)

275 Vgl. [Anonym], *Tagung des Bundes rheinischer Dichter in Trier*, S. 230: Als luxemburgische Teilnehmer werden alphabetisch aufgelistet: Max Goergen, Nikolaus Hein, Albert Hoefler, Norbert Jacques, Batty Weber und Nikolaus Welter.

276 *Sonderheft Luxemburg*. Rheinische Blätter. Rheinische Heimatblätter 10 (April 1933) 4. Beiträger waren u. a. Norbert Jacques, Nicolas Ries, Pierre Frieden, Nikolaus Hein, Peter Faber, Paul Henkes, Isidore Comes, Willy Goergen und Albert Hoefler, der vier Gedichte beisteuerte.

277 Hermann Eris Busse (1891-1947) war Lehrer, Heimatkundler und Schriftsteller. Sein Erfolg gründete auf in der bäuerlichen Welt angesiedelten Romanen. Zunächst von einem Schreibverbot bedroht, wurde er von Hanns Johst 1934 in den Ausschuss der Union Nationaler Schriftsteller berufen. 1940 ging Busse, u. a. mit Hans Friedrich Blunck, auf eine ‚Dichterfahrt' ins westliche Kampfgebiet. 1943 trat er der NSDAP bei. Vgl. Cepl-Kaufmann, *Der Bund rheinischer Dichter 1926-1933*, S. 434f. und Klee, *Das Kulturlexikon zum Dritten Reich*, S. 92.

Busse figuriert schon auf der Teilnehmerliste für die Freiburger Tagung. Vgl. Cepl-Kaufmann, *Der Bund rheinischer Dichter 1926-1933*, S. 426. Seine Anwesenheit in Trier geht aus dem Protokoll der Mitgliederversammlung am 19.6.1932 hervor. Vgl. ebd., S. 372. Nach der Trierer Tagung schrieb Hoefler über Busse: „Sie gehörten zu den wenigen, bei denen man schon nach den ersten Worten spürte, daß sich einem ein Mensch genähert hat […]. Dieses Gefühl erhöhte sich noch, als Sie begannen, Ihren badischen Dialekt zu reden, die Sprache Ihrer Heimat. Und wahrhaftig – es hätte müssen sonderbar kommen, wenn Sie nicht bald besonders mit der Luxemburger Gruppe herzliche Freundschaft geschlossen hätten." ([Hoefler, Albert]: *Hermann Eris Busse*. In: ET vom 13.8.1932, [S. 7]) Hoefler sandte Busse ein Exemplar seines Artikels; der dankte wie folgt: „Sie haben es zu gut mit mir gemeint. Ihre Würdigung meiner Art und meines Schaffens beglückt. Sie wissen ja selbst, wie schwer es hält, bei den heutigen Krisenverhältnissen sich fadengrad durchzusetzen. […] Die Fahrt durchs Luxemburger Ländle, die Stunden mit Ihnen allen zusammen hege ich liebevoll in meinen Erinnerungen". (Brief von Hermann Eris Busse an Albert Hoefler vom 12.9.1932. BNL Rés. préc. MS 537, Nr. 5)

278 Cepl-Kaufmann, *Der Bund rheinischer Dichter 1926-1933*, S. 135. Zu den Angriffen auf Paquet im Zusammenhang mit der Trierer Tagung vgl. ebd., S. 134ff.

279 Weber schrieb im Anschluss an die Trierer Tagung: „Es muß darum auch uns Hoffnung und Herzenswunsch sein, daß der Bund Rheinischer Dichter wachse und gedeihe, und daß ihm besonders seine Führer und seine Prominenten treu bleiben, damit er nicht zu Mittelmäßigkeit verflache, indem er mehr in die Breite, als in die Tiefe geht." ([Weber, Batty]: *Abreißkalender*. In: LZ vom 24.6.1932 (MA), [S. 1-2], hier: [S. 2]) Vgl. auch Conter, *Vom Kulturtransfer zum Kulturexport*, S. 404.

280 Zu den Konflikten innerhalb des Bundes, die in Trier offen zutage traten, vgl. Cepl-Kaufmann, *Der Bund rheinischer Dichter 1926-1933*, S. 134ff.

281 Auch Batty Weber sah im aufkommenden Nationalsozialismus den Untergang des Bundes begründet: „Die politische Chemie des Dritten Reiches hat auch den Bund Rheinischer Dichter aufgelöst. Er ist nur noch Erinnerung." ([Weber, Batty]: *Abreißkalender*. In: LZ vom 17.11.1935 (MA), [S. 1])

282 Vgl. Conter, *Vom Kulturtransfer zum Kulturexport*, S. 395.

283 Ob Nikolaus Hein Mitglied des Bundes rheinischer Dichter war, konnte bislang nicht geklärt werden. Bekannt ist, dass bei der Mitgliederversammlung anlässlich der Trierer Tagung seine Aufnahme zur Debatte stand. Vgl. Cepl-Kaufmann, *Der Bund rheinischer Dichter 1926-1933*, S. 372.

284 Zu Norbert Jacques und der Gedelit, den Angriffen gegen ihn sowie seine Verteidigung durch Batty Weber, mit dem er sich auf der Freiburger Tagung 1931 ausgesöhnt hatte, vgl. Conter, *Vom Kulturtransfer zum Kulturexport*, S. 405 u. S. 414 (Anm. 69).

285 Vgl. Aussenstelle Luxemburg, *Zehn Jahre Kunstkreis Luxemburg*, S. 50. Nikolaus Hein wurde ohne sein Zutun zum Ehrenmitglied bestimmt und schied somit aus dem Vorstand der Gedelit aus. Vgl. dazu Krier, Emile: *Deutsche Kultur- und Volkstumspolitik von 1933-1940 in Luxemburg. Inaugural-Dissertation zur Erlangung der Doktorwürde, vorgelegt der Philosophischen Fakultät der Rheinischen-Friedrich-Wilhelms-Universität zu Bonn.* 3 Bde. [Bonn] [1975], hier: Bd. 1, S. 279.

286 Vgl. Goetzinger, Germaine: *Albert Hoefler*. In: www.autorenlexikon.lu [31.10.2012]. Vgl. auch Conter, *Vom Kulturtransfer zum Kulturexport*, S. 406: Hier wird fälschlicherweise von einer Mitgliedschaft Hoeflers in der Gedelit ausgegangen.

287 Vgl. Conter, *Vom Kulturtransfer zum Kulturexport*, S. 401.

288 Vgl. Conter, *Vom Kulturtransfer zum Kulturexport*, S. 396ff. Vgl. auch Krier, *Deutsche Kultur- und Volkstumspolitik (1)*, S. 249f.

289	Zu Jakob Kneip und der Gedelit vgl. Conter, *Vom Kulturtransfer zum Kulturexport*, S. 401f. Vgl. auch Krier, *Deutsche Kultur- und Volkstumspolitik (1)*, S. 246.
290	Zu Alfons Paquet und der Gedelit sowie Paquets Affinitäten zu Luxemburg vgl. Conter, *Vom Kulturtransfer zum Kulturexport*, S. 402ff. Vgl. auch Krier, *Deutsche Kultur- und Volkstumspolitik (1)*, S. 296: Krier weist darauf hin, dass Paquet trotz Divergenzen mit den nationalsozialistischen Machthabern in Luxemburg lesen durfte.
291	Vgl. Conter, *Vom Kulturtransfer zum Kulturexport*, S. 399.
292	Vgl. [Hoefler, Albert]: *Hermann Eris Busse*. In: ET vom 13.8.1932, [S. 7].
293	Vgl. Conter, *Vom Kulturtransfer zum Kulturexport*, S. 404f.
294	Hoefler bewunderte z. B. Anton Gabele, den dem Bund nahestehenden „Volkserzähler, der aus dem ländlichen Dasein, aus echtem Erleben erzählte" (Cepl-Kaufmann, *Der Bund rheinischer Dichter 1926-1933*, S. 439) und dessen heimatlich geprägte Erzählkunst den völkischen Anschauungen der Gedelit entsprochen haben muss. Denn er las immerhin zwei Mal während der Spätphase der Gesellschaft: am 30.10.1942 und am 24.2.1944. Vgl. dazu Aussenstelle Luxemburg, *Zehn Jahre Kunstkreis Luxemburg*, S. 45 u. S. 49. Aus einem Antwortbrief Gabeles geht hervor, dass Hoefler eine seiner Erzählungen mit außerordentlich viel Lob bedacht hatte. Gabele schrieb: „Ich habe schon manchen Gutwilligen gefunden, der meinem Werk gerecht zu werden versuchte, aber noch keinen, der mir so in jede Regung hineinfolgte, wie Sie es tun." Und einige Zeilen weiter gestand er: „Aber Ihren Aufsatz habe ich gelesen, nein – verzeihen Sie – gefressen hab ich ihn". (Brief von Anton Gabele an Albert Hoefler vom 3.1.1938. BNL Rés. préc. MS 537, Nr. 14, [S. 1])
295	Vgl. Hoefler, Albert: *Sätze gesprochen zu einer Umwälzung*. In: ET vom 6.5.1933, [S. 7].
296	A. H. [Hoefler, Albert]: *Moderne deutsche Epik. I*. In: ET vom 2.2.1935, [S. 7].
297	A. H. [Hoefler, Albert]: *Moderne deutsche Epik. I*. In: ET vom 2.2.1935, [S. 7].
298	A. H. [Hoefler, Albert]: *Moderne deutsche Epik. I*. In: ET vom 2.2.1935, [S. 7].
299	A. H. [Hoefler, Albert]: *Die Pfeffermühle*. In: ET vom 2.3.1935, [S. 11].

300 A. H. [Hoefler, Albert]: *Die Pfeffermühle*. In: ET vom 2.3.1935, [S. 11].

301 Vgl. Krier, *Deutsche Kultur- und Volkstumspolitik (1)*, S. 246ff., S. 270f. u. S. 287. Vgl. auch Haag, Émile: *Die Luxemburger Gesellschaft für deutsche Literatur und Kunst (Gedelit). 1934-1937: Anfang und Blütezeit (1. Teil)*. In: Hémecht 28 (1976) 1, S. 5-26, hier: S. 19f.

302 Vgl. z. B. E. M. [Marx, Emil]: *Braune Kulturagenten in Luxemburg. I.* In: ET vom 2.2.1935, [S. 7]; ders.: *Braune Kulturagenten in Luxemburg. II.* In: ET vom 9.2.1935, [S. 7] und ders.: *Luxemburgisches.* In: ET vom 9.11.1935, [S. 9]. Vgl. auch Conter, *Vom Kulturtransfer zum Kulturexport*, S. 401.

303 Haag, Émile: *Die Luxemburger Gesellschaft für deutsche Literatur und Kunst (Gedelit). 1938-1939/1940: Der Niedergang (2. Teil)*. In: Hémecht 28 (1976) 2, S. 101-128, hier: S. 103.

304 Vgl. Krier, *Deutsche Kultur- und Volkstumspolitik (1)*, S. 244 u. S. 270ff. Vgl. auch Haag, *Die Luxemburger Gesellschaft für deutsche Literatur und Kunst (2. Teil)*, S. 103f.

305 Vgl. Haag, *Die Luxemburger Gesellschaft für deutsche Literatur und Kunst (1. Teil)*, S. 14ff. Vgl. auch Conter, *Vom Kulturtransfer zum Kulturexport*, S. 405 u. S. 415 (Anm. 70).

306 Zu Kratzenbergs Rolle in der Gedelit vgl. Krier, *Deutsche Kultur- und Volkstumspolitik (1)*, S. 243ff. und Haag, *Die Luxemburger Gesellschaft für deutsche Literatur und Kunst (1. Teil)*, S. 14ff.

307 Vgl. Hoefler, Albert: *Ueber Klaus Mann und sein neuestes Werk*. In: DnZ (1936) 1, [S. 2].

308 Hoefler, Albert: *Ein Kalender – ein Jahrbuch der literarischen Produktion*. In: DnZ 4 (1940) 47, S. 5.

309 Hoefler, Albert: *René Schickele ist gestorben*. In: DnZ 4 (1940) 48, S. 3.

310 Vgl. Lech, *Orpheus in Echternach*, S. 246.

311 Vgl. E. M. [Marx, Emil]: *Zusammenschluß der Freunde deutscher Literatur?* In: ET vom 16.2.1935, [S. 6] und ders.: *Zusammenschluss der Freunde deutscher Literatur? II.* In: ET vom 2.3.1935, [S. 11]. Vgl. auch ders.: *Braune Kulturagenten in Luxemburg. I.* In: ET vom 2.2.1935, [S. 7] und ders.: *Braune Kulturagenten in Luxemburg. II.* In: ET vom 9.2.1935, [S. 7]: Marx hatte in den beiden letzten Artikeln angekündigt, seine Ideen zu einer neuen

Gesellschaft darlegen zu wollen. Vgl. auch Krier, *Deutsche Kultur- und Volkstumspolitik (1)*, S. 235.

312 Vgl. Krier, *Deutsche Kultur- und Volkstumspolitik (1)*, S. 227.

313 Tockerts Hinweis, dass nun auch Marx infolge einer Indiskretion von Nicolas Ries in den *Cahiers luxembourgeois* Stellung zu dem Thema genommen habe, legt nahe, dass Marx eben nicht von Anfang an in die Gründungspläne des Schriftstellervereins eingeweiht war. Vgl. Brief von Joseph Tockert an Albert Hoefler vom 4.3.1935. BNL Rés. préc. MS 537, Nr. 53, [S. 1].

Zudem bestanden nach wie vor Rivalitäten zwischen Marx und Hoefler wegen ihrer unterschiedlichen Auffassungen von Literatur. So nutzte Marx z. B. die Gelegenheit, Hoefler auf Unzulänglichkeiten in seinen Gedankengängen hinzuweisen. Vgl. A. H. [Hoefler, Albert]: *Moderne deutsche Epik. III.* In: ET vom 16.2.1935, [S. 6]. Hoeflers Kritik zu Alfons Paquets *Fluggast über Europa* ergänzte E. M. [Marx, Emil] um eine *Anmerkung der Redaktion*, in der er mittels einer provokativen Frage Hoefler seine angeblich nicht hinreichend reflektierte Haltung gegenüber Paquets politischer Einstellung vorhielt.

314 E. M. [Marx, Emil]: *Zusammenschluss der Freunde deutscher Literatur? II.* In: ET vom 2.3.1935, [S. 11].

315 E. M. [Marx, Emil]: *Zusammenschluss der Freunde deutscher Literatur? II.* In: ET vom 2.3.1935, [S. 11].

316 Brief von Joseph Tockert an Albert Hoefler vom 4.3.1935. BNL Rés. préc. MS 537, Nr. 53, [S. 1].

317 [Ries, Nicolas]: *Nouveaux académiciens.* In: CL (1935) 2, S. 244. Tockert war 1924 „Gründer und erster Präsident der Société luxembourgeoise d'études linguistiques et dialectiques, die 1935 zum Institut grand-ducal, Section de linguistique, de folklore et de toponymie wurde". (Mannes, Gast: *Joseph Tockert.* In: www.autorenlexikon.lu [05.11.2012]) Diese Sektion entwickelte sich jedoch nicht zu einer Schriftstellervereinigung im Ries'schen Sinne.

318 Brief von Joseph Tockert an Albert Hoefler vom 4.3.1935. BNL Rés. préc. MS 537, Nr. 53, [S. 1].

319 Brief von Joseph Tockert an Albert Hoefler vom 4.3.1935. BNL Rés. préc. MS 537, Nr. 53, [S. 1].

320 Brief von Joseph Tockert an Albert Hoefler vom 31.3.1935. BNL Rés. préc. MS 537, Nr. 51, [S. 1].

321	Vgl. *Verband Luxemburger Schriftsteller / Société des Ecrivains luxembourgeois. Zwecke*. [undatiert]. BNL Rés. préc. MS 537, Nr. 55 [= Anlage zu: Brief von Joseph Tockert an Albert Hoefler [undatiert]. BNL Rés. préc. MS 537, Nr. 54].
322	Vgl. Brief von Joseph Tockert an Albert Hoefler vom 31.3.1935. BNL Rés. préc. MS 537, Nr. 51, [S. 1].
323	Es handelt sich hierbei wahrscheinlich um den von Tockert erwähnten „Verein für deutsche Literatur (der, wie es scheint, neu ersteht)". (Brief von Joseph Tockert an Albert Hoefler vom 31.3.1935. BNL Rés. préc. MS 537, Nr. 51, [S. 1])
324	Vgl. Krier, *Deutsche Kultur- und Volkstumspolitik (1)*, S. 237. Vgl. auch Haag, *Die Luxemburger Gesellschaft für deutsche Literatur und Kunst (1. Teil)*, S. 14.
325	Vgl. Brief von Joseph Tockert an Albert Hoefler vom 4.3.1935. BNL Rés. préc. MS 537, Nr. 53: Hein und Weber werden erwähnt. Vgl. Brief von Joseph Tockert an Albert Hoefler vom 31.3.1935. BNL Rés. préc. MS 537, Nr. 51: Frieden und Hein. Vgl. Brief von Joseph Tockert an Albert Hoefler [undatiert]. BNL Rés. préc. MS 537, Nr. 54: Hein und Weber.
326	Vgl. Brief von Joseph Tockert an Albert Hoefler vom 4.3.1935. BNL Rés. préc. MS 537, Nr. 53, [S. 2]. Zu den Austritten von Thill und Ewert, die beide im Oktober 1935 der Gedelit wieder beitraten, vgl. Krier, *Deutsche Kultur- und Volkstumspolitik (1)*, S. 233 u. S. 241.
327	Krier, *Deutsche Kultur- und Volkstumspolitik (1)*, S. 238. Durch eine Reihe von Änderungen, die unter dem Impuls von Kratzenberg erfolgten, gelang es, die Krise innerhalb der Gedelit zu bewältigen. So wurden die Statuten dahingehend abgeändert, dass nur noch Luxemburger stimmberechtigte Mitglieder waren. Vgl. ebd., S. 240ff. Das neue Programm der Gesellschaft war geprägt von einer „grundsätzliche[n] Hinorientierung auf luxemburgische Belange". (Ebd., S. 242) Folgen hiervon waren, zum einen dass die meisten der zum Jahresanfang ausgetretenen Mitglieder der Gedelit wieder beitraten, zum anderen dass der Öffentlichkeit das Bild eines Neustarts frei von nationalsozialistischer Agitation vermittelt wurde, was sich im Nachhinein als Trugschluss herausstellen sollte.
328	Ries, Nicolas; Schroell, Paul: *À nos lecteurs*. In: dieselben (Hgg.): *Anthologie des Écrivains Luxembourgeois de Langue Française*. In: CL 14 (1937) 3&4, S. 277-480, hier: S. 277.

329 Hoefler, Albert: *Ueber den Zusammenschluß unserer deutsch schreibenden Dichter und Schriftsteller*. In: VdJ 21 (Juillet 1937) 23 n. s., [S. 6-7], hier: [S. 6].

330 Pétin, Jean: *National-Verband Luxemburger Schriftsteller*. In: CL 14 (1937) 6, S. 697-699, hier: S. 698.

331 Hoefler, Albert: *National-Verband Luxemburger Schriftsteller*. In: CL 14 (1937) 7, S. 804-806, hier: S. 805.

332 Vgl. Hoefler, *National-Verband Luxemburger Schriftsteller,* S. 805.

333 Brief von Nikolaus Hein an Albert Hoefler vom 13.2.1939. BNL Rés. préc. MS 537, Nr. 18, [S. 1f.].

334 Marx, *Albert Hoefler*, S. 688f.

335 Ein erster Schritt in diese Richtung stellt mein Artikel *Albert Hoefler und das Feuilleton Literatur und Kunst* dar, der zur Zentenarfeier des *Tageblatt* im Herbst 2013 erscheinen wird.

336 Vgl. Lech, *Orpheus in Echternach*, S. 238-248: Kapitel *Der Feuilletonist der Nachkriegsjahre*.

Verzeichnis der benutzten Abkürzungen

Archive

ACClervaux:	Archives de la commune de Clervaux
ANL:	Archives nationales de Luxembourg
AVEch:	Archives de la Ville d'Echternach
BNL:	Bibliothèque nationale de Luxembourg
CNL:	Centre national de littérature, Mersch

Zeitungen und Zeitschriften

A-Z:	A-Z. Luxemburger illustrierte Wochenschrift
CL:	Les Cahiers luxembourgeois
DnZ:	Die neue Zeit
ET:	Escher Tageblatt
JH:	Jonghémecht
JW:	Junge Welt
LJ:	Lëtzebuerger Journal
LW:	Luxemburger Wort
LZ:	Luxemburger Zeitung
OMZ:	Obermosel-Zeitung
VdJ:	La Voix des Jeunes

Sonstige

AA:	Abend-Ausgabe
LB:	Landesbibliothek
MA:	Morgen-Ausgabe
MS:	Manuskript
Nachl.:	Nachlass
NDB:	Neue deutsche Biographie
Rés. préc.:	Réserve précieuse
UB:	Universitätsbibliothek

Auswahlbibliographie

A. Archive

Archives de la commune de Clervaux. Zivilstandsregister.

Archives de la Ville d'Echternach. Zivilstandsregister.

Archives nationales de Luxembourg, Luxembourg: Les archives de la division d'ARBED Esch-Schifflange AES-U1.

Bibliothèque nationale de Luxembourg, Luxembourg: Réserve précieuse MS 537, Recueil Albert Hoefler.

Centre national de littérature, Mersch: Fonds Albert Hoefler L-16.

Schleswig-Holsteinische Landesbibliothek, Kiel: Teilnachlass Blunck, Hans Friedrich Cb 92.

Universitätsbibliothek Johann Christian Senckenberg, Frankfurt a. M.: Nachlass Alfons Paquet (I).

B. Primärliteratur

1. Albert Hoefler

1.1. Monographien

Roman eines Lebens. Teil 1 und 2. CNL L-16; I.1.1.3-1 (Teil 1) und CNL L-16; I.1.1.3-2 (Teil 2). [bisher unveröffentlichtes Manuskript]

Dichter unseres Landes 1900-1945. Luxemburg: Verlag der Hêmecht 1945.

1.2. Novellen

Geschichten um Echternach. CNL L-16; I.1.1.4 (1-7). [*Der Ruf / Kleinbürgerliche Tragödie / Die Reise zur Mutter / Die Heimkehr / Der Verrat / Das Lächeln des Tobias Pilger / Das Opfer*]

Einzelveröffentlichungen:

Der Ruf. In: CL 21 (1949) 2, S. 171-178. Wiederabdruck: CL (2000) 4, S. 37-44.

Fragmente aus der Novelle: Die Reise zur Mutter. In: LJ vom 28.10.1949, [S. 4].

Die Heimkehr. [Illustriert von Alison Koch]. In: Luxemburger Kalender 1947. 5. Jahrgang. Eine Publikation von Tony Jungblut. Luxemburg: Éditions Tony Jungblut [1947], S. 151-167. Wiederabdruck: *(Teil I-VII)*: LJ vom 30.5.1950, vom 31.5.1950, vom 1.6.1950, vom 3.6.1950, vom 5.6.1950, vom 6.6.1950 und vom 8.6.1950, [jeweils] S. 3.

Der Verrat. Illustriert von Alison Koch. In: CL (1947) 11, S. 263-273.

Das Lächeln des Tobias Pilger (Auszug). In: D'Hêmecht, Nr. 13 vom 23.12.1944, S. 2-3.

Das Opfer. In: D'Hêmecht, Nr. 13/14 vom 24.12.1945, [S. 3-4].

Das Opfer. Novelle von Albert Hoefler. In: VdJ 2 (Septembre 1918) 9, S. 95-96.

1.3. Erzählungen, Essays, Feuilletons, Rezensionen und Sonstiges

[Hoefler, Albert]: *Anmerkungen.* In: ET vom 30.3.1929, [S. 9].

[Hoefler, Albert]: *Anmerkungen. Friedrich Karl Roedemeyer.* In: ET vom 8.12.1928, [S. 5].

A. H. [Hoefler, Albert]: *Jüngste Arbeiterdichtung.* In: ET vom 15.3.1930, [S. 7].

Aufbruch ins Ich. In: ET vom 5.9.1931, [S. 9].

[Hoefler, Albert]: *Begegnungen mit Frantz Seimetz.* In: ET vom 29.4.1933, [S. 9].

Bekenntnis zur neuen Kunst. In: CL (1927-1928) 6, S. 443-445.

[Hoefler, Albert]: *Um kulturelle Belange.* In: ET vom 27.8.1932, [S. 7].

A. H. [Hoefler, Albert]: *Um die Bezeichnung Cahiers.* In: OMZ vom 17.10.1945, [S. 3].

A. H. [Hoefler, Albert]: *Echternacher Brief.* In: LZ vom 10.11.1926 (MA), [S. 2].

Offener Brief an Hrn. Erich Ebermayer, Herausgeber des Deutschen Almanach. In: ET vom 18.1.1930, [S. 5].

[Hoefler, Albert]: *Ein Buch der Abenteuer und der Liebe.* In: ET vom 26.9.1931, [S. 7].

[Hoefler, Albert]: *Hermann Eris Busse.* In: ET vom 13.8.1932, [S. 7].

[Hoefler, Albert]: *Cahiers Luxembourgeois und Rheinische Blätter.* In: ET vom 25.3.1933, [S. 7].

Aus der abenteuerlichen Chronika eines Ueberflüssigen. In: OMZ vom 30.6.1921, [S. 3].

[Hoefler, Albert]: *Deutschland – Frankreich.* In: ET vom 8.8.1931, [S. 7].

[Hoefler, Albert]: *Der Dichter Friedrichkarl Roedemeyer.* In: ET vom 4.2.1933, [S. 8].

Der Dichter und die Rosen. Ein ganz unwahrscheinliches Märchen. In: LW vom 1.8.1921, [S. 2].

[Hoefler, Albert]: *Proletarische Dichtung.* In: ET vom 30.4.1932, [S. 7].

[Hoefler, Albert]: *Rheinische Dichtung. Anmerkungen zu dem Sonderheft der Monatsschrift: Der Fährmann.* In: ET vom 9.1.1932, [S. 7].

Das Ende der Voix des Jeunes. In: OMZ vom 6.4.1923, [S. 3].

[Hoefler, Albert]: *Ueber die Entstehung des dichterischen Werkes.* In: ET vom 21.3.1931, [S. 8].

[Hoefler, Albert]: *Moderne deutsche Epik.* In: ET vom 25.10.1930, [S. 7].

A. H. [Hoefler, Albert]: *Moderne deutsche Epik. I.* In: ET vom 2.2.1935, [S. 7].

A. H. [Hoefler, Albert]: *Moderne deutsche Epik. II.* In: ET vom 9.2.1935, [S. 7].

A. H. [Hoefler, Albert]: *Moderne deutsche Epik. III.* In: ET vom 16.2.1935, [S. 6].

A. H. [Hoefler, Albert]: *Ein neuer luxemburgischer Epiker. Joseph Funck.* In: ET vom 29.9.1934, [S. 11].

Erinnerung an Deutschland. In: VdJ 22 (Février 1938) 25 n. s., [S. 8].

Das Erlebnis. In: ET vom 3.5.1930, [S. 6].

Das Fragmentarische der Luxemburger. II. In: ET vom 19.4.1930, [S. 9].

Die Frau der sieben Schmerzen. In: ET vom 24.1.1931, [S. 6].

Joseph Funck. In: D'Hêmecht, Nr. 20 vom 10.2.1945, S. 4.

A. H. [Hoefler, Albert]: *Gedanken zu einem Interview.* In: ET vom 10.11.1934, [S. 7].

Zu einigen Gedichten unsrer Jüngsten. In: CL 21 (1949) 6, S. 75.

Vom Geiste unseres Volkes. II. In: Echternacher Anzeiger vom 12.7.1924, [s. p.].

Geschichte als Dichtung. In: D'Hêmecht, Nr. 30 vom 21.4.1945, [S. 2].

Mein Glückwunsch an Batty Weber. In: *Das junge Luxemburg spricht. Dieses Heft steht im Zeichen Batty Weber. Zu seinem 70. Geburtstag.* Junge Welt Almanach auf das Jahr 1931, S. 13-14.

A. H. [Hoefler, Albert]: *Aus Heimat und Ferne.* In: ET vom 8.12.1934, [S. 6].

[Hoefler, Albert]: *Es ändert nicht das menschliche Herz...* In: LJ vom 24.3.1950, S. 3.

Norbert Jacques wird 50 Jahre alt. In: ET vom 31.5.1930, [S. 6].

Norbert Jacques: Auf dem chinesischen Fluß. In: OMZ vom 22.8.1921, [S. 3].

Hoefler, Alb[ert]: *Norbert Jacques: Die Frau von Afrika.* In: OMZ vom 18.7.1921, [S. 3].

Norbert Jacques: Siebenschmerz. In: OMZ vom 27.9.1922, [S. 3].

[Hoefler, Albert]: *Vor dreißig Jahren.* In: OMZ vom 27. u. 28.10.1945, [S. 3].

Ueber den Kämpfen. Gedichte von Nik. Welter. In: VdJ (Mai 1922) 5 n. s., S. 75-76.

Ein Kalender – ein Jahrbuch der literarischen Produktion. In: DnZ 4 (1940) 47, S. 5.

Ein schlechter Kommentar zu miserablen Versen. In: DnZ (1936) 3, S. 3.

[Hoefler, Albert]: *Weltoffene Landschaft oder neue Heimatkunst?* In: ET vom 16.5.1931, [S. 6].

[Hoefler, Albert]: *Das geistige Leben Luxemburgs: Dichtung der Jungen. I.* In: ET vom 3.10.1931, [S. 6].

[Hoefler, Albert]: *Das geistige Leben Luxemburgs: Dichtung der Jungen. II.* In: ET vom 10.10.1931, [S. 7].

Das geistige Leben Luxemburgs. Dichtung der Jungen. In: *De Student. Numéro du Centenaire de notre Indépendance. 1839-1939.* Direkter: Joseph Medinger. Matarbechter: Pierre Rumé, Evry Wohlfart, Marcel Stoffel et al. [s. l.] [1939], [S. 5-6].

[Hoefler, Albert]: *Luxemburger Literatur. (Zum literarischen Wettbewerb der C. L.)* In: ET vom 8.7.1933, [S. 7].

A. H. [Hoefler, Albert]: *Luxemburgensia.* In: ET vom 24.11.1934, [S. 9].

Ueber Klaus Mann und sein neuestes Werk. In: DnZ (1936) 1, [S. 2].

In Morte sumus. (Aus den Papieren eines Malers) In: CL 14 (1937) 5, S. 547-550.

Die Nacht. Für Norbert Jacques. In: LZ vom 7.1.1927 (AA), [S. 2].

Nacht am Rhein. In: LW vom 24.6.1921, [S. 2].

National-Verband Luxemburger Schriftsteller. In: CL 14 (1937) 7, S. 804-806.

Dichtendes Oesterreich. In: DnZ 2 (1938) 23, S. 3.

A. H. [Hoefler, Albert]: *Die Pfeffermühle.* In: ET vom 2.3.1935, [S. 11].

Friedrich Karl Roedemeyer. In: CL 8 (1931) 5, S. 535-536.

Peter Rosegger †. In: Zeitung für kleine Leute 6 (1918) 10, S. 156-157.

[Hoefler, Albert]: *Rückkehr zur Gesundung?* In: LJ vom 25.9.1950, S. 2.

[Hoefler, Albert]: *Rückschau – Vorschau.* In: ET vom 27.12.1930, [S. 7].

Sätze gesprochen zu einer Umwälzung. In: ET vom 6.5.1933, [S. 7].

[Hoefler, Albert]: *Kleine Schaubuehne.* In: ET vom 15.3.1922, [S. 7].

René Schickele ist gestorben. In: DnZ 4 (1940) 48, S. 3.

A. H. [Hoefler, Albert]: *Der Schriftsteller Jim Smiley.* In: LJ vom 30.3.1950, S. 4.

Unser Schrifttum 1939. In: *Der neue Luxemburger Kalender 1940. Eine Publikation von Tony Jungblut.* Luxembourg: Luxemburger Nachrichten-Büro 1940, S. 135-138.

[Hoefler, Albert]: *Franz Seimetz.* In: OMZ vom 15.12.1945, S. 6.

[Hoefler, Albert]: *Silhouetten.* In: ET vom 24.10.1931, [S. 7].

[Hoefler, Albert]: *Silhouetten. II.* In: ET vom 31.10.1931, [S. 7].

Autobiographische Skizze. In: VdJ 22 (Juillet 1938) 26 n. s., [S. 6].

Die Springprozession. In: CL 7 (1930) 1, S. 77-80.

Die Springprozession. In: D'Hêmecht, Nr. 35 vom 26.5.1945, [S. 1-2].

[Hoefler, Albert]: *Tagung des Bundes rheinischer Dichter.* In: ET vom 17.10.1931, [S. 7].

[Hoefler, Albert]: *Vortrag Dr. Carl Gebhardt.* In: ET vom 1.12.1932, [S. 3].

[Hoefler, Albert]: *Vortrag Dr. Gebhardt in Esch-Alz.* In: ET vom 27.3.1929, [S. 3].

Die Junge Welt und Wir. In: ET vom 22.2.1930, [S. 7].

Nikolaus Welter. In: D'Hêmecht, Nr. 9 vom 25.11.1944, [S. 2-3].

Nikolaus Welter. In: CL 21 (1949) 1, S. 98-99.

Das literarische Werk Norbert Jacques'. In: VdJ (Mars 1923) 7 n. s., S. 102-104.

[Hoefler, Albert]: *Vom Wert der Illusion.* In: OMZ vom 7.8.1946, S. 5.

[Hoefler, Albert]: *Die andere Wirklichkeit.* In: LJ vom 15.7.1948, S. 5.

[Hoefler, Albert]: *Zeitschriftenschau. Les Cahiers Luxembourgeois 5.* In: ET vom 14.7.1934, [S. 7].

Zusammenschluß! In: ET vom 2.5.1931, [S. 6].

Nochmals: Zusammenschluß! Offener Brief an Gregor Stein. In: ET vom 9.5.1931, [S. 7].

Ueber den Zusammenschluß unserer deutsch schreibenden Dichter und Schriftsteller. In: VdJ 21 (Juillet 1937) 23 n. s., [S. 6-7].

1.4. Lyrik

Ausklang. Letzte Gedichte. Luxemburg: P. Linden 1951.

Der Dom. Luxemburg: Verlag Les Cahiers luxembourgeois 1927.

Dorf in Frankreich. In: D'Hêmecht, Nr. 11 vom 9.12.1944, [S. 5].

Gang zur Arbeit. An einem Sommermorgen. In: CL (1935) 7, S. 775.

Gedichte. In Seelennot. / Ich danke dir! / Heimgang. In: VdJ (Mars 1922) 3 n. s., S. 35-36.

Gedichte. Ich hab ja nie ums Glück gewusst! / Du strafst zu hart! / Marternde Nächte. In: VdJ (Avril 1922) 4 n. s., S. 53-54.

Einem Kinde. Für Lore. In: CL 10 (1933) 5, S. 506.

Für Lu. In: *Annuaire 1933. Dessins à la plume de Félix Glatz. Association générale des étudiants luxembourgeois.* Luxembourg: Victor Buck 1933, S. 97.

Meiner Mutter. Gedicht von Alb[ert] Hoefler. Musik von Th[omas] Müller. Luxemburg: P. Worré-Mertens 1917. [Partitur]

Nächte. Gedichte. Grevenmacher: Paul Faber 1923.

Rosenblust und Sonnengold. Ein Büchlein Verse. Luxemburg: Linden & Hansen [1919].

Selbstbildnis. In: CL (1935) 3, S. 305-306 und CL 14 (1937) 5, S. 570-571.

Stadt des Erzes. In: A-Z, Nr. 52 vom 16.12.1934, S. 7 und CL 14 (1937) 6, S. 646-647.

Tournus. In: D'Hêmecht, Nr. 11 vom 9.12.1944, [S. 5].

Der Wandrer. Gedichte von Albert Hoefler. Luxemburg: Verlag der Cahiers luxembourgeois 1937.

Weihnacht I. In: CL 14 (1937) 5, S. 569.

Aus dem Zyklus: Die Gedichte um Lu. In: CL 8 (1931) 3, S. 320-322.

2. Andere Autoren

[Anonym]: *Anmerkungen*. In: ET vom 27.4.1929, [S. 5].

[Anonym]: *„Fetzen"*. Roman. *Aus der abenteuerlichen Chronika eines Ueberflüssigen. Von Alexander Weicker, Schriftsteller, Roodt-Syr*. In: LW vom 31.5.1921, [S. 2].

[Anonym]: *Hetze gegen den Volksverein*. In: Das Luxemburger Volk vom 3.7.1909, S. 107.

[Anonym]: *Tagung des Bundes rheinischer Dichter*. In: JH 6 (1932) 2, S. 57-58.

[Anonym]: *Tagung des Bundes rheinischer Dichter in Trier*. In: JH 6 (1932) 8, S. 229-230.

[Anonym]: *Zur Tagung der rheinischen Dichter*. In: Das Luxemburger Volk vom 26.6.1932, [S. 2-3].

Adorno, Theodor W.: *Kulturkritik und Gesellschaft (1951)*. In: ders.: *Gesammelte Schriften. Bd. 10.1: Kulturkritik und Gesellschaft I. Prismen. Ohne Leitbild*. Frankfurt a. M.: Suhrkamp 1977, S. 11-30.

Alberto, Jim: *Vom « Skeptizismus der Jugend »*. In: JW (September [1931]) 15, 3. Folge, S. 315-316.

Aussenstelle Luxemburg des Reichspropagandaamtes Moselland (Hg.): *Zehn Jahre Kunstkreis Luxemburg. Gesellschaft für Literatur und Kunst 1934-1944. Zusammengestellt und bearb. von Hanns Divo u. Alex Röder; unter Verantwortung von Eugen Ewert*. Luxemburg: Verlagsanstalt Moselland [1944].

Bazin, René: *Pages choisies des auteurs contemporains*. Paris: Armand Colin, Calmann-Lévy 1903.

Benzmann, Hans (Hg.): *Moderne Deutsche Lyrik. Mit einer literargeschichtlichen Einleitung und biographischen Notizen hg. von Hans Benzmann*. Leipzig: Philipp Reclam [1904].

Bert [Elsen, Albert]: *Albert Höfler: „Der Wanderer", Gedichte*. In: Luxemburger Volksblatt vom 18. u. 19.12.1937, S. 11.

Bonsels, Waldemar: *Der Wanderer zwischen Staub und Sternen*. Berlin: Deutsche Buch-Gemeinschaft 1926.

Brimmeyr, Johann Peter: *Geschichte der Stadt und der Abtei Echternach. Als Manuscript hg. von Dr Rudolph Brimmeyr und Dr Heinrich Schintgen*. Luxembourg: Gustave Soupert 1921 (Bd. 1) und 1923 (Bd. 2).

B. W. [Weber, Batty]: *Albert Hoefler, Rosenblust und Sonnengold, ein Büchlein Verse*. In: LZ vom 31.12.1919 (MA), [S. 2].

Clement, Frantz: *René Engelmann*. In: VdJ (Janvier 1922) 1 n.s., S. 3-4.

Clément, Frantz: *Ein Gedichtbuch: Albert Hoefler: Der Wandrer.* In: ET vom 4.12.1937, [S. 10].

Clément, Frantz: *Deutsche Literatur.* In: CL (1923) 1, S. 56-58.

Clément, Frantz: *Neue Lyrik. – Albert Hoefler: Der Dom.* In: LZ vom 17.10.1927 (AA), [S. 3].

Dehmel, Richard: *Hundert ausgewählte Gedichte.* Berlin: S. Fischer 1908.

E. B. [Bisdorff, Ernest]: *Neuerscheinung: Dichter unseres Landes 1900-1945.* In: D'Hêmecht, Nr. 51 vom 15.9.1945, [S. 2].

E. M. [Marx, Emil]: *Albert Hoefler.* In: CL 4 (1927) 8, S. 687-689.

E. M. [Marx, Emil]: *Albert Hoefler: Dichter unseres Landes (1900-1945).* In: ET vom 8.9.1945, [S. 6].

E. M. [Marx, Emil]: *Unser Interview. Junge Luxemburger schreiben. Die Ansicht Jos. Funcks.* In: A-Z, Nr. 44 vom 21.10.1934, S. 10-12.

E. M. [Marx, Emil]: *Braune Kulturagenten in Luxemburg. I.* In: ET vom 2.2.1935, [S. 7].

E. M. [Marx, Emil]: *Braune Kulturagenten in Luxemburg. II.* In: ET vom 9.2.1935, [S. 7].

E. M. [Marx, Emil]: *Luxemburgisches.* In: ET vom 9.11.1935, [S. 9].

E. M. [Marx, Emil]: *Der „luxemburger Schriftsteller".* In: JW (Jan.-Feb. 1930) 10 N. F., S. 202-203.

E. M. [Marx, Emil]: *Zusammenschluß der Freunde deutscher Literatur?* In: ET vom 16.2.1935, [S. 6].

E. M. [Marx, Emil]: *Zusammenschluss der Freunde deutscher Literatur? II.* In: ET vom 2.3.1935, [S. 11].

Engel, Eduard: *Geschichte der deutschen Literatur von den Anfängen bis in die Gegenwart.* 2 Bde. Leipzig: G. Freytag / Wien: F. Tempsky 1906.

Engelmann, René: *Das Mensch. Ein Fragment aus dem Nachlass von René Engelmann.* In: VdJ (Janvier 1922) 1 n.s., S. [1]-3.

Erix [Marx, Emil]: *A. H. oder der Dichter.* In: De Peck-Villchen, Nr. 58 vom 2.11.1946, [S. 1-2].

Esch, M[athias]: *Emile Verhaeren. L'Homme – Le Poète de la vie moderne. Étude sur les tendances nouvelles dans la littérature contemporaine.* Luxembourg: Victor Bück 1917.

F. C. [Clément, Frantz]: *Ein junger Lyriker.* In: ET vom 7.1.1920, [S. 3].

Fridolin: «*Voix des Jeunes*». In: Luxemburger Tageblatt vom 4.4.1923, [S. 1].

Funck, J[oseph]: *Antwort an A. H.* In: ET vom 17.11.1934, [S. 7].

Funck, Joseph: *Kleines Schicksal. Erzählung. Studienausgabe. Vorgestellt und kommentiert von Pierre Marson*. Mersch: Centre national de littérature 2002 (= Lëtzebuerger Bibliothéik. Bd. 10).

Funck, Joseph: *Jim Steller (Fragment aus dem Roman „Kleines Schicksal")*. In: CL 10 (1933) 5, S. 497-505.

G. v. W. [van Werveke, Gust]: *Albert Hoefler sprach aus seinem „Wanderer"*. In: ET vom 19.4.1930, [S. 9].

H. [Hess, Jos]: *Völkerweisheit*. In: OMZ vom 18.7.1938, [S. 1]. [zu Hoeflers Lyrikband *Der Wandrer*]

Hauptmann, Gerhart: *Des großen Kampffliegers, Landfahrers, Gauklers und Magiers Till Eulenspiegel Abenteuer, Streiche, Gaukeleien, Gesichte und Träume. Hexameter-Epos in 18 Abenteuern*. Berlin: S. Fischer 1928.

H. C. [Clement, Hubert]: *Aus der Volksbildungsarbeit. Vortragstournee Erichsen*. In: VdJ (Mars 1922) 3 n. s., S. 42.

Hess, Jos: *Albert Hoefler*. In: CL 4 (1927) 8, S. 685-687.

Hoffmann, Léopold: *Albert Hoefler*. In: Hoefler, Albert: *Dichter unseres Landes 1900-1945*. Luxemburg: Verlag der Hêmecht 1945, S. 157-169.

Jacques, Norbert: *Neue Brasilienreise*. München: Drei Masken 1925.

Jacques, Norbert: *Deutschland und Frankreich in Luxemburg. Beschluß des Reisetagebuchs*. In: Deutsche allgemeine Zeitung (Berlin, Reichsausgabe) vom 27.9.1931, [s. p.].

Jacques, Norbert: *Die Limburger Flöte*. In: VdJ (Mars 1923) 7 n. s., S. 97-101.

Jacques, Norbert: *Die Limmburger Flöte. Bericht über Pierre Nocké den berühmten Musikus aus Limmburg der auf einer Flöte blasen konnte die er sich nicht erst zu kaufen brauchte*. Berlin: Gebrüder Mann 1927. Anschließend: Berlin: Paul Steegemann 1929.

Jacques, Norbert: *Auf dem chinesischen Fluss. Reisebuch*. Berlin: S. Fischer [1921].

Jacques, Norbert: *Der Hafen. Roman*. Berlin: S. Fischer 1910.

Jacques, Norbert: *Piraths Insel. Roman*. Berlin: S. Fischer 1917.

Jacques, Norbert: *Norbert Jacques an die Luxemburger Jugend. An die Jugend meiner Heimat*. In: ET vom 22. u. 23.3.1941, [S. 3] und LW vom 22. u. 23.3.1941, S. 4.

Jacques, Norbert: *Der Knabe*. In: VdJ (Mars 1923) 7 n. s., S. 101-102.

Jacques, Norbert: *Landmann Hal. Roman*. Berlin: S. Fischer 1919.

Jacques, Norbert: *Mit Lust gelebt. Roman meines Lebens*. Kommentierte, illustrierte und wesentlich erweiterte Neuausgabe. Hg. von Hermann Gätje, Germaine Goetzinger, Gast Mannes und Günter Scholdt. Sankt Ingbert: Röhrig Universitätsverlag 2004 (= Schriften der saarländischen Universitäts- und Landesbibliothek. Hg. von Bernd Hagenau. Bd. 9).

Jacques, Norbert: *Kleine Rede über Luxemburg*. In: Vogedes, Alois (Hg.): *Festschrift zur Tagung des Bundes Rheinischer Dichter in Trier am 18., 19. und 20. Juni 1932*. Trier: Paulinus-Druckerei [1932], S. 51-54.

Jacques, Norbert: *Kleine Rede über Luxemburg auf der Tagung des Bundes rheinischer Dichter*. In: JH 6 (1932) 4, S. 118-119.

Joseph-Émile [Muller, Joseph-Émile]: *Albert Hoefler: Der Wandrer*. In: DnZ (1937) 15, S. 3.

K. [Kratzenberg, Damian]: *Albert Hoefler, Der Dom*. In: Echternacher Anzeiger vom 1.10.1927, [S. 2].

K. [Kratzenberg, Damian]: *Albert Hoefler, Nächte*. In: Echternacher Anzeiger vom 15.9.1923, [s. p.].

K. E.: *Rheinische Dichtertagung in Trier und Luxemburg*. In: Frankfurter Zeitung vom 28.6.1932, [s. p.].

Kolbach, Jos[eph]: *Der Selbstsucher*. In: Association Générale des Étudiants Luxembourgeois (Hg.): *Annuaire 1916*. Luxembourg: Victor Bück 1916, S. 7-25.

Lorth, Franz: *„Propheten der Sonne, der Morgen graut!"* In: Luxemburger Tageblatt vom 12.8.1922, [S. 3].

Marx, E[mil]: *Albert Hoefler: Nächte*. In: OMZ vom [22.9.1923], [s. p.].

Marx, Emil: *Dank an Albert Hoefler. Den Freund und Dichter*. In: CL 22 (1950) 4, S. 89-92.

M. D. [Delleré, Michel]: *Nächte. Gedichte von Albert Höfler*. In: LZ vom 25.10.1923 (MA), [S. 3].

Michels, Pol: *Dukaten werden beschnitten, Pfennige nicht (Fragment)*. In: *Das junge Luxemburg spricht. Dieses Heft steht im Zeichen Batty Weber. Zu seinem 70. Geburtstag*. Junge Welt Almanach auf das Jahr 1931, S. 15-17.

Michels, Pol: *Albert Hoefler. Kritische Strophen statt einer Kritik*. In: VdJ 22 (Juillet 1938) 26 n. s., [S. 11].

Michels, Pol: *Norbert Jacques*. In: VdJ (Mars 1923) 7 n. s., S. 104-105.

Michels, Pol: *Le Réceptacle*. In: VdJ 2 (Septembre 1918) 9, S. 94-95.

Michels, Pol: *Kleine Schaubühne*. In: ET vom 11.4.1925, [S. 3].

[Molling, Nic]: *Der Dom. Gedichte von Albert Hoefler*. In: Nationalzeitung und Landwirt vom 29.9.1927, [S. 2].

Molling, Nic: *Der Dom. Gedichte von Albert Hoefler. (Schluß.)* In: Nationalzeitung und Landwirt vom 30.9.1927, [S. 2].

- n: *Soziale Literatur.* In: ET vom 16.7.1932, [S. 7].

- n. [Hein, Nikolaus]: *Albert Hoefler, Rosenblust u. Sonnengold. Ein Büchlein Verse.* In: LW vom 10.1.1920 (AA), [S. 1].

Paquet, Alfons: *Um den Zusammenschluß!* In: ET vom 13.6.1931, [S. 8].

Peffer, Reinhold [Marx, Emil]: *Pfefferkörnchen. Waffengang mit Albert Höfler.* In: JW (Dez. 1931-Jan. 1932) 17, S. 362-363.

Pétin, Jean: *National-Verband Luxemburger Schriftsteller.* In: CL 14 (1937) 6, S. 697-699.

Philinte [Ries, Nicolas]: *Réhabilitation d'un traître.* In: Luxemburger Tageblatt vom 15.12.1927, [S. 1].

Philinte [Ries, Nicolas]: *Pour en finir.* In: Luxemburger Tageblatt vom 23.12.1927, [S. 1].

P. M. [Müller, Paul]: *Der Dom von Albert Hoefler.* In: Luxemburger Tageblatt vom 1.10.1927, [S. 3].

P. M-r. [Müller, Paul?]: *Norbert Jacques' Flöten-Antwort.* In: Luxemburger Tageblatt vom 4.1.1928, [S. 3].

P. M-s. [Michels, Pol]: *Der Dom.* In: VdJ 11 (Décembre 1927) 4, 3e série, S. 6-7.

P. V. [Michels, Pol]: *Eine Ehrenrettung.* In: De Peck-Villchen, Nr. 225 vom 14.1.1950, [S. 1].

[Ries, Nicolas]: *Nouveaux académiciens.* In: CL (1935) 2, S. 244.

Ries, Nicolas; Schroell, Paul: *À nos lecteurs.* In: dieselben (Hgg.): *Anthologie des Écrivains Luxembourgeois de Langue Française.* In: CL 14 (1937) 3&4, S. 277-480, hier: S. 277.

R. P. [Marx, Emil]: *Soziale Literatur.* In: ET vom 24.9.1932, [S. 7].

Schlaf, Johannes: *Der Stille Ozean.* In: Floréal 1 (1907) 3, S. 202-206.

Spael, W[ilhelm]: *Rheinische Dichtertagung in Trier. Begegnung mit dem Nachbar?* In: Kölnische Volkszeitung vom 23.6.1932, S. 10.

Spiero, Heinrich: *Börries, Freiherr von Münchhausen.* In: Das literarische Echo 14 (1912) 18, Sp. 1259-1265.

Squibbles, Joe [Tockert, Joseph]: *„We' mir eso' zefridde sin." Luxemburgisches Goldbuch. Zum fünfzigjährigen Jubiläum unserer Neutralität. Gesammelt und hg. von Joe Squibbles.* Luxemburg: Gustave Soupert 1917.

Squibbles, Joe [Tockert, Joseph]: *„We' mir eso' zefridde sin." Luxemburgisches Goldbuch. Weitere Beiträge. Gesammelt und hg. von Joe Squibbles.* Trier: J. Klein 1921.

[Stein, Gregor] [Grégoire, Pierre]: *Dichter der Heimat. 8. Albert Höfler.* In: LW vom 8.5.1934, [S. 7].

[Stein, Gregor] [Grégoire, Pierre]: *Superfizialismus als Norm der Kritik.* In: LW vom 25.9.1945, S. 2.

Stein, Gregor [Grégoire, Pierre]: *Zusammenschluß?* In: LW vom 7.5.1931, [S. 4].

Sudermann, Hermann: *Morituri. Drei Einakter: Teja. Drama; Fritzchen. Drama; Das Ewig-Männliche. Spiel.* Stuttgart: Cotta 1897.

W. [Weber, Mathias]: *Zum lyrischen Zyklus: „Der Dom" von Albert Hoefler.* In: Arbeiter-Zeitung vom 10.10.1927, [S. 1].

[Weber, Batty]: *Abreißkalender.* In: LZ vom 18.3.1917 (MA), [S. 2-3]. [zu Norbert Jacques' Roman *Piraths Insel*]

[Weber, Batty]: *Abreißkalender.* In: LZ vom 31.3.1923 (MA), [S. 3]. [zum Norbert-Jacques-Heft der *Voix des Jeunes*]

[Weber, Batty]: *Abreißkalender.* In: LZ vom 10.11.1926 (MA), [S. 2]. [zu einer Lesung Alfons Paquets in Luxemburg]

[Weber, Batty]: *Abreißkalender.* In: LZ vom 16.11.1930 (MA), [S. 2]. [zu Carl Gebhardt und dem Frankfurter Künstlertheater für Rhein und Main]

[Weber, Batty]: *Abreißkalender.* In: LZ vom 15.10.1931 (MA), [S. 2]. [zur Freiburger Tagung]

[Weber, Batty]: *Abreißkalender.* In: LZ vom 21.2.1932 (MA), [S. 3]. [zur Freiburger Tagung und zur Fahrt auf den Schauinsland]

[Weber, Batty]: *Abreißkalender.* In: LZ vom 24.6.1932 (MA), [S. 1-2]. [zur Trierer Tagung]

[Weber, Batty]: *Abreißkalender.* In: LZ vom 17.11.1935 (MA), [S. 1]. [zum Niedergang des Bundes rheinischer Dichter]

Weber, Batty: *Aufruf!* In: VdJ 1 (Août 1917) 1, [S. 1].

[Weber, Batty]: *Eine Entgleisung.* In: LZ vom 20.12.1927 (MA), [S. 2].

Weber, Batty: *Wandern.* In: Floréal 1 (1908) 9, S. 151-155.

Welter, Nikolaus: *Über den Kämpfen. Zeitgedichte von Nikolaus Welter.* Diekirch: J. Schroell 1915.

Winter, Jemp: *Ein Wort zu einer kulturellen Angelegenheit.* In: LZ vom 1.1.1932 (MA), [S. 4]. Wiederabdruck: [Winter, Jemp]: *Eine kulturelle Angelegenheit.* In: JH 6 (1932) 4, S. 119-120.

C. Forschungsliteratur

[Anonym]: *Mutationen im Personal*. In: *Tageblatt und Genossenschaftsdruckerei. 25 Jahre*. Esch/Alzette: Luxemburger Genossenschaftsdruckerei [1953], S. 166.

ARBED. Aciéries réunies de Burbach-Eich-Dudelange (Hg.): *Un démi-siècle d'histoire industrielle 1911-1964. Documents réunis, classés et commentés par Félix Chomé*. [Luxembourg]: ARBED [s. d.].

Barbe, Marie-France; Déroche, Gilles: *Andrée Vienot (1901-1976). Une femme au service des autres*. Numéro hors série de la revue Terres Ardennaises. Charleville-Mézières 1998.

Biographisch-bibliographisches Kirchenlexikon. Begründet, bearbeitet und hg. von Friedrich Wilhelm Bautz. Fortgeführt von Traugott Bautz. Hamm (Westfalen), [dann] Herzberg, [dann] Nordhausen: T. Bautz 1975 - ...

Bour, Roger: *Portraits. Wer ist wer in Luxemburg? Bedeutende Persönlichkeiten aus 1500 Jahren Geschichte, Politik, Wissenschaft, Kunst, Literatur, Musik, Sport usw*. Luxemburg: Sankt-Paulus-Druckerei 2000.

Cepl-Kaufmann, Gertrude: *Der Bund rheinischer Dichter 1926-1933. In Verbindung mit Dietmar Lieser. Unter Mitarbeit von Sabine Brenner, Carola Spies und Franz Steinfort*. Paderborn / München / Wien / Zürich: Ferdinand Schöningh Verlag 2003.

Conter, Claude: *Franc-maçonnerie et littérature*. In: *Les francs-maçons dans la vie culturelle. Freimaurer im kulturellen Leben Luxemburgs*. Luxembourg: Éditions de la Grande Loge de Luxembourg 1995, S. 7-13.

Conter, Claude D.: *Vom Kulturtransfer zum Kulturexport. Der Bund Rheinischer Dichter und die Gesellschaft für deutsche Literatur und Kunst. Anmerkungen zur Literaturpolitik in Luxemburg zwischen 1933 und 1945*. In: Breuer, Dieter; Cepl-Kaufmann, Gertrude (Hgg.): *Das Rheinland und die europäische Moderne. Kulturelle Austauschprozesse in Westeuropa 1900-1950*. Essen: Klartext 2008, S. 395-420.

Conter, Claude D.; Sahl, Nicole (Hgg.): *Aufbrüche und Vermittlungen. Beiträge zur Luxemburger und europäischen Literatur- und Kulturgeschichte / Nouveaux horizons et médiations. Contributions à l'histoire littéraire et culturelle au Luxembourg et en Europe*. Bielefeld: Aisthesis 2010.

Conter, Claude D.; Schmit, Sandra; Seil, Pascal: *Satirische Literatur in Luxemburg. Vum Eilespill an anere Kregéiler. Ausstellung und Katalog*. Mersch: Centre national de littérature 2012.

Dietzel, Thomas; Hügel, Hans-Otto: *Deutsche literarische Zeitschriften 1880-1945. Ein Repertorium. Hg. vom Deutschen Literaturarchiv Marbach am

Neckar. Mitarbeit Regina Heppeler, Birgit Kienow, Monika Seibold, Katharina von Wilucki. 5 Bde. München / New York / London / Paris: Saur 1988.

Differdinger Volksbildungsverein (Hg.): *Dossier Spoo.* [s. l.] 1974.

Durot, Nicole: *Ludwig Thoma et Munich. Une contribution à la vie sociale, politique et culturelle à Munich autour de 1900.* Bern / Berlin / Bruxelles et al.: Peter Lang 2007 (= Collections Contacts. Série III – Études et documents. Vol. 55).

Ennen, Edith: *Frauen im Mittelalter.* 6. Aufl. München: C. H. Beck 1999.

Fayot, Ben: *Fragmente zur Geschichte der Volksbildungsvereine in Luxemburg.* In: Galerie 1 (1982-83) 2, S. 146-159.

Fayot, Ben: *Fragmente zur Geschichte der Volksbildungsvereine in Luxemburg (2).* In: Galerie 1 (1982-83) 4, S. 660-666.

Fayot, Ben: *Vor 75 Jahren: Texte zur Gründung der Volksbildungsvereine in Luxemburg.* In: Galerie 2 (1983-84) 2, S. 283-290.

Friedrich, Evy: *Emil Marx (1899-1964).* In: Revue 21 (1965) 29, S. 22-23.

Goetzinger, Germaine: *Floréal. Eine Fallstudie zur literarischen Öffentlichkeit in Luxemburg.* In: *Clierwer Literaturdeeg 1985. 26. a 27. Oktober am Schlass.* Luxembourg: Ministère des Affaires culturelles 1986, S. 56-63.

Goetzinger, Germaine: *„Aber so ist's! Literatur ist Ware wie Backsteinkäs' und Bismarksheringe!" Marie-Henriette Steil und das literarische Leben Luxemburgs in den zwanziger Jahren.* In: Lëtzebuerger Almanach vum Joerhonnert. 1900-1999. Hg. von Guy Binsfeld. Chefredakteur: Rob Kieffer. Redaktion und Koordination: Romain Kohn. Luxemburg: G. Binsfeld 1999, S. 169-175.

Goetzinger, Germaine; Mannes, Gast; Wilhelm, Frank: *Hôtes de Colpach – Colpacher Gäste. Katalog zur Ausstellung vom 12.11.1997 bis zum 20.2.1998 im Centre national de littérature in Mersch.* Mersch: Centre national de littérature 1997.

Goetzinger, Germaine; Mannes, Gast; Wilhelm, Frank: *Kontakte – Kontexte. Deutsch-luxemburgische Literaturbegegnungen. Katalog zur Ausstellung vom 18.11.1999 bis zum 17.3.2000 im Centre national de littérature in Mersch.* Mersch: Centre national de littérature 1999.

Haag, Emile: *Die Luxemburger Gesellschaft für deutsche Literatur und Kunst (GEDELIT).*
- 1. Teil: *1934-1937. Anfang und Blütezeit.* In: Hémecht 28 (1976) 1, S. 5-26.
- 2. Teil: *1938-1939/1940. Der Niedergang.* In: Hémecht 28 (1976) 2, S. 101-128.

3. Teil: *1940-1941. Dachkulturorganisation unter dem Chef der Zivilverwaltung Gauleiter Gustav Simon.* In: Hémecht 28 (1976) 3, S. 285-320.

4. Teil: *1941-1944. Im Dienste der neuen Herren.* In: Hémecht 29 (1977) 2, S. 133-171.

Hermes, Monique: *100 Jahre Luxemburger Kinderzeitungen (1884-1984). 2. Arthur Hary: „Die Tage der Rosen" und „Zeitung für kleine Leute".* In: LW - Die Warte 37 (1984) 31, S. 3-4.

Hilgert, Romain: *Zeitungen in Luxemburg 1704-2004.* Luxembourg: Service information et presse du gouvernement luxembourgeois 2004.

Historisches Lexikon der Schweiz. Webredaktion: Werner Bosshard. Bern. Online-Version. URL: http://www.hls-dhs-dss.ch/index.php

Internationales Germanistenlexikon 1800-1950. Hg. und eingeleitet von Christoph König. Bearbeitet von Birgit Wägenbaur zusammen mit Andrea Frindt, Hanne Knickmann, Volker Michel et al. 3 Bde. Berlin / New York: Walter de Gruyter 2003.

Janssen, Wilhelm: *Kleine rheinische Geschichte.* Düsseldorf: Patmos 1997 (= Veröffentlichung des Instituts für Geschichtliche Landeskunde der Rheinlande der Universität Bonn).

Kauthen, Pierre: *Vor 350 Jahren entstand die Echternacher Muttergotteskapelle.* In: LW - Die Warte 56 (2004) 17, S. 1-2.

Klee, Ernst: *Das Kulturlexikon zum Dritten Reich. Wer war was vor und nach 1945?* Frankfurt a. M.: S. Fischer 2007.

Krier, Emile: *Deutsche Kultur- und Volkstumspolitik von 1933-1940 in Luxemburg. Inaugural-Dissertation zur Erlangung der Doktorwürde, vorgelegt der Philosophischen Fakultät der Rheinischen-Friedrich-Wilhelms-Universität zu Bonn.* 3 Bde. [Bonn] [1975].

Kugener, Henri: *Die zivilen und militärischen Ärzte und Apotheker im Großherzogtum Luxemburg.* 3 Bde. Luxemburg: Henri Kugener 2005.

Langini, Alex: *La fin de l'abbaye Saint-Willibrord d'Echternach.* In: *À l'Épreuve de la Révolution. L'Église en Luxembourg de 1795 à 1802.* Bastogne: Musée en Piconrue 1996 (= Musée en Piconrue. Art réligieux et croyances populaires en Ardenne et Luxembourg. Vol. XI), S. 136-137.

Lech, Pierre: *Ein Dichter auf der Suche nach der Heimat. Jos Kolbachs (1889-1959) Erzählungen und nachgelassene Aufzeichnungen.* In: réCré (2001) 17, S. 141-228.

Lech, Pierre: *Albert Hoefler (1899-1950). Mitarbeiter der Cahiers luxembourgeois 1923-1950. Eine Einführung in Leben und Werk. Mit Texten und mit Zeugnissen.* In: CL (2000) 4, S. 5-24.

Lech, Pierre: *Zur Literaturgeschichte Echternachs. Oder: Der Willibrordus-Effekt.* In: nos cahiers 19 (1998) 2/3, S. 249-292.

Lech, Pierre: *Orpheus in Echternach. Zur Hundertjahrfeier des Dichters Albert Hoefler (1899-1950).* In: réCré (1999) 15, S. 167-253.

Leick, Maurice: *Le conseil d'administration de l'imprimerie coopérative et du „Tageblatt" à son directeur Hubert Clément.* In: *Hubert Clément. Directeur du journal d'Esch.* Esch/Alzette: Éditions de l'imprimerie coopérative luxembourgeoise 1955, S. 24-30.

Lëtzebuerger Gaarde Bunn Frënn – Berdorf (Hg.): *100 Joër „Charly".* Lëtzebuerg: Linden 2004.

Lexikon der Weltliteratur. Biographisch-bibliographisches Handwörterbuch nach Autoren und anonymen Werken. Deutsche Autoren A – Z von Gero von Wilpert. 4., völlig neubearb. Aufl. Stuttgart: Kröner 2004.

Lexikon der Weltliteratur. Biographisch-bibliographisches Handwörterbuch nach Autoren und anonymen Werken. Fremdsprachige Autoren L – Z. Unter Mitarbeit zahlreicher Fachgelehrter hg. von Gero von Wilpert. 4., völlig neubearb. Aufl. Stuttgart: Kröner 2004.

Luxemburger Autorenlexikon – Dictionnaire des auteurs luxembourgeois. Hg. vom Centre national de littérature – Lëtzebuerger Literaturarchiv (CNL). Mersch. Online-Version. URL: www.autorenlexikon.lu

Luxemburger Lexikon. Das Großherzogtum von A – Z. Zusammengestellt von Georges Hausemer. Luxemburg: Éditions Binsfeld 2006.

Mannes, Gast: *Aus den Anfangsjahren einer Wohllöblichen Gesellschaft. Literarhistorische Anmerkungen zu einem kulturpolitischen Phänomen: Die GEDELIT 1934-1937.* In: Conter / Sahl, *Aufbrüche und Vermittlungen,* S. 575-603.

Mannes, Gast: *Luxemburgische Avantgarde. Zum europäischen Kulturtransfer im Spannungsfeld von Literatur, Politik und Kunst zwischen 1916 und 1922.* Esch/Alzette: Éditions Phi 2007.

Mannes, Gast: *Entstehungs- und Wirkungsgeschichte.* In: Weicker, Alexander: *Fetzen. Aus der abenteuerlichen Chronika eines Überflüssigen. Roman. Studienausgabe. Vorgestellt und kommentiert von Gast Mannes.* Mersch: Centre national de littérature 1998 (= Lëtzebuerger Bibliothéik. Bd. 8), S. 327-456.

Marson, Pierre: *Literarische Generationen um 1900 in Luxemburg. Ein Beitrag zur Luxemburger Literaturgeschichtsschreibung.* In: Conter / Sahl, *Aufbrüche und Vermittlungen,* S. 345-364.

Martens, Gunter: *Vitalismus und Expressionismus. Ein Beitrag zur Genese und Deutung expressionistischer Stilstrukturen und Motive.* Stuttgart /

Berlin / Köln / Mainz: Kohlhammer 1971 (= Studien zur Poetik und Geschichte der Literatur. Hg. von Hans Fromm, Hugo Kuhn, Walter Müller-Seidel und Friedrich Sengle. Bd. 22).

Massard, Jos. A.: *Vom wilden Bruder des blauen Hirschs. Der Rothirsch in Luxemburg, einst und jetzt.* In: LJ vom 7.12.2007, S. 21.

Massard, Jos. A.: *Echternach und Spoo.* In: Galerie 5 (1987) 1, S. 16-20.

Massard, Jos. A.: *Der Luxemburger Liebig-Schüler Joseph Namur. Apotheker und Professor in Echternach.* In: Trauffler, Henri; Bauer, Fernand; Kauthen, Pierre et al. (Hgg.): *Festschrëft 150 Joër Iechternacher Kolléisch 1841-1991.* Luxembourg: Saint-Paul 1992, S. 481-558.

Mersch, Jules: *Biographie nationale du pays de Luxembourg depuis ses origines jusqu'à nos jours. Collection présentée par Jules Mersch.* 22 fascicules. Luxembourg: Victor Buck 1947-1975.

Metzler Komponisten-Lexikon. 340 werkgeschichtliche Porträts. Mit 313 Abbildungen. Hg. von Horst Weber. Stuttgart / Weimar: J. B. Metzler 1992.

Metzler Lexikon christlicher Denker. 700 Autorinnen und Autoren von den Anfängen des Christentums bis zur Gegenwart. Hg. von Markus Vinzent unter Mitarbeit von Ulrich Volp und Ulrike Lange. Stuttgart / Weimar: J. B. Metzler 2000.

Mittermayer, Manfred: *Die Autobiographie im Kontext der ‚Life-Writing'-Genres.* In: *Die Biographie – Zur Grundlegung ihrer Theorie. Hg. von Bernhard Fetz unter Mitarbeit von Hannes Schweiger.* Berlin / New York: Walter de Gruyter 2009, S. 69-101.

Müller, Guido: *Europäische Gesellschaftsbeziehungen nach dem Ersten Weltkrieg. Das Deutsch-Französische Studienkomitee und der Europäische Kulturbund.* München: R. Oldenbourg 2005 (= Studien zur Internationalen Geschichte. Hg. von Wilfried Loth, Eckart Conze, Anselm Doering-Manteuffel et al. Bd. 15).

Müller, Guido: *Andrée Mayrisch und Pierre Viénot – ein politisches Paar zwischen Berlin und Paris (1923-1940).* In: *Les années trente. Base de l'évolution économique, politique et sociale du Luxembourg d'après-guerre? Actes du colloque de l'ALEH du 27 au 28 octobre 1995.* Luxembourg: Saint-Paul 1996 (= Beiheft zur Hémecht 1996), S. 131-148.

Neue deutsche Biographie. Hg. von der Historischen Kommission bei der Bayerischen Akademie der Wissenschaften. Bd. 1-24 (Schwarz-Studer). Berlin: Duncker & Humblot 1953-2010. Online-Version. URL: http://www.deutsche-biographie.de/index.html

Rauchs, Paul: *Les mamelles de la géographie luxembourgeoise.* In: *Luxembourg, les Luxembourgeois. Consensus et passions bridées. Sous la direction de Corina Mersch. Textes accompagnant l'exposition.* Luxembourg: Éditions Phi 2001 (= Publications scientifiques du Musée d'Histoire de la Ville de Luxembourg. Tome VII), S. 41-46.

Schmit, Michel: *Aperçu sur un siècle et demi d'enseignement supérieur et moyen.* In: *Mémorial 1989. La Société Luxembourgeoise de 1839 à 1989.* Luxembourg: Les Publications Mosellanes 1989, S. 395-407.

Schmit, Michel: *Regards et Propos sur l'Enseignement Supérieur et Moyen au Luxembourg. Essai documentaire.* Luxembourg: Joseph Beffort 1999 (= Publications de la Section Historique de l'Institut Grand-Ducal de Luxembourg. Vol. CXVI).

Schmit, Sandra: *Der Ferge – Fehlgeburt einer luxemburgischen Literaturzeitschrift.* In: Conter / Sahl, *Aufbrüche und Vermittlungen*, S. 557-574.

Schmitt, Michel: *Der Echternacher Rokoko-Pavillon.* In: *Abteistadt Echternach cité abbatiale.* Hg. von Pierre Schritz und Alexis Hoffmann. Luxembourg: Éditions Saint-Paul 1981, S. 283-286.

Schmitz, Jeff: *Das Frühwerk Albert Hoeflers: „Alle wahre und wirkliche Kunst ist nichts andres als Symbol." Eine Untersuchung der frühen Lyrik und Prosa (1919-1927).* Luxemburg: Jeff Schmitz 2002. [unveröffentlichte Referendariatsabschlussarbeit]

Scholdt, Günter: *Der Fall Norbert Jacques. Über Rang und Niedergang eines Erzählers (1880-1954).* Stuttgart: Akademischer Verlag Hans-Dieter Heinz 1976 (= Stuttgarter Arbeiten zur Germanistik. Hg. von Ulrich Müller, Franz Hundsnurscher und Cornelius Sommer. Nr. 22).

Seiler, Emile: *Springprozessionen. Prüm und Echternach. Zur Geschichte der Springprozession.* In: LW - Die Warte 59 (2007) 10, S. 7-11.

Sonnabend, Gaby: *Andrée Mayrisch et Pierre Viénot – un couple médiateur dans les relations franco-allemandes.* In: Galerie 19 (2001) 1, S. 65-75.

Sonnabend, Gaby: *Pierre Viénot (1897-1944). Ein Intellektueller in der Politik.* München: R. Oldenbourg Verlag 2005 (= Pariser Historische Studien. Hg. vom Deutschen Historischen Institut Paris. Bd. 69).

Spang, Paul: *Kaiser Maximilian I. in Echternach.* In: an der Ucht 24 (1970), S. 109-114.

Stoldt, Jürgen: *Spurensuche. Industrietourismus im Süden Luxemburgs.* Luxembourg: Fondation Bassin Minier [2009].

Thill, Norbert: *Orgeln und Orgelbau in Luxemburg.* Luxemburg: Borschette 1993.

Werner, Matthias: *Adelsfamilien im Umkreis der frühen Karolinger. Die Verwandtschaft Irminas von Oeren und Adelas von Pfalzel. Personengeschichtliche Untersuchungen zur frühmittelalterlichen Führungsschicht im Maas-Mosel-Gebiet.* Sigmaringen: Jan Thorbecke 1982 (= Vorträge und Forschungen. Hg. vom Konstanzer Arbeitskreis für mittelalterliche Geschichte. Sonderband 28).

Wilpert, Gero von: *Sachwörterbuch der Literatur*. 8., verb. und erw. Aufl. Stuttgart: Kröner 2001.

Abbildungsnachweis

Cover	Porträt von Albert Hoefler. CNL L-16; III.2-9
16	Seite 1 des Manuskripts von Hoeflers fiktionaler Autobiographie. CNL L-16; I.1.1.3-1
305	Seite 68 des Manuskripts von Hoeflers fiktionaler Autobiographie. CNL L-16; I.1.1.3-1
308	Porträt von Albert Hoefler. CNL L-16; III.2-7
311	Hoeflers Privatexemplar von Norbert Jacques' *Der Hafen*. CNL L-16; AHO 001
319	Hoeflers Presseausweis *Carte d'identité des journalistes professionnels*. CNL L-16; III.1-2
328	Ansichtskarte mit dem Echternacher Marktplatz. Privatbesitz Albert Hoefler. CNL L-16; IV.2.1-1
333	Hoeflers Gedichtband *Der Wandrer* (1937). Widmungsexemplar an Norbert Jacques. Fonds Norbert Jacques. CNL L-89; V.2-6
339	Partitur von Thomas Müller zu Hoeflers Gedicht *Meiner Mutter*. Fonds Peter Faber. CNL L-54; IV.2-36
340	Visitenkarte von Paul Weber an Albert Hoefler [s. d.]. CNL L-16; II.2.W1-1
341	Norbert-Jacques-Heft der *Voix des Jeunes* (März 1923). Fonds Norbert Jacques. CNL L-89; IV.1-5
343	Hoeflers Gedichtband *Nächte* (1923). Widmungsexemplar an Jeanny Welter. CNL L-16; I.2.3-2
351	Brief von Alfons Paquet an Albert Hoefler vom 21.5.1931. UB J. C. Senckenberg Frankfurt a. M. Nachl. A. Paquet (I) A I, Nr. 56, fol. 392r
352	Brief von Albert Hoefler an Alfons Paquet vom 21.10.1931. UB J. C. Senckenberg Frankfurt a. M. Nachl. A. Paquet (I) A I, Nr. 56, fol. 396r
355	Ansichtskarte von Albert Hoefler an Anna Maria Hoefler-Bisenius vom 2.10.1931 (Frankfurt a. M.). CNL L-16; II.1.H1-2

356	Ansichtskarte von Albert Hoefler an Anna Maria Hoefler-Bisenius vom 5.10.1931 (Freiburg i. Br.). CNL L-16; II.1.H1-1
357	Porträt von Albert Hoefler. CNL L-16; III.2-11
362	Porträt von Norbert Jacques = Ansichtskarte von N[orbert] J[acques] an Albert Hoefler [s. d.] (Schlachters). CNL L-16; II.2.J1-1